商务部十二五规划教材

中国国际贸易学会十二五规划教材

# 税 收 筹 划

主　编　李普亮

副主编　王　江　李　刚

参　编　袁　睿　邓　伟　晏银芳

中国商务出版社

## 图书在版编目（CIP）数据

税收筹划 / 李普亮主编 . —北京：中国商务出版
社，2014.10（2016.1重印）
　ISBN 978-7-5103-1118-5

　Ⅰ.①税… 　Ⅱ.①李… 　Ⅲ.①税收筹划 　Ⅳ.
①F810.423

中国版本图书馆 CIP 数据核字（2013）第 238948 号

商务部十二五规划教材
中国国际贸易学会十二五规划教材

## 税收筹划
SHUISHOU CHOUHUA

主　编　李普亮

副主编　王　江　李　刚

出　版：中国商务出版社
发　行：北京中商图出版物发行有限责任公司
社　址：北京市东城区安定门外大街东后巷 28 号
邮　编：100710
电　话：010—64269744　64218072（编辑一室）
　　　　010—64266119（发行部）
　　　　010—64263201（零售、邮购）
网　店：http://cctpress.taobao.com
网　址：www.cctpress.com
邮　箱：cctp@cctpress.com；bjys@cctpress.com
照　排：北京科事洁技术开发有限责任公司
印　刷：北京密兴印刷有限公司
开　本：787 毫米×1092 毫米　1/16
印　张：22.75 字　数：480 千字
版　次：2014 年 10 月第 1 版　　2016 年 1 月第 2 次印刷

书　号：ISBN 978-7-5103-1118-5
定　价：39.00 元

# 前　言

美国著名政治家本杰明·富兰克林曾经说过："人生中只有两件事不可避免，那就是死亡和纳税。"我们每个人一来到这个世界上，税收就与我们的日常生活息息相关，形影不离。从国家的角度来看，税收是必不可少的，它是国家满足社会公共需要的物质基础，但对于社会的每个个体而言，税收毕竟是对个体经济利益的侵蚀，企业和个人主观上就会产生减轻税收负担、保护自身经济利益的需要。不过，降低税负和保护自身经济利益必须在不违法的前提下进行，否则可能会给纳税人带来更大的损失。在实践中，确有不少纳税人因为出现偷漏税、欠税甚至抗税等违法行为而受到严厉惩罚，实属得不偿失。与偷漏税等违法行为不同，税收筹划有其独特的优势，它是纳税人或其代理人在纳税义务发生之前，在遵守或不违反税法及其他法律法规的前提下，按照整体利益最大化的原则，通过对纳税主体（法人和自然人）筹资、投资、生产、经营、分配、重组等多种涉税事项作出事先安排，以减少应纳税额、延期纳税或降低涉税风险为目的的筹划活动。恰当的税收筹划既有利于纳税人降低自身税负和增进经济利益，同时也不会因违反国家相关法律法规而招致处罚。随着一国法制环境的完善及人们依法纳税意识的增强，税收筹划的发展空间将日益广阔。

税收筹划在西方发达国家已经相对比较成熟，但在我国仍处于初级发展阶段。从高等教育的角度来看，现在许多高校的经管类专业已经顺应经济社会发展的需要开设了税收筹划课程，大量的税收筹划教材也应运而生。总的来看，已有教材的体系安排主要分为两类：一是分税种介绍税收筹划；二是按企业经营环节阐述税收筹划。本书采用了第一种体系安排，主要是考虑到学生在学习国家税收、税法等相关课程时，都是按照税种展开学习的，围绕税种阐述税收筹划更符合学生的学习习惯，而且这种体系安排使得教材内容重点更加突出，逻辑性也更强。本书在编写过程中参考了大量已出版教材及各界人士在不同媒体发表的研究成果，并在此基础上力所能及地突显出了自身的一些特点，主要表现在以下三个方面：一是在每章（节）的开端加入了"案例导入"部分，通过引入的案例引发学生的兴趣和思考，从而更好地引出该章（节）的学习内容，并在该章（节）的结尾部分对"案例导入"中提出的问题进行解析，做到了首尾呼应；二是由于我国正处于重要的税制改革期，特别是"营改增"试点正如火如荼地进行，相关的税收法律法规和政策复杂多变，本教材在内容编排上尽可能运用了最新的相关法律法规和政策，较好地体现了内容的前沿性；三是在案例选取上，本教材引用了许多实践中的真实案例，强化了教材相关内容的说服力。

本书的编写分工如下：李普亮（惠州学院）编写第一章、第三章的第一节和第二节，以及第六章的第二节和第八章；王江（惠州学院）编写第二章；李刚（浙江万里学院）编写第三章的第三节、第四章的第二节和第六章的第一节；袁睿（惠州学院）编写第七章；邓伟（惠州经济职业技术学院）编写第三章的第四节和第四章的第一节；晏银芳（惠州经济职业技术学院）编写第五章。全书由李普亮负责统稿，王江对每个章节内容进行了认真校对。

由于税收筹划在我国尚处于起步阶段，无论在理论上还是实践中仍然存在许多问题，加之编者水平有限，书中错误或疏漏之处在所难免，热忱欢迎广大读者及时提出有助于教材完善的任何意见和建议。

最后，感谢中国商务出版社为本教材提供了出版机会，尤其要感谢出版社的张永生编辑，他认真负责的工作态度值得学习。另外，全体编者对本教材参考的相关文献资料的作者也一并表示感谢！

编　者

2014 年 9 月

# 目 录

# 第一章　税收筹划导论

【学习目标】

　　通过本章的学习，掌握税收筹划的内涵、外延、特点、原则和目标，理解税收筹划产生的原因，了解税收筹划的发展现状和税收筹划的意义，能够较为准确地把握逃避缴纳税款、漏税、欠税、骗税、抗税、避税、节税及税负转嫁等几种涉税行为的表现及相互之间的区别。

【学习重点】

　　税收筹划的内涵、外延、特点和原则；逃避缴纳税款、漏税、欠税、骗税、抗税、避税、节税及税负转嫁等涉税行为的界定及相互之间的区别。

## 【案例导入】①

　　河南某棉纺厂是增值税一般纳税人，每月可取得供抵扣的增值税专用发票，月均纳税额在 10 万元左右。但是，一次突然发生的异常情况，将导致该厂应纳增值税额畸高：该厂新增了一户远在新疆但价格便宜的原棉供货商，由于供货方财务人员粗心，把提供给该厂的增值税专用发票企业名称写错了，而该厂财务人员也把关不严，直到月底在办税服务厅认证时才发现，退回新疆换票已来不及了，而进项发票不合格将使当月大量的购进货物不能抵扣进项税，当月应缴增值税将高达 40 万元。如果当月缴纳 40 万元税款的话，下月的工资发放、原料购进、贷款利息偿还都将成问题，企业的正常经营也将受到影响。

　　王厂长向李会计征求意见。李会计向王厂长推荐了本地另外一家棉纺企业的会计，此人在业内小有名气，被称为"筹划大师"。王厂长吩咐李会计前去咨询，支付了数目可观的咨询费后，"筹划大师"为他支了两招。第一招是利用该厂向税务机关领用的棉花收购发票，因为收购发票可由企业自行开具抵扣，建议该厂将购进的原棉开具成收购发票，账务处理为原棉收购业务，这样就可以多抵扣部分进项税。第二招是可以联系已给对方开具发票的购货商，如果对方本月是留抵并且发票未认证的话，可以将发票先收回来作废，然后补充一些分期付款合同，将纳税义务向后延迟。

---

　　① 胡清水，刘晓伟．"补救筹划"就是偷税［N］．中国税务报，2008-06-02．编者对原文的表述略作调整。

李会计愣了，这不是做假账偷税吗？了解了李会计的顾虑后，"筹划大师"安慰说："你企业每月纳税就在 10 万元左右，本月纳税也是 10 万元左右，现有经营规模下缴纳税款保持稳定，不会引起税务机关怀疑的。我们企业前几个月发生过类似情况，也是这样'补救'的，保证没事。"

李会计汇报了"补救"方案后，对税收业务不太精通的王厂长听说能节省税款，便同意安排人员"补充完善"相关资料。但是王厂长心里还是没底，就和李会计一起到当地 H 税务师事务所进行了咨询。H 税务师事务所的资深税务师薛某严肃地告诉他们，这样的"补救"方案实际上是偷税方案。薛某指出，农产品收购发票早已被列入了税务机关的管理重点，红字发票率、作废发票率也是税务机关的重要监控指标。申报期过后，该厂由于农产品收购发票开具时间集中，使用量突然增加，作废专用发票量加大无正当理由且集中在月底等明显异常现象，会引起主管税务机关的关注，该厂将会被纳入纳税评估的重点对象。税务机关可以通过收购发票上填开的农户姓名进行外调，证实这些发票存在虚开现象。另外，通过对作废发票进行深入调查，税务机关也可以发现企业销售已发生，货款已收回，对方并未退货，分期收款合同是事后伪造，作废发票明显违规，且已造成少计销售收入少缴税金的违法事实。

薛某告诉他们，科学合理的税收筹划分事前、事中、事后三部分，税收筹划的最佳效果是在事前筹划，事中也可根据国家法规、经济形势的变化而作适当调整，但绝对不存在事后的"补救"筹划，业务已经完成，纳税事实既已发生，无从改变，也就不存在筹划调整的余地，只能根据国家有关税收规定进行账务处理。"补救"筹划因为已有了变通、做假的成分在内，其实质就是偷税行为，绝不是真正意义上的筹划。同时，薛某为他们支了招：解决危机的正确途径应是尽快筹措资金，如果资金确实紧张，可以申请延期纳税，而不能为少缴税款进行事后的"补救"筹划。王厂长让李会计马上停止"完善"相关资料的行为，并委托税务师事务所代为办理延期纳税。

几个月后，"筹划大师"所在的企业因为偷税受到了税务机关的查处，补税之外还受到了处罚，损失惨重，正常经营受到了影响。王厂长在感到庆幸的同时，由衷地感激税务师的建议。

思考：什么是税收筹划？税收筹划有什么特点？税收筹划与逃避缴纳税款、漏税、欠税、骗税、抗税等行为有何区别？

# 第一节　税收筹划的内涵与外延

## 一、税收筹划的内涵

税收筹划是由英文中的"tax planning"一词翻译而来的。虽然这个术语正在日益为人熟知，但究竟何为税收筹划在理论界并不存在完全一致的观点，有些学者也将其等同于纳税筹划或税务筹划。荷兰国际财政文献局（IBFD）认为，税收筹划是指纳税人通过对经营活动或个人事务活动的安排，以达到缴纳最低税收的目的。美国 W. B. 梅格斯博士在与别人合著的《会计学》中指出，在纳税义务发生之前，有系统地对企业的经营或投资行为作出事先安排，以达到尽量地少交所得税，这个过程就是税收筹划。印度税务专家 N. J. 雅萨斯威则认为，税收筹划是纳税人通过对财务活动的安排，充分利用税务法规提供的包括减免在内的一切优惠，从而享得最大的税收利益。Saccy M•Jones 和 Sheccy C•Rhoades-Catanach 将税收筹划定义为对交易事项的组织安排，它使得税收成本减少，税收节约增加，从而使交易的净现值最大。国内许多学者在借鉴国外文献成果的基础上，也给出了自己对税收筹划内涵的界定。何鸣昊等人认为，企业税收筹划就是企业在法律允许的范围之内，通过对经营事项的事先筹划，最终使企业获取最大的税收利益，从某种程序上可以理解为在税收及相关法律允许的范围内，企业对经营中各环节，如内部核算、投资、交易、筹资、产权重组等事项进行筹划，在众多纳税方案中，选择税收负担最低的方式。盖地提出，税收筹划是纳税人依据所涉及的税境，在遵守税法、尊重税法的前提下，规避涉税风险，控制或减轻税负，以有利于企业实现财务目标的谋划、对策与安排。计金标认为，税收筹划是指在纳税行为发生之前，在不违反法律法规（税法及其他相关法律法规）的前提下，通过对纳税主体（法人或自然人）经营活动或投资行为等涉税事项作出的事先安排，以达到少缴税和递延纳税为目标的一系列谋划活动。刘蓉认为，税收筹划是指纳税人站在企业战略管理的高度，在符合国家法律和税收法规的前提下，选择涉税整体经济利益最大化的纳税方案，处理生产、经营和投资、理财活动的一种企业涉税管理活动。黄凤羽通过比较各种观点发现，学者们对税收筹划内涵的界定并没有本质上的区别，只不过侧重点有所不同，进而提出了如下观点：税收筹划是指纳税人或其代理机构在遵守税收法律法规的前提下，通过对企业或个人涉税事项的预先安排，实现合理减轻税收负担的一种自主理财行为。

　　综观上述各种观点可以看出，不同学者对税收筹划内涵的界定有许多共性，比如税收筹划的前提是守法或不违法，而且都是对涉税事项进行事先安排，但对于税收筹划的目的却存在不同的认识，如税收负担最小化、递延纳税、规避涉税风险、涉税整体经济利益最大化，以及税收利益最大化等。综合有关税收筹划的概念，我们认为，税收筹划是指纳税人或其代理人在纳税义务发生之前，在遵守或不违反税法及其他法律法规的前提下，按照整体利益最大化的原则，通过对纳税主体（法人和自然人）筹资、投资、生产、经营、分配、重组等多种涉税事项作出事先安排，以减少应纳税额、延期纳税或降低涉税风险为目的的筹划活动。

　　理解税收筹划的内涵应当把握以下几个要点：一是税收筹划必须是在守法或不违法的前提下进行，这也是税收筹划与逃避缴纳税款、漏税、骗税、抗税等涉税行为的最大区别。二是税收筹划的主体不一定是纳税人自身，也有可能是纳税人的代理人。现实中，许多纳税人本身并不具备税收筹划的条件，相反，一些会计师事务所、税务师事务所具有更加丰富的专业知识和实践操作技能，可以接受纳税人委托为纳税人提供税收筹划服务。三是税收筹划是在纳税人纳税义务确定之前由纳税人或其代理人对行为进行的事先安排。四是税收筹划的目的并不唯一。通常认为，税收筹划的目的是减轻纳税人税负，但不能简单将税负最小化视为税收筹划的终极目的，纳税人必须将税收筹划与企业的整体利益结合起来。

### 二、税收筹划的外延

理论界对税收筹划的外延同样持有不同的观点。盖地认为，税收筹划又称税务筹划、纳税筹划，有广义和狭义之分，其中，狭义的税收筹划仅指节税，广义的税收筹划既包括节税，也包括避税和税负转嫁。张中秀则认为，税收筹划不等同于税务筹划，两者的关系可用图 1-1 表示。

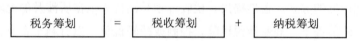

**图 1-1　税收筹划和税务筹划的关系**

按照张中秀的观点，税收筹划是站在税收征管的角度进行的策划，以期将应收的税款尽可能收上来，而纳税筹划是站在纳税人减少税收成本角度所进行的策划，以便纳税人尽可能在政策法规允许的范围内少缴税款从而减少税务成本。进一步来看，纳税筹划的基本内容又包括三个部分，即避税筹划、节税筹划和转嫁筹划，如图 1-2 所示。

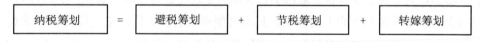

**图 1-2　纳税筹划的基本内容**

不难看出，张中秀提及的纳税筹划的外延与盖地所说的广义上的税收筹划外延是一致的。黄凤羽指出，税收筹划与税务筹划、纳税筹划所指向的研究客体是基本一致的，三者之间仅仅是使用者用词习惯上存在着某种差异。综合学者们的观点，我们认为，税收筹划应是站在纳税人减少税收成本角度所进行的策划，纳税人在没有违反税法及其他法律法规条件下作出的有利于增进自身利益的安排都无可厚非，因此，税收筹划的外延应当包括避税筹划、节税筹划和转嫁筹划。

# 第二节　税收筹划的产生与发展

### 一、税收筹划的产生

纳税人在不违反法律法规和政策规定的前提下，通过对自身行为的安排和筹划，尽可能减轻税收负担，以获取税收利益的行为很早就存在了。历史上，英国政府征收的窗税就是一个典型的例子。英国的窗税是 1697 年威廉三世在位期间，政府通过制定《解决削边钱币不足法案》而开征的税项，最初在 1697 年开征的窗税原本只适用于英格兰地区，后来扩展到苏格兰及整个大不列颠王国。窗税最初设立时，共分两部分，第一部分是对每座楼宇划一收取固定的 2 先令税款；第二部分的税款则按楼宇窗户数目的多寡而厘订。按当初规定，一座楼宇凡拥有 10 扇或以上窗户，都要缴交第二部分的税款，拥有 10～20 扇窗户的楼宇业主要交 4 先令，多于 20 扇窗户的要交 8 先令。在 1766 年，政府修例，拥有 7 扇或以上窗户的楼宇都要缴纳第二部分的税款，这个下限后来又于 1825 年上调为 8 扇窗户；而原本第一部分的楼宇固定税率后来亦于 1778 年改为浮动税率，并按物业的价值征税。一般而言，窗税的评税工作比其他税项简易，房屋越大，窗户越多，业主就要相对缴交越多的税。然而，窗税尤其对当时的中产阶级构成很大负担，使之相当不受欢迎，有舆论更认为此举无异于向"光和空气"征税。不少人为了减轻负担，索性将一些窗户封起，时至今日，英国到处仍可见到一些窗户被封起的历史建筑。英国居民将窗户封起以便减少窗税的做法便是税收筹划的一种具体体现。

税收筹划的产生有其特定的主观原因和客观原因。

### （一）税收筹划产生的主观原因

从宏观角度来看，税收是国家履行职能的物质基础，是纳税人为享受政府提供的公共产品支付的代价。但就单个纳税人而言，其缴纳的税收通常与其享受的公共产品具有非对等性和非直接相关性，同时，由于公共产品的非竞争性和非排他性特征，纳税人往往存在"免费搭车"的动机。更重要的是，市场经济条件下，每个纳税人都是一个特定的经济主体，有其特定的经济利益诉求。对于个人而言，税收无疑是对其收入或财富的一种侵蚀。对于企业来说，往往以利润最大化或企业价值最大化为经营目标。而企业利润是在收入扣除相关成本、费用、税金及损失等的基础上核算出来的。在收入一定的情况下，降低企业成本、费用、支出则可以获得相对高的经济收益。而税务支出作为一项特殊的成本直接表现为企业资金的净流出和利润的抵减，从而削弱了企业的获利能力和直接利润，是企业经济利益的一种损失。因此，纳税人从根本上来说有减少纳税支出的主观愿望和需要。概而言之，税收筹划的产生主要缘于纳税人对自身经济利益的追逐。当然，如果纳税人缺乏最大化自身经济利益的动机，税收筹划也就没有存在的必要了。在我国计划经济体制下，企业吃国家的大锅饭，实现的利润大部分上缴财政，几乎没有自身利益可言。企业即使通过税收筹划减轻税负，也不过是将税收转化为利润上交国家，这种情况下，企业缺乏足够的动机去进行税收筹划。

当然，偷逃税方式也可能会通过降低纳税人税负增进其经济利益，但这些行为一旦败露，纳税人将会面临很高的风险和代价，使纳税人承担极大的心理压力。而税收筹划则既不违反税法，不会遭到法律的严厉打击，又能获得额外效益，因此，纳税人主观上具有对税收筹划的需求。

### （二）税收筹划产生的客观原因

任何事物的出现总是有其内在原因和外在刺激因素。即便纳税人基于自身经济利益最大化的需要在主观上具备了税收筹划的动机，但如果客观上缺乏实施税收筹划的条件和环境，那么税收筹划的可行性恐难保证。总体来看，税收筹划产生的客观原因主要包括三个方面。

#### 1. 纳税人具有税收筹划的权利

税收法定原则要求对税法的解释原则上只能采用字面解释的方法，不得作任意扩张，也不得类推，以加重纳税人的纳税义务。只要没有违背税法中明文规定的内容，纳税人无论是利用优惠规定也好，还是利用税法不完善之处也好，都是纳税人的权利，是合法的，应当受到保护。20 世纪 30 年代英国上议院议员汤姆林爵士针对"税务局长诉温斯特大公"一案作出了如下声明："任何一个人都有权安排自己的事业。如果依据法律所作的某些安排可以少缴税，那就不能强迫他多缴税收。"即使税收筹划是合法的，它们符合道德标准吗？1947 年，美国联邦法官勒尼德·汉德以下面的方式回答了这一问题："法院一直认为，人们安排自己的活动，以达到降低税负的目的是不可指责的。每个人都可以这样做，不论他是富人还是穷人，而且这样做是完全正当的，因为他无须超过法律的规定来承担国家的税收。税收是强制课征而不是无偿捐献，以道德的名义来要求税收纯粹是奢谈。"这个为税收筹划进行的勇敢辩护强调每个人都有缴纳合法税款的公民义务，但不用多交一分钱。当公司管理者进行有效的税收筹划时，应该认识到他们的行为是合理的。按照税收法定主义原则要求，在税收征纳过程中应避免道德判断。

在法治社会中，国家通过法律形式赋予纳税人各种权利，税收筹划权就是其中重要的一种。原因在于权利有两方面含义：一是法的规定性，它对权利拥有者来说是客观存在的；二是权利拥有者具有主观能动性。前者以法律界定为标准，具有强制性、固定性；后者则表明虽然法律对权利的规定是实施权利的前提，但还需要纳税人在守法的前提下，主动地实现其需求，即纳税人对自己主动采取的行为及其后果事先要有所了解，并能预测将给自己带来的利益。从这个角度说，税收筹划就是这种具有法律意识的主动行为。

税收筹划是纳税人的一项基本权利，纳税人在法律允许或不违反税法的前提下，有从事经济活动、获取收益的权利，有选择生存与发展、兼并与破产的权利，税收筹划所取得的收益应属合法收益，承认纳税人的税收筹划权是法制文明的表现。

税收筹划是企业对社会赋予其权利的具体运用，属于企业应有的社会权利。它不该因企业的所有制性质、组织形式、经营状况、贡献大小不同而不等。在税收筹划上，政府不能以外资企业与内资企业划界，对前者采取默许或认同态度，对后者则反对和制止。其实，反对企业正当的税收筹划活动，恰恰助长了逃避缴纳税款、欠税及抗税等违法行为的滋生。因此，鼓励企业依法纳税、遵守税法的最明智的办法是让纳税人充分享受其应有的权利（其中包括税收筹划），而不是剥夺其权利，促使其走向违法之道。

欧盟的一些国家在税法中以各种方式明确税收筹划是纳税人的权利，很多国家都存在着较为成熟的税收筹划。例如，美国有专门的税务代理事务所、咨询机构和专家，为纳税人提供这方面的服务；纳税人自己也可以依据从税务机关所取得的信息资料、有关专家撰写的出版物（如纳税筹划手册、指南）进行税收筹划。

2. 税收制度和政策的差异性

按照税收法定主义的要求，每个税种的构成要件必须是法定的，即每个税种的纳税人、课税对象、税目、税率、课税环节、纳税期限等税收要件必须以法律形式作出规定，且有关课税要素的规定必须尽量明确。由于国家目标的多重性和经济活动的复杂性，各国或各地区普遍实行的是复合税制，即同时征两个以上税种的税制，它从各个方向选择征税对象、设置税种、确定征税办法，使其有不同特点、作用的各个税种同时并存，相互补充，协调配合，组成一个有机的整体，因而不可避免地出现了种种税制差异：①多个税种并存，不同税种适用不同的纳税人、征税对象、税率、纳税环节、纳税期限、减免规定等；②各种经济组织和个人因从事生产经营投资的不同，而分别适用不同的税种；③即使一些经济组织和个人适用相同的税种，也因所处的行业、地区、企业组织形式等方面的差异而适用不同的税率、减免优惠等。就国内税收筹划而言，税收制度的差异性带来的筹划空间主要有以下几个方面：

（1）纳税人定义上的可变通性。任何一种税都要对其特定的纳税人给予法律的界定。这种界定理论上包括的对象和实际包括的对象的差别，正是缘于纳税人的变通性。特定的纳税人缴纳特定的税收，若能设法证明不使自己成为该税的纳税人，即可达到税收筹划的效应。比如，按照《中华人民共和国增值税暂行条例》及《中华人民共和国增值税暂行条例实施细则》的规定，企业发生混合销售行为究竟是缴纳增值税还是营业税主要取决于企业的主业，事实上，企业的主业在某些情况下是可以进行调整的，从而可以改变纳税人的身份。另外，增值税小规模纳税人如果会计核算健全，能够准确提供税务资料，也可以向主管税务机关申请一般纳税人资格认定，不作为小规模纳税人。因此，对于那些年销售额未达到一般纳税人标准的小规模纳税人来说，可以根据自身实际情况判断究竟作为哪一类纳税人税负更轻，进而对自己的身份作出调整。

（2）征税对象金额上的可调整性。在税率既定时，征税对象金额越小，税额也就越小，市场法人主体税负也就越轻。因而市场法人主体想方设法尽量调整征税对象金额，使其税基变小，可以达到降低税负的目的。比如，自 2013 年 8 月 1 日起，我国对小微企业中月销售额不超过 2 万元的增值税小规模纳税人和营业税纳税人，暂免征收增值税和营业税①。按照这一规定，如果一个增值税小规模纳税人或营业税纳税人预计月销售额刚好超过 2 万元，此时可以考虑适当减少销售额将其控制在 2 万元以内，进而可以享受免征增值税或营业税的优惠政策。

【案例 1-1】

A 企业是一家服务业小微企业，税款缴纳以 1 个月为申报期，2014 年 4 月份营业额为 20 100 元，则 4 月份应缴纳营业税、城建税、教育费附加、地方教育附加为 1 125.6 元 [20 100×5%× (1＋7%＋3%＋2%)]。

思考：如果该企业预计 2014 年 5 月份的营业额与 4 月份相当，则企业应如何进行税收筹划？

【解析】

为进一步扶持小微企业发展，2013 年 7 月 29 日，财政部、国家税务总局发布了《关于暂免征收部分小微企业增值税和营业税的通知》（财税〔2013〕52 号）。该通知规定，自 2013 年 8 月 1 日起，对增值税小规模纳税人中月销售额不超过 2 万元（含 2 万元）的企业或非企业性单位，暂免征收增值税；对营业税纳税人中月营业额不超过 2 万元（含 2 万元）的企业或非企业性单位，暂免征收营业税。

上述案例中，A 企业的营业额为 20 100 元，相关税费多达 1 125.6 元，但如果企业能够在 5 月份采取减价让利的方法将其营业额主动降低到 20 000 元，或者采取分期收款销售等方式将超出的营业收入转至以后月份实现，根据财税〔2013〕52 号文件，企业可以暂免征收营业税，而附加在营业税上的其他税费也就不复存在。这样一来，虽然企业的营业额减少了 100 元，但其负担的相关税负却减少了 1 125.6 元，从而最大限度地享受了税收优惠②。

（3）税率上的差别性。税制中不同税种有不同税率，即便同一税种的不同税目或同一税种的不同纳税人也有不同税率，这为纳税人实施税收筹划提供了客观条件。比如，我国增值税的基本税率为 17%，但纳税人在销售部分特定商品时可以适用 13% 的低税率，如果纳税人既销售适用税率为 17% 的货物，又销售适用税率为 13% 的货物，通过分别核算不同税率货物的销售额并按照各种货物的适用税率计算增值税，有利于减轻纳税人税负。

---

① 2014 年 9 月 17 日的国务院常务会议决定，在现行对月销售额不超过 2 万元的小微企业、个体工商户和其他个人暂免征收增值税、营业税的基础上，自 2014 年 10 月 1 日至 2015 年底，将月销售额 2 万～3 万元的也纳入暂免征税范围。

② 当然，如果增值税或营业税纳税人正常的月销售额远远超过 2 万元，这种做法则得不偿失。另外需要指出的是，即便销售或营业收入不超过 2 万元暂免征收增值税或营业税，但这部分收入还是要正常计算缴纳企业所得税的，这一点企业要特别注意。

**【案例 1-2】**

A公司既生产经营粮食白酒，又生产经营某种配制酒。2013年度，粮食白酒的销售额为800万元，销售量为20万千克，配制酒销售额为750万元，销售量为10万千克，但该公司没有分别核算。2014年度，该公司的生产经营状况与2013年度基本相同。

思考：公司应如何进行税收筹划？（粮食白酒的消费税税率为20％加0.5元/500克，配制酒的消费税税率为10％）

**【解析】**

由于粮食白酒和配制酒适用的消费税税率不同，按照现行消费税法的相关规定，纳税人兼营不同税率的应税消费品，应当分别核算不同税率应税消费品的销售额、销售数量，否则从高适用税率。因此，A公司进行消费税筹划的关键在于是否分别核算粮食白酒和配制酒的销售额和销售数量。

方案一：对粮食白酒和配制酒的销售额和销售数量没有分别核算。在该方案下，该公司应缴纳的消费税为：

（800＋750）×20％＋（20＋10）×2×0.5＝340（万元）

方案二：对粮食白酒和配制酒的销售额和销售数量分别核算。在该方案下，该公司应缴纳的消费税情况如下：

①粮食白酒应纳消费税：

800×20％＋20×2×0.5＝180（万元）

②配制酒应纳消费税：

750×10％＝75（万元）

③方案二合计应纳消费税为：

180＋75＝255（万元）

比方案一节省的税额为：340－255＝85（万元）。

方案二由于充分利用了分别核算可以适用不同税率的政策从而达到了节税的效果。

需要注意的是，这里所谓的"分别核算"主要是指对兼营的不同税率的货物在取得收入后，应分别如实记账，分别核算销售额，并按照不同的税率各自计算应纳税额，以避免适用税率混乱出现少缴或多缴税款的情况。

（4）起征点及减免税优惠的存在性。起征点是指税法规定开始征税的数额起点。征税对象未达到起征点的不征税，达到起征点则全额计税。以增值税为例，假定某省关于增值税起征点的规定如下①：销售货物的，为月销售额2万元；销售应税劳务的，为月

---

① 增值税起征点的适用范围限于个人。

销售额2万元；按次纳税的，为每次（日）销售额500元。举个极端的例子，如果个体户张某预计某个月份的销售额恰好为2万元，则其在月末应主动减少货物销售将其销售额控制在2万元以内，这里不妨假定为19 999元，这样一来，虽然其销售收入减少了1元，但其应纳增值税额却由原来的600元（20 000×3%）减少至0元。此外，税法中的各种减免税优惠政策也为纳税人节税提供了广阔空间。我国现行的18个税种均有不同程度的优惠政策。税收优惠对节税潜力的影响表现为：税收优惠的范围越广、差别越大、方式越多、内容越丰富，则纳税人税收筹划的空间也就越大。

**【案例1-3】**

山东省A公司是一家2008年新办的从事环境保护项目的公司。2008年12月开业，并在当月开始取得经营收入。2008年应纳税所得额为−500万元。2009年到2014年弥补亏损前的应纳税所得额分别为−100万元、600万元、2 000万元、3 000万元、4 000万元、5 000万元。假设该公司2010年获得有关部门的资格确认（2009年的申报资料）。

思考：A公司在2008—2014年间的应纳企业所得税为多少？企业应如何进行所得税筹划？

**【解析】**

根据《中华人民共和国企业所得税法实施条例》第八十八条规定，企业从事规定的符合条件的环境保护、节能节水项目的所得，自项目取得第一笔生产经营收入所属纳税年度起，第一年至第三年免征企业所得税，第四年至第六年减半征收企业所得税。《中华人民共和国企业所得税法》第五十三条规定，企业所得税按纳税年度计算。纳税年度自公历1月1日起至12月31日止。企业在一个纳税年度中间开业，或者终止经营活动，使该纳税年度的实际经营期不足12个月的，应当以其实际经营期为一个纳税年度。税收筹划前，由于A公司在2008年12月开业，并且在当月开始取得经营收入，因此，该公司应在2008—2010年享受免税待遇，在2011—2013年享受减半征税的待遇。

由于A公司在2008年和2009年的应纳税所得额均为负值，因此这两年的应纳企业所得税额均为0。2010年，A公司的应纳税所得额为0（600−500−100）。所以，A公司在2010年的应纳企业所得税额同样为0。该公司在2011年到2014年各年的应纳企业所得税额分别为：

2011年：$2\,000 \times 25\% \times 50\% = 250$（万元）

2012年：$3\,000 \times 25\% \times 50\% = 375$（万元）

2013年：$4\,000 \times 25\% \times 50\% = 500$（万元）

2014年：$5\,000 \times 25\% = 1250$（万元）

那么，A公司在2008—2014年间的全部应纳企业所得税额为：

250＋375＋500＋1 250＝2 375（万元）。

纳税筹划方案：适当延迟A公司的开业时间，使其在2009年年初开始营业[①]。假设2008年的亏损金额在转移到2009年后，在其他条件不变的情况下，2009—2014年弥补亏损前的应纳税所得额分别为－600万元、600万元、2 000万元、3 000万元、4 000万元、5 000万元。这样一来，A公司在2009—2011年可享受免税待遇。2012—2014年的应纳企业所得税额如下：

2012年：3 000×25％×50％＝375（万元）

2013年：4 000×25％×50％＝500（万元）

2014年：5 000×25％×50％＝625（万元）

那么，A公司在2008—2014年间的全部应纳企业所得税额为：

375＋500＋625＝1 500（万元）

纳税筹划方案节税：2 375－1 500＝875（万元）。

这里需要强调的是，企业的实际享受税收优惠期限是否就是法定的优惠期限，取决于企业能否尽快取得相应资格。也就是说，取得资格要在享受优惠开始之前，如果优惠期限开始了，而相应的资格证书还没拿到，那么只能在剩余期限享受优惠。上述案例中的A公司，在2009年开业的情况下，如果在2012年8月份才取得有关部门的认定为节能节水项目，那么该公司在2011年应纳税金额为500万元（2 000×25％）。2009—2011年为三年免税期，2012——2014年为三年减半征税期。企业实际上少享受税收优惠3年。只不过2009年和2010年因无应纳税所得额，享受税收优惠与否没有太大的关系，但企业2011年不能享受税收优惠，白白缴纳了500万元的企业所得税。

当然，税收制度的差异不仅存在于一个国家或地区内部，国家与国家之间的税收制度往往也存在较大差异，进而为国际税收筹划提供了较大空间，主要表现在以下几个方面。

第一，税种的差异。虽然几乎世界上所有国家都实行复合税制，但它们开征的税种却往往存在很大不同。比如，有的国家开征了资本利得税、财产税、遗产赠与税等税种，但也有不少国家并未开征上述税种。虽然很多国家都开征了增值税，但却有生产型、收入型和消费型的差别。

第二，纳税人身份判定标准的差异。关于人们的纳税义务，国际社会有三个基本原则：一是一个人作为一国居民必须在其居住国纳税；二是一个人如果是一国公民，就必

---

① 如果A公司选择2008年12月开业，则该公司2008年实际经营期为1个月，但还是要作为一个纳税年度，损失了11个月的税收优惠。如果将开业时间延迟到2009年年初，则2009年全年都可享受税收优惠。

须在该国纳税；三是一个人如果拥有来源于一国境内的所得或财产，在来源国就必须纳税。前两种情况我们称之为属人主义原则，后一种情况我们称之为属地主义原则。由于各国属地主义和属人主义上的差别及同是属地或属人主义，但在具体规定，如公民与居民概念上存在差别，甚至不同国家对居民身份的判定标准也不相同，这也为国际税收筹划带来了大量机会。以自然人居民为例，德国的判定标准是：①在一个日历年度中在德国停留超过 6 个月；②在一年中累计停留了 6 个月以上。韩国的判定标准是：①在韩国有住所或至少 1 年的居所；②在韩国有 1 年及 1 年以上的就业岗位。而我国对自然人居民的判断标准是：①在境内有习惯性住所；②在境内虽无习惯性住所，但在境内居住，而且居住时间满 1 年。由于各个国家对居民身份的判定标准不同，从理论上来说，一个人有可能不成为任何一个国家的居民，从而减轻自己的税负。

第三，税率的差异。各国税率高低不一，而且有的采取比例税率，有的采取累进税率。对纳税筹划者来说，税率高低和税率类型的差异就是税收筹划的基础。纳税人可以通过人的流动或资金所得的流动避开高税负国的税负。另外，一些国家还对同一税种在不同纳税申报方式下的税率作出了差异化规定，为纳税人进行税收筹划提供了较大空间。表 1-1 显示了 2010 年不同纳税申报方式下美国个人所得税的税率，对于相同的家庭收入水平，如果选择不同的申报方式，其税负水平存在一定差别，纳税人可以根据实际情况灵活选择有利于自身利益的申报方式。

表 1-1 　　　　　　　　2010 年美国个人收入所得税的税率情况

单位：美元

| 税率 | 单身个别报税 | 夫妻合报 | 夫妻各自申报 | 一家之主报税 |
|---|---|---|---|---|
| 10% | <8 375 | <16 750 | <8 375 | <11 950 |
| 15% | 8 375~34 000 | 16 750~68 000 | 8 375~34 000 | 119 500~45 500 |
| 25% | 34 000~82 400 | 68 000~137 300 | 34 000~68 650 | 45 500~117 650 |
| 28% | 82 400~171 850 | 137 300~209 250 | 68 650~104 625 | 117 650~190 550 |
| 33% | 171 850~373 650 | 209 250~373 650 | 104 625~186 825 | 190 550~373 650 |
| 35% | >373 650 | >373 650 | >186 825 | >373 650 |

第四，税基的差异。例如，所得税税基为应税所得，但在计算应税所得时，各国对各种扣除项目规定的差异可能很大。许多发展中国家，政府为了吸引外商前来投资，在涉外税法中作了一些优惠规定，还在一定程度上缩小了税基。有许多国家规定某项成本费用可以扣除，但另一国家可能不予扣除，这就引起税基范围的差别。

第五，税收优惠力度的差异。许多国家，尤其是发展中国家，经济发展迫切需要大量投资。在国内资金不足的情况下，这些国家便大力吸收外国投资，为达此目的，这些国家采用了大量的税收优惠措施，为投资者提供了减免税及纳税扣除，不惜代价来吸引国外投资。各种税收优惠措施使得实际税率大大低于名义税率，为跨国纳税人进行国际税收筹划提供了许多机会。由于各种优惠措施是税法中明确规定的，所以人们利用这些措施也是合理的。此外，各国税收优惠措施存在程度上的差异，这自然为跨国纳税人选择从事经营活动的国家和地区提供了回旋余地。

在税收实践中，除了税收制度和政策的导向性差异，税收法律制度也会存在自身难以克服的各种纰漏，如税法、条例、制度不配套，政策模糊、笼统，内容不完整等，这也为企业进行税收筹划提供了有利条件。

### 3. 税收法制环境和税收征管体系的完善

税收筹划的产生与一国的税收法制环境和征管水平息息相关。当一个国家的税收法制很不健全、税收征管水平很低时，一部分纳税人通过各种方式疏通税务机关而达到少缴税的目的，另一部分纳税人则倾向于偷税、漏税甚至出现抗税，还有一部分纳税人则任凭税务机关多征、强征税款。纳税人一般采取媚从或屈从税务机关的态度，而很少考虑税收筹划。在这一特定阶段，由于法制不健全，腐败泛滥、涉税犯罪猖獗，税收筹划基本上没有生存的空间。但随着税法体系的完善、税收执法力度的加强及税收征管水平的提高，通过各种违法手段减轻税负的空间日趋缩小，而腐败的税务官员得到惩治的概率亦在提升，越来越多的纳税人开始考虑如何在不违法的前提下降低税负，在这一阶段，偷税、漏税、避税、节税同时并存。由此，税收筹划开始萌芽、发展。当一个国家或地区的税收法制环境和税收征管水平达到较高境界时，尽管仍然存在涉税犯罪、违法现象，但社会已然形成纳税要合法的整体意识，借助税收筹划，合法减少税赋，成为大多数纳税人的首选。对税务机关而言，也逐渐认识到税收筹划的积极意义，税收筹划成为全社会认同的一种理财模式，成为纳税人减轻税负的主流选择。

## 二、税收筹划的发展

税收筹划工作在国外开展得较早，也非常普遍。随着社会经济的发展，税收筹划日益成为纳税人理财或经营管理整体中不可或缺的重要组成部分。尤其一些跨国公司，其所面对的是不同的国家和地区的税收政策及复杂的国际税收环境，税收筹划方案是其管理层进行重大决策的重要依据。在以跨国公司为代表的纳税主体、以提供税收筹划服务的社会中介机构和税务部门为代表的税收筹划利益相关者的共同推动下，税收筹划呈现出"全球性、长远性、专业性、市场性"的新趋势。社会中介组织，包括会计师事务所、审计师事务所和税务代理所业务中很大一部分收入来自于为客户提供税收筹划服务。尽管税收筹划在促进企业和经济发展方面发挥了很大作用，但在实践中，多数国家都出现了不同程度的恶意税收筹划。20世纪90年代中期之后，由于企业经营模式、金融市场和全球化运营变得愈加复杂，税制及法律体系日益变化，不断发展的信息技术工具使更加复杂且精密的分析、金融产品得以实现和产生等外部经济环境迅速变化，受税务中介之间竞争残酷，某些国家税务咨询行业相对宽松的自律环境，及收费与纳税人通过税收筹划获取的税收利益挂钩等内部环境的影响，某些国家的税务中介不断推出挑战税法极限的税收筹划,逐渐形成了税务中介有意愿、有能力推广高风险避税方案的氛围,严重威胁了税务机关的税收征收和管理。特别是国际避税地的存在为跨国纳税人进行国际避税活动提供了极大的便利。根据税收正义网络组织的保守估计,由于避税地的存在,全球每年流失 2 500 亿美元的税款。美国国会常设调查委员会经过 3 年的调查表明,美国每年 3 450 亿美元的税收流失中,有 1 000 亿美元源于避税地滥用[①]。目前,国际社会对遏制利用避税地进行恶意税收筹划达成了共识。2009 年,二十国集团在伦敦峰会上公布了避税地名单,世界各国也陆续出台了遏制避税地的法案。为了防止恶意避税给国家带来的税收流失,世界各国在税收立法、税收征管等方面不断推出新的反避税措施,加大反避税力度。例如,在税收立法方面不断完善反避税立法,如对避税港投资进行限制、规范转让定价、针对资本弱化制定一系列措施和法规等。许多国家先后仿效美国实行转让定价法规,要求跨国交易作价遵守公平交易原则。在税收征管方面,寻求国际税收征管领域的合作和协调,来解决逃避税和国际税收冲突。从纳税人有关资料信息的获取,到反避税审计、调整方法都不断改善和加强,实质重于形式这一原则得到日益广泛的运用。

过去很长一段时期内,税收筹划在我国被人们视为神秘地带和禁区,直到 1994 年我国第一部由中国国际税收研究会副会长、福州市税务学会会长唐腾翔与唐向撰写的《税收筹划》的专著由中国财经出版社出版,才揭开了税收筹划在我国的神秘面纱。该书把税收筹划和避税问题从理论上予以科学的界定,正确区分了避税与税收筹划的界限,引导企业正确理解税收筹划,并提醒企业必须遏制避税。6 年后,在《中国税务报》筹划周刊上,出现了"筹划讲座"专栏。税收筹划由过去不敢说、偷偷地说,到现在敢说且在媒体上公开地说,是一次社会观念与思维的大飞越。现今,税收筹划已经开始悄悄地进入人们的生活,企业的税收筹划欲望不断增强,筹划意识也在不断提高,而且随着我国税收环境的日益改善和纳税人依法纳税意识的增强,税收筹划更被一些有识之士和专业税务代理机构看好,不少机构已开始介入企业税收筹划活动。北京、深圳、大连等税收筹划较为活跃的地区,还涌现出不少税收筹划专业网站。社会上的各种有关税收筹划的培训班也异常火爆,人满为患。税收筹划正日益为人熟知和接受。

然而,由于这项工作的开展要受到诸多客观条件的制约,如市场经济体制的建立和完善、法律法规的健全和落实、企业和社会的认知程度、税收筹划服务机构、税收筹划人员的业务素质、运作水平等,因此税收筹划在我国实务界开展得较晚,在实践中还存在不少问题,主要表现在以下几个方面。

(1)纳税人对税收筹划的认识不到位,税收征管水平有待提高,影响了纳税人对税

---

① 数据来自 OECD 内部资料:The OECD in the Media:Tax Evasion and Bank Secrecy,2008-02-11。

收筹划的选择和应用。随着我国市场经济的发展及宏观税负的不断攀升，纳税人减轻税负的愿望越来越强烈。但不少纳税人依法纳税的意识还比较淡薄，仍然倾向于通过财务造假等违法行为达到偷漏税目的。而且，我国税收筹划的理论研究比较滞后，税收筹划的基本知识也未能得到有效普及，许多纳税人对税收筹划的内涵、特点和要求都缺乏清晰的认知，甚至将其与偷漏税等违法行为等同起来，这在很大程度上制约了纳税人税收筹划工作的开展，有些纳税人的税收筹划行为在无形当中演变成为涉税违法行为。与此同时，与多数发达国家相比，我国税收征管水平相对偏低，一些地区税务征管人员的素质不高，依法征税的意识不强：一方面，对纳税人实际存在的涉税违法行为不能及时发现和查处，人为降低了逃避缴纳税款、漏税、骗税等行为的成本，在很大程度上纵容了纳税人通过涉税违法行为减轻税负的侥幸心理；另一方面，诱使不少纳税人花费很多精力与税务机关疏通关系，不利于提高纳税人进行有效税收筹划的积极性，同时也使得税务咨询机构丧失了一部分市场，造成市场需求短板。

（2）税务代理发展缓慢，影响了纳税人对税收筹划服务的需求。税收筹划是一种高层次的理财活动，需要在相关涉税业务发生之前，准确把握业务的过程和环节所涉及的税种，国家现有的税收优惠政策，涉及的税收法律法规中存在的可以利用的立法空间等，利用税法提供的空间和税收优惠政策达到节税目的。这就要求税收筹划人员应当是高智能复合型人才，需要具备法律、税收、财务会计、统计、金融、数学、管理等各方面的专业知识，还要具有严密的逻辑思维、统筹谋划的能力。筹划人员在进行税收筹划时不仅要精通税法，随时掌握税收政策变化情况，而且要非常熟悉企业业务情况及其流程，制定出不同的纳税方案，优化选择进而作出最有利的决策。目前大多数企业缺乏从事这类业务的专业人才，难以进行有效的税收筹划，而且，税收筹划为企业创造效益的机会稍纵即逝，需要有专业训练的税务专家适时为其出谋划策。因此，税务代理机构的发展十分重要。根据中国注册税务师协会的统计，截至 2011 年 12 月 31 日，全国从事经营的税务师事务所共 4 667 户（包括税务师事务所的子所和异地分所），比 2010 年的 4 335 户增加了 332 户，增长了 7.66%。在从业人员数量方面，2011 年税务师事务所从业人员 90 107 人，比 2010 年的 84 363 人增加了 5 744 人，执业注册税务师 34 246 人，占从业人员总数的 38.01%。我国目前虽存在不少税务代理咨询机构，但从业人员的素质参差不齐，高学历从业人员的比重明显偏低。2011 年，税务师事务所从业人员的学历结构呈金字塔结构，从业人员以大专学历的人员为主，其次为本科学历，研究生以上的人员最少。其中，研究生及以上学历的从业人员占比仅为 2.22%，本科学历从业人员占比为 39.03%，而大专及以下学历的从业人员比重高达 58.75%。在执业注册税务师中，研究生及以上学历的人员占比也仅为 3.96%。总体来看，在税收筹划方面能够满足市场需求的高素质专业人才十分匮乏，有些理论上的专家在实践操作中反而变成了所谓的"砖家"，进而影响了纳税人对税务代理服务的需求。

（3）税法建设与宣传滞后，增加了纳税人及其代理人进行税收筹划的难度。税法是进行税收筹划最直接的法律依据，与多数发达国家相比，我国税法的权威性不高，政策法规不完备，现有的税收实体法中，经全国人大及其常委会立法的只有《中华人民共和国个人所得税法》、《中华人民共和国企业所得税法》和《中华人民共和国车船税法》三部，其余大都为国务院颁布的暂行条例，此外，国家税收主管部门、地方人大和地方政府也有权制定不同层次和效力的税法。由于现有税法的内容不够完备，再加上我国的税制改革正在不断推进，在实践中，相关税收立法部门会根据实际需要出台大量补充性的通知，使得我国税法复杂多变，而且也增大了税收执法过程中的自由裁量权。同时，我国税法宣传还存在不少问题。比如，税收宣传形式单一，缺乏深度，较少得到纳税人和广大民众的普遍认同；宣传内容过于主观，缺少针对性，税收宣传的实际效果不佳；宣传停留在税务机关一家"独唱"阶段，未形成合力，整个税收宣传工作过于分散、不够系统，没有形成广泛参与的良好氛围；宣传缺乏长远规划，往往一个阶段集中进行大规模宣传，却忽视长期、持久性的宣传，导致国家政策、税收法令不能深入人心。如此一来，纳税人和税务代理机构难以全面、及时、准确地把握税法的相关规定，从而难以据此进行有效的税收筹划。

（4）企业管理水平不高，影响了税收筹划的实效。税收筹划是企业管理的重要内容，而企业的管理水平也是影响税收筹划效果的重要因素。税收筹划是纳税人在从事投资和经营活动之前把税收作为影响最终成果的一个重要因素来进行决策，在纳税义务发生之前就对自己的纳税方式、规模作出安排，不同于纳税义务发生之后才想办法规避纳税义务的逃税行为。同时，企业要选择使税后利润最大化的方案，而不一定是税负最轻的方案，这就要求企业从全局角度、以整体观念来看待不同方案，而不是把注意力仅局限于税收负担大小上，否则会误导经济行为或造成投资失误。为此，企业管理人员不仅要熟悉相关税法、会计法、经济法知识，还要对未来的经营情况有一定的预测能力，对企业的经济活动有一定的财务分析能力。但是，我国许多企业特别是中小企业管理水平不高，会计核算比较混乱，企业的财务人员和管理人员缺乏有效沟通和协调，这些都在一定程度上制约税收筹划的实际效果。

## 第三节　税收筹划的特点及原则

### 一、税收筹划的特点

#### 1. 合法性或非违法性

合法或不违法是税收筹划最基本的要求，也是税收筹划区别于逃避缴纳税款、漏税、骗税、抗税等涉税行为的基本标志。需要强调的是，不违法与合法并不等价，现实中的法律可能会存在"真空"，对某些事项并未作出明确规定，纳税人的行为如果恰好触及了这些真空地带，我们充其量仅能称其"不违法"，而不能称其为"合法"。通常认为，纳税人利用税法或其他法律法规的疏漏或模糊之处进行的涉税行为安排是不违法的，它也是税收筹划的一种形式。但是，如果纳税人的某些涉税行为是税法或其他法律法规明确允许的，甚至是鼓励的，则认为它是合法的。合法性或非违法性有两方面的含义：一是筹划方案要符合或者不违反有关法律法规的规定；二是筹划方案在实施过程中要符合或不违反法律法规的规定。

2. 事先性

在经济活动中，纳税义务通常具有滞后性。企业交易行为发生之后有纳税义务才缴纳各种流转税；收益实现或分配之后，才缴纳所得税；财产取得之后，才缴纳财产税；等等。这在客观上提供了纳税前事先作出筹划的可能性。税收筹划不是在纳税义务发生之后想办法减轻税负，而是在应税行为发生之前通过纳税人充分了解现行税法知识和财务知识，结合企业全方位的经济活动进行有计划的规划、设计、安排来寻求未来税负相对最轻、经营效益相对最好的决策方案的行为，具有超前性特点。如果经营活动已经发生或者应纳税收已经确定再去偷漏税或欠缴税款，都不能认为是税收筹划。

3. 风险性

成功的税收筹划可以给企业带来多种收益，实践中，人们往往只认识到税收筹划的巨大利益，而对税收筹划风险估计不够，造成了纳税人财力、精力等的浪费，得不偿失。所谓税收筹划风险是指纳税人在进行税收筹划因各种不确定因素的存在，使筹划收益偏离纳税人预期结果的可能性。税收筹划风险来源于税收筹划过程中纳税人自身及所依存的环境的各种不确定性。具体来看，税收筹划的风险主要包括以下四个方面。

（1）政策风险。企业的税收筹划活动往往与国家政策特别是国家的税收政策密切相关。但在国家相关政策既定的条件下，纳税人对政策的理解和选择可能会发生偏差，对政策的基本要求缺乏全面了解，可能导致自己的行为出现失误，这种风险称为政策选择风险。比如，正常情况下，固定资产采用加速折旧方法相对于直线折旧方法更有利于实现递延纳税，但税法对可以采用加速折旧方法的固定资产是有限制的，主要包括：由于技术进步，产品更新换代较快的固定资产；常年处于强震动、高腐蚀状态的固定资产。如果企业的固定资产并不符合税法中加速折旧的条件，而企业却采用了相应的加速折旧方法，会导致税收筹划的失败。另一方面，一个国家的税收政策通常不是一成不变的，很多政策常常处于动态的变化当中，如果纳税人未能及时了解相关政策的最新变化，仍然将税收筹划方案建立在原有的政策基础之上，则很有可能导致不必要的损失，这种风险称为政策变更风险①。比如，过去许多企业倾向于通过资本弱化②的方式规避企业所得税，税法对关联企业之间的债权性投资和权益性投资的比例并无限制，但 2008 年实施新的企业所得税法以后，上述情况发生了变化。《中华人民共和国企业所得税法》第四十六条规定，企业从其关联方接受的债权性投资与权益性投资的比例超过规定标准而发生的利息支出，不得在计算应纳税所得额时扣除。《财政部国家税务总局关于企业关联方利息支出税前扣除标准有关税收政策问题的通知》（财税〔2008〕121 号）对企业从其关联方接受的债权性投资与权益性投资的比例作出了明确规定，其中，金融企业为5∶1，其他企业为 2∶1，企业实际支付给关联方的利息支出，不超过以上规定比例和税法及其实施条例有关规定计算的部分，准予扣除，超过的部分不得在发生当期和以后年度扣除③。新规定出台后，企业通过资本弱化进行筹划的空间受到很大限制，如果对债权性投资和权益性投资的比例安排不当，将无法取得预期效果。

（2）成本风险。从辩证的角度看，成本与收益是一个矛盾的密不可分的两个方面，任何一项有利可图的决策，其背后都要付出与之相应的成本，税收筹划也不例外。税收筹划成本是指由于采用筹划方案而增加的成本，包括时间成本、人力成本、心理成本、货币成本及风险成本等多种类型成本。成本的大小和税收筹划收益的对比直接导致筹划的成功与否。例如，如果企业采用分立企业的形式进行税收筹划，那么就应该考虑企业的注册、管理、经营等费用，还需要考虑新设立企业的税收成本，以及关联企业之间的风险成本。从理论上分析，只有当新发生的费用或损失小于取得的收益时，该筹划方案才是合理的。如果在筹划时对成本和收益的预测不够准确和全面，或者筹划方案的设计本身不够恰当，或者筹划方案在实施过程中出现偏差，或者纳税人的经济活动出现了未预期的变化，进而导致筹划的费用或损失大于取得的收益，那么筹划方案就是失败的。因此，对一个成功的筹划方案来讲，收益和成本的比例应该控制在一个理想的范围内。

（3）征纳双方认定差异的风险。税收筹划的政策风险之一就是政策选择错误的风险，即自认为采取的行为符合一个地区或国家的政策精神，但实际上会由于政策的差异造成相关的限制或打击。严格意义上的税收筹划应当是合法的，符合立法者的意图，但这种合法性还需要税务行政执法部门的确认。在这一确认过程中，客观上存在着税务行政执法偏差，从而产生税收筹划失败的风险。因为我国税法对具体的税收事项常留有一

---

① 政策变更风险，又称为时效性风险。

② 资本弱化是指企业通过加大借贷款（债权性筹资）而减少股份资本（权益性筹资）比例的方式增加税前扣除，以降低企业税负的一种行为。借贷款支付的利息，作为财务费用一般可以税前扣除，而为股份资本支付的股息一般不得税前扣除，因此，有些企业为了加大税前扣除而减少应纳税所得额，在筹资时多采用借贷款而不是募集股份的方式，以此来达到避税的目的。

③ 企业如果能够按照税法及其实施条例的有关规定提供相关资料，并证明相关交易活动符合独立交易原则的，或者该企业的实际税负不高于境内关联方的，其实际支付给境内关联方的利息支出，在计算应纳税所得额时准予扣除。

定的弹性空间，即在一定的范围内，税务机关拥有自由裁量权，再加上税务行政执法人员的素质又参差不齐，这些都客观上为税收政策执行偏差提供了可能性。也就是说，即使是合法的税收筹划行为，结果也可能因税务行政执法偏差而导致税收筹划方案或者在实务中根本行不通，从而使方案成为一纸空文；或者被视为偷税或恶意避税而加以查处，不但得不到节税的收益，反而会加重税收成本，产生税收筹划失败的风险。

（4）信用风险。如果纳税人的税收筹划因操作不当被判定为涉税违法行为，那么该企业的声誉将会因此遭受严重损失，企业在客户和社会公众心目中的形象会大打折扣，对其日后的经营活动带来很大负面影响。除此之外，涉税违法行为的认定还可能会导致税务机关更加严格的稽查，更加苛刻的纳税申报条件及程序，从而增加了企业的纳税申报时间及经济上的成本。2014 年 8 月 25 日，国家税务总局发布了《纳税信用评价指标和评价方式（试行国家税务总局公告 2014 年第 48 号）》（简称《评价指标》），自 2014年 10 月 1 日起，全国税务系统将根据此指标体系，采用年度评价指标得分和直接判级相结合的方式评价纳税人的纳税信用。《评价指标》依据法律法规的相关规定，针对纳税人涉税行为是否违法违规，参考失信行为中体现的纳税人主观态度、能力遵从、实际结果和失信程度等，分别设计了 1 分、3 分、5 分、11 分的扣分标准。纳税人的筹划行为如果违反了税收法律法规，将会直接影响自身信用，进而导致相应损失。

4. 专业性

税收筹划涉及税收、会计、统计、数学、管理等多门学科知识，是一项高智力的活动，需要周密的规划、广博的知识，需要筹划人员具有良好的专业知识和技能。税收筹划的专业性有两层含义：一是指企业的税收筹划需要由财务、会计，尤其是精通税法的专业人员进行；二是现代社会随着经济环境日趋复杂，各国税制也越趋复杂，仅靠纳税人自身进行税务筹划已显得力不从心，税务代理、咨询及筹划业务应运而生，税务筹划呈日益明显的专业化特点。

5. 方式多样性

每个税种都有其特定的构成要素，各税种在纳税人、征税对象、税目、税率、课税环节、减免税等方面都存在着差异，尤其是各国税法、会计核算制度、投资优惠政策等方面的差异，这就给纳税提供了寻求低税负的众多机会，也就决定了税收筹划在全球范围内的普遍存在和形式的多样性。纳税人可以结合自身实际，选择一个或者同时选择几个切入点进行税收筹划。

6. 全局性

税收筹划影响的不仅仅是税收，还会涉及企业生产经营的其他方面，需要多个部门的协同配合。具体来说，税收筹划的全局性可以从以下两个层面理解。其一，税收筹划可能影响企业的决策。税收筹划牵一发而动全身，企业的各种决策都是在考虑了相关因素后才作出的。当企业把税收作为一个因素加以考虑时，决策就可能会发生改变。从这一点看，税收筹划的影响具有全局性。其二，税收筹划需要多个部门配合完成。税收筹划并不只是财务一个部门的事情，企业内部税收筹划工作的顺利开展，离不开财务部门与其他相关部门的密切配合。如果财务部门从税收筹划的角度出发，与其他相关部门共同寻求最佳方案，就可以实现企业利益的最大化。比如，对于一个房地产企业而言，开发销售毛坯房和精装房的税负存在很大差别，究竟作出哪种选择依赖于企业的决策部门、管理部门及财务部门等的共同参与。

## 二、税收筹划的原则

### (一) 守法原则

税收筹划是在遵守税收法规、税收政策、税收征收程序的基础上选择实施的途径，在国家法律法规及政策许可的范围内降低税负、获取利润的。合法或不违法是税收筹划的底线。纳税人进行税收筹划时必须熟悉税法及其他相关法律法规和政策的基本规定，准确把握合法、不违法和非法的界限。在实际操作中，要避免以下两种情况：一种某些纳税人往往对税法及其他相关法律法规和政策的理解有偏差或筹划动机不纯，筹划的最终结果成为了恶意避税或者逃避缴纳税款的情况；另一种是因纳税人疏忽和过失造成少缴税款的情况，尽管纳税人并非主观故意，但其疏忽过失行为也违反了法律。还需要说明的是，究竟何为"非法"，何为"非违法"，何为"合法"，完全取决于一国的国内法律，没有超越国界的法律的同一标准。在一国为非法的事情，也许到了另一国就变成了天经地义的事情，离开了各国的具体法律，很难从一个超脱的国际观点来判断哪一笔交易、哪一项业务、哪一种情况是非法的。

【案例 1-4】①

2013 年年底，某电梯销售公司的王会计在书店里看到一本《税收筹划大全》，发现书中一个案例与其所在公司情况很相似：近期该公司有一笔业务，销售量近80 万元，购销双方正在商谈价格相关事宜。王会计仔细研读该案例后，向公司老板献策："按公司以前的做法，销售电梯按 17% 的税率就全部收入缴纳增值税，以这笔业务 80 万元的销售额计算，需要缴纳增值税 11.62 万元 [80 － (80 ÷ 1.17)]。"随后，王会计介绍了自己的筹划方案：根据《增值税暂行条例实施细则》的规定，纳税人的下列混合销售行为，应当分别核算货物的销售额和非增值税应税劳务的营业额，并根据其销售货物的销售额计算缴纳增值税，非增值税应税劳务的营业额不缴纳增值税；未分别核算的由主管税务机关核定其货物的销售额。如果公

① 朱益军，金柳江. 一次失败筹划补缴大笔税款 [N]. 中国税务报，2010-5-31.

司与购买方签订合同时，把电梯的销售价定为 60 万元，安装费定为 20 万元，应收账款同样为 80 万元，应缴纳增值税 8.72 万元 [60－（60÷1.17）]，营业税 0.6 万元（20×3%），合计 9.32 万元。与 11.62 万元相比，公司少缴税款 2.3 万元。这个方案得到了购销双方的认同。

2014 年 5 月，当地税务部门对全市中小企业进行抽查，该电梯销售公司被列为抽查对象。王会计对此并不担心，因为自己有十多年的工作经验，公司账目清晰，税款分文不少，各项税负指标均在标准范围之内。不料，抽查后的第二天，税务人员打来电话约请王会计说明检查发现的异常情况。税务人员问："2013 年，你公司有一笔销售总额为 80 万元的业务，增值税的计算方法不正确吧？"王会计连忙拿来了销售合同和那本《税收筹划大全》，并把筹划过程及计算方法仔细地讲述了一遍。但税务机关最终还是判定公司应补缴增值税 2.3 万元，并将接受相应的其他处罚。

思考：税务机关作出上述判定的理由何在？

【解析】

根据《中华人民共和国增值税暂行条例实施细则》第五条第一项的规定，销售行为如果既涉及货物又涉及非增值税应税劳务，为混合销售行为。除本细则第六条的规定外，从事货物的生产、批发或者零售的企业、企业性单位和个体工商户的混合销售行为，视为销售货物，应当缴纳增值税；其他单位和个人的混合销售行为，视为销售非增值税应税劳务，不缴纳增值税。而《中华人民共和国增值税暂行条例实施细则》第六条规定："纳税人的下列混合销售行为，应当分别核算货物的销售额和非增值税应税劳务的营业额，并根据其销售货物的销售额计算缴纳增值税，非增值税应税劳务的营业额不缴纳增值税；未分别核算的，由主管税务机关核定其货物的销售额：（一）销售自产货物并同时提供建筑业劳务的行为；（二）财政部、国家税务总局规定的其他情形。"《国家税务总局关于纳税人销售自产货物并同时提供建筑业劳务有关税收问题的公告》（国家税务总局公告 2011 年第 23 号）规定："纳税人销售自产货物同时提供建筑业劳务，须向建筑业劳务发生地主管地方税务机关提供其机构所在地主管国家税务机关出具的本纳税人属于从事货物生产的单位或个人的证明。建筑业劳务发生地主管地方税务机关根据纳税人持有的证明，按本公告有关规定计算征收营业税。"在本案例中，电梯公司虽然分别核算了电梯销售额和安装费，但这里仍有两个条件未能满足：一是电梯并不属于《中华人民共和国增值税暂行条例实施细则》第六条所提及的"自产货物"的范畴，而且，该公司是以销售为主的企业性单位，其经营范围并无电梯安装资质；二是电梯公司也未向建筑业劳务发生地主管地方税务机关提供其机构所在地主管国家税务机关出具的本纳税人属于从事货物生产的单位或个人的证明。另外，《国家税务总局关于电梯保养、维修收入征税问题的批复》（国税函〔1998〕390 号）规定："电梯属于增值税应税货物的范围，但安装运行之后，则与建筑物一道形成不动产。因此，对企业销售电梯（自产或购进的）并负责安装及保养、维修取得的收入，一并征收增值税；对不从事电梯生产、销售，只从事电梯保养和维修的专业公司对安装运行后的电梯进行的保养、维修取得的收入，征收营业税。"因此，本案例中，电梯销售公司收取的安装费应该按照国税函〔1998〕390 号文件规定一并征收增值税，而非单独计算营业税。纳税人由于对相关税收法律法规和正常理解不够全面和透彻，导致了涉税违法行为的出现。

### （二）时效性原则

税收筹划是纳税人在遵守国家税法及其他相关法律法规和政策的前提下进行的一种理财活动。而一个国家的税法及其他相关法律法规和政策是随着经济环境变化不断修正、完善和变动的，一项税收筹划方案在此时是有效的，但在税法变动时可能就是无效的，因此，税收筹划方案的设计和实施必须注重其时效性，密切关注国家财税法规变化，并随着国家税收法律法规变动，及时修订或调整税收筹划方案，来规避税收筹划可能带来的风险。以存货成本计价方法为例，《中华人民共和国企业所得税暂行条例实施细则》（财法字〔1994〕第 3 号）第三十五条规定："纳税人的商品、材料、产成品、半成品等存货的计算，应当以实际成本为准。纳税人各项存货的发生和领用，其实际成本价的计算方法，可以在先进先出法、后进先出法、加权平均法、移动平均法等方法中任选一种。计价方法一经选用，不得随意改变；确实需要改变计价方法的，应当在下一纳税年度开始前报主管税务机关备案。"因此，过去很长一段时期内，纳税人在某些情况下可以根据实际需要通过选择后进先出法进行税收筹划。但 2008 年开始实施的《中华人民共和国企业所得税法实施条例》（中华人民共和国国务院令第 512 号）第七十三条规定："企业使用或者销售的存货的成本计算方法，可以在先进先出法、加权平均法、个别计价法中选用一种。计价方法一经选用，不得随意变更。"不难看出，后进先出法已经退出了历史舞台，基于这种存货计价方法的税收筹划方案已无法奏效。

### （三）综合性原则

税收筹划需要考虑综合性。由于多种税基相互关联，某种税基缩减的同时，可能会引起其他税种税基的增大；某一纳税期限内少缴或不缴税款可能会在另外一个或几个纳税期内多缴。因此，税收筹划需要综合考虑，不能只注重个别税种税负的降低，或某一纳税期限内少缴或不缴税款，而要站在实现纳税人整体财务管理目标的高度，具有长远性的考虑。一般情况下，税收负担的减轻，就意味着纳税人股东权益的增加。但是在一些特殊情况下，税负的降低并不会带来纳税人股东权益的增加。比如，由于税法规定纳税人的借款利息可以在所得税前扣除，因此纳税人利用财务杠杆原理为了追求节税效应，就要进行负债经营。但是利用财务杠杆是有风险的，随着负债比率的提高，纳税人的财务风险及融资成本也必然随之增加，当负债资金的利息率超过了全部资金的息税前利润率时，负债经营就会出现负的杠杆效应，这时候，所有者权益利润率会随着负债比例的升高而下降，因此，纳税人进行税收筹划不能只以税负轻重作为选择纳税方案的唯一标准，而应该着眼于实现纳税人的综合财务管理目标。

税收筹划还必须注重税收与非税因素的权衡，包括税收支出和筹划成本支出的权衡，节税与风险的权衡，节税与现金流的权衡等。比如，现行企业所得税法规定，国家需要重点扶持的高新技术企业减按 15％的税率征收企业所得税，纳税人投资于此种类型的企业虽然可以享受优惠税率，但很多高新技术企业往往经营风险很高，纳税人涉足这一领域未必会盈利，甚至有可能血本无归，纳税人必须谨慎行事。另外，一般认为，递延纳税有利于纳税人获得货币资金的时间价值，相当于纳税人获得了一笔无息贷款，但如果一个企业的现金前松后紧，递延纳税反而不利于企业资金收支的管理，会加剧后期现金流动的紧张，造成企业资金运动困难，甚至产生税款支付风险。

**【案例 1-5】**

A 单位是广东省某市一家非企业性单位，年购进用于经营的存货 1 000 万元（不含税），年销售额为 2 000 万元（不含税），该单位的大部分客户是一般纳税人。根据《中华人民共和国增值税暂行条例实施细则》第二十九条规定，非企业性单位、不经常发生应税行为的企业可选择按小规模纳税人纳税，由于该单位属于非企业单位，其纳税人身份存在一般纳税人和小规模纳税人两种选择。如果选择一般纳税人，其年应缴纳增值税为 170 万元（2 000×17％－1 000×17％）。如果选择小规模纳税人，其年应缴纳增值税为 60 万元（2 000×3％）。因此，该单位负责人认为应该选择小规模纳税人身份。

**【解析】**

单从增值税税负看，A 单位选择小规模纳税人身份是理性的。但 A 单位大部分客户是一般纳税人，这些客户采购货物时必须取得增值税专用发票才能抵扣进项税额，而 A 单位如果选择了小规模纳税人身份，则只能开具普通发票，或者让税务机关代开 3％的专用发票，难以满足客户的实际需要，容易导致产品滞销，销售收入和整体利润减少，节税再多也是枉然。所以，税收筹划者必须明确，税收筹划仅是财务管理的一个组成部分，它追逐的不只是企业的某种税负最轻，而是在纳税约束的环境下，使企业税后利润或企业价值最大化，否则会因小失大。

### （四）保护性原则

保护性原则即账证完整原则。企业应纳税额要得到税务机构的认可，而认可的依据就是检查企业的账簿凭证是否符合要求。完整的账簿凭证，是税收筹划是否合法的重要依据。如果账簿凭证不完整，甚至故意隐藏或销毁账簿凭证就有可能演变为逃避缴纳税款行为。比如，根据《中华人民共和国企业所得税法》和《中华人民共和国企业所得税法实施条例》的相关规定，企业用于开发新技术、新产品、新工艺发生的研究开发费用可以享受加计扣除优惠，即研发费用计入当期损益未形成无形资产的，允许再按其当年研发费用实际发生额的 50%，直接抵扣当年的应纳税所得额；研发费用形成无形资产的，按照该无形资产成本的 150% 在税前摊销。除法律另有规定外，摊销年限不得低于 10 年。但企业享受上述优惠政策是有条件的。《企业研究开发费用税前扣除管理办法（试行）》第九条规定："企业未设立专门的研发机构或企业研发机构同时承担生产经营任务的，应对研发费用和生产经营费用分开进行核算，准确、合理地计算各项研究开发费用支出，对划分不清的，不得实行加计扣除。"第十条规定："企业必须对研究开发费用实行专账管理，同时必须按照本办法附表的规定项目，准确归集填写年度可加计扣除的各项研究开发费用实际发生金额。企业应于年度汇算清缴所得税申报时向主管税务机关报送本办法规定的相应资料。申报的研究开发费用不真实或者资料不齐全的，不得享受研究开发费用加计扣除，主管税务机关有权对企业申报的结果进行合理调整。"因此，如果企业对其发生的研究开发费用的会计处理不符合上述要求，那么试图通过享受加计扣除的优惠政策实现节税的行为将无法得到税务机关的认可。

### （五）风险防范原则

税收筹划的风险是客观存在的，如果无视这些风险，盲目地进行税收筹划，其结果可能事与愿违，因此企业进行税收筹划必须充分考虑其风险性。首先是要防范未能依法纳税的风险。虽说企业日常的纳税核算是按照有关规定去操作的，但是由于对相关税收政策精神缺乏准确的把握，容易造成事实上的偷逃税款而受到税务处罚。其次是不能充分把握税收政策的整体性，企业在系统性的税收筹划过程中极易形成税收筹划风险。比如，有关企业改制、兼并、分设的税收筹划涉及多种税收优惠，如果不能系统地理解运用，很容易发生筹划失败的风险。另外税收筹划之所以有风险，还与国家政策、经济环境及企业自身活动的不断变化有关。比如，在较长的一段时间里，国家可能会调整有关税法，开征一些新税种，减少部分税收优惠等。为此企业必须随时作出相应的调整，采取措施分散风险，争取尽可能大的税收收益。

# 第四节　税收筹划的目标和意义

## 一、税收筹划的目标

税收筹划的目标有许多表述，如税负最小化、利润最大化、整体利益最大化、净现金流最大化、企业价值最大化等。税负最小化是一种浅层次的认识，有一定的片面性，而利润最大化容易导致企业经营者追求短期利润，造成行为短期化，不利于企业长期稳定发展。由于税收筹划与企业财务系统之间存在着融合与互动的关系，那么探讨税收筹划目标，就不可能不考虑企业财务管理的目标。从财务管理目标的演变过程来看，经历了筹资最大化、利润最大化阶段，目前已经走向企业价值最大化阶段。所谓企业价值最大化，是指通过企业财务上的合理经营，采用最优的财务政策，充分考虑资金的时间价值和风险与报酬的关系，在保证企业长期稳定发展的基础上，使企业总价值达到最大。企业价值最大化具有深刻的内涵，其宗旨是把企业长期稳定发展放在首位，着重强调必须正确处理各种利益关系，最大限度地兼顾企业各利益主体的利益。从科学发展观来看，企业价值最大化目标更强调企业的持续发展能力。因此，相对于税负最小化和利润最大化目标而言，以企业价值最大化为目标的税收筹划是税收筹划发展的高级阶段。

从企业价值的计算原理上来看，企业价值就是企业未来现金流量的折现值，其影响因素主要有两个：一是企业未来的现金流量；二是折现过程中所使用的折现率。由此可以推出提高企业价值的三种途径：第一，增加未来的现金流量，这能够直接提高未来现金流量的折现值，即企业价值；第二，使未来的现金流量提前，这种做法尽管不能增加现金流量的总额，但由于改变了现金流量的分布状况，使前期现金流量增加，后期现金流量减少，无疑也能提高未来现金流量的折现值，即企业价值；第三，降低折现率，在其他条件不变的情况下，即意味着企业价值的增加。

立足企业价值最大化目标，税收筹划的具体目标应包括以下几方面。

（1）减少应纳税额。企业对直接减轻税收负担的追求，是税收筹划产生的最初动因。企业缴纳税款，会导致企业现金流量的减少，而通过税收筹划，减少企业的应纳税额，无疑会直接增加企业的现金流量，从而会增加企业价值。

（2）实现延迟纳税。一般来说，企业在一定时期内应纳税总额不变的条件下，如果能够通过税收筹划改变应纳税额在各个纳税期的分布，做到"前少后多"，实现税收递延，则有利于企业的现金流量提前，提高企业价值。而且，延迟纳税不仅可以通过使现金流量提前提高企业价值，而且还具有增加现金流量，从而提高企业价值的效果。因为企业通过延迟纳税，相当于从政府获得了一笔无息资金，假如企业每期都将 10 万元的税款延迟一年缴纳，即相当于第一年获取 10 万元无息贷款，第二年虽然要偿还这笔"贷款"，但是该年又可以获取 10 万元的无息"贷款"，这笔"贷款"应在第三年还，第三年在偿付第二年的"贷款"时，又可以获得 10 万元的"贷款"……如此反复下去，则相当于一笔 10 万元的贷款永远不用清偿。通过这笔资金的运作，企业也可以获得一定的收益，从而增加企业的现金流量和企业价值。不过，延期纳税在某些情况下也可能会给企业带来不利影响，企业是否选择延期纳税还必须充分考虑企业的盈亏状况、税收优惠政策及现金流等因素。此外，考虑延期纳税给企业带来的货币时间价值的同时，还要考虑边际税率因素，因为边际税率的改变可能会抵消货币时间价值的作用。

（3）力求涉税零风险。涉税风险是指纳税人在对纳税而采取各种应对行为时，所可能涉及的风险，主要包括以下几个。一是经济风险。纳税人如果多交了税，虽然可以在法律上免除违法责任与风险，但是其自身利益却会受到损害，承担经济受损的风险。比如，某公司主管会计小李由于没有弄清进项税额的抵扣要求，误认为是将本期认证的增值税专用发票用于下期申报增值税时抵扣，导致做账会计小张在 2 月份将已认证未抵扣的一张增值税专用发票漏报，该发票现已过抵扣期限，使公司多交了税款。二是法律风险。纳税人如果为了减轻税收负担而选择逃税，虽可达到少交税目的，但是却由此要承担可能造成的法律风险，最终遭到法律的惩罚。三是心理风险。纳税人逃税在承担法律风险的同时，还要承受由此所造成的心理负担。四是"权力税"风险。目前我国税收管理体制及税收执法环境不够完善，"权力税"具备存在的条件。一些企业为了达到少交税的目的，通过寻租行为，利用关系为自己少交税服务。在这种情况下，应该看到"权力税"是一种涉税违法行为，要为此承担法律风险和心理风险，而且寻租成本高昂。所谓涉税零风险是指企业账目清楚，纳税申报正确，缴纳税款及时、足额，不会出现任何关于税收方面的处罚，即在税收方面没有任何风险，或风险极小到可以忽略不计的一种状态，它可以使企业避免不必要的经济损失和名誉损失，有利于企业的生产经营，也能减轻纳税人担心受罚的精神成本。涉税风险对企业价值的影响，是通过折现率来体现的，如果企业的涉税风险很低，则折现率就比较低，从而在其他条件不变的情况下提高了企业价值；如果企业涉税风险很高，则折现率就比较高，从而在其他条件不变的情况下，就降低了企业价值。

需要说明的是，税收筹划的具体目标不是截然分开的，不同企业可以有不同的具体目标，同一企业在同一时期可能有几种具体目标，其不同时期的具体目标可能有所不同，有所侧重。

## 二、税收筹划的意义

### （一）有利于增进纳税人的经济利益

从个体纳税人的角度看，税收增加了纳税人的支出，是对纳税人经济利益的一种侵蚀。通过有效的税收筹划，可以帮助纳税人在不违法的条件下减少应纳税额，进而增加税后收益，或者通过递延纳税获得货币资金的时间价值，或者通过降低企业的涉税风险减少纳税人的风险成本，这些都有利于纳税人的经营和发展。与此同时，企业税负的降低也为企业主动下调产品价格提供了空间，有利于形成企业产品的价格优势，进而提高产品的市场竞争力。

### （二）有利于提高纳税人依法纳税的意识

税收筹划是纳税人依法纳税意识提高到一定阶段的体现。一般来说，依法纳税意识淡薄的纳税人更倾向通过偷漏税等手段去追求税收利益，而依法纳税意识较强的纳税人更倾向通过税收筹划去最大化自身经济利益。反过来，税收筹划的开展也有助于进一步强化纳税人依法纳税的意识，这是因为，税收筹划的底线是合法或不违法，纳税人如果既要追求税收利益，又不至于因出现违法行为而受到处罚，就必须熟知税法及其他相关法律法规和政策的相关规定，以及违反这些规定可能付出的代价，并在此基础上对自己的行为作出合理安排，这对于提高纳税人依法纳税的意识无疑具有积极的推动作用。

### （三）有利于企业加强内部财务管理，提高经营管理水平

税收筹划要在经营活动开展前对经营活动进行全面安排，这要求企业详细制订财务计划和投资筹资计划，并能准确预测出资本成本和投资效益，这对企业内部财务管理提出了较高要求。与此同时，税收筹划的保护性原则要求企业必须完善会计核算，企业的会计凭证要真实完整，会计账簿设置和记录要符合税法要求。这些对于促进企业经营管理的规范化具有重要作用。

### （四）有利于促进税法的完善

从长期来看，一个国家的税法总是处于一个动态的完善过程当中。但在短期内，税法仍可能存在覆盖面上的空白、衔接上的间隙处和掌握上的模糊处，而且，相关立法部门可能尚未意识到税法的漏洞或不足之处。许多纳税人恰恰利用了税法的漏洞或不足之处去规避税负，进而给国家带来税收流失。随着时间的推移，相关立法部门逐步意识到了相关法律法规的缺陷，进而采取措施去弥补这些缺陷。渔网理论阐述的思想主要是：为了打鱼，渔民首先要编织渔网，但在打鱼过程中必然出现一些漏网之鱼。鱼之漏网，原因在网，鱼从网中钻出是鱼渴望生存的天性使然，渔民不应该埋怨鱼，而应想办法编好自己的网。比如，在我国内外资企业所得税制统一之前，许多跨国公司在国际避税地注册子公司，通过转让定价将大量利润转移到并长期保留在避税地的子公司，这样一来，只要避税地的子公司不向母公司分配股息或红利，母公司对其应取得的投资收益就无须申报纳税，影响了国家税收的及时足额入库。2008 年 1 月 1 日开始实行的《中华人民共和国企业所得税法》第四十五条规定：由居民企业，或者由居民企业和中国居民控制的设立在实际税负明显低于本法第四条第一款规定税率水平的国家（地区）的企业，并非由于合理的经营需要而对利润不作分配或者减少分配的，上述利润中应归属于

该居民企业的部分，应当计入该居民企业的当期收入。从很大程度上讲，正是企业避税行为的发生催生了相关反避税条款的出台，从而大大减小了企业的避税空间。这种"道高一尺，魔高一丈"的避与堵，大大加快了税制建设进程，促使税法不断趋于完善。纳税人通过各种避税安排给国家带来的税收流失也可以视为一国税法完善所支付的代价。

### （五）有利于国家利用税收杠杆促进经济社会持续健康发展

税收不仅是国家筹集收入的主要手段，而且对经济社会发展发挥着重要的调节作用。国家可通过税种的开征、征税范围的调整、税率变动、税收优惠政策来调节社会经济中微观主体的经济活动。比如，我国现行税法针对某些特定地区、特定产业或特定类型的纳税人出台了不同形式的税收优惠政策，旨在通过这种潜在的利益激励引导纳税人去从事国家所期望的行为，从而达到优化产业结构、保护生态环境、促进区域协调发展等目的。以《中华人民共和国企业所得税法》为例，该部法律的第三十三条规定：企业综合利用资源，生产符合国家产业政策规定的产品所取得的收入，可以在计算应纳税所得额时减计收入。纳税人如果熟悉此条规定，并利用某些废弃物资源生产了符合国家产业政策规定的产品，则纳税人不仅可以减轻税负，而且也有利于国家实现缓解资源短缺和促进节能环保的目标，做到了个体利益与国家利益的统一。反之，如果纳税人对国家的系列税收优惠政策无动于衷，无意利用这些优惠政策进行税收筹划，则国家通过税收杠杆促进经济社会健康发展的初衷将难以实现。

### （六）有利于国家涵养税源，长期稳定地增加税收收入

企业作为独立的经济利益主体，它必定把税收视为成本。如果税负很重，企业税后利润很少，则企业会考虑是否有必要继续经营这一项目，一旦企业停止经营，则国家税收就变成无源之水。企业通过有效的税收筹划有助于增进自身经济利益，而盈利的增加会促使企业增加投资，扩大经营，则国家税收也会不断增加。因此，从短期来看，税收筹划可能会在一定程度上影响税收收入增长，但从长期来看，税收筹划可以推动税源的扩张，有利于税收的持续稳定增长。

# 第五节　税收筹划与涉税违法行为的区别

## 一、几种常见的涉税违法行为

### （一）逃避缴纳税款

"偷税"是社会公众熟知的一个概念，而"逃避缴纳税款"正是对"偷税"的替代表达。《中华人民共和国税收征收管理法》第六十三条规定："纳税人伪造、变造、隐匿、擅

自销毁账簿、记账凭证，或者在账簿上多列支出或者不列、少列收入，或者经税务机关通知申报而拒不申报或者进行虚假的纳税申报，不缴或者少缴应纳税款的，是偷税。"但法学家们指出，"偷税"这一概念并不严谨，从通常含义上说，"偷"是指将属于别人的财产据为己有，而在税收问题上，应缴税款原本属于纳税人的合法财产，之所以发生偷逃税行为，是因为纳税人没有依法履行缴纳税款的义务，因此，偷税行为与平常概念中的盗窃行为不同。第十一届全国人民代表大会常务委员会第七次会议通过的《中华人民共和国刑法修正案（七）》用"逃避缴纳税款"取代了"偷税"，并将"逃避缴纳税款"的行为规定为"纳税人采取欺骗、隐瞒手段进行虚假纳税申报或者不申报"。与《中华人民共和国税收征收管理法》对偷税行为的表述相比，《中华人民共和国刑法修正案（七）》对逃避缴纳税款行为的描述更宽泛，更具有"口袋"性质，将更有利于对犯罪行为的认定。事实上，2013年6月7日，国务院法制办公室对外发布的《中华人民共和国税收征收管理法修正案》（征求意见稿）也将"偷税"改为了"逃避缴纳税款"。因此，"偷税"这一概念将要退出历史舞台，取而代之的便是"逃避缴纳税款"。

实践中，纳税人的逃避缴纳税款有多种表现，凡是采取欺骗、隐瞒手段进行虚假纳税申报或者不申报一律视为逃避缴纳税款，而且这种行为是纳税人主观上的一种故意行为，一旦被发现，将会受到相应处罚。对于逃避缴纳税款行为的法律责任，《中华人民共和国刑法修正案（七）》有如下规定：

"纳税人采取欺骗、隐瞒手段进行虚假纳税申报或者不申报，逃避缴纳税款数额较大并且占应纳税额百分之十以上的，处三年以下有期徒刑或者拘役，并处罚金；数额巨大并且占应纳税额百分之三十以上的，处三年以上七年以下有期徒刑，并处罚金。"

"扣缴义务人采取前款所列手段，不缴或者少缴已扣、已收税款，数额较大的，依照前款的规定处罚。"

"对多次实施前两款行为，未经处理的，按照累计数额计算。"

"有第一款行为，经税务机关依法下达追缴通知后，补缴应纳税款，缴纳滞纳金，已受行政处罚的，不予追究刑事责任；但是，五年内因逃避缴纳税款受过刑事处罚或者被税务机关给予二次以上行政处罚的除外。"

《中华人民共和国税收征收管理法修正案》（征求意见稿）对逃避缴纳税款行为的处罚规定如下：

"纳税人采取欺骗、隐瞒手段进行虚假纳税申报或者不申报，逃避缴纳税款的，由税务机关追缴其不缴或者少缴的税款、税款滞纳金，并处不缴或者少缴的税款百分之五十以上五倍以下的罚款；构成犯罪的，依法追究刑事责任。"

"扣缴义务人采取前款所列手段，不缴或者少缴已扣、已收税款，由税务机关追缴其不缴或者少缴的税款、税款滞纳金，并处不缴或者少缴的税款百分之五十以上五倍以下的罚款；构成犯罪的，依法追究刑事责任。"

【案例 1-6】①

2012 年 11 月 14 日，A 市公安局经济犯罪侦查大队发函至该市国税局稽查局，告知本市甲公司有逃税嫌疑，线索重大且情况紧急。A 市国税局稽查局立即按照税警协作机制惯例，迅速奔赴公安经侦部门了解发案线索详细情况。

原来，公安经侦部门在对该公司关联企业进行刑事侦破时，查获该公司出纳人员王某藏匿的公司账外现金日记账及资料若干，该公司有账外经营重大嫌疑。鉴于案情重大，稽查部门报经 A 市国税局及其上级国税局批准，立即抽调稽查业务骨干组成专案组，于 11 月 15 日与公安经侦部门联手开始对 A 市甲公司展开调查。

专案组一进驻公安经侦部门就开始对查获的资料进行清分整理。经初查，在查获的众多资料之中，专案组认为有一本现金日记账尤为重要，既是税务稽查的关键点，又是公安侦破的突破口。税警双方根据案情分析判断：只要查实该现金日记账是"账外账"，就能查证该公司有账外经营的违法事实。

专案组非常清醒地认识到：是否是"账外账"，关键是该公司是否有两套账，是否隐匿真实经营情况，不如实纳税申报。为此，专案组采取对比分析方法，将查获的现金日记账与公司纳税申报资料进行了仔细的对比分析。该公司自 2009 年 2 月登记注册以来，经营销售煤炭向税务机关申报销售收入 20 169.07 万元，纳税申报资料与查获的现金日记账所记载的销售额有较大差异，可以判定该公司确实设置了内外两套账，有账外经营行为。

为进一步确定该公司账外经营的违法事实，专案组围绕固定现金日记账这一关键证据，采取查询法，对该公司相关人员进行了突击询问。面对公安机关查获的证据资料和税务机关核查的数据差异，该公司现金日记账所反映的经手人纷纷坦白交代了账外经营的违法事实。

虽然查证该公司存在账外经营的违法事实，但要查实该公司整个真实经营的情况也非易事。账外现金日记账所记载的交易活动，还必须有该公司资金流、实物流等相关资料的佐证，形成一个完整的证据链条，做到查处每笔金额都要有据可查。

首先，专案组展开了对该公司账外现金日记账每笔销售业务的核查。所记载的每笔业务，一方面要求该公司出纳（账外现金日记账保管人员）予以核对确认；另一方面与公司纳税申报资料进行逐一比对，甄别剔除已税收入，分类分项确定现金日记账所记账外经营收入。经专案组认真比对筛出：该公司自 2009 年 11 月以来，账外销售煤炭及副产品 2.6 万吨，涉及销售收入 1 589 万元。另外，账外取得欠款利息收入、运费收入及运输返点收入 294 万元。

① 文武，刘汝根，赵安林．利用账外经营逃避缴纳税款的税务稽查案例．2013-9-11.

　　其次，专案组针对账外经营收入进行资金往来查证。通过对该公司出纳人员的询问交代，该公司共有 5 个个人存款账户用于账外经营往来。专案组分别对 5 个个人存款账户往来情况进行了认真仔细的检查，并查实：该公司成立后，采取"先体外，后体内"的运作方式，先将销售收入款项通过出纳收取现金和购货方直接打款到公司以外的个人银行账户上，作"体外"运作处理；再根据购货方索取发票的情况，由该公司会计人员告知出纳人员按开具发票金额，将收取的销售款项从个人银行账户转入公司银行账户，并以此为基础进行"体内"账务处理，申报纳税。

　　最后，专案组在掌握该公司账外经营的账务处理和资金往来情况后，又对该公司销售货物的实物情况进行了检查。通过公安查获的相关资料与公司实物统计台账等原始资料进行对比核查，发现该公司销售货物情况与纳税申报资料反映的数据确实存在差异，与查证的账外经营情况相印证。

　　专案组历时近两个多月，通过收集固定若干证据资料，开展对 15 名涉案相关人员多达 25 次的询问调查，该案于 2013 年 1 月 29 日全面检查结束。最终，查实该公司 2009 年 11 月至 2012 年 4 月期间，采取账外经营的手段，少缴增值税 270 万元，少缴企业所得税 466 万元。税务机关针对该公司的逃税行为，依法处罚款 370 万元。

**【解析】**

　　账外经营具有很大的危害性，突出表现在两个方面：一是账外经营会引起企业同行业之间的恶性竞争，甚至可能导致"劣胜优汰"，扰乱正常的市场秩序；二是账外经营会扰乱正常的税收秩序，把应该交给国家的税款占为己有，变成企业的利润，损害了国家利益。同时，这种逃避缴纳税款的行为也极易引发全行业、配套企业偷逃税的连锁反应。

　　账外经营成为许多纳税人逃避缴纳税款的常用手段，具有很大的隐蔽性，逃税者通过现金交易、体外循环，将企业从原材料购进、生产到销售整个生产经营置于账外反映，使得税务部门调账检查难以发现问题。但企业的经济活动往往存在着连锁反应，如果哪个环节出现纰漏，税务机关就可以顺藤摸瓜，终究发现企业逃避缴纳税款的真面目，纳税人最终将会为自己的行为付出惨痛代价。

### （二）漏税

　　漏税是指纳税人无意识地漏缴或者少缴税款的行为。漏税是由于纳税人不熟悉税法规定和财务制度，或者由于工作粗心大意等原因造成的，如错用税率、漏报应税项目、少计应税数量、错算销售金额和经营利润等。漏税与逃避缴纳税款有着性质上的区别，判定漏税的关键是主观上并非故意。但需要指出的是，尽管理论上对逃避缴纳税款和漏税两种行为的区分比较容易，但在实践操作中却存在一定难度，因为一项行为究竟是不是纳税人主观上的故意行为，并不容易判定。

虽然漏税并非纳税人的故意行为，但仍然是一种违法行为，如果纳税人被发现有漏税行为，同样也应受到处罚。不过，目前实行的《中华人民共和国税收征收管理法》中并无"漏税"一说，该部法律仅在第五十二条规定："因纳税人、扣缴义务人计算错误等失误，未缴或者少缴税款的，税务机关在三年内可以追征税款、滞纳金；有特殊情况的，追征期可以延长到五年。"而《中华人民共和国税收征收管理法修正案》（征求意见稿）中明确提出了"漏税"一词，并对纳税人的漏税行为作出如下规定：

"纳税人、扣缴义务人因过失未缴或少缴税款造成漏税的，税务机关在三年内可以追征税款、税款滞纳金；有特殊情况的，追征期可以延长到五年。"

"纳税人、扣缴义务人因过失未缴或者少缴税款造成漏税的，税务机关除按照本法第五十三条的规定追缴其未缴或者少缴的税款、税款滞纳金外，可以处未缴或者少缴税款百分之二十以下的罚款。"

### （三）欠税

按照税法规定，每个税种都有其特定的纳税期限。纳税人、扣缴义务人超过征收法律法规规定或税务机关依照税收法律、法规规定的纳税期限，出现未缴或少缴税款的行为，即为欠税。欠缴税款的行为既影响国家税款的及时入库，又占用了国家税款，破坏了税法的严肃性，应该承担法律责任。

欠税的成因尽管有很多，但从纳税人的角度来看，主要有两个：从客观实际上看，资金短缺是造成企业欠税的直接原因；从主观意识上看，纳税意识差是企业欠税的主要原因。欠税有的是纳税人的故意行为，如纳税人或扣缴义务人出于占用税款的动机不按时缴纳税款；也有的是纳税人的非故意行为，如忘记了申报缴纳税款的时间。但无论如何，由于欠税影响了国家税收的及时足额入库，因此，一般情况下，纳税人的欠税行为会受到相应处罚，包括补缴税款、加收税款滞纳金和罚款等。《中华人民共和国税收征收管理法》第六十五条规定："纳税人欠缴应纳税款，采取转移或者隐匿财产的手段，妨碍税务机关追缴欠缴的税款的，由税务机关追缴欠缴的税款、滞纳金，并处欠缴税款百分之五十以上五倍以下的罚款；构成犯罪的，依法追究刑事责任。"

在《中华人民共和国刑法》中针对欠缴税款的行为还专门设置了"逃避追缴欠税罪"。逃避追缴欠税罪是指纳税人违反税收征收管理法规，欠缴应纳税款，并采取转移或者隐匿财产的手段，致使税务机关无法追缴欠缴的税款，数额较大的行为。这一罪种有四个构成要件：一是纳税人必须存在欠缴税款的前提；二是纳税人必须存在主观故意，也就是说纳税人具有对抗税务机关的追缴、逃避国家税收的故意；三是纳税人在欠税款的前提下，实施了转移或者隐匿财产的行为；四是纳税人实施的转移或者隐匿财产行为造成了税务机关无法追缴纳税人欠缴税款的后果，并且欠税数额达到了法定的数额。对逃避追缴欠税罪的法律责任,《中华人民共和国刑法》第二百零三条规定:"纳税人欠缴应纳税款,采取转移或者隐匿财产的手段,致使税务机关无法追缴欠缴的税款,数额在一万元以上不满十万元的,处三年以下有期徒刑或者拘役,并处或者单处欠缴税款一倍以上五倍以下罚金;数额在十万元以上的,处三年以上七年以下有期徒刑,并处欠缴税款一倍以上五倍以下罚金。"

这里需要强调的是,现实中有些纳税人出现欠税行为并不是主观上的故意行为,而是因其特殊困难导致的。《中华人民共和国税收征收管理法》第三十一条规定:"纳税人因有特殊困难,不能按期缴纳税款的,经省、自治区、直辖市国家税务局、地方税务局批准,可以延期缴纳税款,但是最长不得超过三个月。"《中华人民共和国税收征收管理法实施细则》第四十一条指出:"纳税人有下列情形之一的,属于税收征收管理法第三十一条所称特殊困难:(一)因不可抗力,导致纳税人发生较大损失,正常生产经营活动受到较大影响的;(二)当期货币资金在扣除应付职工工资、社会保险费后,不足以缴纳税款的。"因此,如果纳税人符合延期纳税条件并且其提出的延期纳税申请通过税务机关审批,那么,在规定的时间内,其欠税行为不会受到处罚。但如果纳税人的延期缴纳税款申请未能得到税务机关批准,则税务机关将会从纳税人缴纳税款期限届满之日起加收滞纳金。

### (四)骗税

骗税是指采取弄虚作假和欺骗手段,将本来没有发生的应税行为虚构成发生了应税行为,将小额的应税行为伪造成大额的应税行为,从而从国库中骗取出口退税款的违法行为,因此,骗税是特指我国的骗取出口退税而言的。出口退税是国际贸易中通常采用的并为世界各国普遍接受的、目的在于鼓励各国出口货物公平竞争的一种退还间接税(目前我国主要包括增值税、消费税)的税收措施。近年来,我国制定了调高出口退税率等一系列鼓励出口贸易的政策措施,作用积极。但是,一些不法分子在利益驱动下,采取虚开增值税专用发票、假报出口、买票退税等违法犯罪手段骗取巨额出口退税,牟取暴利,增值税违法犯罪案件频频发生。

【案例 1-7】①

2012 年 9 月,上海市公安局接到上海市税务局移送一条线索:沪上某企业在外贸出口过程中涉嫌骗取出口退税,数额巨大。上海警方立即对该企业的生产规模、人员架构、出口申报数据、纳税和退税等情况进行了细致调查。调查显示,犯罪嫌疑人黄某、陈某控制的四家企业中,只有一家具备小规模生产加工能力,而四家企业员工一共也不到百人;其实际购买和生产能力与公司的羊绒纱线出口规模更是

---

① 朱翃,周琳. 上海骗税大案曝出退税黑洞:羊毛变羊绒空转"骗"八亿 . http://news.xinhuanet.com, 2013-11-14.

大相径庭。原来，自 2009 年以来，黄某伙同陈某等人在报关出口时，将羊毛纱线虚报为羊绒纱线，并高报价格，用从内蒙古、河北、辽宁等地大肆虚开的增值税专用发票，出口至境外，骗取了高额的出口退税。国内一般的羊毛纱线价格是 70 元至 120 元每公斤不等，而山羊绒纱、羔羊绒纱的售价则是 680 元到 850 元每公斤不等，两者价格就相差 6～12 倍。黄某公司出口的所谓羊绒纱线甚至大言不惭报价高于千元，比同一关区、同一品种的物品都要高出许多。而货物运抵境外后，再由他们控制的"空壳"公司将同批货物虚报品名为"棉纱线"，以约 16 元人民币每公斤的价格买入境内，重新包装后再做循环出口。羊毛纱线变羊绒纱线，再变成"棉纱线"进口，就这样的"空转"往返，在 4 年左右的时间里，他们累计出口金额近 70 亿元人民币，骗取出口退税款 8 亿余元。

【解析】

骗取出口退税行为是一个比较复杂的过程，要经过一系列环节。骗取出口退税行为人最常用的手段包括以下两种。

(1) 假报出口。"假报出口"具体是指行为人根本没有出口产品，但为骗取国家出口退税款而采取伪造单据、凭证等手段，虚构已税货物出口事实，包括以下几种情形：①伪造或者签订虚假的买卖合同；②以伪造、变造或者其他非法手段取得出口货物报关单、出口收汇核销单、出口货物专用缴款书等有关出口退税单据、凭证；③虚开、伪造、非法购买增值税专用发票或者其他可以用于出口退税的发票。

(2) 其他欺骗手段。包括骗取出口货物退税资格；将未纳税或者免税货物作为已税货物出口；虽有货物出口，但虚构该出口货物的品名、数量、单价等要素，骗取未实际纳税部分出口退税款的等。

本案例中，采用了虚开增值税专用发票、虚构出口货物的品名和单价等手段骗取了巨额出口退税款，严重违反了《中华人民共和国刑法》的相关规定，应依法受到严惩。

对于骗取出口退税行为的处罚，《中华人民共和国税收征收管理法》第六十六条规定："以假报出口或者其他欺骗手段，骗取国家出口退税款的，由税务机关追缴其骗取的退税款，并处骗取税款一倍以上五倍以下的罚款；构成犯罪的，依法追究刑事责任。对骗取国家出口退税款的，税务机关可以在规定期间内停止为其办理出口退税。"《中华人民共和国刑法》对骗取国家出口退税款的行为规定如下：

"第二百零四条 以假报出口或者其他欺骗手段，骗取国家出口退税款，数额较大的，处五年以下有期徒刑或者拘役，并处骗取税款一倍以上五倍以下罚金；数额巨大或者有其他严重情节的，处五年以上十年以下有期徒刑，并处骗取税款一倍以上五倍以下罚金；数额特别巨大或者有其他特别严重情节的，处十年以上有期徒刑或者无期徒刑，并处骗取税款一倍以上五倍以下罚金或者没收财产。"

"纳税人缴纳税款后，采取前款规定的欺骗方法，骗取所缴纳的税款的，依照本法第二百零一条的规定定罪处罚；骗取税款超过所缴纳的税款部分，依照前款的规定处罚。"

"第二百零一条 纳税人采取欺骗、隐瞒手段进行虚假纳税申报或者不申报，逃避缴纳税款数额较大并且占应纳税额百分之十以上的，处三年以下有期徒刑或者拘役，并处罚金；数额巨大并且占应纳税额百分之三十以上的，处三年以上七年以下有期徒刑，并处罚金。"

从《中华人民共和国刑法》第二百零四条和第二百零一条规定不难看出，如果纳税人缴纳税款后，以假报出口或者其他欺骗手段骗取所缴纳的税款，是按照逃避缴纳税款罪处理的，骗取税款超过所缴纳的税款部分，才按照骗取出口退税罪处理。

### （五）抗税

抗税是指纳税人以暴力、威胁方法拒不缴纳税款的行为。所谓暴力，是指对税务人员人身施加攻击或者强制，如殴打、捆绑、扣押、禁闭等。此外，为阻挠征税而捣毁税务人员的交通、通信设备，冲击打砸税务机关的，亦属实施暴力。所谓威胁，是指行为人为了抗拒缴纳税款，用口头、书面或者其他方法使税务人员精神处于恐惧状态，从而迫使税务人员不敢征税的一种抗税手段。威胁的内容可以是多方面的，如杀害、伤害、毁坏财产、加害亲属、损害名誉等。抗税行为的基本特征包括：①当事人明知侵害的对象是正在依法执行征税职务的税务人员；②采取阻碍的方式，通常以暴力、威胁方法迫使税务人员放弃执行职务；③实施这种行为的主体既可以是纳税人、扣缴义务人，也可以是其他人。因此，构成抗税行为的关键特征是对税务机关和税务人员实施暴力和威胁，抗税行为成立与否并不决定于抗拒缴纳税款的数额大小，只要以暴力、威胁方法拒不缴纳税款，不管税款多少，都可构成抗税。

抗税是所有未按规定缴纳税款的行为中手段最恶劣、情节最严重、影响最坏的行为，是一种明目张胆地对抗国家法律的行为，它不仅严重妨碍了国家税务人员依法执行公务，扰乱了正常的税收秩序和社会秩序，影响了国家税收收入的实现，而且给税务人员的安全带来了威胁。特别是那些以暴力方法对税务人员进行人身伤害的抗税行为，所侵害的客体不只是国家税收，而且指向税务人员的人身健康和生命权权利。《中华人民共和国税收征收管理法》第六十七条规定："以暴力、威胁方法拒不缴纳税款的，是抗税，除由税务机关追缴其拒缴的税款、滞纳金外，依法追究刑事责任。情节轻微，未构成犯罪的，由税务机关追缴其拒缴的税款、滞纳金，并处拒缴税款一倍以上五倍以下的罚款。"《中华人民共和国刑法》第二百零二条规定："以暴力、威胁方法拒不缴纳税款的，处三年以下有期徒刑或者拘役，并处拒缴税款一倍以上五倍以下罚金；情节严重的，处三年以上七年以下有期徒刑，并处拒缴税款一倍以上五倍以下罚金。"

按抗税罪处罚的暴力最大限度只能是造成轻伤害，如果以暴力方法抗税致人伤害超过这一限度，根据《中华人民共和国刑法》有关规定，致人重伤或者死亡，按照故意伤害罪、故意杀人罪从重处罚，并处罚金。《最高人民法院关于审理偷税抗税刑事案件具体应用法律若干问题的解释》（法释〔2002〕33 号）第六条规定，实施抗税行为致人重伤、死亡，构成故意伤害罪、故意杀人罪的，分别依照《中华人民共和国刑法》第二百三十四条第二款、第二百三十二条的规定定罪处罚。

逃避缴纳税款罪与抗税罪的主要区别有三点。

（1）犯罪客体不完全相同。前者侵犯的是税收征管制度；后者在侵犯税收征管制度的同时，还侵犯了税收征管人员的人身权利。

（2）客观行为不同。前者表现为以欺骗、隐瞒的方式，不缴或者少缴税款的行为；后者表现为以暴力、威胁方法拒不缴纳税款。

（3）犯罪主体不同。前者自然人和单位均可构成；后者则只能由自然人构成。

## 二、税收筹划行为

### （一）节税

节税是指纳税人立足税收法律法规和政策的差异性，尤其是充分利用税收优惠政策，采取合法的手段，对经营、投资、理财等经济活动进行筹划和安排，以达到减轻税收负担的经济行为。节税不仅是合法的，也是合理的。需要说明的是，判断涉税行为合理与否的主要标准是看这些行为是否符合国家的立法精神和政策意图。由于节税行为经常是与节能环保、资源综合利用、科技进步、下岗再就业、基础设施建设等我国政府鼓励的项目相联系的，它体现的是个体利益和国家利益的统一，因此，国家对于节税一般是持鼓励、支持的态度。

### （二）避税

避税是指纳税人利用税法漏洞或者缺陷，通过对经营及财务活动的精心安排，以期规避或减轻税负的经济行为。与节税相比，避税虽然不违法，但却是不合理的，它违背了国家的立法精神和政策意图。可以说，避税是纳税人利用税法上的漏洞和不成熟之处，靠小聪明去打税法的"擦边球"，以谋取税收利益。比如，实践中，一些纳税人通过变更公司组织形式达到避税目的。因为不同的公司形式，缴税的方式大相径庭。母子公司均是独立的法人实体，实行独立申报纳税，而总公司和分公司是汇总合并纳税。在企业成立初期，往往会选择母子公司的形式，因为由于子公司刚刚起步，往往"入不敷出"，顺理成章地避开了税收。等到企业成长起来后，就会"摇身一变"成总公司和分公司，这样又可以进行利润的转移，自然又能够少缴或者免缴税收。再比如，在我国内外资企业所得税统一之前，外资企业可以享受许多内资企业所不能享受的减免税优惠，一些内资企业就通过各种途径将自己的资金经国外转手投入自己的企业，用以获得"合资"的证明，从而享受税收优惠政策。

避税虽然没有违反现有法律法规，但其危害性却不能忽视，主要表现为：①避税行为直接导致了国家税收收入的减少；②侵犯了税收法律法规的立法意图，使其公正性、严肃性受到影响；③避税行为的出现对于社会公德及道德造成不良侵害，使诚信纳税受到威胁，造成守法经营在市场竞争上处于不利地位，扰乱正常的市场秩序。

避税者根据"法律无明文规定不为罪"的原则，认为避税"合法"。因为其在一定时候的确可以为纳税人带来利益，因此，在一开始，避税的概念是中性的，也曾在纳税人中风靡一时。但随着避税范围的扩大，给我国财政收入造成的影响也在不断增大，因此政府在税法中不断加入反避税条款。

**【案例 1-8】**①

A 公司成立于 2006 年，由美国 B 公司 100% 持有股份，主要生产精密轴承、各种主机专用轴承及其相关配套产品。自开始生产经营当年起连年亏损。截至 2009 年年底，累计亏损 6 000 多万元，超出注册资本 4 000 多万元，所有者权益合计为 -2 000 万元。但是，该公司的亏损与销售额却同步增长，而且明显存在产品销售价格与生产成本的不合理比例，其毛利率都为负值。为此，2010 年 12 月，当地税务机关对该公司进行反避税立案调查。

税务机关案头审计调查发现，A 公司只负责 B 公司订单产品的生产和发货，产品销售方面每年与 B 公司协商定价一次。企业关联销售价格受关联方控制，不符合独立交易原则，其 4 年关联销售额合计占销售总额的 80% 以上。同时，评估发现其制定的标准成本与实际成本差异率都在 27% 以上，但该公司对此未做任何调整。企业存在关联交易和定价偏低导致巨额亏损，不仅违背了独立交易原则，也与我国的税法宗旨和经济合作与发展组织 OECD）独立交易原则相悖。

税务机关在调查中还发现，A 公司同时存在明显的资本弱化问题。由于连年亏损，该公司长期只能依靠其关联公司 B 公司的委托贷款维持运营。截至 2009 年年底，公司贷款余额约为 1.44 亿元，关联债资比例达 3.28。

根据财政部、国家税务总局《关于企业关联方利息支出税前扣除标准有关税收政策问题的通知》（财税〔2008〕121 号）的规定，A 公司接受关联方的债权性投资与权益性投资比例超过 2∶1，存在多列利息问题。按照税务机关的要求，企业对列支的利息进行纳税调整共计 421 万元。

2011 年 6 月 16 日，税务机关向 A 公司发出提供资料的通知，但 A 公司拒不提供关联方的产品订单、销售价格和合同等资料。为此，调查人员向 A 公司通报了

---

① 叶生成，李孟军．福建国税：线性回归分析法破解反避税疑难案例［N］．中国税务报，2013-10-14.

调查情况，指出其存在转让定价的事实。在大量事实和证据面前，A公司承认了其利用转让定价进行避税的行为。

为应对税务机关特别纳税调整的调查与谈判，A公司委托世界著名的会计师事务所出具了一份《转让定价分析报告书》，并提出按目前国际上普遍认可和广泛应用的"交易净利润法"进行转让定价调整。该报告建议以其测算的"完全成本加成率"中位值6.1%，作为衡量A公司的利润水平指标。

为了维护国家的税收权益，确保纳税调整方案更适合被调查企业，福建省国税局反避税专家小组决定采用当前广泛使用的"毛利率法"进行转让定价调整，并运用BVD数据库对"远东与中亚地区"13家可比企业的数据进行深入分析。然而，一轮磋商下来，受托会计师事务所对此却提出了质疑：A公司为不承担研发与销售功能的合约制造商，而税务机关所选取的13家可比企业却是产、供、销和研发一体化的全功能企业，应考虑营销、研发等费用所带来的利润影响更为合理。

如何破解全功能可比企业与合约制造商因功能及风险因素带来的利润影响问题，无疑是本案新一轮谈判的焦点。面对又一个"拦路虎"，反避税专家小组在国家税务总局和省国税局的支持下，突破传统思维定式，决定在采用毛利率法进行调整的前提下，大胆引进线性回归分析的方法对可比企业的财务数据作出调整。

首先，鉴于可比企业的营业费用将影响其主营业务收入，他们尝试通过线性回归分析计算可比企业的营业费用对毛利率的影响。令人欣喜的是，分析显示可比企业的营业费用与主营业务成本的比率（$X$）和其毛利率（$Y$）呈现正相关。通过回归分析，他们很快获得了$X$影响$Y$的系数（$b$）。

紧接着，通过计算可比企业$X$值与受测企业$X$值的差异，从而计算出可比企业较受测企业额外的营业费用与主营业务成本比率，再将其与系数$b$相乘，得到可比企业额外的毛利率。将可比企业额外的毛利率从调整前的可比企业的毛利率中剔除，进而得出可比企业在承担与受测企业类似功能及风险的情况下，应调整的毛利率。

考虑到当可比企业与受测企业研发及营销功能差异过大时，上述调整方案也无法实现真正意义上的可比性。为此，他们选取了13家可比企业$X$值的上四分位值，减去受测企业的$X$值，得出二者差异值，再将此差异值乘以系数$b$，得出应调整的毛利率上限。同时，他们取得应调整的毛利率和应调整的毛利率上限的较小值为最终应调整的毛利率，计算出13家可比企业调整后毛利率，再取13家可比企业调整后毛利率的中位值作为"远东地区轴承"毛利率。最后，通过"远东地区轴承"毛利率调增受测企业出口收入额，从而得出其调整后的应纳税所得额及应补税款。

2013年2月18日，随着一份核增利润额6 400万元、调增税额1 361万元特别纳税调整通知书的发出，福建省国税机关对A公司的特别纳税调整案件终于圆满收官。

**【解析】**

本案例中，A公司采用的避税方法主要包括转让定价和资本弱化两种。2008年之前，我国对上述两种避税方式的管制比较宽松，导致了税收的大量流失。2008年1月1日开始实施的《中华人民共和国企业所得税法》中专门增加了"特别纳税调整"的相关规定，国家税务总局也于2009年1月下发了《特别纳税调整实施办法（试行）》，对企业与其关联方的交易作出了明确规定，大大缩小了关联企业之间转让定价避税的空间。对于资本弱化，《中华人民共和国企业所得税法》第四十六条规定，企业从其关联方接受的债权性投资与权益性投资的比例超过规定标准而发生的利息支出，不得在计算应纳税所得额时扣除。《财政部国家税务总局关于企业关联方利息支出税前扣除标准有关税收政策问题的通知》（财税〔2008〕121号）对企业从其关联方接受的债权性投资与权益性投资的比例作出了明确规定，其中，金融企业为5：1，其他企业为2：1，企业实际支付给关联方的利息支出，不超过以上规定比例和税法及其实施条例有关规定计算的部分，准予扣除，超过的部分不得在发生当期和以后年度扣除。这样一来，关联企业通过资本弱化的方式避税的空间也受到了很大限制。随着我国税法的不断完善，纳税人通过转让定价和资本弱化避税的风险也越来越大。

这里需要补充一点，2014年8月29日，国家税务总局发布了《关于特别纳税调整监控管理有关问题的公告》（国家税务总局公告2014年第54号），该公告指出，税务机关通过关联申报审核、同期资料管理、前期监控和后续跟踪管理等特别纳税调整监控管理手段发现纳税人存在特别纳税调整风险的，应向纳税人送达《税务事项通知书》，揭示其存在特别纳税调整风险，并要求纳税人按有关规定20日之内提供同期资料或其他有关资料。纳税人应审核分析其关联交易定价原则和方法等特别纳税调整事项的合理性，可以自行调整补税，其自行补税按照税款所属年度中国人民银行公布的与补税期间同期的人民币贷款基准利率加收利息，不再另加收5个百分点。

### （三）税负转嫁

#### 1. 税负转嫁的概念

税负转嫁是税收筹划的一种特殊形式，它的原理与前面的节税和避税有所不同。在税收学中，纳税人和负税人是两个不同的概念，前者是指税法规定的直接负有纳税义务的单位和个人，而后者是指实际承担税负的单位和个人。在实践中，纳税人和负税人未必是一致的，某些税收表面上来看是由某个单位或个人缴纳的，但这些单位和个人可以通过某种手段将其缴纳的税收转嫁给其他单位或个人。税法上规定的纳税人将自己所缴纳的税款转移给他人负担的过程就是税负转嫁。比如，卷烟和白酒都属于应税消费品，卷烟厂和白酒厂是消费税的纳税人，但厂家可以通过提高产品价格的方式将其缴纳的消费税转嫁给买方。

税负可以完全转嫁，也可以部分转嫁。完全转嫁是指纳税人将自己应负担税款的全部转嫁给他人负担；部分转嫁则是纳税人将自己应负担税款的一部分转嫁给他人负担，余下部分则由自己负担。纳税人究竟选择完全转嫁还是部分转嫁，还要综合考虑多种因素影响，包括商品的供求弹性、市场结构、成本变动及课税制度等。

**2. 税负转嫁的方式**

税负转嫁存在多种方式，包括前转、后转、混合转嫁、消转和税收资本化等。

（1）前转。前转也叫顺转，是指纳税人将其所纳税款顺着商品流转方向，通过提高商品价格的办法，转嫁给商品的购买者或最终消费者负担，这是税负转嫁最典型、最普遍的形式。税负前转实现的基本前提条件是课税商品的需求弹性小于供给弹性。

（2）后转。后转即纳税人将其所纳税款逆商品流转的方向，以压低购进商品价格的办法，向后转移给商品的提供者。税负后转实现的前提条件是供给方提供的商品需求弹性较大，而供给弹性较小。

（3）混合转嫁。混合转嫁又叫散转嫁，是指纳税人将自己缴纳的税款分散转嫁给多方负担。混合转嫁是在税款不能完全向前顺转，又不能完全向后逆转时采用的。严格地说，混合转嫁并不是一种独立的税负转嫁方式，而是前转与后转等的结合。

（4）消转。消转是指纳税人在不提高售价的前提下，以改进生产技术、提高工作效率、节约原材料、降低生产成本，从而将所缴纳的税款在所增利润中求得补偿的一种转嫁方式。因为它既不是提高价格的前转，也不是压低价格的后转，而是通过改善经营管理、提高劳动生产率等措施降低成本增加利润，使税负从中得到抵消，相当于纳税人自己消化了税收负担，所以称之为消转。

（5）税收资本化。税收资本化是指纳税人以压低资本品购买价格的方法将所购资本品可预见的未来应纳税款，从所购资本品的价格中作一次扣除，从而将未来应纳税款全部或部分转嫁给资本品出卖者。税收资本化的原理和后转非常相似，也可以视为后转的一种特殊形式，不同的是，税收资本化面向的对象是资本品，如不动产、有价证券等。税收资本化需要满足三个条件：一是交易的财产必须具有资本价值，可长时间使用，并有年利和租金；二是冲抵资本的价值可能获取的利益应与转移的税负相同或相近；三是被课税商品必须具有耐久性的性质，只有经久不变的商品才可以经受多次课税，而且每年课税税额相对固定，才可能预计今后各年应纳税额，这些商品课税额的确定有助于从课税商品的资本价值中扣除。

假设甲企业从乙企业购买一块土地，土地每年年末产生的收益分别为 $R_1$，$R_2$，$R_3$，$\cdots$，$R_n$ 在政府无税收的条件下，则这块土地的现值为

$$PV = \frac{R_1}{1+r} + \frac{R_2}{(1+r)^2} + \cdots + \frac{R_n}{(1+r)^n} \tag{1-1}$$

式中，$r$ 为贴现率。

从理论上分析，乙企业土地出售时，甲企业所能接受的价格即为 $PV$。假定政府每年年末对土地征收的税收为 $T_1$、$T_2$、$T_3$，$\cdots$，$T_n$，则土地的现值变为：

$$PV' = \frac{R_1 - T_2}{1+r} + \frac{R_2 - T_2}{(1+r)^2} + \cdots + \frac{R_n - T_n}{(1+r)^n} \tag{1-2}$$

此时，甲企业为购买土地愿意支付的价格也下降为 $PV'$，从而将以后支付的税收一次性转嫁给乙企业，价格下降的幅度即税收转嫁总量：

$$PV - PV' = \sum_{i=1}^{n} \frac{Ti}{(1+r)^i} \tag{1-3}$$

**3. 税负转嫁的前提条件**

从税负转嫁的概念及其方式来看，税负转嫁的实现依赖于两个基本前提。

一是商品经济的存在。税负转嫁是在商品交换中通过商品价格的变动实现的。没有商品交换的存在，就不会有税收负担的转嫁。

二是自由定价体制的存在。除了消转这种特殊的税负转嫁方式之外，通常意义上的税负转嫁与商品价格的变动息息相关，这就要求生产经营者或其他市场主体必须能够根据市场供求关系的变化自行定价。我国在实行高度集中的计划管理体制下，价格由政府直接控制，纳税人缺乏自主定价权，基本上不存在税负转嫁。实行市场经济体制后，政府对价格大部分放开，企业已有很人的自由定价权，以自由价格为基础的自由定价制度已基本形成，税负转嫁具备了客现条件。

**4. 税负转嫁与节税、避税的区别**

税负转嫁与节税、避税既然同属于税收筹划的范畴，三者自然具有税收筹划的共性，但税负转嫁又是一种特殊的税收筹划，它与节税、避税等筹划行为还具有较大不同，主要表现在以下四个方面。

（1）基本前提不同。税负转嫁的前提是价格自由浮动，而节税和避税则不依赖价格。

（2）产生效应不同。税负转嫁对价格产生直接影响，一般不直接影响税收收入，相反，节税和避税将对税收收入产生直接影响，对价格则不产生直接影响。

（3）适应范围不同。税负转嫁适应范围较窄，受制于价格、商品供求弹性和市场供求状况，节税和避税适应范围很广，灵活多变，方法多样。

（4）税负转嫁有时对纳税人会产生不利影响，纳税人可能会主动放弃，而对于节税

和避税来说，纳税人通常不会轻易放弃。

---

**【案例 1-9】**

A公司成立于2010年，主要从事智能手机的生产经营。2012年，由于公司财务人员工作失误，公司被税务机关发现存在偷税行为，最终补缴税款、滞纳金50万元，同时被处行政罚款10万元，给公司造成严重损失。为了尽可能弥补偷税造成的损失，公司决定自2013年1月起，将产品售价提高10%，以期通过提高价格的形式将补缴的税款、滞纳金和罚款转嫁出去，但此后半年内，公司的销售额出现大幅下滑。由于调价方案未能取得预期效果，当年6月底，公司决定较大幅度下调手机价格，调整后的价格甚至低于了最初的定价水平。但此后几个月内，公司的销售量虽然略有上升，但实际销售额仍然在下降。公司负责人一直存有疑惑：为什么提价策略和降价策略均未能取得预期效果？

**【解析】**

本案例中，A公司通过提高价格的方式将其税负进行了转嫁，但由于智能手机可以算是一种奢侈品，其需求价格弹性较大，智能手机价格一定幅度的上升会导致其销售量出现更大幅度的下降，这样一来，公司的销售额下降就不足为奇了。按照上述分析逻辑，从理论上说，由于智能手机是一种富有需求价格弹性的商品，当公司将智能手机的价格进行较大幅度下调时，其销售量理应出现更大幅度上升，进而导致销售额的增长，但事实却并非如此。这是因为，公司频繁调整价格的策略已经影响了公司及其产品在消费者心中的形象，价格的下调给别人一种不可信赖的感觉，使人认为产品质量有问题，因而销售额只是小幅上升，而且恢复又需要一定时间，故使企业销售额再次下降。由此可见，税负转嫁的运用是有风险的，企业应慎重对待，如果运用不成功，会导致企业得不偿失。

---

### 三、涉税违法行为与税收筹划行为的区别

通过前面的介绍，我们已经熟悉了涉税违法行为及税收筹划行为的表现和特点。表1-2进一步从性质、效果、人员素质、政府态度、纳税水平和发展趋势几个方面对几种涉税行为的不同之处进行了总结[①]。不同类型的纳税人可能倾向于选择不同的涉税行为，正可谓"野蛮者抗税，愚昧者偷税，糊涂者漏税，狡猾者骗税，机敏者避税，精明者节税"。

---

① 表1-2仅以逃避缴纳税款作为涉税违法行为的代表。

表 1-2　　　　　　　　　　　　　　几种涉税行为的区别

| | 逃避缴纳税款 | 避税 | 节税 |
|---|---|---|---|
| 性质 | 违法，不合理 | 不违法，不合理 | 合法，合理 |
| 效果 | 未被发现，则纳税人能获得税收利益，但导致国家利益受损；如被发现，纳税人损失大，但可减少国家利益损失 | 纳税人只能获得短期经济利益，国家利益也会受到一定损失 | 纳税人能获得短期和长期经济利益，国家利益从长期来看也会得到增进 |
| 人员素质 | 损公肥私、不择手段 | 善打"擦边球" | 懂经济、熟法律、精税收、善运算 |
| 政府态度 | 坚决打击 | 反避税 | 鼓励 |
| 纳税水平 | 低水平（愚昧者） | 中等水平（机敏者） | 高水平（精明者） |
| 发展趋势 | 越来越少 | 越来越少 | 越来越多 |

## 【案例分析与讨论】

　　学习完前面的内容，我们现在可以对【案例导入】中提出的问题进行回答了。税收筹划是指纳税人或其代理人在纳税义务发生之前，在遵守或不违反税法及其他法律法规的前提下，按照整体利益最大化的原则，通过对纳税主体（法人和自然人）筹资、投资、生产、经营、分配、重组等多种涉税事项作出事先安排，以减少应纳税额、延期纳税或降低涉税风险为目的的筹划活动。税收筹划有其自身的特点，主要包括合法性或非违法性、事先性、风险性、专业性等多方面，其中合法性或非违法性是税收筹划应当坚守的底线，这也是税收筹划与逃避缴纳税款、漏税、欠税、骗税等涉税行为最本质的区别。本案例中，"筹划大师"提出的税收筹划方案试图通过欺骗隐瞒的手段达到降低税负的目的，显然已是一种违法行为，绝不属于税收筹划的范畴，如果棉纺厂采用了此人的建议，一旦被税务机关发现问题，后果将不堪设想。因此，对于纳税人而言，若要进行有效的税收筹划，必须深入学习和了解税收筹划的相关知识和技巧，确保在不违法的前提下去获取尽可能多的税收利益。

---

### 本章小结

　　税收筹划是指纳税人或其代理人在纳税义务发生之前，在遵守或不违反税法及其他法律法规的前提下，按照整体利益最大化的原则，通过对纳税主体（法人和自然人）筹资、投资、生产、经营、分配、重组等多种涉税事项作出事先安排，以减少应纳税额、延期纳税或降低涉税风险为目的的筹划活动，它的外延应当包括避税筹划、节税筹划和转嫁筹划。税收筹划虽然在短期内可能会影响国家税收收入，但其对一国经济社会发展的意义不容小视，主要表现在：有利于增进纳税人的经济利益；有利于提高纳税人依法纳税的意识；有利于企业加强内部财务管理，提高经营管理水平；有利于促进税法的完善；有利于国家利用税收杠杆促进经济社会持续健康发展；有利于国家涵养税源，长期稳定地增加税收收入。

税收筹划与逃避缴纳税款、欠税、骗税等行为不同，这种行为有其自身的特点，主要包括合法性或非违法性、事先性、风险性、专业性、方式多样性及全局性。但需要注意的是，税收筹划的目标并非一味追求税负最小化，其总体目标可确定为企业价值最大化，具体目标可细化为以下三个方面：一是减少应纳税额；二是实现延迟纳税；三是力求涉税零风险。在实际操作中应注意遵循以下几条原则：守法原则、时效性原则、综合性原则、保护性原则和风险防范原则。

税负转嫁是一种比较特殊的税收筹划，包括前转、后转、混合转嫁、消转和税收资本化等。税负转嫁与节税、避税既然同属于税收筹划的范畴，三者自然具有税收筹划的共性，但税负转嫁又是一种特殊的税收筹划，它与节税、避税等筹划行为还具有较大不同。需要注意的是，税负转嫁有时对纳税人会产生不利影响，纳税人可能会主动放弃，而对于节税和避税来说，纳税人通常不会轻易放弃。

## 思考与练习

### 一、思考题

1. 什么是税收筹划？它有何特点？

2. 如何理解税收筹划的目的？

3. 税收筹划产生的客观原因有哪些？

4. 如何理解税收筹划的风险性？

5. 税收筹划应遵循的原则有哪些？

6. 税收筹划的意义有哪些？

7. 涉税违法行为与税收筹划行为有何区别？

8. 税负转嫁的方式有哪些？税负转嫁与节税和避税相比有何特殊性？影响税负转嫁的因素有哪些？

### 二、练习题

1.2013 年，A 公司与一家房地产开发公司签订了一份一年期的房屋租赁协议，租金人民币 10 万元，同时代房地产开发公司缴纳了 1.2 万元房产税。对于代缴的 1.2 万元房产税，A 公司经理本以为取得了缴款书就可以在年终企业所得税前扣除，然而，主管税务机关却未予认可。

请问：税务机关为什么不允许 A 公司扣除代缴的税款？A 公司应如何筹划？

2. 根据现行税法规定，国家重点扶持的高新技术企业减按 15％的税率征收企业所得税。甲公司是一家劳动密集型企业，有工人 1 200 多名。其中具备大学专科以上学历的科技人员 250 名，研发人员 82 名。根据我国高新技术企业认定管理办法，具有大学专科以上学历的科技人员需占企业当年职工总数的 30％ 以上，其中研发人员占企业当年职工总数的 10％ 以上。对照要求，该企业发现其目前用工情况达不到要求。为了申报高新技术企业，甲公司成立了一个独立核算的乙劳务公司，将甲公司的一线操作工 400 名的劳动关系转移到乙劳务公司，再由甲公司与乙劳务公司签订劳务用工合同，该 400 名工人仍然在甲公司上班。这样，甲公司在申报高新技术企业时材料中就仅有用工 800 名，科技人员和研发人员就达到了规定的比例。

请问：该公司的筹划行为是否恰当？为什么？

3. 甲方欠乙方货款 11 700 元，付款时甲方无现金支付，顶给乙方价值 11 700 元的货物，根据乙方要求开具专用发票。乙方为了尽快获得资金，于是以 10 000 元的含税价格将这批货物卖出，乙方按规定作销售处理。该笔业务应纳增值税为 −247 元 $\{[10\,000/(1+17\%)]\times17\%-[11\,700\div(1+17\%)]\times17\%\}$。说明可以抵顶该企业其他货物的销项税 247 元。有人据此得出结论："易货贸易作销售处理对企业有利。"请问：这一说法正确吗？为什么？

4. 张某擅长撰写足球评论，深受球迷喜爱。某报社打算聘用张某为报社记者，月薪 10 万元。

请问：从税收筹划的角度看，张某应与报社建立一种什么样的合作关系可以降低个人税负？

**参考文献**

[1] 计金标. 税收筹划 [M]. 5 版. 北京：中国人民大学出版社，2014.

[2] 梁俊娇. 税收筹划 [M]. 北京：中国人民大学出版社，2009.

[3] 盖地. 税务筹划学 [M]. 北京：中国人民大学出版社，2009.

[4] 黄凤羽. 税收筹划：策略方法与案例 [M]. 2 版. 大连：东北财经大学出版社，2011.

[5] 中国注册会计师协会. 税法 [M]. 北京：经济科学出版社，2013.

[6] 徐海荣，王真. 借鉴国际经验遏制利用避税地恶意税收筹划 [J]. 涉外税务，2010 (7)：32-36.

[7] 张博卉. 对税收筹划健康发展的理性思考 [J]. 税收征纳，2009 (11)：48-49.

[8] 刘颖. 论税收筹划的风险 [J]. 湖南工程学院学报，2010 (12)：21-24.

[9] 陈华亭. 论企业税收筹划的基本原则 [J]. 市场研究，2004 (11)：31-32；

[10] 陈华亭. 税收筹划的目标应是企业价值最大化 [N]. 国际商报，2006-4-10.

[11] 张中秀. 公司避税节税转嫁筹划 [M]. 北京：中华工商联合出版社，2001.

[12] 何鸣昊，何旻燕，杨少鸿. 企业税收筹划 [M]. 北京：企业管理出版社，2002.

# 第二章　税收筹划的基本策略、实施流程及影响因素

【学习目标】

通过本章的学习，掌握税收筹划的切入点、基本技术及具体方法；熟悉税收筹划方案实施的基本流程及税收筹划的影响因素。

【学习重点】

税收筹划的切入点、基本技术和具体方法。

## 【案例导入】

A 企业成立于 2012 年，是一家典型的劳动密集型企业。随着劳动力价格和原材料价格的不断上涨，企业的成本费用越来越高，同时税负也相对较重，企业的利润空间不断压缩。企业的负责人张某毕业于某大专院校的财务管理专业，学习过"税收筹划"课程，他认为，人工成本和原材料成本受到整个市场大环境影响，下降的空间不大，但企业的税负具有一定弹性，可以通过适当的税收筹划减少企业的应纳税款。通过查阅国家相关税法，张某了解到，如果能够吸纳一些残疾人员就业，企业就可以在计算应纳税所得额时按照实际支付给残疾职工工资的 100% 加计扣除。张某考虑到企业的生产工艺比较简单，残疾人员经过培训后应该也可以胜任岗位要求，于是，在企业招聘员工时，有意识地提高了残疾人员的录取比例。A 企业所在地的经省级人民政府批准的最低工资标准为 1 400 元/月，但张某认为，残疾人员的劳动生产率较之正常的员工相对较低，招聘残疾人员时只同意按照 1 200 元/月的标准给他们发放工资，而且，也没有为这些员工缴纳基本养老保险、基本医疗保险、失业保险和工伤保险等社会保险。2014 年年初，企业在申报缴纳 2013 年企业所得税时，对残疾职工的工资进行了加计 100% 扣除处理。但税务机关经过审核认为，张某企业不符合残疾职工工资加计扣除 100% 的政策，只能据实扣除。张某想不明白，国家明明有这样的税收优惠政策，为什么自己却无权享受？

思考：A 企业进行税收筹划的切入点是什么？为什么其支付给残疾人员的工资不符合加计扣除 100% 的政策要求？

# 第一节 税收筹划的基本策略

税收筹划的基本策略是指纳税人在确定税收筹划切入点的基础上，为实现税收筹划目标而采取的各种基本技术和方法的集合。从理论上分析，税收筹划的技术和方法复杂多样，但在实践中，纳税人究竟采取何种方法和手段，首先取决于税收筹划的切入点。需要注意的是，税收筹划的切入点并不唯一，它包括但不仅限于以下几个方面：①选择税收筹划空间大的税种为切入点；②以纳税人构成为切入点；③以影响应纳税额的几个基本因素为切入点；④以不同的财务管理过程为切入点。纳税人选择的税收筹划切入点不同，其采用的筹划技术和方法也应有所差异。一国税制不管多么复杂，但其税种的基本构成要素却是相对确定的，主要包括纳税人、课税对象、税目、税率、纳税环节、纳税期限、纳税地点、减免税等。实践中，以税种的构成要素为切入点进行税收筹划不失为一种有效的选择。

## 一、税收筹划的切入点及技术要求

### （一）纳税人的筹划

纳税人是指税法规定的直接负有纳税义务的单位和个人。任何一个税种首先解决的就是国家对谁征税的问题。以纳税人为切入点的税收筹划技术要点如下。

1. 避免成为某个税种的纳税人

每个税种都有其特定的纳税人，因此，规避某种税负最彻底的方法就是避免成为该税种的纳税人。比如，根据《中华人民共和国企业所得税法》规定，在中华人民共和国境内，企业和其他取得收入的组织（以下统称"企业"）为企业所得税的纳税人，依照该法的规定缴纳企业所得税，但同时该法也指出，个人独资企业、合伙企业不适用本该法。因此，投资者选择企业的组织形式时，如果要避免缴纳企业所得税，可以考虑设立个人独资企业或合作制企业。

2. 转化为特定类型的纳税人

纳税人的类型不同，其税收待遇是存在一定差别的。比如，企业所得税的基本税率是 25%，但是一些特定类型的企业可以适用比较优惠的企业所得税税率。比如，小型微利企业减按 20% 的税率征收企业所得税，国家重点扶持的高新技术企业减按 15% 的税率征收企业所得税。为此，在某些情形下，企业可以创造条件让自己成为可以享受优惠税率的企业，从而获得税收利益。再比如，增值税的小规模纳税人和一般纳税人采用不同的计税方法，这两类纳税人的增值税税负孰轻孰重并不能一概而论。在税法允许的范围内，纳税人可以在两种纳税人身份之间进行合理选择。

### 3. 进行税负转嫁

与纳税人相关的另外一个概念是负税人，它是指实际承担税负的单位和个人。纳税人和负税人有时可能是不一致的，因为在某些情况下，纳税人可以通过某种方式（如提高商品售价）将其缴纳的税款转嫁给其他单位或个人。比较容易进行税负转嫁的税种主要是一些流转税，如增值税、消费税、营业税和关税。因此，在不能避免成为某些税种纳税人的条件下，纳税人可以根据自身情况通过制定一个合理的价格将其缴纳的税款转嫁给其他单位或个人。税负转嫁的基本方式有前转、后转、混合转嫁及税收资本化等，但不论通过哪种方式进行转嫁，都是通过改变商品或劳务价格的方式实现的。在实践中，还有一些纳税人试图通过签订合同的方式进行税负转嫁，这样可能会导致不必要的损失。

---

**【案例 2-1】**

2013 年，A 公司与一家房地产开发公司签订了一份一年期的房屋租赁协议，租金为人民币 10 万元，同时代房地产开发公司缴纳 1.2 万元房产税、0.55 万元的营业税、城建税及教育费附加。对于代缴的相关税费，A 公司经理本以为取得了缴款书就可以在年终企业所得税前扣除，然而，主管税务机关却未予认可。

思考：通过租赁协议转嫁税费对租赁双方有何负面影响？房地产公司和 A 公司应如何进行税收筹划？

**【解析】**

《中华人民共和国房产税暂行条例》第二条规定："房产税由产权所有人缴纳，产权属于全民所有的，由经营管理的单位缴纳。产权出典的，由承典人缴纳。产权所有人、承典人不在房产所在地的，或者产权未确定及租典纠纷未解决的，由房产代管人或者使用人缴纳。"本案例中，房地产公司是租赁房产的产权所有人，因此，其应为房产税的纳税人。《中华人民共和国营业税暂行条例》第一条规定："在中华人民共和国境内提供本条例规定的劳务、转让无形资产或者销售不动产的单位和个人，为营业税的纳税人，应当依照本条例缴纳营业税。"显然，由于房地产公司对 A 公司提供了租赁劳务，因此房地产公司应为营业税及附加在营业税上的城建税及教育费附加的法定义务人。不过，房地产公司通过租赁协议将相关税费转嫁给了 A 公司负担。从结果上看，这种做法对于租赁双方都没有好处。首先，由于房地产公司（产权所有人）是相关税费的法定义务人，因此它要承担 A 公司不缴税款需要补税的风险；其次，承租方代缴的税费无法在企业所得税前扣除，因为该项支出不符合税前扣除的相关性原则。

根据两个企业的实际情况，筹划思路如下：首先，房产税改由房地产开发公司自己缴纳，并提高房屋租赁金额，确保房地产开发公司整体收益不变；其次，通过纳税主体的改变增加 A 公司的税前抵扣额；最后，通过签订新的房屋租赁协议达到节税目的。

假设租金在 10 万元合同基础上再增加 A 万元，使得房地产开发公司整体收益不发生变化，那么房地产开发公司的税费支出如下。

营业税、城建税、教育附加费＝（10＋A）×5%×（1＋7%＋3%）

房产税＝（10＋A）×12%

假定租赁房产的年度折旧额为 Y 万元。

A 公司关于此项资产的税后利润＝［（10＋A）－Y－（10＋A）×5%×（1＋7%＋3%）－（10＋A）×12%］×（1－25%）

而筹划之前：

房地产公司的税后利润＝（10－Y）×（1－25%）

若要保持房地产公司在两种方案中税后利润不变，则应满足如下条件：

［（10＋A）－Y－（10＋A）×5%×（1＋7%＋3%）－（10＋A）×12%］×（1－25%）

＝（10－Y）×（1－25%）

由此得到 A＝2.12（万元），即房地产公司租金增加 2.12 万元，并自行缴纳相关税费，其整体收益未发生变化。

对于 A 公司而言，虽然提高租金后，其租金由原来的 10 万元增加到 12.12 万元，但新增的 2.12 万元却可以在缴纳企业所得税前得到扣除，因此，其净支出仅增加 1.59 万元［2.12×（1－25%）］。此时 A 公司的净支出为 11.59 万元（10＋1.59）。而在原来的方案中，A 公司的净支出为 11.75 万元（10＋1.2＋0.55）。筹划之后，A 公司的净支出减少了 0.16 万元。

由此可见，企业签订经济合同需要考虑税收因素，在坚持合同双方共赢的前提下，按税法规定调整合同内容，承租方可以达到节税的目的，出租方也可降低自己的涉税风险。

### （二）课税对象的筹划

课税对象是指税法规定对什么征税，是征纳税双方权利义务共同指向的客体或标的物，是区别一种税与另一种税的重要标志。比如，个人所得税的课税对象是自然人取得的各类应税所得，企业所得税的课税对象是指企业的生产经营所得、其他所得和清算所得。以课税对象为切入点的税收筹划技术要点如下。

#### 1. 让课税对象成为免税对象

在通常情况下，每个税种都有自己特定的课税对象，但有些税种的课税对象是可以享受免税待遇的。以我国个人所得税为例，对个人取得的国债利息、教育储蓄存款利息所得及国务院财政部门确定的其他专项储蓄存款或者储蓄性专项基金存款的利息所得可以免征个人所得税；个人转让自用达 5 年以上并且是唯一的家庭居住用房取得的所得也可以免征个人所得税。如果懂得这些规定，纳税人有可能将个人所得转变为免税所得。

### 2. 尽可能降低税基

税基又称计税依据，是据以计算课税对象应纳税款的直接数量依据，它解决对课税对象课税的数量问题，是对课税对象的量的规定。不管一个税种适用的是哪种类型的税率，在其税率既定的条件下，税种的税基越小，其应纳税额也越小。税法中存在大量可以从计税依据中减除各种扣除额、宽免额、冲抵额的规定，各项扣除越大，计税基数就越小，应纳税额也会越小。例如，企业所得税计算公式为：应纳所得税额＝应纳税所得额×所得税率，"应纳税所得额"是税基，在所得税率一定的情况下，"应纳所得税额"随"应纳税所得额"这一税基的减少而减少。为此，纳税人应当在不影响整体收入的前提下尽可能减小税基。比如，企业可以利用我国企业所得税法中关于研究开发费的加计扣除的规定，加大研究费用的投入，一方面可以增强产品的竞争力，另一方面可以减少应纳税款。

进行税基筹划时需要注意税法中关于扣除的相关规定。以住房转让中的个人所得税为例，《国家税务总局关于实施房地产税收一体化管理若干问题的通知》（国税发〔2005〕156 号）规定，个人转让住房缴纳个人所得税按"转让收入—房产原值—转让住房过程中缴纳的税金及有关合理费用"的 20％征收。为此，在确认转让收入和房屋原值基础上，税收筹划时要注意两方面的问题：一是纳税人在转让住房时实际缴纳的营业税、城市维护建设税、教育费附加、土地增值税、印花税等税费可以扣除；二是从 2006 年 8 月 1 日起，纳税人按照规定实际支付的住房装修费用、住房贷款利息、手续费、公证费等费用可扣除。但在扣除相关合理费用时，文件要求纳税人必须提供符合要求的凭证，具体要求如下。第一，支付的住房装修费用。纳税人能提供实际支付装修费用的税务统一发票，并且发票上所列付款人姓名与转让房屋产权人一致的，经税务机关审核，其转让的住房在转让前实际发生的装修费用，可以按规定比例扣除。第二，支付的住房贷款利息。纳税人出售以按揭贷款方式购置的住房，其向贷款银行实际支付的住房贷款利息，凭贷款银行出具的有效证明据实扣除。第三，纳税人按照有关规定实际支付的手续费、公证费等，凭有关部门出具的有效证明据实扣除。因此，纳税人发生的各类合法合理的支出，必须取得和保留有效凭证，力求做到应扣尽扣，从而通过降低税基减少应纳税额。再比如，对于企业发生的通过公益性社会团体的捐赠支出，必须取得省级以上（含省级）财政部门印制并加盖接受捐赠单位印章的公益性捐赠票据，或加盖接受捐赠单位印章的《非税收入一般缴款书》收据联，方可按规定进行税前扣除。

3. 充分利用起征点或相关税收优惠

我国现行税制中，有些税种可以享受起征点待遇或相关税收优惠，而起征点待遇或相关税收优惠与这些税种的课税对象税额是直接相关的。比如，《中华人民共和国增值税暂行条例实施细则》规定："增值税起征点的幅度规定如下：（一）销售货物的，为月销售额5 000～20 000元；（二）销售应税劳务的，为月销售额5 000～20 000元；（三）按次纳税的，为每次（日）销售额300～500元"。《中华人民共和国营业税暂行条例实施细则》规定："营业税起征点的幅度规定如下：（一）按期纳税的，为月营业额5 000～20 000元；（二）按次纳税的，为每次（日）营业额300～500元。"①《财政部、国家税务总局关于暂免征收部分小微企业增值税和营业税的通知》（财税〔2013〕52号）规定，小微企业中月销售额不超过2万元的，将暂免征收增值税和营业税。当纳税人的销售额或营业额处于起征点或相关税收优惠的临界点时，可以灵活调整销售额或营业额以便充分享受起征点待遇或免税待遇。另外，2014年4月8日，财政部和国家税务总局联合下发的《关于小型微利企业所得税优惠政策有关问题的通知》（财税〔2014〕34号）提出，自2014年1月1日至2016年12月31日，对年应纳税所得额低于10万元（含10万元）的小型微利企业，其所得减按50％计入应纳税所得额，按20％的税率缴纳企业所得税。当企业预计本年度的应纳税所得额略高于10万元时，可以通过合法手段适当减少收入或增加支出，使其应纳税所得额降低到10万元以内，可以取得较好的节税效果。比如，某小微企业通过测算预计2014年度的应纳税所得额为101 000元，正常情况下其应纳企业所得税为20 200元（101 000×20％），但如果企业能够在本年内主动增加1 000元办公用品支出，则其应纳税所得额将下降为100 000元，按照财税〔2014〕34号文件的规定，其年度应纳企业所得税将变为10 000元（100 000×50％×20％）。企业所得税较之筹划前下降了10 200元。

### （三）税目的筹划

税目是在税法中对征税对象分类规定的具体的征税项目，反映具体的征税范围，是对课税对象质的界定，凡列入税目的即为应税项目，未列入税目的，则不属于应税项目。在某些情况下，一个税种中不同税目的税率和计税方法可能存在差异，纳税人可以通过适当操作选择税负较低的税目。比如，我国个人所得税的税目共包括工资薪金所得、个体工商户的生产经营所得、劳务报酬所得、稿酬所得、特许权使用费所得、财产租赁所得、财产转让所得等11类所得，有些应税所得之间是可以相互转化的。实践中，兼有工资、薪金所得和劳务报酬所得是一个非常现实的问题。一般而言，劳务报酬所得是指个人独立从事各种技艺、提供各种劳务服务而获取的报酬，提供所得的单位与个人

---

① 从实际执行情况看，各地均已选择了2万元的上限。

之间不存在稳定的雇佣与被雇佣关系；工资、薪金所得则是个人在企事业单位、机关、团体、部队、学校及其他组织中任职、受雇而获取的报酬，属于非独立个人的劳动。简单而言，区分工资薪金与劳务报酬的关键在于双方之间是否存在比较稳定的雇佣和被雇佣关系。一般而言，当工资薪金较少时，工资、薪金所得适用的税率比劳务报酬所得适用的税率低，将劳务报酬所得转化为工资、薪金所得，合并按工资、薪金所得缴纳个人所得税是合理的；当工资、薪金收入较高时，适用的税率已累进到高水平，此时，宜将工资、薪金所得转化为劳务报酬所得以减少应纳税额。

另外，有些税种在同一个税目下面还设有不同的子目，不同子目的计税方法和税率也并不完全相同。以消费税为例，在其税目"烟"下面分设了"卷烟"、"雪茄烟"和"烟丝"三个子目；税目"酒及酒精"下面设立了"白酒"、"黄酒"、"啤酒"、"其他酒"和"酒精"五个子目，税目"小汽车"下面设立了"乘用车"和"中轻型商用客车"两个子目。有些子目还进行了更进一步细分，如"卷烟"又包括"甲类卷烟"和"乙类卷烟"，"啤酒"又包括"甲类啤酒"和"乙类啤酒"，"乘用车"根据气缸容量的不同又被划分为七类。纳税人可以根据不同税目和子目计税方法和税率的特点对税目进行筹划。比如，对于啤酒而言，每吨出厂价（含包装物及包装物押金）在3 000元（含3 000元，不含增值税）以上的是甲类啤酒，每吨出厂价（含包装物及包装物押金）在3 000元（不含增值税）以下的是乙类啤酒。其中，甲类啤酒的税率为250元/吨，乙类啤酒的税率为220元/吨。纳税人可以通过调整啤酒的出厂价格改变其所适用的税目，从而减轻税负。

### （四）税率的筹划

税率是对征税对象的征收比例或征收额度，是衡量税负轻重与否的重要标志。中国现行的税率主要有比例税率、定额税率、超额累进税率、超率累进税率。比例税率即对同一征税对象，不分数额大小，规定相同的征收比例，它又可分为三种具体形式：单一比例税率、差别比例税率、幅度比例税率。定额税率是税率的一种特殊形式。它不是按照课税对象规定征收比例，而是按照征税对象的计量单位规定固定税额，所以又称为固定税额，一般适用于从量计征的税种。累进税率指按征税对象数额的大小，划分若干等级，每个等级由低到高规定相应的税率，征税对象数额越大税率越高，数额越小税率越低。累进税率因计算方法和依据的不同，又分为全额累进税率、超额累进税率和超率累进税率等。以税率为切入点进行税收筹划的技术要点如下。

1. 充分利用税率差异技术

（1）针对不同税种的税率差异进行税收筹划。

只要不同的税种之间的比例税率存在差别，那么按不同税种缴税就会产生不同的税负。在存在差别税率且通过合法的方法可以适用低税负税种的情况下，企业首先需要考虑按低税负税种纳税的问题。例如，企业的混合销售行为，对增值税一般纳税人来说，需要缴纳增值税，而对于营业税纳税人却需要缴纳营业税。由于增值税的税率和营业税税率并不相同，所以就有了筹划的必要。

（2）针对不同税目的税率差异进行筹划。

只要同一税种内不同税目的比例税率存在差别，其税负上就会存在差别。如果客观上存在将一种税目的征税对象转化为另一种税目的征税对象的可能性，那么企业就应该通过将高税率的征税对象转化为低税率征税对象，以降低税负。如果一种产品适用高税率，与之相近的另一种产品适用低税率，而两种产品之间存在转化的可能，那么就可以通过将一种产品转化为另一种产品而适用低税率；如果企业对外提供的一项劳务适用高税率，另一种劳务适用低税率，而两种劳务之间存在可转化性，那么企业就可以通过将一种劳务转化为另一种劳务而适用低税率。

2. 通过分别核算适用不同的税率

企业在对外提供劳务或销售货物时，交易对象往往并不是单纯的，而是具有一定的复杂性。如果税法规定不同性质的交易适用不同的税目，不同税目的税率存在差异，而企业又没有办法将全部交易转化为低税率的话，那么分别核算交易事项，分别适用不同的税率是一种明智的选择。比如，某企业既销售普通货物，又销售免税商品。在这种情况下，最好能将两类商品分别核算，以防税务部门进行纳税调整致使企业多交税款。

3. 运用分割技术降低适用的税率

分割技术就是使应税所得、应税财产在两个或更多纳税人之间进行分割而减少税收的筹划技术。很多国家的所得税与财产税都是累进税率，计税基数越大，适用的边际税率越高。将所得或财产在利益相关人之间进行分割，可以降低税基，从而适用较低的税率，达到节减税收的目的。比如，一对英国夫妇有 40 万英镑在丈夫名下的共同财产，他们有一个儿子。丈夫有这样的想法，如果他先去世，要把共同财产留给妻子，因为英国规定，丈夫给妻子的遗产可以免征遗产税，妻子去世后再将财产留给儿子，财产并没有发生被征两次遗产税的情况。丈夫寻求税务咨询，税务顾问建议，正确的做法是丈夫生前就把 40 万英镑的共同财产分为两部分，自己留下 32.5 万英镑财产，把 7.5 万英镑财产划到妻子名下，在他去世时把他那部分财产留给儿子，妻子去世时再把她那部分财产留给儿子。因为尽管丈夫的财产遗赠给妻子时免税，但妻子去世时留给儿子的遗产超过 32.5 万英镑的部分要按 40％的税率向英国政府缴纳遗产税。英国的遗产税实行夫妇分别申报纳税，在遗产税上每个人都享有 32.5 万英镑的免税额。这里面有一个不是人人会发现的税收陷阱，就是每个纳税人也只有 32.5 万英镑的免税额。所以，丈夫生前就把共同财产分成两个都小于 32.5 万英镑的部分，由夫妇各自把自己部分的财产留给儿子，可以节减遗产税。

### (五) 纳税环节的筹划

纳税环节主要是指税法规定的征税对象在从生产到消费的流转过程中应当缴纳税款的环节。广义的纳税环节指全部征税对象在再生产中的分布,如资源税分布在生产环节,所得税分布在分配环节等。狭义的纳税环节指应税商品在流转过程中应纳税的环节,是商品流转课税中的特殊概念。在商品经济条件下,商品从生产到消费通常经过产品制造、商业批发、商业零售等环节。商品课税的纳税环节,应当选择在商品流转的必经环节,如果对所有环节都征税,可能会造成税负的不公平,因为有些产品从制造到零售要经过多次商业批发环节,有些产品却可能只经过一次商业批发环节,或者未经批发直接进入零售环节,甚至还可能不经过商业零售直接进入消费环节。按照纳税环节的多少,可将税收课征制度划分为两类,即一次课征制度和多次课征制度。一次课征制度是指一种税收在各个流通环节只征收一次税,如我国的消费税、车辆购置税等。多次课征制,指一种税收在各个流通环节选择两个或两个以上的环节征税,如我国的增值税。

利用纳税环节进行纳税筹划时,应尽可能避开或推迟纳税环节的出现。比如,关联企业中生产(委托加工、进口)应税消费品的企业,如果以较低价格将应税消费品销售给其独立核算的销售部门,则可以降低计税依据,从而减少应纳消费税税额。而独立核算的销售部门在销售商品时,只缴纳增值税,不再缴纳消费税,这样可使集团的增值税税负不变的情况下降低了消费税税负。

### (六) 纳税期限的筹划

纳税期限是税法规定的纳税人、扣缴义务人发生纳税义务或者扣缴义务以后向国家缴纳税款或者解缴税款的期限。纳税期限是根据纳税人的生产、经营规模和应纳税额的大小及各个税种的不同特点确定的,包括纳税计算期和税款缴库期。根据《中华人民共和国增值税暂行条例》的规定,增值税的纳税期限分别为1日、3日、5日、10日、15日、1个月或者1个季度。纳税人的具体纳税期限,由主管税务机关根据纳税人应纳税额的大小分别核定;不能按照固定期限纳税的,可以按次纳税。纳税人以1个月或者1个季度为1个纳税期的,自期满之日起15日内申报纳税;以1日、3日、5日、10日或者15日为1个纳税期的,自期满之日起5日内预缴税款,于次月1日起15日内申报纳税并结清上月应纳税款。

纳税人在合法的期限内纳税,是不会被加收滞纳金的。同样是合法纳税,从时间上来说,有的纳税期限对企业有利,有的对企业不利。如果纳税人在合法的期限内尽量推迟纳税时间,不但有利于资金周转,还可以获取一定额外的利息收入,达到合理避税的目的。按照现行税法规定,纳税人应在填发税款缴纳证的次日起的7日内向指定银行缴纳税款,这其中星期日和节假日除外。1995年5月份以来,中国开始在全国范围内推行五天工作制,即一周两天休息制,另外再加上众多的国家法定节假日,这样就为企业进行延迟纳税筹划提供了机会。另外，当纳税人因有特殊困难，不能按期缴纳税款时，经省、自治区、直辖市国家税务局、地方税务局批准，可以延期缴纳税款，但是最长不得超过三个月。这里所说的特殊困难包括以下两种类型：①因不可抗力，导致纳税人发生较大损失，正常生产经营活动受到较大影响的；②当期货币资金在扣除应付职工工资、社会保险费后，不足以缴纳税款的。

与纳税期限相关的另外一个概念是纳税义务发生时间，它是指应税行为发生的时间。在通常情况下，税法对某个税种的纳税义务发生时间都有较为明确的规定。以增值税为例，根据《中华人民共和国增值税暂行条例》及《中华人民共和国增值税暂行条例实施细则》的规定，增值税纳税义务发生时间如下：销售货物或者应税劳务，为收讫销售款项或者取得索取销售款项凭据的当天；先开具发票的，为开具发票的当天；进口货物，为报关进口的当天。不同的销售结算方式下，增值税的纳税义务发生时间是不同的，纳税人通过调整销售结算方式可以改变纳税义务发生时间。例如，某电缆厂（增值税一般纳税人）当月发生的电缆销售业务有 3 笔，货款总计 1 800 万元（不含税价）。其中，第一笔 800 万元，货款两清；第二笔 300 万元，两年后一次付清；第三笔 700 万元，其中一年半后付 500 万元，余款 200 万元两年后结清。企业若对以上 3 笔业务全部采取直接收款方式，则应当在当月全部计算销售额，计提销项税额共计 306 万元（1 800×17％）；若对未收到的货款不计提销项税额，则违反了税法规定，少计销项税额 170 万元（1 000×17％），属于偷税行为；若对未收到的 300 万和 700 万元应收账款，分别采用赊销和分期收款的结算方式，就可以延缓纳税时间。但应该注意的是，纳税人在采用赊销和分期收款销售结算方式时应在书面合同中约定收款日期，同时避免先开具发票，否则无法达到递延纳税的目的。

递延纳税并不能减少纳税的绝对额，但推迟缴税的时间相当于得到一笔无息贷款，考虑到货币时间价值和机会成本因素，相对来说节减了税款。又如，利用税法中规定的某些固定资产可以采取加速折旧的政策，尽量将应缴纳的企业所得税推迟到以后年度，也是延期纳税技术的应用。

### （七）减免税的筹划

减税、免税是税法对某些纳税人或课税对象的鼓励或照顾措施。减税是减征部分应纳税款；免税是免征全部应纳税款。减税免税规定是为了解决按税制规定的税率征税时所不能解决的具体问题而采取的一种措施，是在一定时期内给予纳税人的一种税收优惠，同时也是税收的统一性和灵活性相结合的具体体现。

1. 免税技术

免税技术是指使纳税人避免纳税义务，或使纳税人从事免税活动，或使征税对象成为免税对象，从而免纳税收的直接节税的筹划技术。免税是国家对特定地区、行业、企业、项目或某种情况给予的完全或部分免纳税收的优惠。免税的方式有法定减免、特定减免和临时减免三种，其中法定减免是主要形式，后两种免税方式具有不公平性和随意性，世界各国都对特定减免和临时减免相对限制，但由于我国经济正处于转型时期，税制中出现了不少的特定和临时免税的条款。企业应充分利用这些免税条款，达到节税目的。

免税技术具有以下特点：①运用的是绝对节税原理，直接免除纳税人的应纳税额，属于绝对节税型税收筹划技术；②简单易行，一般不需要利用数理、统计、财务管理等专业知识进行税收筹划，也无须通过复杂的计算，甚至不用计算，不用比较，就能知道是否可以节减税收，技术非常简单直观；③适用范围窄，免税是对特定纳税人、征税对象及情况的减免，如必须从事特定的行业、在特定的地区经营、要满足特定的条件等，才能享受免税待遇，而这些不是每个纳税人都能或都愿意做到的，因此，免税技术往往不能普遍运用，适用范围狭窄；④具有一定风险性，在能够运用免税技术的企业投资、经营活动中，往往有一些是被认为投资收益率低或风险高的地区、行业、项目和行为。为此，运用免税技术时应注意两点。其一，使免税期尽量最长化。在合法、合理的情况下，尽量使免税期最长化。许多免税都有期限规定，免税期越长，节减税收越多。其二，使免税待遇尽量更多。在合法、合理的前提下，应当争取尽可能多的项目获得免税待遇。与缴纳税收相比，免征的税收就是节减的税收，免征的税收越多，节减的税收也越多。

### 2. 减税技术

减税技术是指在合理合法的前提下，使纳税人减少应纳税额而直接节税的税收筹划技术。减税是按照税收法律、法规，减除纳税人一部分应纳税款，是对某些纳税人、征税对象进行扶持、鼓励或照顾，以减轻税收负担的一种特殊规定。由于减税的基本原理和特点与免税基本一致，二者也经常结合使用，习惯上称之为"减免技术"，在此不再赘述。

税法中的减免税有两种方式：一是出于照顾性目的的税收减免，是国家对不可抗拒的原因造成的财物损失而进行的财物补偿，如对于遭受自然灾害地区的企业、残疾人员经营行为的税收减免；二是出于奖励性目的的税收减免，是对纳税人贯彻国家产业政策的财务奖励，如对从事国家重点扶持的公共基础设施项目投资经营所得、从事符合条件的环境保护和节能节水项目的所得给予的"三免三减半"减免优惠。

## 二、税收筹划的具体方法

税收筹划的具体方法是在现行税法框架下，为获取税收利益，利用基本税收筹划技术而采用的具体方法。主要是从缩小税基、降低税率、免减税等方面进行筹划，常见的具体方法有以下几种。

### （一）转让定价法

转让定价法又称转让价格法、价格转让法，是指关联企业之间进行产品交易和劳务供应时，为均摊利润或转让利润，根据双方的意愿，制定低于或高于市场价格的价格，以实现减轻税负的目的。它是企业进行纳税筹划的最基本的方法之一。

由于买卖双方均有权根据自身情况确定所生产和经营产品的价格标准，因而转让定价法被企业广泛运用。关联企业通过转让定价的方法，把企业利润由高税区转移到低税区甚至转移到国外，从关联企业整体来看，一个或几个关联企业的高进低出，必然伴随着另一个或几个关联企业的低进高出，其总体利润并未变化，但通过人为安排在不同地点成员企业间转移利润，就可以达到减轻集团税负的目的[①]。

### （二）成本费用调整法

成本费用调整法是指企业通过对不同会计期间成本费用进行调整或分配（摊销），以达到调节各年度应税所得，使企业综合税负降低的避税方法。成本费用调整法应用的基本前提是合法性，税法和会计制度中关于成本费用计价或摊销的政策或具体方法是具有一定弹性的，在法律法规许可的范围内对成本费用进行科学的分配以减轻企业税负，正是体现财务管理人员价值的重要方面。利用成本费用调整法进行税收筹划的范围很广，存货发出计价、长期资产摊销是两个重要方面。

存货发出计价方式对计算所得税影响很大，现行税法规定企业可以采用先进先出法、加权平均法、个别计价法等。当物价持续上涨时，宜采用加权平均法；当物价持续下降时，则采用先进先出法。这样可以使销货成本提高，减少了当期利润，达到减少所得税的目的。当然，在运用存货计价进行税收筹划时要注意法规中关于"不得随意改变存货计价方式"的规定。

长期资产是被资本化了的费用支出，这些资产需要在其使用周期内摊销，即分期转化为各核算期的费用。从整个资产寿命周期考虑，摊销费用的总计金额是确定的，但每年具体分摊多少却会影响到各年应缴的所得税金额。从税收筹划的角度，在利润高的年份应该多摊，在亏损年度应该少摊，但这种思路在现实中是很难实现的，原因是企业不可能准确预计各年盈亏，国家也不会许可不规则的摊销政策。实践中，考虑到货币时间价值和机会成本的客观存在，对于固定资产折旧、无形资产和长期待摊费用的摊销，应选取最大限度地缩短折旧年限和加速折旧以及缩短摊销年限的方法，以获得相对节税的好处。

### （三）融（筹）资避税法

融资避税法又称为资本弱化避税法，是利用选择融资方式调节融资费用使企业整体

---

[①] 我们将在第八章中对此方法进行更加详尽的介绍。

税后利益最大化的方法，这也是关联企业之间常用的一种避税形式。企业融资方式可分为负债融资与股权融资两类，负债融资的利息计入财务费用，可以在缴纳所得税前扣除，而股权融资的股息只能在税后利润中支付。资本弱化是指企业通过加大借贷款（债权性筹资）而减少股份资本（权益性筹资）比例的方式增加税前扣除，以降低企业税负的一种行为。因此，有些企业为了加大税前扣除而减少应纳税所得额，在筹资时多采用借贷款而不是募集股份的方式，以此来达到避税的目的。融资避税法的应用一般是通过集团内企业相互之间提供贷款，利用降低或提高利息费用把利润由高税负企业向低税负企业转移，从而减轻集团整体税负。虽然目前各国税法中均规定了反资本弱化条款，但由于不同国家关于这方面的立法原则、立法方式、立法内容均有较大的差异，实际操作中判断是否实质上为资本弱化的界限也难以把握，故融资避税法的使用仍有一定的弹性空间。

### （四）临界点筹划法

税法中有大量的关于临界点的规定，纳税人的某些特征在临界点之上或之下会导致其税负的较大差异。比如，增值税法和营业税法中存在起征点，当纳税人货物销售额或应税劳务收入额达到起征点时需要全额课税，当未达到起征点时无须缴税；工资、薪金所得适用七级超额累进税率，当工资、薪金应纳税所得额达到一定临界值后，其适用的税率会上升一个等级；企业所得税法中对小型微利企业的资产总额、员工人数和年应纳税所得额也规定了具体的标准，如果达到这些标准就可以享受 20％的低税率。总而言之，在我国现行税制中，税基、税率和税收优惠政策都存在不少临界点的规定，临界处理的筹划方法应用是比较广泛的。

### （五）转换筹划法

一国税法既有较强的原则性，又有一定的灵活性，再加上税务机关自由裁量权的广泛存在，这使得纳税人通过变通和转换寻找税收筹划空间成为可能，具体包括纳税人的转换、课税对象的转换、税目的转换、销售方式的转换、融资方式的转换、收入形式的转换、组织形式的转换，等等。以我国个人所得税为例，目前我国实行的是分类个人所得税，不同类型个人所得的个人所得税的计算规则不尽相同，而不同类型个人所得在一定条件下是可以转换的[①]，纳税人可以通过测算哪类所得的个人所得税负更低，从而选择自己的所得形式。再比如，在纳税人身份方面，个人可在居民纳税人和非居民纳税人之间进行转换，从而会产生不同的纳税义务。转换筹划法是一种十分重要的税收筹划方法，其应用范围十分广泛。

---

① 比如，工资和劳务报酬在某些情况下可以相互转化。

### （六）低税区避税法

低税区避税法是被普遍采用的避税方法。低税区包括税率较低、税收优惠政策多、税负较轻的国家和地区。低税区避税法的使用有两种思路：一是将企业设立在各国政府为鼓励投资而设立的各种经济特区、保税区、开发区等，从而合法降低税负；二是在"避税天堂"（如英属维尔京群岛、列支敦士登、摩纳哥、荷属安的列斯群岛等）设立离岸公司以逃避纳税。近年来，传统的"避税天堂"由于在国际上声名狼藉而备受打击，但新的"避税港"却在不断涌现，另外，一些低税国家或地区，如瑞士、新加坡、中国香港地区等，是否达到"避税天堂"的界限也存在很大争议，故利用各国（地区）税制差异选择低税区避税仍是跨国公司最热衷的税收筹划方法。当然，低税区避税法不仅在国际税收筹划中得以普遍应用，其在国内税收筹划中也有一定用武之地。2008 年之前，我国的企业所得税优惠政策集中体现为"区域优惠为主"的特点，不同地区的税率和税收优惠政策存在较大差异，给企业留下了较大避税空间。不过，2008 年实施新企业所得税法后，企业所得税的优惠政策开始呈现"产业优惠为主，区域优惠为辅"的特点，过去利用国家不同地区的税率和税收优惠政策差异进行税收筹划的空间较之以前有所缩小。十八届三中全会审议通过的《中共中央关于全面深化改革若干重大问题的决定》明确提出："按照统一税制、公平税负、促进公平竞争的原则，加强对税收优惠特别是区域税收优惠政策的规范管理。税收优惠政策统一由专门税收法律法规规定，清理规范税收优惠政策。"由此推断，今后我国的"税收洼地"现象将会进一步弱化，低税区避税法的应用空间将会继续收缩。

需要强调的是，尽管上述税收筹划方法在实践中是比较常见的，但税收筹划的方法绝不局限于以上所述，纳税人可以根据自身实际，选择和发掘适宜的筹划方法。

## 第二节　税收筹划的实施流程

"凡事预则立，不预则废"，税收筹划也必须遵循计划、实施、控制、评价、完善等科学管理程序。虽然未必每项税收筹划活动都必须有一整套完善的筹划方案，但其一般需要遵循一定的实施流程。

### 一、选择税收筹划的主体①

税收筹划的主体是指进行税收筹划行为的单位或个人。在税收筹划实践中，有的企业利用内部的财务人员进行税收筹划的设计和实施（简称"自行税收筹划"），有的企业

---

① 李大明. 对税收筹划若干问题的认识［J］. 财政监督，2010（4）：3—6.

则采取的是委托中介机构来实施税收筹划的模式（简称"委托税收筹划"）。这两种模式各有利弊，纳税人应该根据自身所处环境作出适当的选择。

### （一）自行税收筹划的利弊分析

自行税收筹划指由税收筹划需求主体自身为实现税收筹划目标所进行的税收筹划。自行税收筹划要求需求主体拥有掌握税收筹划业务技能、具备税收筹划能力的专业人员，能够满足自行税收筹划的要求。对于企业而言，自行税收筹划的主体一般是以企业内财务部门及其财务人员为主。

自行税收筹划的优势在于三个方面。其一，可操作性强。由于纳税人对自身情况非常了解，设计出来的税收筹划方案比较结合实践，可操作性很高。其二，保密性强。进行税收筹划需要详细了解企业财务数据与生产经营秘密，由企业内部财务人员进行税收筹划有利于保守商业秘密。其三，直接成本较低。税务筹划本身也属于财务管理活动范畴，由内部财务人员开展此项工作，企业就不需要额外支付高昂的费用，其筹划的直接成本是比较低的。

自行税收筹划的局限性具体表现在两个方面。其一，方法、思路的局限性。由于纳税人自行税收筹划主要依赖于内部财务人员，其筹划的视角只能在本企业、本行业或者是某个特殊的生产经营阶段，获取信息量存在不对称，设计出的税收筹划方案可能立意不高、思维面窄、效果较差。其二，风险评估能力弱。由于我国税收法规和税收政策的复杂性，需求主体很难独立精确把握税法规定，对税收筹划方案带来的风险评估能力较弱，自行税收筹划的成本与风险较大，且风险自担。因此自行税收筹划应用较少，主要适用于较为简单和可以直接运用税收优惠的税收筹划项目。

### （二）委托税收筹划的利弊分析

委托税收筹划是指需求主体委托税务代理专业机构或税收筹划专家进行的税收筹划。

委托税收筹划的优势在于两个方面。其一，设计的税收筹划方案更加专业。税务代理专业机构更加关注最新税收法规信息，而且见多识广，研究精细，其设计的税收筹划方案立意较高，可选择的操作方法较多，并且具有一定的启发性，专业优势突出。其二，税务代理专业机构评估税收筹划风险能力强。由于专业机构主持税收筹划活动多，通晓税收筹划及其执行全过程，参考案例较多，对税收实际问题的判断相对准确，评估项目风险能力强，能够大胆设计操作方案，税收筹划效果好。另外，在与税务机关的长期交往中也非常清楚其认定情况的角度，从而将税收筹划方案的失败风险控制在一定程度之内。

委托税收筹划也存在一定风险，这些风险表现在三个方面。其一，操作性不够风险。这是因为专业机构即使调研得再深入，对企业运行的了解程度毕竟不如纳税人自身，因而，其设计的方案有可能操作性不够，在实际执行中难以达到预期效果。故而，委托税收筹划也需要企业内部相关部门和人员的充分配合。其二，商业机密泄露风险。委托外部专业机构进行税收筹划，显然会增加企业的商业机密被泄露的可能性。关键在于要委托有良好声誉的实力较强、职业规范严谨的专业机构。其三，不符合成本效益原则风险。税收筹划是高智商行为，按照有偿服务原则，聘请中介机构进行税收筹划，肯定费用不菲。在一般情况下，方案执行后，税收筹划产生的直接收益应远远超过筹划直接成本，这也正是税收筹划的意义所在。但是，也存在筹划方案产生收益小于所支付的高昂费用的可能性。

由于税务代理专业机构或税收筹划专家具有丰富的税收专业知识和较强的税收筹划技能，其制订的税收筹划方案的成功率相对比较高，而且还能通过约定由委托方与受托方共同分担风险，因此，根据风险与报酬平衡原则，委托税收筹划是比自行税收筹划效率更高、效果更好的税收筹划形式。这种形式主要适用于企业大型税收筹划项目和业务复杂、难度较大的税收筹划专门项目。当前我国受托提供税收筹划服务的主要是税务师事务所、会计师事务所，以及其他相关税务服务中介机构。在委托税收筹划活动中，税收筹划需求方与供给方必须签订书面委托合同。合同内容应依据我国现行的有关法律法规及税务代理办法的规定，明确双方的权利和义务，以维护委托方与受托方的合法权益，确保税收筹划顺利实施。

## 二、收集税收筹划相关信息

充分可靠的相关信息是税收筹划工作的基础，在进行具体筹划之前，必须收集以下基本信息。

（1）企业基本情况。不同企业的基本情况及纳税要求有所不同，在计划税收筹划活动时，首先要了解企业以下基本情况：企业组织形式、经营范围、财务状况、会计政策、筹资方式、投资方向、管理层对风险的认识等。在资料收集中应强调资料的真实性、准确性。客观准确的财务数据是进行税收筹划方案设计的重要依据，关系到税收筹划方案的选择与实施效果。对于委托税收筹划项目，委托方必须为受托方提供真实准确的相关信息，尤其是重要的财务数据，否则很可能会造成税收筹划项目失败。受托筹划人要深入企业做好相关资料的收集工作，要取得第一手资料，不能闭门造车或想当然地编造数据，对于关键数据要反复查证落实；对需要根据原始数据进行计算的数据指标，要保存好原始数据及数据来源凭据，便于复核，以保证税收筹划方案的各项数据都经得起推敲与检验。另外，作为税收筹划人要遵守行业规范，妥善保存企业资料，做好保密工作。

总之，企业自身的情况是税收筹划的出发点，进行税收筹划不仅必须掌握企业内部信息，如理财目标、经营情况、财务状况、对风险的态度等信息，还要了解企业既往至今的相关涉税事宜，包括有关申报、纳税及与税务机关关系等情况，这些都有助于制订合理有效的企业税收筹划方案。

（2）企业涉税相关法律法规分析。进行税收筹划，必须充分了解与企业相关的国家税收法律、法规、文件中的具体政策及精神，坚持税收筹划的不违法性或合法性。实践中，要具体做到以下几点。

一是要充分运用各种方式多渠道获取税收法规信息，包括税收法律、税收行政法规、税收规章制度，越详尽越充分越好。至于与筹划企业相关的财税政策和法规的获取，一般有以下渠道：①通过税务机关寄发的免费税收法规资料；②通过到税务机关索取免费税收法规资料；③通过图书馆查询政府机关有关出版物；④通过政府网站或专业网站查询政府机关的免费电子税收资料库；⑤通过订阅和购买政府机关发行的税收法规出版物；⑥通过订阅和购买中介机构出于营利目的税收汇编法规资料；⑦12366 纳税服务热线。

二是要领会这些相关税收法规的立法精神和政策导向，以便在税收筹划中充分运用现行的税收法律法规及税收政策，满足合法性要求，规避税收筹划中的税务纠纷和风险。

三是要掌握其他相关法规的内容，如国家的金融投资法规、财务会计法规、合同法、公司法及涉及国家对调节行业发展的各项经济政策尤其是优惠政策等，使税收筹划方案更完善，在维护自身的合法权益的同时，也不会与相关法律法规相冲突。

另外，虽然在理论上税收筹划与逃避缴纳税款有不同含义，但在实践中一般要通过税务机关的认定和判断，而认定和判断又随主观与客观条件的不同而有不同的结果，因此企业在运用税收筹划时，必须了解主管税务机关的观点，在反复研讨的基础上作出筹划，否则，在贯彻筹划措施时一旦被视为逃避缴纳税款，就会得不偿失。

### 三、确定税收筹划的目标

税收筹划的目标不能简单地理解为税负最小化。在保证其他经济目标不受影响的前提下，如果因为筹划后将原本应该缴纳的税减免或延期，以及将原本应该缴纳的金额较大的税负减少，这都是成功的筹划。而如果因为筹划虽然降低了税负，却影响了其他经营活动或者经济指标，那么税收筹划就可能是得不偿失的。从科学发展观的角度来看，税收筹划的终极目标是企业价值最大化，但在短期内，税后利润最大化可能是一个更为实际的目标。由于纳税人在不同的发展阶段目标定位会有所差异，筹划主体在确定税收筹划的目标时，应当考虑纳税人的实际需要。

### 四、设计备选的税收筹划方案

在掌握相关信息和确立目标之后，就可以着手设计税收筹划的具体方案。税收筹划方案的设计需要综合考虑收入、成本、费用、利润、现金流量等因素，一般按以下步骤进行：首先，对具体涉税问题进行认定，即涉税项目的性质、涉及哪些税种等；其次，对涉税问题进行分析，即涉税项目的发展态势、引发后果、税收筹划空间大小、需解决的关键问题等；最后，设计多种备选方案，即针对涉税项目，设计若干独立的备选方案，每项方案均建立确定数学模型，包括涉及的经营活动成果、财务运作和会计处理配套措施。从理论上讲，每个方案要力求做到"四有"，即每一个纳税方案都要有详细的数据及其计算过程，一切以数据说话；每一个纳税方案都要有相关的法律法规及税收政策依据，一切以现行的法律法规为依据；每一纳税方案都要有利弊分析，一切以利大于弊为选择原则；对列举的各种方案要有筹划人的建议选择的意见及实施方案应注意的有关问题和配套条件。

### 五、评选最佳方案

每个税收筹划方案都是多种筹划技术的组合运用，其实际措施与面临的风险也有所不同。在实际筹划中，税收筹划人有必要将设计的多种纳税方案提供给生产经营决策者或委托筹划人，向他们说明各种方案的利弊得失及可能产生的风险，并提出本人的选择建议，征求他们的意见。对备选方案进行选择时，需要进行以下分析：①合法性分析，税收筹划的首要原则是合法性，以规避法律风险；②可行性分析，税收筹划的实施需要多方面的条件，企业必须对方案的可行性作出评估，包括时间、人员、趋势预测；③财务分析，各项方案的经济结果有所不同，财务上可行是筹划方案选择的基本依据；④风险分析，进行税收筹划活动，必然伴随着风险，风险是否在可控范围内是筹划方案优劣的重要标准。企业要对多种方案进行综合评估，选择出最佳方案。

### 六、实施、监控、调整税收筹划方案

税收筹划方案选定之后，经相关决策部门批准，即进入实施阶段。企业应当按照选定的税收筹划方案，贯彻落实具体措施，对自己的纳税人身份、组织形式、注册地点、所从事的产业、经济活动及会计处理等方面作出相应的调整或改变，并在实施过程中详细记录、分析筹划方案取得的收益。需要说明的是，在税收筹划方案的实施过程中，应有专门责任人员对方案实施过程进行动态监控，以防止落实偏差。当方案设计时的背景条件发生变化或者方案设计中的失误造成税收筹划方案实施遇阻或不能实现时，应及时对税收筹划方案进行修正或调整。如果在方案实施中与税务机关发生税务纠纷，税收筹划人应按法律规定或委托书的约定帮助企业予以协调或代理处理税务纠纷。如果出现对纳税人不利的法律后果，根据双方事前签订的委托书的约定内容，属于税收筹划人的责

任的，税收筹划人应当承担赔偿纳税人损失的责任。

这里需要强调的是，在税收筹划实践活动中，由于筹划人只能根据法律条文和法律实践设计筹划方案并作出判别，而税务机关与筹划人对于税法条款的理解可能不同，看问题的角度也可能存在差异，因此，可能会对一项税收筹划方案形成不同的认识，甚至持截然相反的观点，在税收筹划方案的认定和实施方面可能会导致涉税纠纷。在税收筹划方案的实施过程中，筹划企业应该尽量与税务机关进行充分的交流与沟通，实现税务协调；如果真的导致税收纠纷，筹划企业应该进一步评估筹划方案的合法性，合理合法的方案要据理力争，不合法的筹划方案要放弃。

## 七、评估方案执行结果

企业要建立信息反馈制度，无论税收筹划方案执行的结果是否达到预期，都要及时反馈给税收筹划方案的设计者，由其提出完善的建议。企业决策者也需要对税收筹划方案实际执行的效果进行综合评价，考核其经济效益是否实现了预定目标。

## 八、留存归档

税收筹划方案的制订、实施、结果评价等过程记录，需要有专门人员负责立卷归档。税收筹划档案是非常重要的资料，一方面可作为信息查询、业绩评价的直接依据，另一方面又可为以后的税收筹划活动奠定基础。

# 第三节　税收筹划的影响因素

税收筹划是一项系统工程。对于筹划企业来说，选择了最优的税收筹划方案并不意味着都能达到预期效果，税收筹划能否成功实施受到很多因素的共同影响和制约。从筹划企业自身角度出发，税收筹划的影响因素包括外部因素与内部因素两大类[①]。

## 一、外部因素

### (一) 税制因素

税制即税收制度，是一个国家在既定的管理体制下设置的税种及与这些税种的征收、管理有关的、具有法律效率的各级成文法律、行政法规、部门规章等的总和。税收制度与税收筹划双生双伴，税收筹划必须以税收制度为导向。

税收制度常常随着经济法律环境的改变而发生变化，但这种被动的改变通常会有所

---

① 谭韵. 对影响企业税务筹划因素的探讨 [J]. 市场论坛，2005 (7)：96—97.

滞后，一些新情况、新问题的出现使得原有的税收规定出现了漏洞和空白，如近年来迅猛发展的网店销售如何征税问题。而且，税制也不可避免地存在一些漏洞和缺陷，其中也包括国家为引导经济的良性运行而故意设置的税收差异，如不同行业、地区的减免税差异等。这就为企业的经营行为提供了税收选择的空间。事实上，也正是这些差异和漏洞成就了税收筹划。但这些漏洞和差异不是永久性的。随着税收制度的完善，税收筹划方案可能会因为政策的调整而变得毫无价值，甚至成为逃税行为。

企业在利用税制因素进行筹划时要注意两个原则。其一，合法与合理原则。税收筹划是纳税人在不违法的前提下对纳税行为的巧妙安排。税收筹划不仅要符合税法的规定，还要追随国家政策导向。纳税人应正确理解税收政策规定，贯彻税收法律精神，在税收法律法规允许的范围内进行税收筹。其二，动态原则。从法制完善的角度来说，税法是不断补充完善和发展的，纳税人可利用的税法漏洞会随着税收法律制度的完善越来越少。从宏观调控的角度来说，社会经济环境的变化会导致国家宏观政策导向的转移，企业可用于税收筹划的税收政策的着重点也会发生转移，税收筹划要因时而异，企业应密切关注税收制度的变化而对筹划方案进行相应调整。

### （二）会计制度因素

我国实行统一的会计制度，国家统一的会计制度是指国务院财政部门根据《会计法》制定的关于会计核算、会计监督、会计机构和会计人员及会计工作管理的制度，包括规章和规范性文件。

我国实行的是以投资者为导向的会计制度，与现行税法在关于收入、费用确认标准方面存在不少差异。会计制度与税收制度并存的一种状态，即财税分离，意味着纳税主体在对涉税经济业务进行账务处理时，先以会计制度核算要求作为会计要素确认和计量的标准，在遇到会计核算制度规定的会计要素确认计量标准与税法不一致时，采取纳税调整的方法进行处理。正是财税分离的存在才促成了企业的纳税调整行为，在这场与税收征管机关的纳税行为博弈当中，企业作为理性纳税人只有选择税收筹划才能达到战略均衡，从而实现自身目标。事实上，正是财税分离使税收筹划有更大的发挥空间。如果财税合一，即企业的会计处理完全以税法为导向，两者不再有任何差异，则纳税调整行为便无从谈起，税收筹划的空间将被极大地削减，其存在的价值也将因此大打折扣。

### （三）经济环境因素

税收筹划企业税收筹划是市场经济个体的一种经营决策，个体的经济活动必然会受到整体经济环境的影响，很多理论上可行的方案在实践时会变得举步维艰。例如，新办企业投资地点会考虑首选在税负较低的特定地区，但同时必须面对激烈的市场竞争，高昂的经营成本，偏低的投资收益；如果选择在西部开发地区或者少数民族地区设立企业，也可以享受不少税收优惠，但可能会面临自然环境恶劣、投资配套不完善、管理手段落后、供求关系不稳定、运输费用高昂等问题。总之，客观经济环境对税收筹划方案的影响不容忽视。

企业应根据国民经济运行的数据，客观分析客观经济环境对企业经营的影响，并科学预测行业的发展前景，为税收筹划提供相应的参考信息。尤其在投融资方面，企业必须充分掌握对项目相关的经济信息，进行合理的分析，如果割裂投融资计划与客观经济环境的有机联系，片面强调税收筹划，很可能会导致投资项目整体失败。

### （四）执法差异因素

我国幅员辽阔，各省市之间经济情况复杂多变，税收征管人员业务素质参差不齐，对税制政策理解也会有所不同，这样就形成了税收政策法规执行上的差异，主要表现在以下几个方面。

（1）自由量裁权。税法中对具体税收事项常留有一定的弹性空间，即在一定的范围内税务人员可以选择具体的征管方式。例如，税务征收机关可以根据纳税人的具体情况采取不同的税款征收方式，包括定期定额征收、查账征收、查定征收、查验征收等；对于偷税行为税务机关可以对纳税人处以所偷税款50％以上至5倍以下的罚款；等等。

（2）征管水平差异。税务人员在对政策的理解、贯彻的方式、执法的公平公正程度等方面存在偏差。

（3）国家管理机关信息不对称。例如，税务机关和其他工商行政管理机关之间信息不能共享，国税、地税征收机关之间信息交流不及时，税收征管机构内部各职能部门协调不足等。

利用执法差异因素进行税收筹划，前提是企业拥有良好的沟通能力，在进行具体筹划时必须做到以下几点。首先，必须取得税务管理人员对税收筹划方案的认可，否则，即使是合法的筹划方案也可能由于税收执法人员理解上的差异变得毫无价值。其次，争取税务部门采取有利于企业的具体征收管理方式。最后，企业要有综合协调沟通渠道，保持顺畅交流的不仅仅是税务部门，还包括其他相关国家经济管理部门。

## 二、内部因素

### （一）企业管理当局的风险偏好

由于税收征管双方的权利义务并不对等，企业任何涉及税务的主动安排都具有一定的风险性。企业治理层、管理层对风险偏好的态度决定了其进行税收筹划的可能性。不同风格的企业领导对节税风险的态度是不同的，开拓型领导人往往愿意冒更大的风险节减最多的税，稳健型企业领导人则往往希望在最小风险的情况下节减税收。

### （二）财务管理因素

企业税收筹划需要一些基本的财务管理技术，包括合理安排收入的确认时间以延期纳税，选择合理的成本计价方式以减低税负水平，费用扣除最大化的费用分类的策划、筹资方案评估的税后利益最大化比较等，而这些技术的运用都基于企业财务管理水平的高低。比如，在企业的所得税税前扣除范围里，可扣除的费用中有业务招待费、业务宣传费等。其中，企业发生的与生产经营活动有关的业务招待费支出，按照发生额的60％扣除，但最高不得超过当年销售（营业）收入的5％，广告费和业务宣传费在税前扣除也有具体比例标准。但是有些费用应该如何归类并没有绝对的标准，如参加展销会的费用，如果财务人员在日常核算时对费用进行合理合法的分类，避免计入"业务招待费"这一明细科目的金额过高，可以使税前费用扣除最大化从而减少了应纳税额。

### （三）税收筹划人员的素质

税收筹划是一项专业性和技能性很强的经济活动，它对筹划人员的素质具有较高的要求。作为筹划人员，首先必须具有较强的筹划意识，主要包括：①价格筹划意识，即要求筹划人员具有运用转让定价进行避税的意识；②优惠筹划意识，即要求筹划人员具有充分利用国家税收优惠政策的意识；③漏洞筹划意识，即要求筹划人员具有找出税法中的漏洞并利用之的筹划意识；④空白筹划意识，即要求筹划人员具有利用税法空白进行筹划的意识；⑤弹性筹划意识，即要求筹划人员利用税法弹性进行筹划的意识；⑥规避筹划意识，即要求筹划人员具有利用税法中关于某些临界点的规定进行筹划的意识。在具备上述意识的基础上，筹划人员还应具备法律、税收、会计、财务、金融等各方面的专业知识及统筹谋划、沟通协调的能力，否则，即使有迫切的筹划愿望也难有具体的行动方案。

### （四）企业筹划目标因素

税收筹划是纳税人根据企业的经营发展预期作出的事前税收安排，不同企业的税收筹划目标可能有所差异。企业税收筹划目标是判断税收筹划成功与否的一个重要指标。我国实行的是复合税制，税种之间存在紧密的联系。在进行税收筹划时应以整体税负下降和企业经济效益增长为目标，如果以单一税种或以某环节的节税或以绝对税收支出额的节约为目标，容易顾此失彼，使整个税收筹划策划失败。但需要注意的是，企业的目标有长期和短期之分，企业在不同的发展阶段所追求的具体目标可能存在差异，因此，税收筹划方案的设计与实施应与企业确定的目标相适应。

另一方面，企业税收筹划不应限制或者压缩企业发展的规模，为了节税而把经济规模限制在某水平线以下是绝对不可取的。因此，企业在进行税收筹划时，要考虑企业的发展目标，选择有助于企业整体税后收益最大化的方案。

### （五）筹划方案的实施因素

税收筹划不应仅是管理人员和财务人员的事务，它还应是企业各级员工共同努力的目标。一方面，税收筹划是预先的税务安排，执行中很可能会发生一些未曾预料的情况，能否及时对方案进行调整完善从而避免筹划失败，有赖于各层员工的信息反馈。另一方面，如果筹划方案得不到大多数员工的认可，不能积极配合，就会影响整个方案的贯彻落实，致使税收筹划流产。因此，企业在实施具体筹划方案时，首先，要在企业内部统一税收筹划目标，使各部门协调一致，保证方案的顺利施行；其次，企业要保障筹划方案的可调节性，主动收集数据信息，监控计划的实施情况，及时调整完善筹划方案。

总之，税收筹划是一项兼顾企业生产、经营、投资、理财等多方面知识的综合课题，需要理论与实践的有机统一。纳税人必须客观分析影响税收筹划的各个因素的特征，力求设计出的税收筹划方案达到以下效果：法律法规上可通；实际操作上可行；筹划效果上可计。

## 【案例分析与讨论】

通过前面的讲述，现在我们可以回答本章【案例导入】中提出的问题了。A 企业税收筹划的切入点选择了课税对象，试图通过减小税基降低税负。根据企业所得税的计算公式，应纳所得税额＝应纳税所得额×所得税率，"应纳税所得额"是税基，在所得税率一定的情况下，"应纳所得税额"随"应纳税所得额"这一税基的减少而减少。按照税法规定，企业吸纳残疾人员就业的，在按照支付给残疾职工工资据实扣除的基础上，可以在计算应纳税所得额时按照支付给残疾职工工资的 100％加计扣除。但企业享受这一待遇是有条件的，而 A 企业无视了这一政策规定背后要求的条件。《财政部国家税务总局关于安置残疾人员就业有关企业所得税优惠政策问题的通知》（财税〔2009〕70号）规定：

一、企业安置残疾人员的，在按照支付给残疾职工工资据实扣除的基础上，可以在计算应纳税所得额时按照支付给残疾职工工资的 100％加计扣除。

企业就支付给残疾职工的工资，在进行企业所得税预缴申报时，允许据实计算扣除；在年度终了进行企业所得税年度申报和汇算清缴时，再依照本条第一款的规定计算加计扣除。

二、残疾人员的范围适用《中华人民共和国残疾人保障法》的有关规定。

三、企业享受安置残疾职工工资 100％加计扣除应同时具备如下条件：

1. 依法与安置的每位残疾人签订了 1 年以上（含 1 年）的劳动合同或服务协议，并且安置的每位残疾人在企业实际上岗工作。

2. 为安置的每位残疾人按月足额缴纳了企业所在区县人民政府根据国家政策规定

的基本养老保险、基本医疗保险、失业保险和工伤保险等社会保险。

3. 定期通过银行等金融机构向安置的每位残疾人实际支付了不低于企业所在区县适用的经省级人民政府批准的最低工资标准的工资。

4. 具备安置残疾人上岗工作的基本设施。

四、企业应在年度终了进行企业所得税年度申报和汇算清缴时，向主管税务机关报送本通知第四条规定的相关资料、已安置残疾职工名单及其《中华人民共和国残疾人证》或《中华人民共和国残疾军人证（1至8级）》复印件和主管税务机关要求提供的其他资料，办理享受企业所得税加计扣除优惠的备案手续。

很明显，A企业支付给残疾职工的工资低于企业所在地适用的最低工资标准，而且企业也未能为安置的每位残疾人按月足额缴纳企业所在区县人民政府根据国家政策规定的基本养老保险、基本医疗保险、失业保险和工伤保险等社会保险，因此，企业的行为无法满足财税〔2009〕70号的要求，不能享受残疾职工工资加计扣除的优惠政策。

---

## 本章小结

本章主要介绍了税收筹划的基本策略、实施流程及影响因素。税收筹划的基本策略是指纳税人在确定税收筹划切入点的基础上，为实现税收筹划目标而采取的各种基本技术和方法的集合。从税制的构成要素来看，税收筹划的切入点包括纳税人、课税对象、税目、税率、纳税期限、纳税环节、减免税等，不同切入点对筹划技术有不同的要求。从税收筹划的具体方法上看，主要包括转让定价法、成本费用调整法、融（筹）资避税法、临界点筹划法、转换筹划法、低税区避税法等。税收筹划的实施需遵循一定的流程，主要包括以下几个步骤：①选择税收筹划的主体；②收集税收筹划相关信息；③确定税收筹划的目标；④设计备选的税收筹划方案；⑤评选最佳方案；⑥实施、监控、调整税收筹划方案；⑦评估方案执行结果；⑧留存归档。由于税收筹划是一项复杂的系统工程，其具体实施会受到许多因素影响，其中外部影响因素主要包括税制因素、会计制度因素、经济环境因素、执法差异因素等，内部影响因素主要包括企业管理当局的风险偏好、财务管理因素、税收筹划人员的素质、企业筹划目标因素、筹划方案的实施因素等。

## 思考与练习

**一、思考题**

1. 税收筹划的切入点有哪些？每个切入点的筹划技术要点是什么？

2. 税收筹划的具体方法有哪些？

3. 税收筹划的基本流程是什么？

4. 委托税收筹划和自行税收筹划的优缺点各有哪些?

5. 税收筹划影响因素有哪些?

**二、练习题**

1. 税务部门在对南京一建筑工程公司进行纳税评估时,发现该公司在 2013 年 4 月给某行政村施工建造了一条村水泥路,取得工程价款 357 650 元,但未进行申报纳税。经询问和调阅有关合同和账簿得知,公司与某行政村在修路前签订了一份建造"村水泥路工程"合同,合同上规定水泥路工程价款为 357 650 元,而该工程涉及的有关营业税等税金由甲方(行政村)负责缴纳。根据税法规定,税务人员责成该企业补缴营业税、城建税和教育费附加计 11 695.16 元,加收滞纳金 2 186.99 元。

请问:税务人员作出上述处罚的依据何在? 公司应如何进行税收筹划?

2. 王某是一个经营水暖器材的个体工商户,由其妻负责经营管理。王某也经常承接一些安装维修工程。2012 年,每年销售水暖器材的收入为 4 万元,安装维修收入为 2 万元。

请问:王某应如何进行税收筹划?

3. 2009 年 6 月 18 日,税务机关对某中医院进行纳税检查。该单位 2007 年创办,为"营利性医疗机构",经营范围涉及中医科、中西医结合科、口腔科、内科、外科、医疗美容科等。稽查人员发现,该医院 2008 年度实现营业收入 546 万元,除了个人所得税外,其他税种均未申报纳税。据此,税务机关对该中医院 2008 年度取得的医疗服务收入未申报纳税行为,补征营业税及附加、加收滞纳金,另处以 0.5 倍的罚款。

请问:税务机关作出上述处罚的依据是什么?

**参考文献**

[1] 盖地. 税务筹划学 [M]. 北京:中国人民大学出版社,2009.

[2] 计金标. 税收筹划 [M]. 5 版. 北京:中国人民大学出版社,2014.

[3] 中国注册会计师协会. 税法 [M]. 北京:经济科学出版社,2013.

[4] 梁俊娇. 税收筹划 [M]. 北京:对外经济贸易大学出版社,2011.

[5] 李大明. 对税收筹划若干问题的认识 [J]. 财政监督,2010(4):3—6.

[6] 李成峰,韦航. 怎么合理避税 [M]. 北京:经济科学出版社,2013.

[7] 谭韵. 对影响企业税务筹划因素的探讨 [J]. 市场论坛,2005(7):96—97.

# 第三章  流转税类筹划

**【学习目标】**

通过本章的学习，熟悉流转税类相关税种的基本法律规定，尤其要重点关注"营改增"试点改革的内容和进程。在此基础上，围绕各个税种的基本构成要素，掌握增值税、消费税、营业税和关税的筹划策略及筹划过程中的相关注意事项，力求能用所学的筹划理论和方法去解决实际问题。

**【学习重点】**

增值税、消费税、营业税和关税的筹划策略及其注意事项。

## 第一节  增值税筹划

**【案例导入】**

当前，销售家电并上门免费安装已成为商家和消费者默认的惯例。但很多情况下，销售者和安装者并非同一主体。2014 年 5 月，X 电器商场为了促销，推出了为客户免费安装服务，当月一共售出空调 600 台，取得空调销售额为 120 万元（含税价）。但提供上门安装服务的并非电器商场，而是另一家安装公司。安装人员称，该专业电器商场每台空调付给安装公司 200 元的安装费。这样，电器商场开具 2 000 元的发票给消费者，安装公司另开具 200 元的发票给电器商场。这样一来，电器商场销售 600 台空调对应的销项税额为 17.44 万元 [120×17%÷（1+17%）]。

思考：从税收的角度来看，电器商场的操作是否恰当？应当如何改进？

### 一、纳税人的筹划

#### （一）增值税纳税人的法律规定

《中华人民共和国增值税暂行条例》第一条规定："在中华人民共和国境内销售货物或者提供加工、修理修配劳务以及进口货物的单位和个人，为增值税的纳税人，应当依照本条例缴纳增值税。"其中，所称单位，是指企业、行政单位、事业单位、军事单位、社会团体及其他单位；所称个人，是指个体工商户和其他个人。自 2012 年 1 月 1 日起，我国开始进行"营改增"试点，将原来征收营业税的行业逐步纳入增值税课税范围，目前试点行业已经扩展到交通运输业、邮政业、电信业和部分现代服务业。《纳税人营业税改征增值税试点实施办法》<sup>①</sup> 第一条规定："在中华人民共和国境内（以下称境内）提供交通运输业、邮政业和部分现代服务业服务（以下称应税服务）的单位和个人，为增值税纳税人<sup>②</sup>。纳税人提供应税服务，应当按照本办法缴纳增值税，不再缴纳营业税。"考虑到电信业也已纳入"营改增"试点改革范围，增值税的纳税人变为：在中华人民共和国境内销售货物，提供加工、修理修配劳务，进口货物以及提供交通运输业、邮政业、电信业和部分现代服务业服务（以下称应税服务）的单位和个人。

增值税的纳税人可以划分为一般纳税人和小规模纳税人，两类纳税人的划分依据是会计核算水平和年应税销售额。这里的会计核算健全，是指能够按照国家统一的会计制度规定设置账簿，根据合法、有效凭证核算；年应税销售额是指纳税人在连续不超过12 个月的经营期内累计应征增值税销售额，包括纳税申报销售额、稽查查补销售额、纳税评估调整销售额、税务机关代开发票销售额和免税销售额。《中华人民共和国增值税暂行条例实施细则》对小规模纳税人的标准规定如下：从事货物生产或者提供应税劳务的纳税人，以及以从事货物生产或者提供应税劳务为主，并兼营货物批发或者零售的纳税人，年应征增值税销售额在 50 万元以下（含本数）<sup>③</sup>；其他纳税人，年应税销售额在 80 万元以下。但年应税销售额超过小规模纳税人标准的其他个人按小规模纳税人纳税，非企业性单位、不经常发生应税行为的企业可选择按小规模纳税人纳税。根据《增值税一般纳税人资格认定管理办法》（国家税务总局令第 22 号）规定，增值税纳税人，年应税销售额超过财政部、国家税务总局规定的小规模纳税人标准的，除以下情况外，应当向主管税务机关申请一般纳税人资格认定：个体工商户以外的其他个人；选择按照小规模纳税人纳税的非企业性单位；选择按照小规模纳税人纳税的不经常发生应税行为的企业。同时，国家税务总局令第 22 号第四条规定："年应税销售额未超过财政部、国家税务总局规定的小规模纳税人标准以及新开业的纳税人，可以向主管税务机关申请一般纳税人资格认定。对提出申请并且同时符合下列条件的纳税人，主管税务机关应当为其办理一般纳税人资格认定：（一）有固定的生产经营场所；（二）能够按照国家统一的会计制度规定设置账簿，根据合法、有效凭证核算，能够提供准确税务资料。"

对于纳入"营改增"试点行业的增值税纳税人，《纳税人营业税改征增值税试点实

---

① 2013 年 12 月 12 日，财政部、国家税务总局以财税〔2013〕106 号印发《关于将铁路运输和邮政业纳入营业税改征增值税试点的通知》，《营业税改征增值税试点实施办法》作为该通知附件一并印发，自 2014 年 1 月 1 日实施。

② 交通运输业、邮政业和部分现代服务业的具体范围参见《纳税人营业税改征增值税试点实施办法》。

③ 这里所称以从事货物生产或者提供应税劳务为主，是指纳税人的年货物生产或者提供应税劳务的销售额占年应税销售额的比重在 50% 以上。

施办法》第三条规定："纳税人分为一般纳税人和小规模纳税人。应税服务的年应征增值税销售额（以下称应税服务年销售额）超过财政部和国家税务总局规定标准的纳税人为一般纳税人，未超过规定标准的纳税人为小规模纳税人。应税服务年销售额超过规定标准的其他个人不属于一般纳税人。应税服务年销售额超过规定标准但不经常提供应税服务的单位和个体工商户可选择按照小规模纳税人纳税。"同时，第四条规定："未超过规定标准的纳税人会计核算健全，能够提供准确税务资料的，可以向主管税务机关申请一般纳税人资格认定，成为一般纳税人。"这里提及的"规定标准"是指应税服务年销售额标准为 500 万元（含本数）。

需要特别强调的是，《中华人民共和国增值税暂行条例》第三十三条和《纳税人营业税改征增值税试点实施办法》第五条均明确规定："除国家税务总局另有规定外，纳税人一经认定为一般纳税人后，不得转为小规模纳税人。"

### （二）纳税人身份的筹划

1. 一般纳税人和小规模纳税人的选择

根据《中华人民共和国增值税暂行条例》和《纳税人营业税改征增值税试点实施办法》的相关规定，一般纳税人销售货物、进口货物、提供加工修理修配劳务及提供有形动产租赁服务适用的增值税基本税率为 17%，销售或进口部分特定货物时适用 13% 的低档税率，提供交通运输业服务、邮政业、基础电信服务适用的增值税税率为 11%，提供增值电信服务、部分现代服务业服务（有形动产租赁服务除外）适用的增值税税率为 6%。相比之下，小规模纳税人适用的增值税征收率仅为 3%。从表面来看，小规模纳税人的增值税负担明显低于一般纳税人，但事实并非如此，因为一般纳税人的增值税税率虽然较高，但它却可以抵扣增值税进项税额，而小规模纳税人的增值税征收率虽然较低，却不能抵扣进项税额。因此，从增值税税负的角度来看，很难断定哪类纳税人的税负更低。

在对增值税纳税人的身份进行筹划时，比较常用的方法是无差别平衡点增值率法，这种方法的基本原理如下。

假定增值税纳税人在某纳税期内购进货物金额或者接受增值税应税劳务和服务支付的金额为 $P$（不含税），销售货物金额或提供增值税应税劳务和服务取得的收入为 $S$（不含税），纳税人的增值率为 $R$，增值税一般纳税人销售货物或提供增值税应税劳务和服务适用的增值税税率为 $t_1$，购进货物或者接受增值税应税劳务和服务适用的增值税税率为 $t_1$，增值税小规模纳税人销售货物或提供增值税应税劳务和服务适用的征收率为 $t_2$。

其中，$R$ 与 $P$ 和 $S$ 的关系如下。

$$R = \frac{S-P}{S} \tag{3-1}$$

如果增值税纳税人选择成为一般纳税人，则其应纳增值税额为：

$$T_1 = S \times t_1 - P \times t_1 \tag{3-2}$$

根据式（3-1）和式（3-2）容易得到如下关系式：

$$T_1 = S \times R \times t_1 \tag{3-3}$$

如果增值税纳税人选择成为小规模纳税人，则其应纳增值税额为：

$$T_2 = S \times t_2 \tag{3-4}$$

当时 $T_1 = T_2$，增值税纳税人无论选择成为一般纳税人还是小规模纳税人，其增值税税负是无差别的，此时可以得到无差别平衡点增值率 $R^*$ 的表达式：

$$R^* = \frac{t_2}{t_1} \tag{3-5}$$

这样一来，我们可以得到结论：当纳税人的实际增值率 $R > R^*$ 时，纳税人选择成为小规模纳税人时增值税税负较轻；反之，当纳税人的实际增值率 $R < R^*$ 时，纳税人选择成为一般纳税人时增值税税负较轻。

理解上述推导过程时需要注意，无差别平衡点增值率 $R^*$ 的表达形式并不唯一，它关键取决于以下两个方面因素：一是纳税人的购进货物金额或者接受增值税应税劳务和服务支付的金额 $P$ 与销售货物金额或提供增值税应税劳务和服务取得的收入 $S$ 是否含税；二是纳税人购进货物或者接受增值税应税劳务和服务的适用税率与纳税人销售货物或提供增值税应税劳务和服务的适用税率是否相同。具体分析如下。

情形 Ⅰ：购进货物金额或者接受增值税应税劳务和服务支付的金额 $P$ 与销售货物金额或提供增值税应税劳务和服务取得的收入均不含税，且纳税人购进货物金额或者接受增值税应税劳务和服务的适用税率与销售货物或提供增值税应税劳务和服务的适用税率相同。此时的无差别平衡点增值率 $R^*$ 的表达式如式（3-5）所示。

情形 Ⅱ：购进货物金额或者接受增值税应税劳务和服务支付的金额 $P$ 与销售货物金额或提供增值税应税劳务和服务取得的收入均含税，且纳税人购进货物或者接受增值税应税劳务和服务的适用税率与销售货物或提供增值税应税劳务和服务的适用税率相同。此时的无差别平衡点增值率的表达式如下：

$$R^* = \frac{(1+t_1)}{(1+t_2)} \frac{t_2}{t_1} \tag{3-6}$$

情形 Ⅲ：购进货物金额或者接受增值税应税劳务和服务支付的金额 $P$ 与销售货物金额或提供增值税应税劳务和服务取得的收入 $S$ 均不含税，但纳税人购进货物或者接受增值税应税劳务和服务的适用税率与销售货物或提供增值税应税劳务和服务的适用税率不同，假定前者为 $t_1{}'$，后者为 $t_1$。此时的无差别平衡点增值率 $R^*$ 的表达式如下：

$$R^* = \frac{t_1{}' - t_1 + t_2}{t_1{}'} \tag{3-7}$$

情形Ⅳ：购进货物金额或者接受增值税应税劳务和服务支付的金额 $P$ 与销售货物金额或提供增值税应税劳务和服务取得的收入 $S$ 均含税，但纳税人购进货物或者接受增值税应税劳务和服务的适用税率与销售货物或提供增值税应税劳务和服务的适用税率不同，假定前者为 $t_1'$，后者为 $t_1$。此时的无差别平衡点增值率 $R^*$ 的表达式如下

$$R^* = \frac{(1+t_2)\ t_1' + t_2 - t_1}{(1+t_2)\ t_1'} \tag{3-8}$$

根据我国现行增值税法相关规定，$t_1$、$t_1'$ 和 $t_2$ 都有对应的具体数值，其中 $t_2$ 值为 $3\%$，$t_1$ 和 $t_1'$ 有 $17\%$、$13\%$、$11\%$、$6\%$ 等多个取值，我们根据 $t_1$、$t_1'$ 和 $t_2$ 的各种组合可以计算出不同情形下的无差别平衡点增值率，表 3-1 和表 3-2 给出了部分情形下的无差别平衡点增值率。

表 3-1　　　　　　　　无差别平衡点增值率（不含税）

| 一般纳税人购进货物或接受增值税应税劳务和服务适用的增值税税率 | 一般纳税人销售货物或提供增值税应税劳务和服务适用的增值税税率 | 小规模纳税人征收率 | 无差别平衡点增值率 |
|---|---|---|---|
| 17% | 17% | 3% | 17.65% |
| 17% | 13% | 3% | 41.18% |
| 17% | 11% | 3% | 52.94% |
| 17% | 6% | 3% | 82.35% |
| 13% | 17% | 3% | −7.69%① |
| 13% | 13% | 3% | 23.08% |
| 13% | 11% | 3% | 38.46% |
| 13% | 6% | 3% | 76.92% |

表 3-2　　　　　　　　无差别平衡点增值率（含税）

| 一般纳税人购进货物或接受增值税应税劳务和服务适用的增值税税率 | 一般纳税人销售货物或提供增值税应税劳务和服务适用的增值税税率 | 小规模纳税人征收率 | 无差别平衡点增值率 |
|---|---|---|---|
| 17% | 17% | 3% | 20.05% |
| 17% | 13% | 3% | 42.89% |
| 17% | 11% | 3% | 54.31% |
| 17% | 6% | 3% | 82.87% |
| 13% | 17% | 3% | −4.56%② |
| 13% | 13% | 3% | 25.32% |
| 13% | 11% | 3% | 40.25% |
| 13% | 6% | 3% | 77.60% |

① 通常情况下，增值税纳税人的增值率不会为负值，因此，此时意味着应选择小规模纳税人。

② 同上。

**【案例 3-1】**

某玩具批发企业年销售额约为 70 万元（含税），年购货金额约为 50 万元（含税），会计核算制度比较健全，适用 17% 的增值税税率。

思考：从增值税税负的角度看，该企业应选择成为一般纳税人还是小规模纳税人？

**【解析】**

该玩具批发企业的销售额和购进额均含税，而且购进货物和销售货物的适用税率均为 17%，对照表 3—2 可知，此时的无差别平衡点增值率为 20.05%，而公司的实际增值率＝［70÷（1＋17%）－50÷（1＋17%）］÷［70÷（1＋17%）］＝ 28.57%，大于无差别平衡点增值率，因此，企业应选择成为小规模纳税人。

当然，如果将案例中的年购进货物金额改为 60 万元（含税），此时企业的实际增值率将会下降为 14.29%，小于无差别平衡点增值率 20.05%，此时企业应选择成为一般纳税人。

案例 3-1 的筹划方案适用于那些可以自由选择一般纳税人或小规模纳税人身份的企业。虽然玩具批发企业的会计核算比较健全，但其年销售额没有达到一般纳税人的标准，按照《中华人民共和国增值税暂行条例》的相关规定，这样的企业可以选择小规模纳税人身份，也可以向主管税务机关申请一般纳税人资格认定，不作为小规模纳税人。但《中华人民共和国增值税暂行条例实施细则》第三十四条规定："有下列情形之一者，应按销售额依照增值税税率计算应纳税额，不得抵扣进项税额，也不得使用增值税专用发票：（一）一般纳税人会计核算不健全，或者不能够提供准确税务资料的；（二）除本细则第二十九条规定外，纳税人销售额超过小规模纳税人标准，未申请办理一般纳税人认定手续的。"所以，如果企业的年销售额超过了小规模纳税人标准，就应当在规定的期限内办理一般纳税人资格认定，否则税务机关将会执行《中华人民共和国增值税暂行条例实施细则》第三十四条规定，而且，除国家税务总局另有规定外，纳税人一经认定为一般纳税人后，不得转为小规模纳税人。这样一来，年销售额超过小规模纳税人标准的企业自由选择纳税人身份的空间受到很大限制。如果企业认为自己作为小规模纳税人增值税负担较轻时，可以考虑将企业进行分立，使其达不到一般纳税人的条件。

**【案例 3-2】**

甲企业为从事 LED 灯具销售的企业，年销售额为 100 万元（不含税），年购进项目金额为 60 万元（不含税）。由于年销售额超过了小规模纳税人标准，企业应按照《增值税一般纳税人资格认定管理办法》（国家税务总局令第 22 号）办理一般纳税人资格认定，申请成为一般纳税人。企业成为一般纳税人后，其年应纳增值税为

6.8 万元（100×17%－60×17%）。思考：该企业应如何进行筹划？

**【解析】**

由于销售额和购进额均不含税，而且销售 LED 灯具适用的增值税税率与购进 LED 灯具适用的增值税税率均为 17%，对照表 3-1 不难看出，此时的无差别平衡点增值率为 17.65%。而甲企业的实际增值率为：40%［（100－60）÷100］，远高于无差别平衡点增值率，因此，此时企业选择小规模纳税人身份的增值税负担更轻，其应纳增值税额仅为 3 万元（100×3%）。较之一般纳税人身份的增值税负担减少 3.8 万元。为此，企业可以考虑将企业分立为两个独立核算的企业，让每家企业的销售额低于 80 万元，两家企业都达不到一般纳税人条件，进而可以选择小规模纳税人身份。

这里需要强调的是，上述筹划方案仅是一种比较理想化的方案，因为将企业一分为二虽然有助于减轻增值税负担，但同时也会增加管理、会计核算、人工等方面的成本费用，而且企业名称的改变对其销售额也可能会产生不利影响。即便不考虑上述负面影响，甲企业通过拆分由一般纳税人变为小规模纳税人以后，其利润会有所下降。这是因为，如果小规模纳税人仍然从一般纳税人处采购 60 万元（不含税），年销售收入仍为 100 万元，则其获得的利润为 29.8 万元（100－70.2）[1]。而原来一般纳税人的利润为 40 万元（100－60），比小规模纳税人的利润多出 10.2 万元。因此，企业选择上述筹划方案虽然减少了企业的增值税，但未充分考虑其对自身利润的影响，进行相关决策时应当慎重。

或许有人还会提出另外一种筹划方案：企业可以将其年销售额主动降低到 80 万元以内（如 79 万元），这样就不会超过小规模纳税人的标准，可以选择小规模纳税人身份。但上述方案显然是不可行的，原因有两点。其一，《中华人民共和国增值税暂行条例实施细则》第三十四条规定，除国家税务总局另有规定外，纳税人一经认定为一般纳税人后，不得转为小规模纳税人。因此，企业如果已经被认定为一般纳税人，通过降低销售额再转为小规模纳税人存在障碍。其二，企业即便成功成为小规模纳税人，仍然是得不偿失的。筹划前企业利润为 39.32 万元［100－60－6.8×（7%＋3%）］。筹划后的企业利润却下降为 31.363 万元［79－79×60%－79×3%×（7%＋3%）］[2]。不难看出，主动降低销售额后，虽然企业的税负下降了，但其净收益也下降了。

---

[1] 对于小规模纳税人来说，不能抵扣的进项税额 10.2 万元计入成本。

[2] 在原案例中，年销售额为 100 万元（不含税），年购进项目金额为 60 万元（不含税），购进项目金额占销售额的比例为 60%。为简化分析，我们假定，当企业销售额下降为 79 万元时，其对应的购进项目金额仍为销售额的 60%。

相对而言，小规模纳税人转化为一般纳税人较为容易。当企业作为一般纳税人增值税负担较轻时，企业可以通过健全会计核算或者适当合并增加销售额等方式，创造条件使自己符合一般纳税人的认定条件。

2. 增值税和营业税纳税人的筹划

实践中，经济主体的行为可能既涉及货物销售，又涉及非增值税应税劳务，这就涉及了纳税人究竟缴纳增值税还是营业税的问题。此处，我们主要讨论混合销售行为和兼营非应税劳务行为。

(1) 混合销售行为中纳税人的筹划。

一项销售行为如果既涉及货物，又涉及非增值税应税劳务，为混合销售行为。这种行为的特点是：销售货物与提供非增值税应税劳务是由同一纳税人实现的，价款是同时从一个购买方取得的，二者之间是紧密相联的从属关系。根据《中华人民共和国增值税暂行条例实施细则》第五条规定，从事货物的生产、批发或者零售的企业、企业性单位和个体工商户的混合销售行为，视为销售货物，应当缴纳增值税；其他单位和个人的混合销售行为，视为销售非增值税应税劳务，不缴纳增值税。这里所称从事货物的生产、批发或者零售的企业、企业性单位和个体工商户，包括以从事货物的生产、批发或者零售为主，并兼营非增值税应税劳务的单位和个体工商户在内。从税务处理上来说，混合销售的纳税原则是按"经营主业"划分，一般情况下，交纳增值税为主的企业的混合销售交增值税，交纳营业税为主的企业的混合销售交营业税。但有一种特殊情况是例外的，《中华人民共和国增值税暂行条例实施细则》第六条规定："纳税人的下列混合销售行为，应当分别核算货物的销售额和非增值税应税劳务的营业额，并根据其销售货物的销售额计算缴纳增值税，非增值税应税劳务的营业额不缴纳增值税；未分别核算的，由主管税务机关核定其货物的销售额：(一) 销售自产货物并同时提供建筑业劳务的行为；(二) 财政部、国家税务总局规定的其他情形。"

这里特别强调一下混合销售行为中关于"主业"的判定。财政部、国家税务总局《关于增值税、营业税若干政策规定的通知》(财税字〔1994〕第26号)第四条对"从事货物的生产、批发或者零售为主，并兼营非增值税应税劳务"进行过解释，是指纳税人的年货物销售额与非增值税应税劳务营业额的合计数中，年货物销售额超过50%，非增值税应税劳务营业额不到50%。不少纳税人通过调整年货物销售额与非增值税应税劳务营业额占两者合计数的比例进行税收筹划，即如果企业选择缴纳增值税，只要使应税货物的销售额占到总销售额的50%以上；如果企业选择缴纳营业税，只要使应税劳务占到总销售额的50%以上。但要特别注意的是，该条解释已被《财政部国家税务总局关于公布若干废止和失效的增值税规范性文件目录的通知》(财税〔2009〕17号)文件废止。新的《中华人民共和国增值税暂行条例实施细则》只是在第二十八条认定小规模纳税人的标准时，对从事货物生产或者提供应税劳务为主的纳税人限定为年货物生产或者提供应税劳务的销售额占年应税销售额的比重在50%以上。

---

**【案例3-3】**

甲公司为增值税一般纳税人，主要生产销售某种设备。由于该设备属于高尖端产品，因此技术咨询服务费用较高，与设备价款相当。年营业收入额约为1 000万元，其中，设备销售额600万元（含税），技术咨询服务费400万元，该公司为生产设备而购进材料支付款项350万元（含税），适用增值税税率17%。由于公司的行为属于混合销售行为，而且货物销售额占营业收入的比例超过了50%，因此，应缴纳增值税额为94.4万元 $[1\ 000 \div (1+17\%) \times 17\% - 350 \div (1+17\%) \times 17\%]$。

公司财务人员认为，由于公司的技术咨询服务收入较高，但可抵扣的进项税额较少，导致增值税负担较重，为此，他建议公司经理调整设备销售价格和技术咨询服务收费标准，从而使得技术咨询服务收入的比重超过50%，这样公司缴纳的税种就由原先的增值税变为营业税，具体应纳营业税额为50万元（1000×5%）。

方案2比方案1少缴纳税44.4万元。

**【解析】**

甲公司充分利用了财税字〔1994〕第26号文件的相关规定，通过调整公司的"主业"改变了公司应当缴纳的税种。但上述筹划方案的实施时间如果是在2009年1月1日之后就无效了，原因在于公司筹划方案所依据的财税字〔1994〕第26号文件已经失效。新政策下如何判断"从事货物的生产、批发或者零售为主，并兼营非增值税应税劳务"，《国家税务总局关于调整新增企业所得税征管范围问题的通知》（国税发〔2008〕120号）规定："既缴纳增值税又缴纳营业税的企业，原则上按照其税务登记时自行申报的主营业务应缴纳的流转税税种确定征管归属；企业税务登记时无法确定主营业务的，一般以工商登记注明的第一项业务为准；一经确定，原则上不再调整。"换句话说，如果工商登记为从事货物的生产、批发或者零售为主，该混合销售就应该缴纳增值税；如果工商登记为以从事营业税应税劳务为主，该混合销售就应该缴纳营业税；如果工商登记没有明确主营业务，则根据工商登记注明的第一项业务来判断究竟缴纳增值税还是营业税。这样一来，纳税人想通过调整"主业"进行税收筹划的难度就加大了。[①]

---

财税字〔1994〕第26号文件失效后，纳税人通过调整货物销售额和非增值税应税劳务收入占两者合计数比例来改变公司"主业"的做法不再可行，如果确需改变主业，

---

[①] 另外，我国实行"营改增"试点改革后，技术咨询服务已经纳入增值税课税范围，甲公司的行为也不再属于混合销售行为了。

唯一可行的办法就是去变更工商登记和税务登记。接下来，我们从一般的角度来分析一下纳税人什么情况下可以考虑变更主业。

假定某企业为增值税一般纳税人，其业务为混合销售行为，年含税销售总额为 $S$，含税购进项目金额为 $P$，增值率为 $R$，销售货物和购进货物适用的增值税税率均为 $t_1$[①]，非增值税应税劳务适用的营业税税率为 $t_2$。当满足如下关系式时，企业无论选择缴纳增值税还是营业税，其税负是相等的。

$$\frac{S}{1+t_1}\times R\times t_1=S\times t_2 \tag{3-9}$$

此时可以得到增值税负担与营业税负担相等时的无差别平衡点增值率 $R^*$：

$$R^*=\frac{(1+t_1)\ t_2}{t_1} \tag{3-10}$$

由此可以得出，当企业实际增值率 $R>R^*$ 时，企业选择营业税纳税人身份税负较轻；当企业实际增值率 $R<R^*$ 时，企业选择增值税纳税人身份税负较轻。$R^*$ 的具体数值取决于 $t_1$ 和 $t_2$ 的取值，表 3-3 显示了的 $R^*$ 部分取值。

表 3-3　　无差别平衡点增值率（增值税一般纳税人和营业税纳税人）

| 增值税税率 | 营业税税率 | 无差别平衡点增值率 |
| --- | --- | --- |
| 17% | 5% | 34.41% |
| 17% | 3% | 20.65% |
| 13% | 5% | 43.46% |
| 13% | 3% | 26.08% |
| 11% | 5% | 50.45% |
| 11% | 3% | 30.27% |
| 6% | 5% | 88.33% |
| 6% | 3% | 53.00% |

仍以前面的案例 3-3 为例，公司的实际增值率 =（1 000－350）×100%÷1 000 = 65%，在增值税税率为 17%、营业税税率为 5% 时，无差别平衡点增值率 = 34.41%，实际增值率远高于无差别平衡点增值率，因此，公司选择营业税纳税人身份时税负更低。

不过，混合销售行为的税收筹划方法并不仅限于"主业"的调整，当纳税人"主业"无法变更时，还可以通过改变核算方式达到节约税负的目的。

【案例 3-4】

甲公司是增值税一般纳税人，工商登记的主营业务是供暖器材销售，下设两个非独立核算的部门，一个负责供暖器材销售，另一个负责供暖器材安装。每年取得的供暖器材销售额大约为 240 万元，安装费为 30 万元，购买供暖器材支付的金额

① 当然，企业销售货物适用的增值税税率与购进货物适用的增值税税率也可能并不相同，读者可以按照相同的思路去推导无差别平衡点增值率。

约为 180 万元。由于公司的行为属于混合销售行为，因此，应一并征收增值税，其应纳增值税额为：

$$(240+30) \times 17\% \div (1+17\%) - 180 \times 17\% \div (1+17\%) = 13.08（万元）$$

思考：公司应如何筹划？

【解析】

由于甲公司的行为属于混合销售行为，其取得的 30 万元安装费应该按照 17% 的税率计征销项税额，但其对应的进项税额几乎可以忽略不计，从而加重了公司的增值税负担。对此，公司可以考虑将负责供暖器材安装的部门独立出来，成立一个独立核算的乙安装公司，待供暖器材销售后，由乙公司上门安装，并单独向客户收取安装费。这样的话，甲公司的应纳增值税下降为 8.72 万元 [$240 \times 17\% \div (1+17\%) - 180 \times 17\% \div (1+17\%)$]。乙公司应按照 3% 的营业税率缴纳营业税，应纳营业税额为 0.9 万元（$30 \times 3\%$）。两个公司合计应缴纳的增值税和营业税为 9.62 万元（8.72＋0.9）。较之筹划前的增值税减少 3.46 万元[①]。

通过案例 3-4 不难看出，对于从事混合销售行为的企业而言，是否将非增值税应税劳务从企业剥离出来独立核算，主要是看企业的非增值税应税劳务收入缴纳增值税的税负更轻，还是缴纳营业税的税负更轻，此时仍然可用式（3-10）所示的无差别平衡点增值率法进行判断。需要注意的是，将企业的非增值税应税劳务从原企业剥离出来独立核算通常会增加一些其他方面的成本。这里所谓的独立核算是指具有完整的会计凭证、会计账簿和会计报表体系，全面地记录所发生的经济业务，并定期编制财务报表的单位所进行的会计核算。实行独立核算的单位称为独立核算单位，它拥有一定数额的资金，有独立经济的自主权，独立开设银行账户，办理各项收支结算业务；设置独立的会计机构进行全面的会计核算；单独编制预算和计算盈亏。

需要说明的是，前面的分析主要是基于税负的角度展开的，如果从税后利润的角度进行分析，企业作出的选择可能会有所不同。按照现行税法规定，企业在计算缴纳流转税之后，还要依据当期计算缴纳的流转税额计算缴纳城市维护建设税和教育费附加，而城市维护建设税和教育费附加作为企业的产品销售税金及附加，需要企业在税前扣除，进而影响到企业的净利润。企业如果通过税费筹划合法地将应缴的流转税由增值税转变为营业税或者将营业税转变为增值税，都会因为流转税当期应缴数额的变化而相应地影响到企业的净利润。与营业税不同的是，因为增值税是价外税，增值税应纳税额对企业净利润的影响，主要在于附加税费对所得税的影响，而营业税是价内税，营业税对企业净利润的影响，还包括主流转税种本身，需要从收入中直接扣除。由此一来，可能会出

---

① 不过，这种做法需要争取客户的配合。

现这样一种情况：企业通过变更主业将其缴纳的税种由营业税变为增值税后，其增值税应纳税额会大于原来的营业税应纳税额，但其税后利润较之以前会有所上升。

（2）兼营非应税劳务行为中的纳税人筹划。

所谓兼营非应税劳务，是指纳税人的经营范围既包括销售货物和应税劳务，又包括提供非应税劳务。与混合销售行为不同的是，兼营非应税劳务是指销售货物或应税劳务与提供非应税劳务不同时发生在同一购买者身上，也不发生在同一项销售行为中，二者不存在直接的从属关系。《中华人民共和国增值税暂行条例实施细则》第七条规定："纳税人兼营非增值税应税项目的，应分别核算货物或者应税劳务的销售额和非增值税应税项目的营业额；未分别核算的，由主管税务机关核定货物或者应税劳务的销售额。"对于从事兼营非应税劳务行为的企业而言，这里蕴含的筹划点在于：企业究竟是主动分别核算货物或者应税劳务销售额与非增值税应税项目的营业额，还是由税务机关核定货物或者应税劳务的销售额与非增值税应税项目的营业额？这在很大程度上依赖于纳税人的判断能力，因为主管税务机关的核定结果与纳税人的预期可能会不一致。

【案例 3-5】

A 公司是一家从事建材销售的一般纳税人，同时还对外承接多种工程安装业务。公司每年建材销售额约为 200 万元（含税），工程安装劳务收入约为 50 万元，可抵扣的增值税进项税额为 15 万元。

思考：从降低税负的角度来看，公司是否应将建材销售额和安装工程劳务收入分别核算？

【解析】

显然，A 公司的行为属于兼营增值税非应税劳务的行为，依据《中华人民共和国增值税暂行条例实施细则》的相关规定，如果公司分别核算建材销售额和工程安装劳务收入，则建材销售额应缴纳增值税，工程安装劳务收入应缴纳营业税。其中，公司应纳增值税为 14.06 万元 [200×17%÷（1+17%）－15]，公司应缴纳的营业税为 1.5 万元（50×3%）。

如果 A 公司未能对不同类型的收入分别核算，按照《中华人民共和国增值税暂行条例实施细则》和《中华人民共和国营业税暂行条例实施细则》的规定，应分别由国税机关核定公司的货物销售额，由地税机关核定工程安装劳务收入。假如国税机关核定 A 公司的货物销售额为 220 万元，地税机关核定 A 公司的工程安装劳务收入为 60 万元[①]，则公司应缴纳的增值税为 16.97 万元 [220×17%÷（1+17%）－15]，公司应缴纳的营业税为 1.8 万元（60×3%）。此时，公司的增值

[①] 由于国税和地税并非同时对 A 公司的货物销售额和工程安装劳务收入进行核定，在两者缺乏有效沟通的情况下，很有可能出现核定的货物销售额与工程安装劳务收入之和不等于 250 万元。

和营业税负担明显较高。如果公司预期出现上述情形的可能性较大，那么，它最好主动分别核算建材销售额和工程安装劳务收入。当然，实践中也有可能出现相反的情形，即国家机关核定的货物销售额与地税机关核定的工程安装劳务收入均低于其实际水平，如果纳税人预期出现这种情形的可能性较大，那么，它就可以将不同类型的收入混合，由税务机关核定货物销售额和工程安装收入。

## 二、计税依据的筹划

### （一）计税依据的法律规定

增值税的计税方法包括一般计税方法和简易计税方法。一般纳税人通常适用一般计税方法，但一般纳税人提供财政部和国家税务总局规定的特定应税服务时，可以选择适用简易计税方法计税，而且一经选择，36 个月内不得变更。小规模纳税人采用简易计税方法计税。

### 1. 一般纳税人应纳税额的计算

应纳税额为当期销项税额抵扣当期进项税额后的余额，其计算公式如下

$$应纳税额＝当期销项税额－当期进项税额$$

其中：

$$销项税额＝销售额×税率$$

这里的销售额为纳税人销售货物或者提供应税劳务和应税服务向购买方收取的全部价款和价外费用，但是不包括收取的销项税额。价外费用，包括价外向购买方收取的手续费、补贴、基金、集资费、返还利润、奖励费、违约金、滞纳金、延期付款利息、赔偿金、代收款项、代垫款项、包装费、包装物租金、储备费、优质费、运输装卸费及其他各种性质的价外收费。纳税人销售货物或者应税劳务的价格明显偏低并无正当理由的，由主管税务机关核定其销售额。价格明显偏低并无正当理由或者因视同销售货物行为而无销售额者，按下列顺序确定销售额。

（1）按纳税人最近时期同类货物的平均销售价格确定。

（2）按其他纳税人最近时期同类货物的平均销售价格确定。

（3）按组成计税价格确定。组成计税价格＝成本×（1＋成本利润率）[①]。

进项税额，是指纳税人购进货物或者接受加工修理修配劳务和应税服务，支付或者负担的增值税额。但增值税纳税人的进项税额并非任何情况下都可以抵扣。根据《中华

---

① 属于应征消费税的货物，其组成计税价格中应加计消费税额。

人民共和国增值税暂行条例》和《营业税改征增值税试点实施办法》相关规定，下列进项税额可以抵扣。

（1）从销售方或者提供方取得的增值税专用发票（含货物运输业增值税专用发票、税控机动车销售统一发票）上注明的增值税额。

（2）从海关取得的海关进口增值税专用缴款书上注明的增值税额。

（3）购进农产品，除取得增值税专用发票或者海关进口增值税专用缴款书外，按照农产品收购发票或者销售发票上注明的农产品买价和13％的扣除率计算的进项税额①。计算公式为

$$进项税额＝买价×扣除率$$

买价，是指纳税人购进农产品在农产品收购发票或者销售发票上注明的价款和按照规定缴纳的烟叶税。

（4）接受境外单位或者个人提供的应税服务，从税务机关或者境内代理人取得的解缴税款的中华人民共和国税收缴款凭证（以下称税收缴款凭证）上注明的增值税额。

根据《中华人民共和国增值税暂行条例》和《营业税改征增值税试点实施办法》相关规定，下列项目的进项税额不得从销项税额中抵扣。

（1）用于简易计税方法计税项目、非增值税应税项目、免征增值税项目、集体福利或者个人消费的购进货物、接受加工修理修配劳务或者应税服务。其中涉及的固定资产、专利技术、非专利技术、商誉、商标、著作权、有形动产租赁，仅指专用于上述项目的固定资产、专利技术、非专利技术、商誉、商标、著作权、有形动产租赁。

（2）非正常损失的购进货物及相关的加工修理修配劳务或者交通运输业服务。

（3）非正常损失的在产品、产成品所耗用的购进货物（不包括固定资产）、加工修理修配劳务或者交通运输业服务。

（4）接受的旅客运输服务。

适用一般计税方法的纳税人，兼营简易计税方法计税项目、非增值税应税劳务、免征增值税项目而无法划分不得抵扣的进项税额，按照下列公式计算不得抵扣的进项税额。

不得抵扣的进项税额＝当期无法划分的全部进项税额×（当期简易计税方法计税项目销售额＋非增值税应税劳务营业额＋免征增值税项目销售额）÷（当期全部销售额＋当期全部营业额）

纳税人进口货物，按照组成计税价格规定的税率计算应纳税额。其中：

$$组成计税价格＝关税完税价格＋关税＋（消费税）②$$

$$应纳税额＝组成计税价格×税率$$

---

① 购进农产品，按照《农产品增值税进项税额核定扣除试点实施办法》抵扣进项税额的除外。

② 如果进口货物属于应税消费品，则组成计税价格中要包含消费税，否则，组成计税价格公式中不包含消费税。

2. 小规模纳税人应纳税额的计算

小规模纳税人销售货物或者应税劳务，实行按照销售额和征收率计算应纳税额的简易办法，并不得抵扣进项税额。应纳税额计算公式为：

$$应纳税额＝销售额×征收率$$

### （二）一般纳税人计税依据的筹划

1. 销售方式的筹划

纳税人的销售方式既包括一般销售方式，也包括特殊销售方式，如折扣方式销售、以旧换新方式销售、还本方式销售、以物易物方式销售等。不同销售方式下计税销售额的确定规则并不相同，这给了纳税人较大的筹划空间。

【案例 3-6】

甲企业为增值税一般纳税人，2013 年，企业销售部决定在当年国庆节"黄金周"期间针对其 A 产品开展一次促销活动，以提升公司的盈利能力。已知 A 产品的销售利润率为 40%，市场价值为 100 元，成本为 60 元。甲企业同时还生产另外一种 B 产品，其市场价值为 20 元，成本为 12 元。由于 B 产品与 A 产品具有较强的互补性，销售部共提出了以下两个方案。

方案Ⅰ：对 A 产品进行八折销售。

方案Ⅱ：购买一件 A 产品，赠送一件 B 产品。

思考：上述哪个方案更优？（假定上述价格均为含税价，增值税税率为 17%，城建税税率为 7%，教育费附加征收比率为 3%）

【解析】

方案Ⅰ采取的是价格折扣方式销售，只要销售额和折扣额开具在同一张发票上，在计算销项税额时，计税销售额就可以按折扣后的销售额计算，则：

增值税＝80×17%÷（1+17%）－60×17%÷（1+17%）＝2.91（元）

城市维护建设税和教育费附加＝2.91×（7%+3%）＝0.291（元）

销售毛利润＝80÷（1+17%）－60÷（1+17%）－0.291＝16.80（元）

方案Ⅱ采取的是实物折扣方式销售，根据《中华人民共和国增值税暂行条例实施细则》第四条规定，单位或个体工商户将自产、委托加工或者购进的货物无偿赠送其他单位或者个人应视同销售货物。但在本案例中，甲企业赠送 B 产品的前提是消费者需要购买 A 产品，因此，严格来讲，这种行为并不属于真正的无偿赠送，企业赠送的 20 元 B 产品不应视同销售处理，无须单独计算销项税额，如果甲企业在销售单据上填列销售货物和折扣货物的名称、数量和金额，则可按照最终实现的销售价格计算销项税额，附带货物不用作视同销售处理，则：

增值税 = $100 \times 17\% \div (1+17\%) - 60 \times 17\% \div (1+17\%) - 12 \times 17\% \div (1+17\%) = 4.07$（元）

城市维护建设税和教育费附加 = $4.07 \times (7\% + 3\%) = 0.407$（元）

销售毛利润 = $(100 \times 100 \div 120) \div (1+17\%) - 60 \div (1+17\%) + (100 \times 20 \div 120) \div (1+17\%) - 12 \div (1+17\%) - 0.407 = 23.52$（元）

通过上述方案的比较不难发现，从利润的角度看，方案Ⅱ更优。

但这里需要注意的是，对于消费者而言，上述两个方案的优惠力度其实是不一样的，方案Ⅰ的商品价格折扣是 8 折，方案Ⅱ相当于商品价格折扣为 83 折 $[100 \div (100+20)]$。因此，严格来讲，两个方案并无直接可比性，由于多数普通消费者对不同促销方案的认知程度有限，从其直觉上来看，可能认为两种促销方案的优惠力度是一样的，但对于商家来讲，应尽量选择对自己有利的促销方案。

这里，我们再对"买一赠一"的实物折扣方式销售进行专门讨论。对于这种销售方式下企业所得税的处理是比较明确的。《国家税务总局关于确认企业所得税收入若干问题的通知》（国税函〔2008〕875 号）规定："企业以买一赠一等方式组合销售本企业商品的，不属于捐赠，应将总的销售金额按各项商品的公允价值的比例来分摊确认各项的销售收入。"但对于增值税的处理，在理论上和实践中均存在一定争议。有观点认为，按照《增值税暂行条例实施细则》第四条第八项规定，将自产、委托加工或者购进的货物无偿赠送其他单位或者个人的行为，视同销售货物，可以看出无偿赠送是一项独立的行为，是一种没有任何条件的赠送。而"买一赠一"的销售行为从性质上看是降价销售，赠送的前提是发生购买行为，不属于无偿赠送，因而不视同销售，因此，对"买一赠一"方式组合销售本企业商品的，应按照实际取得的销售收入计算缴纳，对送出的货物直接结转成本。各地税务机关的实践也存在一定差异，以下是部分省份对实物折扣方式销售中增值税的相关规定。

《河北省国家税务局关于企业若干销售行为征收增值税问题的通知》（冀国税函〔2009〕247 号）规定："企业在促销中，以"买一赠一"、购物返券、购物积分等方式组合销售货物的，对于主货物和赠品不开发票的，就其实际收到的货款征收增值税。对于主货物与赠品开在同一张发票的，或者分别开具发票的，应按发票注明的合计金额征收增值税。纳税义务发生时间均为收到货款的当天。企业应将总的销售金额按各项商品的公允价值的比例来分摊确认各项的销售收入。"

《内蒙古自治区商业零售企业增值税管理办法（试行）》的公告（内蒙古自治区国家税务局 2010 年第 1 号）规定："买一赠一、有奖销售和积分返礼等与直接销售货物相关的赠送行为，应该在实现商品兑换时按照《中华人民共和国增值税暂行条例实施细则》第十六条的规定确定其销售额。"

《四川省国家税务局关于买赠行为增值税处理问题的公告》（四川省国家税务局公告2011年第6号）规定："买物赠物"方式，是指在销售货物的同时赠送同类或其他货物，并且在同一项销售货物行为中完成，赠送货物的价格不高于销售货物收取的金额。对纳税人的该种销售行为，按其实际收到的货款申报缴纳增值税，但应该按照《国家税务总局关于确认企业所得税收入若干问题的通知》（国税函〔2008〕875号）第三条的规定，在账务上将实际收到的销售金额，按销售货物和随同销售赠送货物的公允价值的比例来分摊确认其销售收入，同时应将销售货物和随同销售赠送的货物品名、数量以及按各项商品公允价值的比例分摊确认的价格和金额在同一张发票上注明。对随同销售赠送的货物品种较多，不能在同一张发票上列明赠送货物的品名、数量的，可统一开具"赠品一批"，同时需开具《随同销售赠送货物清单》，并作为记账的原始凭证。

《贵州省国家税务局关于促销行为增值税处理有关问题的公告》（贵州省国家税务局公告2012年第12号）规定："购物赠物方式，指在销售货物的同时赠送同类或其他货物，并且在同一项销售货物行为中完成，赠送货物的价格不高于销售货物收取的金额。"纳税人采取购物赠物方式销售货物，按照实际收到的货款计算缴纳增值税，在账务上将实际收到的销售金额，按销售货物和随同销售赠送货物的公允价值的比例来分摊确认其销售收入，同时应将销售货物和随同销售赠送的货物品名、数量以及按各项商品公允价值的比例分摊确认的价格和金额在同一张发票上注明。对随同赠送的货物品种较多，不能在同一张发票上列明赠送货物的品名、数量的，可统一开具"赠品一批"，同时需开具加盖发票专用章的《随同销售赠送货物明细清单》，作为记账的原始凭证。

《江西省百货零售企业增值税管理办法》（江西省国家税务局公告2013年第12号）规定：以买一送一、随货赠送、捆绑销售等方式销售货物，如将销售货物和赠送货物的各自原价和折扣额在同一张销售发票上注明的，按实际收取的价款确认销售额。销售货物与赠送货物适用增值税税率不同的，应分别以各自原价扣除折扣额后的余额按适用税率计算缴纳增值税。未按上述规定在同一张销售发票上注明的，销售货物按其实际收取的价款确认销售额，随同销售赠送的货物按视同销售确定销售额。

《广州市国家税务局关于明确增值税征管若干问题的通知》（穗国税函发〔2005〕304号）规定：纳税人与购买方约定购买指定货物或达到约定的购买金额、数量后赠送货物等与直接销售货物行为相关的赠送行为，是纳税人促销经营手段，是销售折扣的一种形式，按《国家税务总局关于印发〈增值税若干具体问题的规定〉的通知》（国税发〔1993〕154号）第二条第（二）款"纳税人采取折扣方式销售货物，如果销售额和折扣额在同一张发票上分别注明的，可按折扣后的销售额征收增值税；如果将折扣额另开发票，不论其在财务上如何处理，均不得从销售额中减除折扣额"的规定，在销售单据上填列销售和折扣货物的名称数量、金额的，纳税人可按取得的进货发票计算进项税额，按最终实现的销售价格计算销项税额，附带赠送货物不作视同销售处理。

因此，纳税人应密切关注所在地主管税务机关对于实物折扣方式销售中增值税的处理办法，进而选择合理的销售方式。

**【案例3-7】**

2013年10月，江西省某百货商场在国庆节期间推出了"买西装送衬衣"促销活动，一套西装的市场价格为888元（含税价），衬衣的市场价格为128元（含税价）。具体做法为：对客户出具的发票是填写西装一套，价格为888元，同时以领料单的形式（主要起签字备查的作用）领出衬衣一条。在账务处理上其销售收入为758.97元（888÷1.17），对于赠送的衬衣则按实际进货成本予以结转，进入当期"经营费用"科目核算。后来国税机关对企业进行税务检查，认为该企业"买西装送衬衣"促销活动少缴了增值税，要求其补缴税款，同时还加收了滞纳金，并处以一定额度的罚款。

思考：企业的促销活动出现了什么问题？应如何进行税收筹划？

**【解析】**

"买西装送衬衣"是一种比较典型的实物折扣销售方式，各地对此种促销行为的增值税处理办法不尽相同。根据《江西省百货零售企业增值税管理办法》（江西省国家税务局公告2013年第12号）规定，以买一赠一方式销售货物，如将销售货物和赠送货物的各自原价和折扣额在同一张销售发票上注明的，按实际收取的价款确认销售额，未按上述规定在同一张销售发票上注明的，销售货物按其实际收取的价款确认销售额，随同销售赠送的货物按视同销售确定销售额。百货商场显然并未将销售货物和赠送货物的各自原价和折扣额在同一张销售发票上注明，此时赠送的衬衣应当视同销售处理，计算其销项税额。

从节约税负的角度看，百货商场有两种筹划思路：一是将西装和衬衣捆绑销售，将整套西装定价为1 016元，然后进行价格折扣方式销售，折扣额为128元，并将销售额和折扣额开在同一张发票上；二是仍然采用"买一赠一"这种实物折扣方式进行促销，但在发票中分别注明西装和衬衣的原价及各自的折扣额，同时使西装和衬衣的折扣额合计达到128元。无论哪种筹划思路，都相当于消费者免费得到了一件衬衣，而百货商场在计算销项税额时也可以按照实际收到的价款计算了。

另外，在实践中，有些纳税人为了鼓励债务人在规定的期限内付款，特意向债务人提供债务扣除，这就是通常所说的销售折扣或现金折扣。销售折扣发生在销售货物之后，本身不属于销售行为，而是一种融资性质的理财费用，在计算增值税时不得从销售额中扣除。如果企业面对的是一个信誉良好的客户，销售货款回收风险小，那么企业可以考虑将销售折扣方式转换为折扣销售，并将销售额和折扣额开在同一张发票上。

**【案例 3-8】**

某公司和一个信誉很好的客户签订了 10 万元的供货合同，合同规定付款期限是 30 天，如果对方可在 20 日内付款，将给予对方 2% 的折扣。现在有两个方案可以选择：方案一，按照常规处理，在发票上注明付款条件；方案二，公司主动压低价格，按照 9.8 折销售，将合同金额定为 9.8 万元，同时在合同中约定，超过 20 天付款加收 2 000 元滞纳金。

**【解析】**

这里我们考虑两种情况：一是购货方在 20 天内付款；二是购货方的付款时间超过了 20 天。具体分析如下。

（1）购货方在 20 天内付款。

在方案一中，公司给予对方的 2% 的折扣部分是不能从计税销售额中扣除的，此时，公司的销项税额为 1.7 万元（10×17%）。在方案二中，公司的销项税额 1.666 万元（9.8×17%）。因此，如果购货方在 20 天内付款，方案二的增值税较方案一减少 0.034 万元。

（2）购货方超过 20 天付款

在方案一中，此时对方不能再享受 2% 的折扣，其销项税额为 1.7 万元（10×17%）。在方案二中，公司要从对方收取 2 000 元滞纳金，其销项税额为 1.695 万元 [9.8×17%+0.2×17%÷（1+17%）]。如果购货方超过 20 天付款，方案二的增值税仍然少于方案一。

可见，不管购货方是否在 20 天内付款，方案二都是公司较好的选择。

接下来，我们再看一个还本销售方式销售筹划的例子。还本销售，是指纳税人在销售货物后，到一定期限由销售方一次或分次退还给购货方全部或部分价款的销售方式。这种方式实际上是筹集资金，是以货物换取资金的使用价值，到期还本不付息的方法。税法规定，其销售额就是货物的销售价格，不得从销售额中减除还本支出，这在无形中加大了纳税人的增值税负担。

**【案例 3-9】**

甲企业以还本销售的方式销售给购货方货物，价格为 300 万元（含税），规定五年内每年还本 60 万元，该货物的市场价格为 100 万元（含税）。由于还本销售的销售额就是货物的销售价格，不得从销售额中减除还本支出，则：

销项税额=300×17%÷（1+17%）=43.59（万元）。

**【解析】**

甲企业采取的是还本方式销售，为了减轻这种销售方式下的增值税负担，可以考虑变换一下形式，即将还本销售分解为两个业务，一是以正常价格销售货物，二是由销货方向购货方借款。具体操作如下：

甲企业以市场价格销售给购货方货物，价格为 100 万元（含税），同时向购货方借款 200 万元，年利息率为 10%，规定五年内每年还本付息 60 万元（200÷5＋200×10%），本息合计共还 300 万元（60×5）。此时的增值税为 14.53 万元 [100×17%÷（1＋17%）]。

经过筹划后，企业的增值税减少了 29.06 万元。

当前，委托代销是一种比较常用的销售结算方式。委托代销商品是指委托方将商品交付给受托方，受托方根据合同要求，将商品出售后，开具销货清单，交给委托方，这时委托方才确认销售收入的实现。因此，根据这一原理，如果企业的产品销售对象是商业企业，且货款以销售后付款结算方式的销售业务，可采用委托代销结算方式，可以根据其实际收到的货款分期计算销项税额，从而延缓纳税。委托代销一般有两种方式。一是收取手续费方式，即受托方按照委托方委托的价格出售商品，并根据所代销的商品数量或售价向委托方收取手续费。二是视同买断方式，即由委托方和受托方签订协议，委托方按协议价收取所代销的货款，实际售价可由受托方自定，实际售价与协议价之间的差额归受托方所有。与一般销售不同，视同买断代销中，没有实现最终销售的商品并不属于受托方所有，因此，这还是一种代销而不是一般销售[1]。

在两种委托代销方式中，委托方和受托方的纳税义务是不同的，见表 3-4[2]，纳税人应灵活选择买断方式代销或收取手续费方式代销。

表 3-4　　　　　　　　　　不同委托代销方式下双方的纳税义务

| | 视同买断方式代销 | | 收取手续费方式代销 | |
|---|---|---|---|---|
| | 委托方 | 受托方 | 委托方 | 受托方[3] |
| 增值税 | √ | √ | √ | × |
| 营业税 | × | × | × | √ |

---

① 当然，如果委托方和受托方之间的协议明确规定，受托方在取得代销商品后，无论是否能够卖出，是否获利，均与委托方无关，则委托方与受托之间的代销商品交易，与委托方直接销售给受托方没有实质差别。

② 委托代销业务中，受托方并不具有其所代销产品的所有权，因此，委托方与代销方的关系与商业企业和货物供应方的关系并不相同。所以，受托方收取的手续费虽然以结算金额计算，但不应适用《国家税务总局关于商业企业向货物供应方收取的部分费用征收流转税问题的通知》（国税发〔2004〕136 号）规定，无须再计算缴纳增值税。

③ 以收取手续费方式代销货物时，受托方的增值税销项税额和进项税额相等，应纳增值税额为零。

【案例 3-10】

甲公司和乙公司均为增值税一般纳税人①。2013 年 10 月，甲公司拟委托乙公司代销其产品，双方合作期限为 1 年，甲方提出了如下两个方案。

方案一：甲公司与乙公司按照 1 000 元/件的价格进行结算，乙公司以 1 000 元/件的价格对外销售甲公司的产品，根据产品销售额，向甲公司收取 20% 的代销手续费。

方案二：甲公司与乙公司按照 800 元/件的价格进行结算，乙公司在市场上可以加价销售，以 1 000 元/件的价格销售甲公司的产品，实际售价与协议价之差 200 元/件归乙公司所有。

思考：对于甲公司而言，应选择哪种方案比较合适？（为计算方便，假定上述价格均不含税，产品的增值税税率为 17%，城建税税率为 7%，教育费附加征收比率为 3%）

【解析】

我们不妨假定，乙公司在未来一年内共售出该产品 $Y$ 件，这 $Y$ 件产品甲公司可抵扣的进项税为 $T$ 万元，甲公司生产 $Y$ 件商品的成本为 $C$。

方案一属于收取手续费方式代销。在这种方式下：

甲公司应纳增值税 $=1\ 000 \times Y \times 17\% - T = 170Y - T$（元）

甲公司应纳城建税和教育费附加 $=(170Y - T) \times (7\% + 3\%) = 17Y - 0.1T$（元）

甲公司的利润 $=1\ 000 \times Y - C - 1\ 000 \times Y \times 20\% - (17Y - 0.1T) = 783Y - C + 0.1T$（元）

乙公司增值税销项税额与进项税额相等，相抵后，该项业务的应交增值税为零，但乙公司采取收取手续费代销方式，属于营业税范围的代理业务，则：

乙公司应纳营业税 $=1\ 000 \times Y \times 20\% \times 5\% = 10Y$（元）

乙公司应纳城建税和教育费附加 $=10Y \times (7\% + 3\%) = Y$（元）

乙公司的利润 $=1\ 000 \times Y \times 20\% - 10Y - Y = 189Y$（元）

甲公司与乙公司应纳流转税合计 $=180Y - T$（元）

甲公司和乙公司的合计利润 $=972Y - C + 0.1T$（元）

方案二属于买断方式代销。在这种方式下：

甲公司应纳增值税 $=800 \times Y \times 17\% - T = 136Y - T$（元）

---

① 当然，实践中，甲公司和乙公司也可能都是小规模纳税人，或者至少其中一个公司是小规模纳税人，读者可以尝试作出不同假定去进一步分析。

甲公司应纳城建税和教育费附加 $=$（$136Y-T$）$\times$（$7\%+3\%$）$=13.6Y-0.1T$（元）

甲公司的利润 $=800\times Y-C-$（$13.6Y-0.1T$）$=786.4Y-C+0.1T$

乙公司应纳增值税 $=1\,000\times Y\times17\%-800\times Y\times17\%=34Y$（元）

乙公司应纳城建税和教育费附加 $=34Y\times$（$7\%+3\%$）$=3.4Y$（元）

乙公司的利润 $=1\,000\times Y-800\times Y-3.4Y=196.6Y$（元）

甲公司与乙公司应交流转税合计 $=170Y-T$（元）

甲公司和乙公司的合计利润 $=983Y-C+0.1T$（元）

可见，甲公司与乙公司应纳流转税合计较之方案一减少 $10Y$ 元。

甲公司与乙公司合计利润较之以前增加 $11Y$ 元。

根据以上分析，我们可以得到以下结论：从利润的角度来看，无论对于甲公司还是乙公司，方案二较方案一更优。

**2. 销售价格的筹划**

销售价格筹划的切入点主要在于关联企业交易价格的调整。所谓关联企业，是指与其他企业之间存在直接或间接控制关系或重大影响关系的企业。根据《中华人民共和国税收征收管理法》第五十一条规定，关联企业是指与企业有以下关系之一的公司、企业和其他经济组织：①在资金、经营、购销等方面，存在直接或者间接的拥有或者控制关系；②直接或者间接地同为第三者所拥有或者控制；③其他在利益上相关联的关系。《国家税务总局关于印发〈特别纳税调整实施办法（试行）〉的通知》（国税发〔2009〕2号）第九条指出，征管法实施细则第五十一条所称关联关系，主要是指企业与其他企业、组织或个人具有下列之一关系：

（1）一方直接或间接持有另一方的股份总和达到 25% 以上，或者双方直接或间接同为第三方所持有的股份达到 25% 以上。若一方通过中间方对另一方间接持有股份，只要一方对中间方持股比例达到 25% 以上，则一方对另一方的持股比例按照中间方对另一方的持股比例计算。

（2）一方与另一方（独立金融机构除外）之间借贷资金占一方实收资本 50% 以上，或者一方借贷资金总额的 10% 以上是由另一方（独立金融机构除外）担保。

（3）一方半数以上的高级管理人员（包括董事会成员和经理）或至少一名可以控制董事会的董事会高级成员是由另一方委派，或者双方半数以上的高级管理人员（包括董事会成员和经理）或至少一名可以控制董事会的董事会高级成员同为第三方委派。

（4）一方半数以上的高级管理人员（包括董事会成员和经理）同时担任另一方的高级管理人员（包括董事会成员和经理），或者一方至少一名可以控制董事会的董事会高级成员同时担任另一方的董事会高级成员。

（5）一方的生产经营活动必须由另一方提供的工业产权、专有技术等特许权才能正常进行。

（6）一方的购买或销售活动主要由另一方控制。

（7）一方接受或提供劳务主要由另一方控制。

（8）一方对另一方的生产经营、交易具有实质控制，或者双方在利益上具有相关联的其他关系，包括虽未达到本条第（1）项持股比例，但一方与另一方的主要持股方享受基本相同的经济利益，以及家族、亲属关系等。

实践中，关联企业可以通过转让定价（Transfer Pricing）达到降低税负的目的。所谓转让定价是指关联企业之间在销售货物、提供劳务、转让无形资产等时制定的价格，这一价格的制定是基于双方的意愿，可高于或低于市场上由供求关系决定的价格。

**【案例 3-11】**[①]

甲、乙、丙为集团公司内部三个独立核算的企业，彼此之间存在购销关系：甲企业生产的产品可以作为乙企业生产用的原材料，而乙企业生产的产品提供给丙企业。3 月，甲企业生产的产品中 2 000 件销售给乙企业，该产品市场上的正常售价为 500 元/件，而双方之间的转让定价为 400 元/件，同期甲企业允许抵扣的进项税额为 80 000 元；乙企业生产的产品中 3 000 件销售给丙企业，该产品市场上的正常售价为 600 元/件，双方之间的转让定价为 500 元/件；丙企业将完工产品对外销售，该企业共销售 4 000 件，售价为 700 元/件（不考虑其他购销问题；同时只考虑增值税，增值税税率为 17%，不考虑其他税种）。

思考：各个公司按正常售价交易和通过转让定价交易对其增值税有何影响？

**【解析】**

方案 I：按正常售价进行购销活动。

甲企业应纳增值税 $= 2\,000 \times 500 \times 17\% \div (1 + 17\%) - 80\,000 = 65\,299$（元）

乙企业应纳增值税 $= 3\,000 \times 600 \times 17\% \div (1 + 17\%) - 2\,000 \times 500 \times 17\% \div (1 + 17\%) = 116\,239$（元）

丙企业应纳增值税 $= 4\,000 \times 700 \times 17\% \div (1 + 17\%) - 3\,000 \times 600 \times 17\% \div (1 + 17\%) = 145\,299$（元）

集团合计应纳增值税 $= 65\,299 + 116\,239 + 145\,299 = 326\,837$（元）

方案 II：按转让定价进行购销活动。

甲企业应纳增值税 $= 2\,000 \times 400 \times 17\% \div (1 + 17\%) - 80\,000 = 36\,239$（元）

乙企业应纳增值税 $= 3\,000 \times 500 \times 17\% \div (1 + 17\%) - 2\,000 \times 400 \times 17\% \div (1 + 17\%) = 101\,709$（元）

---

① 盖地. 税务筹划学［M］. 北京：中国人民大学出版社，2009.

丙企业应纳增值税＝4 000×700×17%÷（1＋17%）－3 000×500×17%÷（1＋17%）＝188 889（元）

集团合计应纳增值税＝36 239＋101 709＋188 889＝326 837（元）

从企业集团纳税情况看，不管是否采用转让定价，集团的应纳增值税额是相等的。但需要注意的是，集团三个企业的生产具有连续性，前一企业的产品是后一企业的原材料。通过方案Ⅱ转让定价的制定使得整个集团纳税期限发生延迟，第一时期，甲企业在方案Ⅱ的情况下，税款相对减少 29 060 元（65 299－36 239）；第二时期，乙企业在方案Ⅱ的情况下，税款也相对减少 14 530 元（116 239－101 709）；直到第三时期丙企业在方案Ⅱ的情况下把前两个时期递延的税款补齐，使得整个集团税负在两个方案下保持一致。可见，转让定价使得集团获得了相对节税的效果。

企业的转让定价如果操作得当有助于企业减轻税负，但如果关联企业之间的交易价格不够合理，则税务机关将会对其交易价格进行调整。根据《中华人民共和国税收征收管理法》相关规定，纳税人有义务就其与关联企业之间的业务往来，向当地税务机关提供有关的价格、费用标准等资料，纳税人与其关联企业之间的业务往来有下列情形之一的，税务机关可以调整其应纳税额：

（1）购销业务未按照独立企业之间的业务往来作价。

（2）融通资金所支付或者收取的利息超过或者低于没有关联关系的企业之间所能同意的数额，或者利率超过或者低于同类业务的正常利率。

（3）提供劳务，未按照独立企业之间业务往来收取或者支付劳务费用。

（4）转让财产、提供财产使用权等业务往来，未按照独立企业之间业务往来作价或者收取、支付费用。

（5）未按照独立企业之间业务往来作价的其他情形。

因此，对于转让定价行为，在具体操作时，关联企业应将其交易价格确定在相对合理的范围内，避免因定价异常而被税务机关调整。

3. 采购对象的筹划

一般纳税人可以进行进项税额抵扣，而进项税额的抵扣包括两种情形：一是凭票抵扣；二是计算抵扣。由于小规模纳税人无法开具增值税专用发票，即便向税务机关申请代开增值税专用发票，其增值税税率也仅为 3%，因此，通常认为，一般纳税人选择采购对象时会优先考虑一般纳税人。但这也并不是绝对的，如果小规模纳税人的供货价格相对于一般纳税人的供货价格足够低的话，一般纳税人选择小规模纳税人作为采购对象可能更为有利。总的来看，一般纳税人在采购货物的时候，无论是向一般纳税人还是从小规模纳税人采购，都要计算比较销售价格及增值税的影响，以从哪类单位采购能更多地获得税后利润作为选择的总体原则。

假定某一般纳税人企业向一般纳税人采购货物的金额为 $P_1$（含税），供货方作为一般纳税人适用的增值税税率为 $T_1$，向从小规模纳税人采购货物的金额为 $P_2$（含税），供货方作为小规模纳税人向税务机关申请代开增值税专用发票的适用税率为 $t_1$，企业销售金额为 $S_1$，其适用的增值税税率为 $T_2$，企业所在地适用的城建税税率和教育费附加征收比率分别为 $r_1$ 和 $r_2$，企业所得税税率为 $T_3$。则企业向一般纳税人采购货物能够获得的税后利润为：

$$B_1=\left[S_1-P_1/\ (1+T_1)\ -\ (S_1 T_2-\frac{P_1 T_1}{1+T_1})\times\ (r_1+r_2)\right]\times\ (1-T_3) \quad (3\text{-}11)$$

企业向小规模纳税人采购货物能够获得的税后利润为：

$$B_2=\left[S_1-P_2/\ (1+T_1)\ -\ (S_1 T_2-\frac{P_2 t_1}{1+t_1})\times\ (r_1+r_2)\right]\times\ (1-T_3) \quad (3\text{-}12)$$

当 $B_1=B_2$ 时，从税后利润的角度看，企业选择一般纳税人或小规模纳税人作为采购对象是无差别的。此时 $P1$ 和 $P2$ 存在如下关系式：

$$P2=P1\times\frac{[1-T_1\ (r_1+r_2)]\ (1+t_1)}{[1-t_1\ (r_1+r_2)]\ (1+T_1)} \quad (3\text{-}13)$$

如果小规模纳税人没有向税务机关申请代开增值税专用发票，则式（3-13）可简化为如下形式：

$$P_2=P_1\times\frac{1-T_1\ (r_1+r_2)}{1+T_1} \quad (3\text{-}14)$$

式（3-13）和（3-14）中的 $\frac{[1-T_1\ (r_1+r_2)]\ (1+t_1)}{[1-t_1\ (r_1+r_2)]\ (1+T_1)}$ 和 $\frac{1-T_1\ (r_1+r_2)}{1+T_1}$ 可以称其为价格折让临界点。

根据上述分析，我们可以得到以下基本结论。

（1）当小规模纳税人向税务机关申请代开增值税专用发票时，一般纳税人向小规模纳税人采购的金额 $P_2$ 与向一般纳税人采购金额 $P_1$ 的比值如果大于 $\frac{[1-T_1\ (r_1+r_2)]\ (1+t_1)}{[1-t_1\ (r_1+r_2)]\ (1+T_1)}$，则应选择一般纳税人作为采购对象，否则，应选择小规模纳税人作为采购对象。

（2）当小规模纳税人只能开具普通发票时，一般纳税人向小规模纳税人采购的金额 $P_2$ 与向一般纳税人采购金额 $P_1$ 的比值如果大于 $\frac{1-T_1\ (r_1+r_2)}{1+T_1}$，则应选择一般纳税人作为采购对象，如果小于 $\frac{1-T_1\ (r_1+r_2)}{1+T_1}$，则应选择小规模纳税人作为采购对象。

根据现行税法规定，上述公式中的 $T_1$、$T_2$、$t_1$ 及 $r_1$ 和 $r_2$ 有其对应的具体数值，因此，我们可以找出不同情形下的价格折让临界点，见表 3-5 和表 3-6[①]。

---

① 城市维护建设税实行的是地区差别比例税率，包括 7%、5% 和 1% 三档，这里选取了常用的 7%，教育费附加的征收比率为 3%。

表 3-5 价格折让临界点（含税）（小规模纳税人开具普通发票）

| 向一般纳税人采购时进项税额的抵扣率 | 向小规模纳税人采购时进项税额的抵扣率 | 价格折让临界点 |
|---|---|---|
| 17% | 0 | 84.02% |
| 13% | 0 | 87.35% |

表 3-6 价格折让临界点（含税）（小规模纳税人申请代开增值税专用发票）

| 向一般纳税人采购时进项税额的抵扣率 | 向小规模纳税人采购时进项税额的抵扣率 | 价格折让临界点 |
|---|---|---|
| 17% | 3% | 86.80% |
| 13% | 3% | 90.24% |

**【案例 3-12】**

A 企业（增值税一般纳税人）是 2012 年成立的一家专门从事化工产品生产的企业，每年要外购原材料 500 吨，原材料适用的增值税税率为 17%。如果选择一般纳税人作为采购对象，每吨价格需 3 万元（含税价），如果选择小规模纳税人作为采购对象，每吨价格需 2.5 万元（含税），但对方仅开具普通发票。

思考：该工业企业应选择哪类企业作为采购对象？

**【解析】**

由于小规模纳税人仅能开具普通发票，所以 A 企业向小规模纳税人采购原材料不能抵扣进项税额。根据表 3-5 可知，此时的价格折让临界点是 84.02%，从实际采购价格看，小规模纳税人的价格与一般纳税人的价格之比为 83.33%，小于价格折让临界点 84.02%，因此，A 企业应选择小规模纳税人作为采购对象。当然，如果 A 企业能够让小规模纳税人向税务机关申请代开增值税专用发票，则选择小规模纳税人作为采购对象将更加有利。

对于增值税一般纳税人来说，在购货时运用价格折让临界点原理，就可以放心大胆地跟小规模纳税人打交道了，只要所购货物的质量符合要求，价格折让能够达到相应的临界点指数，增值税一般纳税人完全可以考虑从小规模纳税人那里购货，以节省采购时间和采购费用，增加企业效益。

4. 进项税额抵扣事项的筹划

（1）进项税额抵扣时间的筹划。

根据现行增值税法规定，增值税一般纳税人取得 2010 年 1 月 1 日以后开具的增值税专用发票、公路内河货物运输业统一发票和机动车销售统一发票，应在开具之日起 180 日内到税务机关办理认证，并在认证通过的次月申报期内，向主管税务机关申报抵扣进项税额，未在规定期限**内**到税务机关办理认证、申报抵扣的，不得作为合法的增值税扣税凭证，不得计算进项**税额**抵扣。增值税一般纳税人能否抵扣进项税额并不取决于其款项是否付清，关键要看纳税人是否取得了有效的增值税专用发票，并在规定的时间内认证并申报抵扣。因此，出于节税的考虑，纳税人应该从购进货物或应税劳务阶段就进行筹划，找准申报抵扣进项税额的最佳时间点。但需要注意的是，在某些情形下，增值税专用发票如果逾期未能得以认证抵扣，纳税人也还可采取补救措施。《国家税务总局关于逾期增值税扣税凭证抵扣问题的公告》（国家税务总局公告 2011 年第 50 号）规定，对增值税一般纳税人发生真实交易但由于客观原因造成增值税扣税凭证逾期的，经主管税务机关审核、逐级上报，由国家税务总局认证、稽核比对后，对比对相符的增值税扣税凭证，允许纳税人继续抵扣其**进**项税额。但这里所说的客观原因包括以下类型[①]：

①因自然灾害、社会突发事件等不可抗力因素造成增值税扣税凭证逾期。

②增值税扣税凭证被盗、抢，或者因邮寄丢失、误递导致逾期。

③有关司法、行政**机关在**办理业务或者检查中，扣押增值税扣税凭证，纳税人不能正常履行申报义务，或者**税务**机关信息系统、网络故障，未能及时处理纳税人网上认证**数据**等导致增值税扣税凭证逾期。

④买卖双方因经济纠纷，未能及时传递增值税扣税凭证，或者纳税人变更纳税地点，注销旧户和重新办理税务登记的时间过长，导致增值税扣税凭证逾期。

⑤由于企业办税人员**伤**亡、突发危重疾病或者擅自离职，未能办理交接手续，导致增值税扣税凭证逾期。

⑥国家税务总局规定的其他情形。

（2）采购时间的筹划。

增值税一般纳税人购进货物的用途可能是多元的，有的用于增值税应税项目，也有的用于增值税非应税项目、集体福利或个人消费。《中华人民共和国增值税暂行条例》中规定，用于非增值税应税项目、免征增值税项目、集体福利或者个人消费的购进货物或者应税劳务的进项税额不得抵扣，也就是说，当领用购进货物用于非增值税应税项目、免征增值税项目、集体福利或者个人消费时，要转出进项税额。一般情况下，货物在购进和领用之间会存在一个时间差，如果能够充分利用这段时间差，也可以减轻企业税负。比如，某超市是一般纳税人，计划在 2014 年中秋节向每位员工发放 2 桶花生油，如果超市能够提前几个月（如当年 4 月份）购进花生油，则其进项税额可以在购进的当月认证并申报抵扣，之后**再在**领用花生油发给员工的纳税期内作进项税额转出处理，与中秋节当月购进花生油相比，这种做法有利于超市实现递延纳税。

---

① 增值税一般纳税人由于除本公告规定以外的其他原因造成增值税扣税凭证逾期的，仍应按照增值税扣税凭证抵扣期限有关规定执行。

（3）采购结算方式的筹划。

一般企业在购货过程中采用先付清款项、后取得发票的方式，如果材料已经验收入库，但货款尚未全部付清，供货方不能开具增值税专用发票。按税法规定，纳税人购进货物或者应税劳务，未按照规定取得增值税扣税凭证，其进项税额就不能抵扣，会造成企业增值税税负增加。如果采用分期付款取得增值税专用发票的方式，就能够及时抵扣进项税额，缓解税收压力。在通常情况下，销售结算方式由销货方自主决定，购货方对购入货物结算方式的选择权取决于购货方和供货方两者之间的谈判协议，购货方可以利用市场供销情况购货，掌握谈判主动权，使得销货方先垫付税款，以推迟纳税时间，为企业争取时间尽可能长的"无息贷款"。

（4）进项税额核算方式的筹划。

根据《营业税改征增值税试点实施办法》规定，适用一般计税方法的纳税人，兼营简易计税方法计税项目、非增值税应税劳务、免征增值税项目而无法划分不得抵扣的进项税额，按照下列公式计算不得抵扣的进项税额

不得抵扣的进项税额＝当期无法划分的全部进项税额×（当期简易计税方法计税项目销售额＋非增值税应税劳务营业额＋免征增值税项目销售额）÷（当期全部销售额＋当期全部营业额）

利用上述公式进行计算时，需要注意以下三点①。

（1）准确筛选纳入计算范围的进项税额。"当月无法划分的全部进项税额"是指企业在购入原材料时，没有明确用途，即没有明确是用于应税、免税还是非增值税应税劳务，并且在使用时既用于应税，又用于免税或非增值税应税劳务，同时又无法划分混用的进项税部分。根据《中华人民共和国增值税暂行条例实施细则》第二十六条的计算公式要求，应该将当月移送使用的可以准确划分的进项税额剔除，当月无法划分的全部进项税额＝全部进项税额（当月实际耗用原材料进项税）－当月可准确划分用于应税项目、免税项目及非应税项目的进项税额。

（2）免税项目或非增值税应税劳务销售收入不得进行不含税收入的换算。在计算不得抵扣的进项税额时，不少企业将取得的免税收入或者非应税收入进行不含税收入的换算。根据《国家税务总局关于分摊不得抵扣进项税额时免税项目销售额如何确定问题的批复》（国税函〔1997〕529号）规定，纳税人在计算不得抵扣进项税额时，对其取得的销售免税货物的销售收入和经营非应税项目的营业收入额，不得进行不含税收入的换算。

（3）注意几种特殊情况的处理。一是一般纳税人兼营即征即退项目或者按简易办法征税项目而无法划分即征即退项目、按简易办法征税项目应分摊的进项税额的，可以比

---

① 董泽亮. 计算不得抵扣进项税额的注意事项［N］. 中国税务报，2011-01-25.

照该公式进行划分：即征即退项目或者按简易办法征税项目应分摊的进项税额＝当月无法划分的全部进项税额×即征即退项目或者按简易办法征税项目销售额÷（当月全部销售额、营业额合计）。二是按照公式计算应转出的进项税额时，当月无法划分的全部进项税中不包括既用于应税项目又用于免税项目的机器设备等固定资产的进项税，根据《增值税暂行条例实施细则》规定，混用的机器设备进项税额可以全额抵扣，不需参与进项税划分。三是出版物进项税额划分问题。根据《国家税务总局关于出版物广告收入有关增值税问题的通知》（国税发〔2000〕188 号）规定："确定文化出版单位用于广告业务的购进货物的进项税额，应以广告版面占整个出版物版面的比例为划分标准，凡文化出版单位能准确提供广告所占版面比例的，应按此项比例划分不得抵扣的进项税额。"因此，对于出版物无法划分的进项税应以广告版面占整个出版物版面的比例为划分标准，而不应按销售货物、提供非应税劳务的收入比例划分。

由此，纳税人可以根据上述公式进行筹划：将按照上述公式计算的不得抵扣的进项税额与简易计税方法计税项目、非增值税应税劳务、免征增值税项目不应抵扣的进项税额对比，如果前者大于后者，则应正确划分并按规定转出进项税额；如果前者小于后者，则无须在核算时正确划分，而改按公式计算。具体分析如下：

假定免税项目或非应税项目的增值税进项税额占全部产品增值税进项税额的比例为 $R$，则纳税人未准确划分免税项目或非应税项目的增值税进项税额时，可抵扣的进项税额＝全部进项税额－全部进项税额×免税项目或非应税项目销售额÷全部销售额。当纳税人准确划分免税项目或非应税项目的增值税进项税额时单独核算，可抵扣进项税额＝全部进项税额×（1－$R$）。当两种情形下可抵扣的进项税额相等时，纳税人是否准确划分免税项目或非应税项目的增值税进项税额并无区别。此时，$R$＝免税项目销售额÷全部销售额。这样一来，当 $R$＜免税项目销售额÷全部销售额时，准确划分免税项目或非应税项目的增值税进项税额有利；当 $R$＞免税项目销售额÷全部销售额时，不准确划分免税项目或非应税项目的增值税进项税额有利。

**【案例 3-13】**

某制药厂主要生产抗菌类药物，也生产 A 药品（免征增值税）。2013 年该厂抗菌类药物的销售收入为 1 000 万元（不含税收入），生产 A 药品的销售收入为 500 万元（实际耗用的购入项目的进项税额为 40 万元）。全年的购进货物既用于生产抗菌类药物，也用于生产 A 药品，增值税进项税额为 150 万元。

思考：从税收角度来看，该制药厂是否应该将 A 药品耗用的购入项目（原料、水、电等）的进项税额进行准确划分？

**【解析】**

当制药厂准确划分 A 药品耗用的购入项目（原料、水、电等）的进项税额时，其可抵扣的进项税额为 110 万元（150—40），当制药厂没有划分 A 药品耗用的购入项目（原料、水、电等）的进项税额时，其可抵扣的进项税额为 100 万元 [150—150×500÷（1 000+500）]。在销项税额一定的情况下，如果制药厂能够准确划分 A 药品耗用的购入项目（原料、水、电等）的进项税额，则其可抵扣的进项税额更多，相应的应纳增值税额也更少。

**【案例 3-14】**[①]

某文化公司是"营改增"一般纳税人，既经营古旧图书、其他图书及电子出版物，又提供广告等文化创意服务，还经营一个餐饮部。假设 2013 年 8-12 月实现营业收入 8 500 万元，累计进项税为 1 050 万元。其中，古旧图书销售收入 1200 万元、餐饮业收入 1 500 万元，销售外购货物 3500 万元，外购货物取得可抵扣的进项税金为 460 万元。由于无法划分用于免税货物、非增值税应税劳务的进项税额，企业自行计算不得抵扣的进项税额为 187.41 万元 [（1 050—460）×（1 200+1 500）÷8 500]。

思考：公司的计算是否正确？

**【解析】**

公司将能够准确划分进项税的销售外购货物收入作为"当月全部销售额、营业额合计"是不正确的。"当期全部销售额、营业额合计"是指与"当期无法划分的全部进项税额"对应的应税项目、免税项目及非增值税应税项目的收入，无关联的其他收入不应包括在内。为此，不得抵扣的进项税额应为 318.6 万元 [（1 050—460）×（1 200+1 500）÷（8 500—3 500）]。

## 三、税率的筹划

### （一）增值税税率的法律规定

对于增值税一般纳税人，根据《中华人民共和国增值税暂行条例》第二条规定，纳税人销售货物、进口货物及提供加工修理修配劳务，其增值税税率为 17%，但纳税人销售或进口下列货物时，其增值税税率为 13%，这些货物包括：①粮食、食用植物油；②自来水、暖气、冷气、热水、煤气、石油液化气、天然气、沼气、居民用煤炭制品；③图书、报纸、杂志；④饲料、化肥、农药、农机、农膜；⑤国务院规定的其他货物。纳税人出口货物，税率为零。[②] 对于小规模纳税人，根据《中华人民共和国增值税暂行

---

[①] 李剑文，张红英. 正确计算不得抵扣的进项税额. http：lluoww. chinaacc. com，2013-09-18.

[②] 但是，国务院另有规定的除外。

条例》第十二条规定，小规模纳税人增值税征收率为 3%。

我国实行"营改增"试点改革后，《营业税改征增值税试点实施办法》对应税服务的税率和征收率作出了具体规定。其中，第十二条规定，增值税税率如下：①提供有形动产租赁服务，税率为 17%；②提供交通运输业服务、邮政业服务，税率为 11%；③提供现代服务业服务（有形动产租赁服务除外），税率为 6%；④财政部和国家税务总局规定的应税服务，税率为零。第十三条规定，增值税征收率为 3%。2014 年 6 月 1 日起，电信业也纳入"营改增"试点改革范围 [《关于将电信业纳入营业税改征增值税试点的通知（财税〔2014〕43 号）]。根据规定，基础电信服务适用 11% 的税率，增值电信服务适用 6% 的税率。

此外，《财政部国家税务总局关于部分货物适用增值税低税率和简易办法征收增值税政策的通知》（财税〔2009〕9 号）规定，农产品、音像制品、电子出版物和二甲醚继续适用 13% 的增值税税率。

### （二）增值税税率的筹划

根据《中华人民共和国增值税暂行条例》第三条规定，纳税人兼营不同税率的货物或者应税劳务，应当分别核算不同税率货物或者应税劳务的销售额；未分别核算销售额的，从高适用税率。《营业税改征增值税试点有关事项的规定》规定，试点纳税人兼有不同税率或者征收率的销售货物、提供加工修理修配劳务或者应税服务的，应当分别核算适用不同税率或者征收率的销售额，未分别核算销售额的，按照以下方法适用税率或者征收率：①兼有不同税率的销售货物、提供加工修理修配劳务或者应税服务的，从高适用税率；②兼有不同征收率的销售货物、提供加工修理修配劳务或者应税服务的，从高适用征收率；③兼有不同税率和征收率的销售货物、提供加工修理修配劳务或者应税服务的，从高适用税率。因此，如果纳税人从事兼营不同税率或征收率的货物或者应税劳务，应当注意分别核算不同税率货物或者应税劳务的销售额。比如，电信业由营业税改征增值税后，基础电信服务适用 11% 的税率，增值电信服务适用 6% 的税率，对于电信企业而言，应积极发展增值电信服务，同时注意将基础电信服务营业额与增值电信服务营业额分别核算。

### 【案例 3-15】

A 机械设备有限公司是一家专门从事农用机械设备生产和销售的公司，其产品主要包括密集型烤房设备、农用三轮车及农用机动车零部件，属于增值税一般纳税人。2013 年，公司的销售收入如下：密集型烤房设备 120 万元，农用三轮车 2 500 万元，农用机动车零部件 600 万元（上述价格均为含税价格）。公司全年进项税额为 300 万元。由于公司新进的财务人员在进行会计核算时，将密集型烤房设备和机动车零部件销售收入混为一体，没有分别进行核算，公司当年申报缴纳的增值税为 92.23 万元

$[2\,500\times13\%\div(1+13\%)+(120+600)\times17\%\div(1+17\%)-300]$。

**思考：公司的增值税负还有无下降的空间？**

**【解析】**

根据增值税法的相关规定，农机整机适用 13% 的增值税税率，但农机零部件的增值税税率为 17%，因此，公司财务人员将农机销售收入和农用机动车零部件销售收入在会计上分别核算是有利于降低增值税的。但问题在于，公司财务人员没有将密集型烤房设备和机动车零部件销售收入也在会计上分别核算，这在无形中加重了公司的增值税负担。根据《国家税务总局关于部分产品增值税适用税率问题的公告》（国家税务总局公告 2012 年第 10 号）[①]规定，密集型烤房设备、频振式杀虫灯、自动虫情测报灯、粘虫板属于《国家税务总局关于印发〈增值税部分货物征税范围注释〉的通知》（国税发〔1993〕151 号）规定的农机范围，应适用 13% 增值税税率。因此，公司的财务人员如果能够将密集型烤房设备和机动车零部件销售收入在会计上分别核算，则公司当年的应纳增值税为 88.6 万元 $[(2\,500+120)\times13\%\div(1+13\%)+600\times17\%\div(1+17\%)-300]$。较之原来的增值税减少 3.63 万元。

## 四、纳税义务发生时间的筹划

### （一）增值税纳税义务发生时间的法律规定

根据《中华人民共和国增值税暂行条例》第十九条规定，增值税纳税义务发生时间：①销售货物或者应税劳务，为收讫销售款项或者取得索取销售款项凭据的当天；先开具发票的，为开具发票的当天；②进口货物，为报关进口的当天。上述规定中的收讫销售款项或者取得索取销售款项凭据的当天，按销售结算方式的不同，具体为：

（1）采取直接收款方式销售货物，不论货物是否发出，均为收到销售款或者取得索取销售款凭据的当天。

（2）采取托收承付和委托银行收款方式销售货物，为发出货物并办妥托收手续的当天。

（3）采取赊销和分期收款方式销售货物，为书面合同约定的收款日期的当天，无书面合同的或者书面合同没有约定收款日期的，为货物发出的当天。

（4）采取预收货款方式销售货物，为货物发出的当天，但生产销售生产工期超过12 个月的大型机械设备、船舶、飞机等货物，为收到预收款或者书面合同约定的收款日期的当天。

---

[①]　本公告自 2012 年 4 月 1 日起执行。

（5）委托其他纳税人代销货物，为收到代销单位的代销清单或者收到全部或者部分货款的当天。未收到代销清单及货款的，为发出代销货物满180天的当天。

（6）销售应税劳务，为提供劳务同时收讫销售款或者取得索取销售款的凭据的当天。

（7）纳税人发生《中华人民共和国增值税暂行条例实施细则》第四条第（三）项至第（八）项所列视同销售货物行为，为货物移送的当天。

### （二）增值税纳税义务发生时间的筹划

实践中，纳税人的销售结算方式有多种，包括直接收款方式、托收承付和委托银行收款方式、赊销和分期收款方式、预收货款方式、委托其他纳税人代销货物等，不同销售结算方式下增值税的纳税义务发生时间是不同的。纳税人可以充分利用增值税纳税义务发生时间的差异性对销售结算方式进行合理安排。比如，税法规定，赊销和分期收款结算方式都是以书面合同约定的收款日期的当天确认纳税义务，在货款一时无法收回或部分无法收回的情况下，可以选择赊销或分期收款结算方式。与直接收款结算方式相比，选择赊销或分期收款结算方式虽然未必能够减少纳税人应纳增值税额的数量，但可以达到延期纳税的效果。采取预收货款方式销售货物，其纳税义务发生时间为发出货物的当天，在购货方允许的条件下，销货方可以通过适当延迟发出货物的时间实现延迟纳税。再比如，委托其他纳税人代销货物，为收到代销单位的代销清单或者收到全部或部分货款的当天，未收到代销清单及货款的，为发出代销货物满180天的当天，为此，委托方可以要求代销单位适当延迟开具代销清单的时间，从而延迟纳税义务发生时间。

**【案例 3-16】**

甲公司是一家从事文化创意服务的公司，其主要业务包括平面设计、广告设计和创意策划等。2014年1月，甲公司为乙公司提供一项创意策划服务，双方约定的服务收费为20万元，甲公司在2个月内完成创意策划服务。但由于乙公司当时资金比较紧张，暂时无力支付上述费用，经双方协商后，甲公司同意延迟收取20万费用，但要求乙公司必须在年内将费用一次性付清。

思考：甲公司提供创意策划服务的收入对应的增值税纳税义务应当何时确认？甲公司应当如何筹划？

**【解析】**

"营改增"试点改革后，创意策划服务属于增值税的课税范围。根据《营业税改征增值税试点实施办法》第四十一条规定，增值税的纳税义务发生时间为纳税人提供应税服务并收讫销售款项或者取得索取销售款项凭据的当天；先开具发票的，为开具发票的当天。收讫销售款项，是指纳税人提供应税服务过程中或者完成后收到款项。取得索取销售款项凭据的当天，是指书面合同确定的付款日期；未签订书面合同或者书面合同未确定付款日期的，为应税服务完成的当天。由于甲公司与乙公司并未在书面合同中确定付款日期，因此，其20万元的服务收费应于该公司完成创意策划服务的当天确认。

　　因此，对于甲公司而言，如果知道对方不能按时付款，可以通过书面合同约定具体的付款日期，这样可以实现延迟缴纳增值税的效果。

　　另外，需要注意的是，销售货物或者应税劳务，增值税纳税义务发生的时间一般为收讫销售款或者取得索取销售款项凭据的当天，但如果纳税人先开具发票，增值税纳税义务发生时间为开具发票的当天。《增值税专用发票使用规定》第十一条规定："专用发票应按下列要求开具：（一）项目齐全，与实际交易相符；（二）字迹清楚，不得压线、错格；（三）发票联和抵扣联加盖财务专用章或者发票专用章；（四）按照增值税纳税义务的发生时间开具。"《中华人民共和国发票管理办法实施细则》第二十六条规定："填开发票的单位和个人必须在发生经营业务确认营业收入时开具发票。未发生经营业务一律不准开具发票。"因此，纳税人应避免在纳税义务产生之前提前开具发票，这样不仅提前确认了增值税纳税义务，而且也违反了《增值税专用发票使用规定》和《中华人民共和国发票管理办法实施细则》的相关规定，还会受到相应的税务行政处罚。

### 五、增值税税收优惠的筹划

#### （一）增值税税收优惠的法律规定

增值税是我国第一大税种，涉及的税收优惠政策较多，主要包括以下内容。

1. 《增值税暂行条例》规定的免税项目

（1）农业生产者销售的自产农产品。

（2）避孕药品和用具。

（3）古旧图书。

（4）直接用于科学研究、科学试验和教学的进口仪器、设备。

（5）外国政府、国际组织无偿援助的进口物资和设备。

（6）由残疾人的组织直接进口供残疾人专用的物品。

（7）销售的自己使用过的物品。

2. 财政部、国家税务总局规定的其他免征税项目

（1）销售下列自产货物实行免征增值税政策：①再生水；②以废旧轮胎为全部生产原料生产的胶粉；③翻新轮胎；④生产原料中掺兑废渣比例不低于30％的特定建材产品。

（2）对污水处理劳务免征增值税。

（3）销售下列自产货物实行增值税即征即退政策：①以工业废气为原料生产的高纯度二氧化碳产品；②以垃圾为燃料生产的电力或热力；③以煤炭开采过程中伴生的舍弃物油母页岩为原料生产的页岩油；④以废旧沥青混凝土为原料生产的再生沥青混凝土；⑤采用旋窑法工艺生产的水泥（包括水泥熟料，下同）或者外购水泥熟料采用研磨工艺生产的水泥，水泥生产原料中掺兑废渣比例不低于30%。

（4）销售下列自产货物实现的增值税实行即征即退政策：①以退役军用发射药为原料生产的涂料硝化棉粉；②对燃煤发电厂及各类工业企业产生的烟气、高硫天然气进行脱硫生产的副产品；③以废弃酒糟和酿酒底锅水为原料生产的蒸汽、活性炭、白碳黑、乳酸、乳酸钙、沼气；④以煤矸石、煤泥、石煤、油母页岩为燃料生产的电力和热力；⑤利用风力生产的电力；⑥部分新型墙体材料产品。

（5）对销售自产的综合利用生物柴油实行增值税先征后退政策。

（6）对销售自产的以建（构）筑废物、煤矸石为原料生产的建筑砂石骨料免征增值税。

（7）对垃圾处理、污泥处理处置劳务免征增值税。

（8）对销售下列自产货物实行增值税即征即退100%的政策：①利用工业生产过程中产生的余热、余压生产的电力或热力；②以餐厨垃圾、畜禽粪便、稻壳、花生壳、玉米芯、油茶壳、棉籽壳、三剩物、次小薪材、含油污水、有机废水、污水处理后产生的污泥、油田采油过程中产生的油污泥（浮渣），包括利用上述资源发酵产生的沼气为原料生产的电力、热力、燃料；③以污水处理后产生的污泥为原料生产的干化污泥、燃料；④以废弃的动物油、植物油为原料生产的饲料级混合油；⑤以回收的废矿物油为原料生产的润滑油基础油、汽油、柴油等工业油料；⑥以油田采油过程中产生的油污泥（浮渣）为原料生产的乳化油调和剂及防水卷材辅料产品；⑦以人发为原料生产的档发。

（9）对销售下列自产货物实行增值税即征即退80%的政策：以三剩物、次小薪材和农作物秸秆等3类农林剩余物为原料生产的木（竹、秸秆）纤维板、木（竹、秸秆）刨花板，细木工板、活性炭、栲胶、水解酒精、炭棒；以沙柳为原料生产的箱板纸。

（10）对销售下列自产货物实行增值税即征即退50%的政策：①以蔗渣为原料生产的蔗渣浆、蔗渣刨花板及各类纸制品；②以粉煤灰、煤矸石为原料生产的氧化铝、活性硅酸钙；③利用污泥生产的污泥微生物蛋白；④以煤矸石为原料生产的瓷绝缘子、煅烧高岭土；⑤以废旧电池、废感光材料、废彩色显影液、废催化剂、废灯泡（管）、电解废弃物、电镀废弃物、废线路板、树脂废弃物、烟尘灰、湿法泥、熔炼渣、河底淤泥、废旧电机、报废汽车为原料生产的金、银、钯、铑、铜、铅、汞、锡、铋、碲、铟、硒、铂族金属，其中综合利用危险废弃物的企业必须取得《危险废物综合经营许可证》；⑥以废弃天然纤维、化学纤维及其制品为原料生产的纤维纱及织布、无纺布、毡、黏合剂及再生聚酯产品；⑦以废旧石墨为原料生产的石墨异形件、石墨块、石墨粉和石墨增碳剂。

（11）支持文化产业发展的税收政策：①广播电影电视行政主管部门（包括中央、省、地市及县级）按照各自职能权限批准从事电影制片、发行、放映的电影集团公司（含成员企业）、电影制片厂及其他电影企业取得的销售电影拷贝收入、转让电影版权收入、电影发行收入以及在农村取得的电影放映收入免征增值税和营业税；②出口图书、报纸、期刊、音像制品、电子出版物、电影和电视完成片按规定享受增值税出口退税政策；③党报、党刊将其发行、印刷业务及相应的经营性文化资产剥离组建的文化企业，自注册之日起取得的党报、党刊发行收入和印刷收入免征增值税。

（12）对承揽国内、国外航空公司飞机维修业务的企业所从事的国外航空公司飞机维修业务，实行免征本环节增值税应纳税额、直接退还相应增值税进项税额的办法。

（13）免征蔬菜和部分鲜活肉蛋产品流通环节增值税：①对从事蔬菜批发、零售的纳税人销售的蔬菜免征增值税；②对从事农产品批发、零售的纳税人销售的部分鲜活肉蛋产品免征增值税。

（14）软件产品的增值税优惠政策：①增值税一般纳税人销售其自行开发生产的软件产品，按17％税率征收增值税后，对其增值税实际税负超过3％的部分实行即征即退政策；②增值税一般纳税人将进口软件产品进行本地化改造后对外销售，对其增值税实际税负超过3％的部分实行即征即退政策。

（15）豆粕属于征收增值税的饲料产品，除豆粕外的其他粕类饲料产品，均免征增值税。

（16）制种企业在下列生产经营模式下生产销售种子，属于农业生产者销售自产农业产品，应根据《中华人民共和国增值税暂行条例》有关规定免征增值税：①制种企业利用自有土地或承租土地，雇用农户或雇工进行种子繁育，再经烘干、脱粒、风筛等深加工后销售种子；②制种企业提供亲本种子委托农户繁育并从农户手中收回，再经烘干、脱粒、风筛等深加工后销售种子。

（17）自2008年6月1日起，纳税人生产销售和批发、零售有机肥产品免征增值税。

（18）按债转股企业与金融资产管理公司签订的债转股协议，债转股企业将货物资产作为投资提供给债转股新公司的，免征增值税。

（19）节能服务公司实施符合条件的合同能源管理项目，将项目中的增值税应税货物转让给用能企业，暂免征收增值税。

3. 起征点

根据《中华人民共和国增值税暂行条例实施细则》第三十七条规定，增值税起征点的幅度规定如下：①销售货物的，为月销售额5 000～20 000元；②销售应税劳务的，为月销售额 5 000～20 000 元；③按次纳税的，为每次（日）销售额 300～500 元。省、自治区、直辖市财政厅（局）和国家税务局应在规定的幅度内，根据实际情况确定本地区适用的起征点，并报财政部、国家税务总局备案。从实际执行情况看，各地均已选择了 2 万元的上限。

另外，自 2013 年 8 月 1 日起，对小微企业中月销售额不超过 2 万元的增值税小规模纳税人，暂免征收增值税。在上述基础上，2014 年 9 月 17 日召开的国务院常务会议决定，自 2014 年 10 月 1 日至 2015 年底，将月销售额 2 万～3 万元的小微企业、个体工商户和其他个人也纳入暂免征收增值税的范围。

**4. 按简易办法征税的增值税优惠政策**

2014 年 6 月 13 日，财政部和国家税务总局联合下发《关于简并增值税征收率政策的通知》（财税 2014〔57 号〕），决定自 2014 年 7 月 1 日起将 6% 和 4% 的增值税征收率统一调整为 3%。自此之后，按照简易办法征收增值税的优惠政策具体规定如下。

（1）纳税人销售自己使用过的物品，按下列政策执行：

①一般纳税人销售自己使用过的属于《中华人民共和国增值税暂行条例》第十条规定不得抵扣且未抵扣进项税额的固定资产，按照简易办法依照 3% 征收率减按 2% 征收增值税。

一般纳税人销售自己使用过的其他固定资产，按照如下规定执行：销售自己使用过的 2009 年 1 月 1 日以后购进或者自制的固定资产，按照适用税率征收增值税；2008 年 12 月 31 日以前未纳入扩大增值税抵扣范围试点的纳税人，销售自己使用过的 2008 年 12 月 31 日以前购进或者自制的固定资产，按照简易办法依照 3% 征收率减按 2% 征收增值税；2008 年 12 月 31 日以前已纳入扩大增值税抵扣范围试点的纳税人，销售自己使用过的在本地区扩大增值税抵扣范围试点以前购进或者自制的固定资产，按照简易办法依照 3% 征收率减按 2% 征收增值税；销售自己使用过的在本地区扩大增值税抵扣范围试点以后购进或者自制的固定资产，按照适用税率征收增值税。

一般纳税人销售自己使用过的除固定资产以外的物品，应当按照适用税率征收增值税。

②小规模纳税人（除其他个人外，下同）销售自己使用过的固定资产，减按 2% 征收率征收增值税。

小规模纳税人销售自己使用过的除固定资产以外的物品，应按 3% 的征收率征收增值税。

（2）纳税人销售旧货，按照简易办法依照 3% 征收率减按 2% 征收增值税。

所称旧货，是指进入二次流通的具有部分使用价值的货物（含旧汽车、旧摩托车和旧游艇），但不包括自己使用过的物品。

（3）一般纳税人销售自产的下列货物，可选择按照简易办法依照 3% 征收率计算缴纳增值税：

①县级及县级以下小型水力发电单位生产的电力。小型水力发电单位，是指各类投资主体建设的装机容量为 5 万千瓦以下（含 5 万千瓦）的小型水力发电单位。

②建筑用和生产建筑材料所用的砂、土、石料。

③以自己采掘的砂、土、石料或其他矿物连续生产的砖、瓦、石灰（不含黏土实心砖、瓦）。

④用微生物、微生物代谢产物、动物毒素、人或动物的血液或组织制成的生物制品。

⑤自来水。

⑥商品混凝土（仅限于以水泥为原料生产的水泥混凝土）。

一般纳税人选择简易办法计算缴纳增值税后，36 个月内不得变更。

（4）一般纳税人销售货物属于下列情形之一的，暂按简易办法依照 3% 征收率计算缴纳增值税：

①寄售商店代销寄售物品（包括居民个人寄售的物品在内）。

②典当业销售死当物品。

③经国务院或国务院授权机关批准的免税商店零售的免税品。

（5）对属于一般纳税人的自来水公司销售自来水按简易办法依照 3% 征收率征收增值税，不得抵扣其购进自来水取得增值税扣税凭证上注明的增值税税款。

另外，《营业税改征增值税试点有关事项的规定》规定，以下几种情形中的一般纳税人可以选择按照简易计税方法计税：

（1）试点纳税人中的一般纳税人提供的公共交通运输服务，可以选择按照简易计税方法计算缴纳增值税[①]。

（2）试点纳税人中的一般纳税人，以该地区试点实施之日前购进或者自制的有形动产为标的物提供的经营租赁服务，试点期间可以选择按照简易计税方法计算缴纳增值税。

（3）自本地区试点实施之日起至 2017 年 12 月 31 日，被认定为动漫企业的试点纳税人中的一般纳税人，为开发动漫产品提供的动漫脚本编撰、形象设计、背景设计、动画设计、分镜、动画制作、摄制、描线、上色、画面合成、配音、配乐、音效合成、剪辑、字幕制作、压缩转码（面向网络动漫、手机动漫格式适配）服务，以及在境内转让动漫版权（包括动漫品牌、形象或者内容的授权及再授权），可以选择按照简易计税方

---

① 公共交通运输服务，包括轮客渡、公交客运、地铁、城市轻轨、出租车、长途客运、班车。其中，班车，是指按固定路线、固定时间运营并在固定站点停靠的运送旅客的陆路运输。

法计算缴纳增值税①。

（4）试点纳税人中的一般纳税人提供的电影放映服务、仓储服务、装卸搬运服务和收派服务，可以选择按照简易计税办法计算缴纳增值税。

### （二）增值税税收优惠的筹划

1. 分别核算减免税项目的销售额

《中华人民共和国增值税暂行条例》第十六条规定："纳税人兼营免税、减税项目的，应当分别核算免税、减税项目的销售额；未分别核算销售额的，不得免税、减税。"《营业税改征增值税试点实施办法》第三十五条规定："纳税人提供适用不同税率或者征收率的应税服务，应当分别核算适用不同税率或者征收率的销售额；未分别核算的，从高适用税率。"因此，如果纳税人既经营应税项目，又经营免税和减税项目，应注意分别核算不同项目的销售额。

【案例 3-17】

某农民专业合作社是一家依照《中华人民共和国农民专业合作社法》规定设立和登记的合作社，为增值税小规模纳税人。2013 年取得农业产品销售收入 70 万元，其中本社成员生产的农业产品销售收入 40 万元，社外收购并销售取得收入 30 万元；销售农膜、化肥和农药等农用生产资料取得销售收入 100 万元，其中向社内成员销售取得收入 70 万元，向社外销售取得收入 30 万元。

思考：该合作社应如何进行税收筹划？

【解析】

《财政部国家税务总局关于农民专业合作社有关税收政策的通知》（财税〔2008〕81 号）对农民专业合作社税收政策作出了如下规定：

（1）对农民专业合作社销售本社成员生产的农业产品，视同农业生产者销售自产农业产品免征增值税。

（2）增值税一般纳税人从农民专业合作社购进的免税农业产品，可按 13％ 的扣除率计算抵扣增值税进项税额。

（3）对农民专业合作社向本社成员销售的农膜、种子、种苗、化肥、农药、农机，免征增值税。

（4）对农民专业合作社与本社成员签订的农业产品和农业生产资料购销合同，免征印花税。

---

① 动漫企业和自主开发、生产动漫产品的认定标准和认定程序，按照《文化部　财政部　国家税务总局关于印发〈动漫企业认定管理办法（试行）〉的通知》（文市发〔2008〕51 号）的规定执行。

根据上述规定可知，本案例中的农民合作社销售的本社成员生产的农业产品销售收入 40 万元可以免征增值税，农民专业合作社向本社成员销售的农膜、化肥和农药等农用生产资料取得的销售收入 70 万元也可以免征增值税。由于该农民合作社取得的销售收入中既有免税收入，又有应税收入，因此，应当分别核算不同类型的销售收入，这样其应纳增值税额为 1.75 万元 [（30＋30）×3%÷（1＋3%）]。

如果农民合作社对不同类型收入没有分别核算，则全部收入一并征收增值税，其应纳增值税额为 4.95 万元 [（100＋70）×3%÷（1＋3%）]。此时，农民合作社的应纳增值税额增加了 3.2 万元。

本案例中，严格区分社内社外、免税农业产品与应税农业产品、免税商品与应税商品是农民专业合作社合理合法规避税收风险的关键所在。

这里需要说明的是，减免税分为报批类减免税和备案类减免税。报批类减免税是指应由税务机关审批的减免税项目；备案类减免税是指取消审批手续的减免税项目和不需税务机关审批的减免税项目。纳税人享受报批类减免税，应提交相应资料，提出申请，经按《税收减免管理办法（试行）》规定具有审批权限的税务机关（以下简称"有权税务机关"）审批确认后执行。未按规定申请或虽申请但未经有权税务机关审批确认的，纳税人不得享受减免税。纳税人享受备案类减免税，应提请备案，经税务机关登记备案后，自登记备案之日起执行。纳税人未按规定备案的，一律不得减免税。

2. 充分利用税收优惠政策，同时把握享受税收优惠政策的条件

现行增值税法对资源综合利用、软件行业、农业、文化产业等多个领域均有相应的税收优惠政策

**【案例 3-18】**①

湖北省某市属橡胶集团拥有固定资产 7 亿多元，员工 4 000 多人，主要生产橡胶轮胎，同时也生产各种橡胶管和橡胶汽配件。该集团位于某市 A 村，在生产橡胶制品的过程中，每天产生近 30 吨的废煤渣。为了妥善处理废煤渣，使其不造成污染，该集团尝试过多种办法：与村民协商用于乡村公路的铺设、维护和保养；与有关学校、企业联系用于简易球场、操场的修建；等等。不过，效果并不理想。因为废煤渣的排放未能达标，使周边乡村的水质受到不同程度的污染，导致附近许多村民经常堵住厂区大门不让工人上班，工厂生产受到很大影响。此事曾惊动过各级领导，该集团也因污染问题受到环保部门的多次警告和罚款，最高一次达 10 万元。

---

① 赵连志. 税收筹划操作实务 [M]. 北京：中国税务出版社，2002. 本书在分析过程中考虑了增值税相关政策的调整。

该集团要想维持正常的生产经营，就必须治污。如何治污，成了该集团一个迫在眉睫的大问题。该集团根据有关人士的建设，拟定了以下两个方案。

方案一：把废煤渣的排放处理全权委托给 A 村村委会，每年支付该村村委会40 万元的运输费用，以保证该集团生产经营的正常进行。

方案二：将准备支付给 A 村的 40 万元的煤渣运输费用改为投资兴建墙体材料厂，利用该集团每天排放的废煤渣生产"非黏土烧结空心砖"，该厂实行独立核算，独立计算销售额、进项税额和销项税额。

思考：集团选择哪个方案更为合适？

【解析】

方案一：可缓解该集团同当地村民的紧张关系，但每年 40 万元的费用是一笔不小的支出，而且，从环保的角度看，这种方案难以根治废气煤渣可能导致的污染。

方案二：主要有三个明显的优点。一是符合国家的产业政策，能获得一定的节税利益。根据《关于资源综合利用及其他产品增值税政策的通知》（财税〔2008〕156 号）规定，纳税人销售自产的生产原料中掺兑废渣比例不低于30%的特定建材产品可以免征增值税。二是解决了长期以来困扰企业发展的废煤渣所造成的工业污染问题。三是部分解决了企业的就业压力，使一批待岗职工能重新就业。这一方案既考虑了污染治理，又增加了企业经济效益，而且有利于解决社会就业，可谓一举多得。

因此，方案二较之方案一，可以称得上是一个更优的选择。

但这里需要注意的是，纳税人享受增值税的优惠政策是有条件的，以案例 3-18 为例，企业生产的非黏土烧结空心砖必须符合 GB 13545—2003 技术要求，而且应当按照《国家发展改革委财政部国家税务总局关于印发〈国家鼓励的资源综合利用认定管理办法〉的通知》（发改环资〔2006〕1864 号）的有关规定，申请并取得《资源综合利用认定证书》，然后再根据相关材料向当地税务机关办理申请免税手续。再比如，根据《财政部国家税务总局关于软件产品增值税政策的通知》（财税〔2011〕100 号）的规定，增值税一般纳税人销售其自行开发生产的软件产品，按 17%的税率征收增值税后，对其增值税负超过 3%的部分实行即征即退政策，但享受上述优惠的软件产品必须满足以下条件：①取得省级软件产业主管部门认可的软件检测机构出具的检测证明材料；②取得软件产业主管部门颁发的《软件产品登记证书》或著作权行政管理部门颁发的《计算机软件著作权登记证书》。因此，实践中，如果纳税人忽略了享受增值税优惠政策所需具备的条件，往往会错失享受税收优惠的资格，导致不必要的损失。

**【案例 3-19】**①

2013 年 12 月上旬，丹江口市国税局对 A 生物科技有限公司实施了纳税评估。在评估时，工作人员无意中发现，2013 年 12 月 2 日，该公司从国税局代开的普通发票上注明：外购非专利技术 300 万元；完税凭证上标明：缴纳增值税 87 378.64 元。

凭着职业的敏感，评估人员认为，这张发票和完税凭证背后一定大有"文章"。一方面，非专利技术转让属于"营改增"范围，在国税局代开发票无可厚非，但问题的关键是，A 公司属于增值税一般纳税人，外购非专利技术，即无形资产，理应按规定取得增值税专用发票抵扣税款，但为何只取得普通发票放弃抵扣权呢？另一方面，转让非专利技术的所有权或使用权，属于"营改增"政策中免征增值税的范围，但为何转让方又缴纳了 87 378.64 元的增值税呢？带着这一连串的疑问，评估人员从保护纳税人合法权益的角度出发，随即与公司财务人员进行了约谈。但公司财务人员却不以为然，很淡定地说："以前都是这样开的发票，也都是这样缴的税，只不过以前在地税局代开发票，现在发票由国税局控管，'换汤不换药'，这没什么不对呀！"经过纳税评估人员耐心辅导解释，企业财务人员这才恍然大悟，喜出望外。

听了评估人员的耐心解释，A 生物科技有限公司的财务人员终于弄明白了"营改增"的具体规定：外购非专利技术的 300 万元其实完全可以抵扣，同时，按照合同约定，由自己代替非专利技术转让方承担的增值税也可以免税，里里外外节约不少税收支出。于是，评估人员给企业提出了以下补救措施。一是尽快办理增值税免税手续，实现减免增值税，就等于增加了 A 生物科技有限公司的利润；二是以现有手中普通发票换取增值税专用发票，请求国税机关作废普通发票，重新开具金额相同的增值税专用发票，以换取税款抵扣权。

对此，企业欣然接受。但意想不到的是，在办理增值税减免手续时，卡住了"壳"。作为出售无形资产的转让方杨某属于自然人，其拥有的非专利技术，没有经过省科技主管部门认定，不得享受增值税优惠。因此，享受减免增值税方案泡了汤。最后唯一的希望就是普通发票替换专用发票了。但更让人意想不到的是，由于出售无形资产的转让方属于自然人，不是个体工商户，国税机关代开增值税专用发票的对象，只限于企业和个体工商户。结果，从办税服务厅传来的消息是，该业务不能代开增值税专用发票。这将意味着第二方案也失败了。

评估人员又给出了另一个设想：杨某虽说是自然人，但他从事技术开发业务，

---

① 王海涛．"营改增"新知识无处不在．http：//www.chinaacc.com，2014-02-17.

办个工商执照并申请税务登记，问题自然就迎刃而解，况且办理工商执照和税务登记也不用缴费，这也是纳税人从事生产经营的法定义务。最后，杨某和企业财务人员听从了评估人员的建议。不到一个星期，杨某就拿到了税务登记证，顺理成章代开了增值税专用发票。这样，A 生物科技有限公司就抵扣了 87 378.64 元的增值税。

**【解析】**

根据《营业税改征增值税试点过渡政策的规定》，试点纳税人提供技术转让、技术开发和与之相关的技术咨询、技术服务可以免征增值税。这里的技术转让是指转让者将其拥有的专利和非专利技术的所有权或者使用权有偿转让他人的行为。本案例中的杨某转让的是非专利技术，按理说，其取得的转让收入本应可以免征增值税的。但需要注意的是，转让非专利技术享受免征增值税优惠政策是有条件的。《营业税改征增值税试点过渡政策的规定》提出，试点纳税人申请免征增值税时，须持技术转让的书面合同，到试点纳税人所在地省级科技主管部门进行认定，并持有关的书面合同和科技主管部门审核意见证明文件报主管国家税务局备查。本案例中的杨某之所以在进行工商登记和税务登记之后仍然未能享受免征增值税优惠政策的关键在于非专利技术没有经过省科技主管部门认定，从而白白丧失了免税的资格。

**3. 合理确定是否采用增值税简易征收办法**

对于部分增值税一般纳税人而言，其在某些情形下可选择按照简易计税方法计算缴纳增值税。那么，纳税人采用简易征收办法时的增值税负是否一定更轻？这得具体情况具体分析，不能一概而论。以交通运输服务为例，根据《营业税改征增值税试点有关事项的规定》，试点纳税人中的一般纳税人提供的公共交通运输服务，可以选择按照简易计税方法计算缴纳增值税。假定某公共交通运输企业的营业收入为 S，在"营改增"之前，其应纳营业税为 $S \times 3\%$。"营改增"之后，如果该企业选择按照简易计税方法计算缴纳增值税，则其应纳增值税为 $[S \div (1+3\%)] \times 3\%$。显然，此时的增值税明显低于原来的营业税，企业选择按照简易计税方法计算缴纳增值税是有利的。但这并不意味着企业就一定选择按照简易计税方法计算缴纳增值税。在某些情况下，企业选择一般纳税人正常的计税方法计算缴纳的增值税可能比选择按照简易计税方法计算缴纳增值税更为有利。

**【案例 3-20】**[①]

江苏某公交运输企业，成立于 1998 年，主要从事公共客运交通运输业务，年运输收入 30 亿元。企业现有运输车辆中，60% 左右的车辆购于 2002 年年底至 2004 年，

① 胡俊坤. 交通运输业"营改增"纳税筹划. http://www.cnnsr.com.cn，2013-08-20.

只有 40% 左右的车辆购于 2008 年之后。2012 年 10 月，江苏试点营改增。按照"营改增"的相关政策安排，纳税人从事公共交通运输服务（包括轮客渡、公交客运、轨道交通、出租车），可以选择按照简易办法纳税。另外，经过测算，"营改增"后的五年内，公司的的车辆等购置费用达 60 亿元左右，五年内的油料等物耗达 40 亿元。

思考：企业为何不选择低税率而选择适用高税率？

【解析】

如果选择适用 3% 的税率按照简易办法征税，则：

五年内应当缴纳的税款＝30×5÷（1＋3%）×3%＝4.37（亿元）

如果选择成为一般纳税人，按照一般方法纳税，则：

五年内应当缴纳的增值税＝30×5÷（1＋11%）×11%－［（60＋40）÷（1＋17%）×17%］＝14.86－14.53＝0.33（亿元）

不难看出，对于上述企业来说，选择适用简易办法纳税比选择按照一般方法纳税承担更多的增值税，并不是最好的选择。当然，这并不意味着该企业就可以直接申请按照一般纳税人的正常计税方法纳税。最佳的方法应当是：老企业继续存在，但新投资设立一个全新的子公司，并且主要的运输服务业务交由新公司负责。同时，老公司选择适用简易办法纳税，而新公司则选择申请认定为增值税一般纳税人，并适用按照一般计税办法纳税。如此，该企业就既可以享受营改增过渡政策的优惠，即简易办法征税优惠，又确保新企业可以享受进项抵扣的政策，可谓一举两得。

## 【案例分析与讨论】

学习完前面的内容后，我们现在可以对【案例导入】中的问题作出回答了。原操作方案明显加重了商场的增值税负担，因为商场销售一台空调收取的 2000 元中，有 200 元用于支付安装公司的安装费用，相当于商场每销售一台空调获得的实际销售收入仅有 1800 元。如果由商场按照 2000 元直接给消费者开具发票，则 200 元的安装费应当由商场计算增值税销项税额。为此，建议商场按照 1800 元的销售价格给消费者开具发票，另外的 200 元安装费用的发票由安装公司直接开具给消费者，这样一来，商场每销售一台空调的实际收入并未减少，但其减少的销项税额为 29.06 元［200÷（1＋17%）×17%］。

# 第二节　消费税筹划

## 【案例导入】

黄金酒业有限公司生产各类粮食白酒和果酒，2013 年 5 月将粮食白酒和果酒各 1

瓶组成价值 60 元的成套礼品酒进行销售，这两种酒的出厂价分别为 40 元/瓶和 20 元/瓶，均为 1 斤装。公司对成套礼品酒中的粮食白酒和果酒销售收入在会计上进行了分别核算。该月共销售 50 000 套礼品酒。这两种酒的消费税税率分别为：粮食白酒，每斤 0.5 元＋销售额×20%；果酒按销售额×10%。该公司本月申报缴纳的消费税为：

50 000×（40×20%＋1×0.5＋20×10%）＝525 000（元）

2013 年 8 月，当地税务机关对该公司进行税务检查，发现公司 5 月份的消费税计算不正确，要求其补缴消费税 125 000 元。公司的财务人员对此非常疑惑，因为虽然白酒和果酒的消费税税率和计税方法不同，但既然公司在财务上已经对两种酒的销售收入进行了分别核算，那么它们的消费税也应当分别计算。

思考：公司财务人员的理解是否正确？税务机关要求黄金酒业公司补缴消费税的依据是什么？公司应如何进行消费税筹划？

## 一、纳税人的筹划

### （一）消费税纳税人的法律规定

《中华人民共和国消费税暂行条例》第一条规定：在中华人民共和国境内生产、委托加工和进口本条例规定的消费品的单位和个人，以及国务院确定的销售本条例规定的消费品的其他单位和个人，为消费税的纳税人，应当依照本条例缴纳消费税。其中，上述规定中的单位是指企业、行政单位、事业单位、军事单位、社会团体及其他单位，个人是指个体工商户及其他个人。

《中华人民共和国消费税暂行条例》中规定的应税消费品主要涉及了 14 个税目，见表 3-7。也就是说，按照现行消费税法的有关规定，只有在中华人民共和国境内生产、委托加工和进口表 3-7 所示的应税消费品的单位和个人，以及国务院确定的销售表 3-7 所示的消费品的其他单位和个人才是消费税的纳税人。

**表 3-7　　　　　　　　　　消费税税目税率表**

| 税　目 | 税　率 |
|---|---|
| 一、烟 | |
| 　1. 卷烟 | 56%加 0.003 元/支（生产环节） |
| 　（1）甲类卷烟 | 36%加 0.003 元/支（生产环节） |
| 　（2）乙类卷烟 | 5% |
| 　（3）批发环节 | 36% |
| 　2. 雪茄烟 | 30% |
| 　3. 烟丝 | |

| 税　　目 | 税　　率 |
|---|---|
| 二、酒及酒精<br>　1. 白酒<br>　2. 黄酒<br>　3. 啤酒<br>　　（1）甲类啤酒<br>　　（2）乙类啤酒<br>　4. 其他酒<br>　5. 酒精 | 20％加 0.5 元/500 克（或者 500 毫升）<br>240 元/吨<br><br>250 元/吨<br>220 元/吨<br>10％<br>5％ |
| 三、化妆品 | 30％ |
| 四、贵重首饰及珠宝玉石<br>　　1. 金银首饰、铂金首饰和钻石及钻石饰品<br>　　2. 其他贵重首饰和珠宝玉石 | <br>5％<br>10％ |
| 五、鞭炮、焰火 | 15％ |
| 六、成品油<br>　1. 汽油<br>　　（1）含铅汽油<br>　　（2）无铅汽油<br>　2. 柴油<br>　3. 航空煤油<br>　4. 石脑油<br>　5. 溶剂油<br>　6. 润滑油<br>　7. 燃料油 | <br><br>1.40 元/升<br>1.00 元/升<br>0.80 元/升<br>0.80 元/升<br>1.00 元/升<br>1.00 元/升<br>1.00 元/升<br>0.80 元/升 |
| 七、汽车轮胎 | 3％ |
| 八、摩托车<br>　1. 气缸容量（排气量，下同）在 250 毫升（含 250 毫升）以下的<br>　2. 气缸容量在 250 毫升以上的 | <br>3％<br><br>10％ |
| 九、小汽车<br>　1. 乘用车<br>　　（1）气缸容量（排气量，下同）在 1.0 升（含 1.0升）以下的<br>　　（2）气缸容量在 1.0 升以上至 1.5 升（含1.5升）的<br>　　（3）气缸容量在 1.5 升以上至 2.0 升（含2.0升）的<br>　　（4）气缸容量在 2.0 升以上至 2.5 升（含2.5升）的<br>　　（5）气缸容量在 2.5 升以上至 3.0 升（含3.0升）的<br>　　（6）气缸容量在 3.0 升以上至 4.0 升（含4.0升）的<br>　　（7）气缸容量在 4.0 升以上的<br>　2. 中轻型商用客车 | <br>1％<br><br>3％<br><br>5％<br><br>9％<br><br>12％<br><br>25％<br><br>40％<br><br>5％ |

续　表

| 税　目 | 税　率 |
|---|---|
| 十、高尔夫球及球具 | 10％ |
| 十一、高档手表 | 20％ |
| 十二、游艇 | 10％ |
| 十三、木制一次性筷子 | 5％ |
| 十四、实木地板 | 5％ |

需要说明的是，有些应税消费品生产出来并不一定直接对外销售，纳税人还有可能自产自用。这里的自产自用包括两种情况：一是连续生产应税消费品，即纳税人将自产自用的应税消费品作为直接材料生产最终应税消费品，自产自用应税消费品构成最终应税消费品的实体，此时不用缴纳消费税；二是用于其他方面，即纳税人将自产自用应税消费品用于生产非应税消费品、在建工程、管理部门、非生产机构、提供劳务、馈赠、赞助、集资、广告、样品、职工福利、奖励等方面，于移送使用时纳税。在委托加工业务中，消费税的纳税人也有特殊规定，依照《中华人民共和国消费税暂行条例》对委托加工业务税务处理的规定，委托加工的应税消费品，除受托方为个人外，由受托方在向委托方交货时代收代缴税款，委托个人加工的应税消费品，由委托方收回后缴纳消费税。这里所称的委托加工应税消费品是指由委托方提供原料和主要材料，受托方只收取加工费和代垫部分辅助材料加工的应税消费品。如果委托方不能提供原材料，而是由受托方提供原材料，或者受托方先将原料卖给委托方，然后再接受加工，以及由受托方以委托方名义购买原材料生产的，都不得作为委托加工应税消费品，而应按销售自制应税消费品缴纳消费税。当进口应税消费品时，消费税由货物进口人或代理人在报关进口时缴纳。消费税纳税人的基本规定见表 3-8。

表 3-8　　　　　　　　　　　消费税纳税人

| 消费税的纳税人 | | 备　注 |
|---|---|---|
| 生产应税消费品的单位和个人 | 自产销售 | 纳税人销售时纳税 |
| | 自产自用 | 纳税人自产的应税消费品，用于连续生产应税消费品的，不纳税；用于其他方面的，于移送使用时纳税 |
| 进口应税消费品的单位和个人 | | 进口报关单位或个人为消费税的纳税人，进口消费税由海关代征 |
| 委托加工应税消费品的单位和个人 | | 委托加工的应税消费品，除受托方为个人外，由受托方在向委托方交货时代收代缴税款 |
| 零售金银首饰、钻石、钻石饰品的单位和个人 | | 生产、进口和批发金银首饰、钻石、钻石饰品时不征收消费税，纳税人在零售时纳税 |
| 从事卷烟批发业务的单位和个人 | | 纳税人（卷烟批发商）销售给纳税人以外的单位和个人的卷烟于销售时纳税。纳税人之间销售的卷烟不缴纳消费税 |

### （二）消费税纳税人的筹划策略

1. 尽量避免成为消费税纳税人

虽然消费税有 14 个税目，但每个税目都有其特定的要求。比如，应税消费品中的高尔夫球是指重量不超过 45.93 克、直径不超过 42.67 毫米的高尔夫球运动比赛、练习用球；游艇是指艇身长度大于 8 米（含）小于 90 米（含），船体由玻璃钢、钢、铝合金、塑料等多种材料制作可以在水上移动的水上浮载体。通过对消费品的某些特征作出适当改变，使其达不到应税消费品的标准，则可以实现消费税纳税人向非消费税纳税人的转变。

如果企业希望从源头上节税，不妨在投资决策的时候，就避开上述消费品，而选择其他符合国家产业政策、在流转税及所得税方面有优惠措施的产品进行投资。当然，消费税的课税范围是处于动态调整之中的。有些消费品虽然目前没有被征收消费税，但随着消费税制改革进程的加快，今后很有可能被纳入消费税的课税范围。例如，目前在对高档消费品征税方面并未涉及高档家具电器、古玩字画等；在高消费行为方面未提及卡拉 OK、桑拿、按摩等娱乐业；在保护自然生态方面未对毛皮制品、珍奇异兽的消费征收消费税。除此之外，塑料袋、一次性餐盒、电池及对臭氧层造成破坏的氟利昂产品都是不利于人与自然和谐相处的东西，也尚未征收消费税。但上述问题已受到较多关注，未来一定时期内，以上所列的项目都有可能要调整为消费税的征收范围。十八届三中全会通过的《中共中央关于全面深化改革若干重大问题的决定》明确提出，调整消费税征收范围、环节、税率，把高耗能、高污染产品及部分高档消费品纳入征收范围。因此，企业在选择投资方向时要考虑国家对消费税的改革方向及发展趋势，从源头上避免成为消费税的纳税人。

**【案例 3-21】**

2012 年，甲企业投资成立了一家子公司 A，专门从事手表的制造和销售，A 公司在确定手表的销售价格时，依据生产成本及同行的定价情况，决定将手表的销售价格确定为 12 000 元（含税）。甲企业的税务顾问得知此事后指出，最好将 A 公司手表的价格适当下调，将其调整为 11 500 元（含税）。

**【解析】**

消费税的税目中包含了高档手表，这里的高档手表是指销售价格（不含增值税）每只在 10 000 元（含）以上的各类手表。如果按照 A 公司原来的定价水平，其手表的不含税价格为 10 256.4 元 [12 000÷（1+17%）] ＞10 000 元，因此，A 公司的手表已达到高档手表的标准，A 公司便成为消费税纳税人，每块手表需要缴纳的消费税为 2 051.3 元（10 256.4×20%）。但如果 A 公司将手表的价格下调为 11 500 元（含税），则其不含税售价为 9 829.1 元＜10 000 元，A 公司无须缴纳消费税。当然，A 公司手表的销售价格下调后，每块手表的销售收入也会相应减少 427.3 元（10 256.4－9 829.1），但其收入减少的幅度远小于消费税减小的幅度，因此其利润仍会增加。

2. 准确区分消费税纳税人的身份

消费税纳税人在生产经营过程中，可能会充当多个不同的角色，而现行消费税法对不同角色的消费税处理规定不尽相同。以委托加工业务为例，消费税的纳税人既有可能充当委托方，也有可能成为受托方。可见，委托方和受托方在委托加工业务中对于消费税的纳税义务是不同的。对于委托人而言，它应负担应税消费品的消费税，只不过其消费税是由受托方代收代缴（受托方为个人的除外）。还需要注意的是，对于受托人而言，它本身不用负担应税消费品的消费税，仅负责在向委托方交货时代收代缴消费税即可，否则，其将承担相应的法律责任。在对委托方进行税务检查中，如果发现其受托加工减税消费品的受托方没有代收代缴消费税，则按照《中华人民共和国税收征收管理法》规定，对受托方处以应代收代缴税款50%以上3倍以下的罚款。因此，纳税人必须懂得什么样的行为才属于真正意义上的委托加工业务，自己在委托加工业务中充当了委托人还是受托人的角色，从而避免不必要的消费税负担。

【案例 3-22】

F 烟草公司既生产甲、乙类卷烟，又生产雪茄烟。2014 年 1 月，该公司发生如下委托加工业务。

(1) 委托 A 卷烟厂加工一批雪茄烟烟丝，F 公司提供原材料 50 万元（不含税），卷烟厂收取加工费 5 万元（不含税）。

(2) 承接 B 烟草公司乙的委托加工烟丝项目，B 公司提供原材料 20 万元（不含税），F 公司收取加工费 4 万元（不含税）。

月末，公司就上述两项委托加工业务计算应纳消费税为：

$[(50+5)\div(1-30\%)]\times30\%+[(20+4)\div(1-30\%)]\times30\%=33.9$（万元）。

【解析】

本案例涉及的是两项委托加工业务，但 F 公司在其中承担的角色并不相同。在第 (1) 项业务中，F 公司是委托方，委托 A 卷烟厂加工的烟丝的消费税应由卷烟厂代收代缴，消费税为 23.6 万元 $[(50+5)\div(1-30\%)\times30\%]$。但在第 (2) 项业务中，F 公司是受托方，其受托加工的烟丝的消费税应由 F 公司代收代缴，代收代缴的消费税应为 10.3 万元 $[(20+4)\div(1-30\%)\times30\%]$，而且这笔消费税应由 B 烟草公司负担。由于 F 公司没有分清自己在两项委托加工业务中身份的差异，导致其多负担消费税 10.3 万元。

3. 合理合并消费税纳税人

两个消费税纳税人之间的合并有以下两个好处。

(1) 如果两个合并企业之间存在着原材料供求关系，则在合并前，这笔原材料的转让关系为购销关系，应该按照正常的购销价格缴纳消费税。而在合并后，企业之间的原材料供应关系转变为企业内部的原材料转让关系，按照《中华人民共和国消费暂行条例》的规定，纳税人自产自用的应税消费品，用于连续生产应税消费品的，不纳税。因此，这一环节不用缴纳消费税，而是递延到以后的销售环节再缴纳。

（2）如果后一个环节的消费税税率较前一个环节低，则可直接减轻企业的消费税税负。这是因为，前一环节应征的消费税税款延迟到后面环节征收时，由于后面环节税率较低，则合并前企业间的销售额，在合并后因适用了较低税率而减轻了企业的消费税税负。

**【案例 3-23】①**

某地区有两家大型酒厂 A 和 B，它们都是独立核算的法人企业。A 企业主要经营粮食类白酒，以当地生产的大米和玉米为原料进行酿造，按照消费税法规定，应该适用 20%，每斤 0.5 元的税率。B 企业以 A 企业生产的粮食酒为原料，生产系列药酒。A 企业每年要向 B 企业提供价值 2 亿元，计 5 000 万千克的粮食酒。经营过程中，B 企业由于缺乏资金和人才，无法经营下去，准备破产。此时 B 企业欠 A 企业共计 5 000 万元货款。经评估，B 企业的资产恰好也为 5 000 万元。A 企业领导人经过研究，决定对 B 企业进行收购。

**【解析】**

A 企业收购 B 企业的决策依据主要包括三个方面。

（1）这次收购支出费用较小。根据现行税法规定，纳税人在资产重组过程中，通过合并、分立、出售、置换等方式，将全部或部分实物资产及与其相关联的债权、负债和劳动力一并转让给其他单位和个人的行为，不属于增值税和营业税的课税范围，不需计征增值税和营业税。两个或两个以上投资主体相同的企业，对其合并后的企业承受原合并各方的土地、房屋权属，免征契税。以合并或分立方式成立的新企业，其新启用的资金账簿记载的资金，凡原已贴花的部分可不再贴花。

（2）合并可以递延部分税款。合并前，A 企业向 B 企业提供的粮食酒，每年应该缴纳的消费税为 9 000 万元（20 000×20%＋5 000×2×0.5）。但在两个企业合并后，A 企业向 B 企业提供白酒属于企业用自产的应税消费品继续生产应税消费品，这个环节可以免征消费税，从而可以递延到药酒销售环节缴纳，获得递延纳税的好处。

---

① 本案例根据杨智敏等编著的《走出纳税筹划误区》（北京：机械工业出版社，2002）和计金标主编的《税收筹划》（第五版）（北京：中国人民大学出版社，2014）改编而成。

（3）B 企业生产的药酒市场前景很好，企业合并后可以将经营的主要方向转向药酒生产。但药酒所适用的税率需要进一步明确。《国家税务总局关于配制酒消费税适用税率问题的公告》（国家税务总局公告 2011 年第 53 号）对配制酒的税率问题作出了以下规定。

①以蒸馏酒或食用酒精为酒基，同时符合以下条件的配制酒，按消费税税目税率表"其他酒"10％适用税率征收消费税。

a. 具有国家相关部门批准的国食健字或卫食健字文号。

b. 酒精度低于 38 度（含）。

②以发酵酒为酒基，酒精度低于 20 度（含）的配制酒，按消费税税目税率表"其他酒"10％适用税率征收消费税。

③其他配制酒，按消费税税目税率表"白酒"适用税率征收消费税。

上述蒸馏酒或食用酒精为酒基是指酒基中蒸馏酒或食用酒精的比重超过 80％（含）；发酵酒为酒基是指酒基中发酵酒的比重超过 80％（含）。

根据上述规定，本案例中以粮食白酒为酒基生产的药酒应当按照"白酒"适用税率征收消费税。

假定药酒的销售额为 2.5 亿元，销售数量为 5 000 万千克，则：

合并前 A 企业应纳消费税＝20 000×20％＋5 000×2×0.5＝9 000（万元）

合并前 B 企业的应纳消费税＝25 000×20％＋5 000×2×0.5＝10 000（万元）

合并后企业的应纳消费税＝25 000×20％＋5 000×2×0.5＝10 000（万元）

合并后节约消费税 1 000 万元。

需要补充一点，企业之间的合并虽然在增值税、营业税、契税和印花税等方面享有一定的税收优惠，在某些情形下，也可减轻消费税负担但这里需要注意合并业务中企业所得税的处理。按照《国家税务总局关于企业合并分立业务有关所得税问题的通知》（国税发〔2000〕119 号）的规定，如被合并企业的资产与负债基本相等，即净资产几乎为零，合并企业以承担被合并企业全部债务的方式实现吸收合并，不视为被合并企业按公允价值转让、处置全部资产，不计算资产的转让所得。但是，《国家税务总局关于公布全文失效废止部分条款失效废止的税收规范性文件目录的公告》（国家税务总局公告 2011 年第 2 号）明确指出国税发〔2000〕119 号已经全文失效。由此可以推断，如被合并企业的资产与负债基本相等，即净资产几乎为零，合并企业以承担被合并企业全部债务的方式实现吸收合并应该不再免征企业所得税，应当适用《财政部、国家税务总局关于企业重组业务企业所得税处理若干问题的通知》（财税〔2009〕50 号）。财税〔2009〕50 号文件规定，企业合并，当事各方应按下列规定处理：①合并企业应按公允价值确定接受被合并企业各项资产和负债的计税基础；②被合并企业及其股东都应按清算进行所得税处理；③被合并企业的亏损不得在合并企业结转弥补。企业合并，企业股东在该企业合并发生时取得的股权支付金额不低于其交易支付总额的85%，以及同一控制下且不需要支付对价的企业合并，可以选择按以下规定处理：①合并企业接受被合并企业资产和负债的计税基础，以被合并企业的原有计税基础确定；②被合并企业合并前的相关所得税事项由合并企业承继；③可由合并企业弥补的被合并企业亏损的限额＝被合并企业净资产公允价值×截至合并业务发生当年年末国家发行的最长期限的国债利率；④被合并企业股东取得合并企业股权的计税基础，以其原持有的被合并企业股权的计税基础确定。因此，企业合并中需要考虑企业所得税的影响。

## 二、计税依据的筹划

### (一) 消费税计税依据的法律规定

消费税的计税方法有三种：从价定率、从量定额，以及从价定率和从量定额复合计税（以下简称"复合计税"）。

#### 1. 直接对外销售时消费税计税依据的基本规定

实行从价定率办法计算的应纳税额＝销售额×比例税率

实行从量定额办法计算的应纳税额＝销售数量×定额税率

实行复合计税办法计算的应纳税额＝销售额×比例税率＋销售数量×定额税率

上述公式中，销售额为纳税人销售应税消费品向购买方收取的全部价款和价外费用，包括消费税但不包括增值税。价外费用是指价外收取的基金、集资费、返还利润、补贴、违约金（延期付款利息）和手续费、包装费、包装物租金、储备费、优质费、运输装卸费、代收款项、代垫款项及其他各种性质的价外收费。但承运部门的运费发票开具给购货方的，纳税人将该项发票转交给购货方的代垫运费不包括在内。同时符合条件的代为收取的政府性基金或行政事业收费也不包括在销售额内，这些条件包括：①由国务院或者财政部批准设立的政府性基金，由国务院或者省级人民政府及其财政、价格主管部门批准设立的行政事业性收费；②收取时开具省级以上财政部门印制的财政票据；③所收款项全额上缴财政。

上述公式中的销售数量是指应税消费品的销售数量。

#### 2. 自产自用时消费税计税依据的基本规定

纳税人自产自用的应税消费品，凡用于其他方面应当纳税的，按照纳税人生产的同类消费品的销售价格计算纳税。同类消费品的销售价格是指纳税人当月销售的同类消费品的销售价格，如果当月同类消费品各期销售价格高低不同，应按销售数量加权平均。如果当月无销售或者当月未完结，应按照同类消费品上月或者最近月份的销售价格计算纳税。没有同类消费品销售价格的，按照组成计税价格计算纳税。

实行从价定率办法计算纳税的组成计税价格计算公式为：

组成计税价格＝（成本＋利润）÷（1－比例税率）

实行复合计税办法计算纳税的组成计税价格计算公式为：

组成计税价格＝（成本＋利润＋自产自用数量×定额税率）÷（1－比例税率）

上述公式中的"成本"是指应税消费品的产品生产成本，"利润"是指根据应税消费品的全国平均成本利润率计算的利润，见表3-9。

表 3-9 　　　　　　　　　　　平均成本利润率　　　　　　　　　　　单位：%

| 货物名称 | 利润率 | 货物名称 | 利润率 |
|---|---|---|---|
| 甲类卷烟 | 10 | 贵重首饰及珠宝玉石 | 6 |
| 乙类卷烟 | 5 | 汽车轮胎 | 5 |
| 雪茄烟 | 5 | 摩托车 | 6 |
| 烟丝 | 5 | 高尔夫球及球具 | 10 |
| 粮食白酒 | 10 | 高档手表 | 20 |
| 薯类白酒 | 5 | 游艇 | 10 |
| 其他酒 | 5 | 木质一次性筷子 | 5 |
| 酒精 | 5 | 实木地板 | 5 |
| 化妆品 | 5 | 乘用车 | 8 |
| 鞭炮、焰火 | 5 | 中轻型商用客车 | 5 |

当然，如果自产自用的应税消费品实行从量定额计税，则其计税依据为应税消费品的移送使用数量。

3. 委托加工环节消费税计税依据的基本规定

委托加工的应税消费品，按照受托方的同类消费品的销售价格计算纳税；没有同类消费品销售价格的，按照组成计税价格计算纳税。

实行从价定率办法计算纳税的组成计税价格计算公式为：

组成计税价格＝（材料成本＋加工费）÷（1－比例税率）

实行复合计税办法计算纳税的组成计税价格计算公式为：

组成计税价格＝（材料成本＋加工费＋委托加工数量×定额税率）÷（1－比例税率）

如果委托加工的应税消费品适用从量定额计税方法，则其消费税计税依据为纳税人收回的应税消费品数量。

4. 进口应税消费品时消费税计税依据的基本规定

进口的应税消费品，按照组成计税价格计算纳税。

实行从价定率办法计算纳税的组成计税价格计算公式为：

组成计税价格＝（关税完税价格＋关税）÷（1－消费税比例税率）

实行复合计税办法计算纳税的组成计税价格计算公式为：

组成计税价格＝（关税完税价格＋关税＋进口数量×消费税定额税率）÷（1－消

费税比例税率）

如果进口的应税消费品适用从量定额计税方法，则其消费税计税依据为海关核定的应税消费品进口征税数量。

**5. 消费税计税依据的特殊规定**

在确定消费税应税销售额时还要注意四个方面。

（1）纳税人通过自设非独立核算门市部销售的自产应税消费品，应按门市部对外销售额或者销售数量征收消费税。

（2）纳税人用于换取生产资料、消费资料、投资入股、抵偿债务的应税消费品，按照同类应税消费品的最高销售额计算消费税。

（3）应税消费品连同包装物销售的，无论包装物是否单独计价及在会计上如何核算，均应并入应税消费品的销售额中缴纳消费税。如果包装物不作价随同产品销售，而是收取押金，此项押金则不应并入应税消费品的销售额中征税。但对因逾期未收回的包装物不再退还的或者已收取的时间超过 12 个月的押金，应并入应税消费品的销售额，按照应税消费品的适用税率缴纳消费税。对既作价随同应税消费品销售，又另外收取押金的包装物的押金，凡纳税人在规定的期限内没有退还的，均应并入应税消费品的销售额，按照应税消费品的适用税率缴纳消费税。

（4）纳税人兼营不同税率的应税消费品，即生产销售两种税率以上的应税消费品时，应当分别核算不同税率应税消费品的销售额或销售数量；未分别核算销售额、销售数量，或者将不同税率的应税消费品组成套装消费品销售的，从高适用税率。所谓"从高适用税率"就是对兼营高低不同税率的应税消费品，当不能分别核算销售额、销售数量，或者将不同税率的应税消费品组成成套消费品销售的，就以应税消费品中适用的高税率与混合在一起的销售额、销售数量相乘，得出应纳消费税额。

**（二）消费税计税依据的筹划策略**

**1. 设立独立核算销售部门通过转让定价对外销售应税消费品**

这一筹划策略的主要法律依据是，纳税人通过自设非独立核算门市部销售的自产应税消费品，应按门市部对外销售额或者销售数量征收消费税。因此，通过设立销售部门进行消费税筹划需要注意以下四点事项。

（1）销售部门必须是独立核算的。所谓独立核算是指具有完整的会计凭证、会计账簿和会计报表体系，全面地记录所发生的经济业务，并定期编制财务报表的单位所进行的会计核算。实行独立核算的单位称为独立核算单位，它拥有一定数额的资金，有独立经济的自主权，独立开设银行账户，办理各项收支结算业务；设置独立的会计机构进行全面的会计核算；单独编制预算和计算盈亏。

（2）纳税人与其设立的独立核算的销售部门之间的结算价格要合理。由于纳税人与其设立的独立核算的销售部门成为关联企业，因此二者的结算演变为一种关联交易。《中华人民共和国税收征收管理法实施细则》（2012 年修正本）第五十四条规定，纳税人与其关联企业之间的业务往来有下列情形之一的，税务机关可以调整其应纳税额：

①购销业务未按照独立企业之间的业务往来作价。

②融通资金所支付或者收取的利息超过或者低于没有关联关系的企业之间所能同意的数额，或者利率超过或者低于同类业务的正常利率。

③提供劳务，未按照独立企业之间业务往来收取或者支付劳务费用。

④转让财产、提供财产使用权等业务往来，未按照独立企业之间业务往来作价或者收取、支付费用。

⑤未按照独立企业之间业务往来作价的其他情形。

第五十五条规定，纳税人有本细则第五十四条所列情形之一的，税务机关可以按照下列方法调整计税收入额或者所得额：

①按照独立企业之间进行的相同或者类似业务活动的价格。

②按照再销售给无关联关系的第三者的价格所应取得的收入和利润水平。

③按照成本加合理的费用和利润。

④按照其他合理的方法。

第五十六条规定，纳税人与其关联企业未按照独立企业之间的业务往来支付价款、费用的，税务机关自该业务往来发生的纳税年度起 3 年内进行调整；有特殊情况的，可以自该业务往来发生的纳税年度起 10 年内进行调整。

为了避免消费税纳税人的关联交易被税务机关调整，纳税人与其设立的独立核算的销售部门之间的交易价格不能明显偏离正常的市场价格。对于白酒生产企业，这一点尤其值得重视。2009 年 7 月 23 日，国家税务总局发布的《白酒消费税最低计税价格核定管理办法（试行）》（国税函〔2009〕380 号）明确规定规定，白酒生产企业销售给销售单位的白酒，生产企业消费税计税价格低于销售单位对外销售价格 70% 以下的，税务机关应核定消费税最低计税价格。最低计税价格核定标准包括：①白酒生产企业销售给销售单位的白酒，生产企业消费税计税价格高于销售单位对外销售价格 70%（含）以上的，税务机关暂不核定消费税最低计税价格；②白酒生产企业销售给销售单位的白酒，生产企业消费税计税价格低于销售单位对外销售价格 70% 以下的，消费税最低计税价格由税务机关根据生产规模、白酒品牌、利润水平等情况，在销售单位对外销售价格 50%～70% 范围内自行核定。其中生产规模较大，利润水平较高的企业生产的需要核定消费税最低计税价格的白酒，税务机关核价幅度原则上应选择在销售单位对外销售价格 60%～70% 范围内。已核定最低计税价格的白酒，生产企业实际销售价格高于消费税最低计税价格的，按实际销售价格申报纳税。实际销售价格低于消费税最低计税价格的，按最低计税价格申报纳税。因此，白酒生产企业将产品转让给关联销售公司时，定价不能过低，避免违背《白酒消费税最低计税价格核定管理办法（试行）》的规定，反而得不偿失。

（3）通过设立独立核算的销售部门虽然可以降低消费税负，但设立这一部门本身也是需要耗费一定成本费用的，在筹划过程中也要对此统筹考虑。

（4）对消费税进行纳税筹划的结果，通常是消费税税负的减轻，但可能影响到其他一个或多个税种的税负变化，总体的税负可能增加，导致筹划的失败。降低计税价格规避消费税时，利润由生产企业转移到销售企业，在生产企业亏损的情况下进行这样的操作，生产企业减少的消费税及两税附加小于销售企业增加的企业所得税，合并后企业总体的税收却增加了，纳税筹划的目的并没有达到。

【案例 3-24】

某摩托车厂主要生产汽缸容量在 250 毫升以上的摩托车，产品销售全国各地的批发商，批发价为每辆 5 500 元（不含税）。按照以往的经验，本市的一些商业零售户和消费者每年到工厂直接购买的摩托车大约 1 000 辆。为了提高企业的盈利水平，企业在本市设立了一独立核算的摩托车经销部。该厂按照销售给其他批发商的产品价格与经销部结算，每辆 5 000 元（不含税），经销部再以每辆 5 500 元的价格（不含税）对外销售。

【解析】

由于消费税实行单一环节课税，因此，摩托车厂在与经销部结算环节缴纳消费税后，经销部对外销售摩托车时无须再缴纳消费税。

筹划前，摩托车厂向商业零售户和消费者销售的 1 000 辆摩托车应负担的消费税为：

$1\,000 \times 5\,500 \times 10\% = 550\,000$（元）

筹划后，摩托车厂与经销部结算环节应负担的消费税为：

$1\,000 \times 5\,000 \times 10\% = 500\,000$（元）

而经销部再向商业零售户和消费者销售摩托车时不用再计征消费税。

由于经销部是由摩托车厂出资成立的一个独立核算的部门，因此，摩托车厂和经销部成为关联企业，二者变成一个利益共同体。虽然摩托车厂每辆摩托车的销售收入较之设立独立核算的经销部之前减少了 500 元，但经销部的购进成本也会相应降低 500 元，由于二者是利益共同体，因此不会出现"肥水外流"的后果。可见，进行上述筹划后，摩托车厂消费税负担下降的同时并未影响整体利润。

2. 合理确定产品销售价格

一般而言，产品销售价格越高，企业获利越多。但若考虑税收因素，则未必完全如此。对于那些销售价格高于一定标准方可征收消费税的应税消费品而言，合理确定产品销售价格十分必要。但需要注意的是，在通常情况下，商品是有一定需求价格弹性的，商品的销售价格不同，消费者的需求量会相应发生变化。因此，在通过制定不同销售价格进行消费税筹划时还必须考虑价格变化对应税消费品销量的影响。

**【案例 3-25】**

某手表生产厂为增值税一般纳税人，生产销售某款手表每只 1 万元，按《财政部、国家税务总局关于调整和完善消费税政策的通知》及其附件《消费税新增和调整税目征收范围注释》规定，该手表正好为高档手表。该厂财务部门经过研究，提出建议：将手表销售价格降低 100 元，为每只 9 900 元。（假定每只手表耗用的原材料成本为 6 000 元）

**【解析】**

筹划之前，每销售一只手表的应纳增值税为 680 元（10 000×17%−6 000×17%），应纳消费税为 2 000 元（10 000×20%）。则手表厂的税前收益为 1 732 元 [10 000−6 000−2 000−（2 000+680）×（7%+3%）]。

筹划以后，由于销售价格在 1 万元以下，不属于税法所称的高档手表，可以不缴纳消费税。所以，销售每只手表的应纳增值税为 663 元（9 900×17%−6 000×17%），则手表厂的税前收益为 3 833.7 元 [9 900−6 000−663×（7%+3%）]。

相比较，销售价格降低 100 元，反而能多获利 2 101.7 元，主要原因在于筹划后的销售方案成功避免了消费税。

当然，上述筹划效果并不意味着手表厂制定的销售价格一定要低于 1 万元。事实上，在某些情形下，即便手表厂制定的销售价格高于 10 000 万元，其收益也可能会高于销售价格低于 1 万元的情形，具体分析如下。

假设生产每只手表需购进材料成本为 $Y$，销售价格 $M$（不含增值税）刚刚超过 1 万元，则销售每只手表的应纳增值税为（$M-Y$）×17%，应纳消费税为 $M$×20%，税前收益为 [$M-Y-M×20\%-M×20\%×（7\%+3\%）-（M-Y）×17\%×（7\%+3\%）$]。

如果其销售价格 $N$ 刚刚少于 1 万元，由于其不属于高档手表，不纳消费税，每销售一只手表需纳增值税（$N-Y$）×17%，税前收益为 [$N-Y-（N-Y）×17\%×（7\%+3\%）$]。

对此进行比较，当 [$M-Y-M×20\%-M×20\%×（7\%+3\%）-（M-Y）×17\%×（7\%+3\%）$] > [$N-Y-（N-Y）×17\%×（7\%+3\%）$] 时，手表的定价越高其税前收益也相应越大。此时需要满足的条件为 $M>1.288N$。

3. 选择合理的应税消费品加工方式

作为消费税的纳税人，应事先搞清：委托加工与自行加工，哪一种方式税负较轻。有人认为将应税消费品委托外单位加工成半成品，然后收回后再由本企业生产成符合要求的应税消费品，可以节约消费税，其实这是不可能的，因为加工成半成品后收回再生产与自行生产的消费税计税依据是一样的，都是销售价格，如果是可以扣除委托单位加工所代扣代缴的消费税的，则两者相加之和等于自产应缴纳的消费税。还需要注意的是，《中华人民共和国消费税暂行条例实施细则》第七条规定：委托加工的应税消费品直接出售的，不再缴纳消费税。但这一规定已经发生了变化。2012 年 7 月 13 日，财政部、国家税务总局联合发布《关于〈中华人民共和国消费税暂行条例实施细则〉有关条款解释的通知》（财法〔2012〕8 号），其中明确规定，自 2012 年 9 月起，委托方将收回的应税消费品，以不高于受托方的计税价格出售的，为直接出售，不再缴纳消费税；委托方以高于受托方的计税价格出售的，不属于直接出售，需按照规定申报缴纳消费税，在计税时准予扣除受托方已代收代缴的消费税。这样一来，如果委托加工收回的应税消费品售价高于受托方计税价格，则不同加工方式的消费税不会再有什么差别。不同加工方式下的加工费成为影响加工方式的决定性因素。当然，对于那些不符合委托加工收回的应税消费品已纳税额扣除规定情形的应税消费品（包括酒类、小汽车、高档手表、游艇），如果采用委外加工为半成品后再生产成成品，则应缴纳的消费税更高（大于自产应纳消费税）。

**【案例 3-26】**

2014 年 9 月，某卷烟厂接到一笔 900 万元甲类卷烟订单。公司领导提出了三种加工方案。

方案Ⅰ：卷烟厂委托乙公司将上月购进的一批价值 100 万元的烟叶加工成烟丝，协议规定加工费 75 万元；加工的烟丝运回甲公司后，继续加工成甲类卷烟，加工成本、分摊费用共计 95 万元，出售数量为 0.4 万箱（定额税率为 150 元/箱），该批产成品售价 900 万元。（假设烟丝消费税税率 30%，卷烟消费税税率 56%）

方案Ⅱ：卷烟厂委托乙公司将上月购进的价值 100 万元的烟叶加工成甲类卷烟，加工费用为 140 万元；加工完毕，运回甲公司后，甲公司对外售价仍为 900 万元。

方案Ⅲ：卷烟厂将上月购入的价值 100 万元的烟叶自行加工成甲类卷烟，加工成本、分摊费用共计 170 万元，售价 900 万元。

思考：从税后利润的角度来看，哪个方案最优？

**【解析】**

执行方案Ⅰ，卷烟厂向乙公司支付加工费时，乙公司代收代缴消费税及城建税和教育费附加为：

$$[（100＋75）÷（1－30\%）]×30\%×（1＋7\%＋3\%）＝82.5（万元）$$

卷烟厂销售卷烟时，应纳消费税及城建税和教育费附加为：

$[900×56\%+150×0.4-（100+75）×30\%÷（1-30\%）]×（1+7\%+3\%）=537.9$（万元）卷烟厂税后利润为：

$（900-100-75-82.5-95-537.9）×（1-25\%）=7.2$（万元）

执行方案 Ⅱ，卷烟厂向乙公司支付加工费时，乙公司代收代缴消费税为：

$[（100+140+0.4×150）÷（1-56\%）]×56\%+150×0.4=441.8$（万元）

卷烟厂收回卷烟后再销售时的消费税为：

$900×56\%+150×0.4-441.8=122.2$（万元）

卷烟厂的城建税和教育费附加为：

$（441.8+122.2）×（7\%+3\%）=56.4$（万元）

卷烟厂的税后利润为：

$（900-100-140-441.8-122.2-56.4）×（1-25\%）=29.7$（万元）

执行方案 Ⅲ，卷烟厂应缴消费税及城建税和教育费附加为：

$（900×56\%+150×0.4）×（1+7\%+3\%）=620.4$（万元）

卷烟厂税后利润为：

$（900-100-170-620.4）×（1-25\%）=7.2$（万元）

从税后利润的角度来看，方案 Ⅱ 最优。

**4. 通过降低成本减少自产自用应税消费品的计税价格**

税法规定，纳税人自产自用的应税消费品，除用于连续生产应税消费品外，用于其他方面的，于移送使用时纳税。在计算自产自用情形下的消费税时，如果无法得到按纳税人当月生产的同类消费品的销售价格及纳税人当月同类消费品的销售价格的加权平均或上月或最近月份的销售价格，则应采用组成计税价格计算。根据组成计税价格的计算公式，平均成本利润率和税率都是固定的，唯有生产成本是可变的，因此纳税人应采取有效措施，在不影响产品质量的前提下努力降低生产成本，从而减小消费税的计税价格。

**【案例 3-27】**

某企业将其自产的一批摩托车赠送给摩托车拉力赛赛手使用，这批摩托车按统一的材料、费用分配标准计算自制自用产成品成本为 150 000 元，假设利润率为 10%，消费税率 10%，其组成计税价格和应纳消费税计算如下：

组成计税价格 $=（150\ 000+150\ 000×10\%）÷（1-10\%）=183\ 333.3$（元）

应纳消费税 $=183\ 333.3×10\%=18\ 333.33$（元）

【解析】

假设企业采取措施降低自制自用产品的成本，将其成本降低为 130 000 元，其组成计税价格和应纳消费税计算如下：

组成计税价格＝（130 000＋130 000×10％）÷（1－10％）＝158 888.9（元）

应纳消费税＝158 888.9×10％＝15 888.89（元）

企业降低自制自用产品的成本后，少纳消费税额为 2 444.44（18 333.33－15 888.89）。

### 5. 包装物的消费税筹划

包装物本身不属于应税消费品，但如果将其与应税消费品一起销售，则照样需要计征消费税。但如果采取收取押金的方式，只要包装物没有逾期归还①，便可不用计征消费税，而且包装物还可以循环使用。当然，如果买方将包装物按期归还，押金迟早要归还，但对于企业来讲，由于生产和销售是循环进行的，一笔销售的押金被退还时，总应有新的押金收取进来，从长期来看，销售方企业将会获得数量相对稳定的一笔沉淀资金。即便包装物未能如期归还，虽然暂时少纳的税款最终是要缴纳的，但由于其缴纳时限得以延缓，相当于免费使用银行资金，增加了企业的营运资金，获取了资金的时间价值，为企业的生产经营提供了便利。此外，对于购买方来讲，卖方收取包装物押金的销售方案降低了其购货价格，对其也有一定的吸引力。

当然，如果有些包装物易被损坏，难以收回，此时企业也可以将包装物进行销售，但在销售形式上一定要做成包装物与应税消费品分开销售，筹划要点是：纳税人将包装物作为普通商品单独销售给购货方，由其完成最后的包装工作。通过操作，把应税消费品和可分离包装物分开销售，形成两笔独立的销售行为，包装物销售则不缴纳消费税，从而产生节税收益。但这样做虽然节省了销售方的消费税，但却给买方带来一定不便，为了争取买方的配合，销售方应通过其他适当的方式对其进行补偿。

【案例 3-28】

某汽车轮胎厂，属增值税一般纳税人，2014 年 9 月销售汽车轮胎 500 个，每个轮胎售价为 5 000 元（不含增值税），这批轮胎耗用包装盒 500 只，每只包装盒售价 20 元（不含增值税），轮胎的消费税税率为 3％。

思考：该汽车轮胎厂对包装盒如何处理，才能最大限度地节税？

【解析】

如果企业将包装盒作价连同轮胎一同销售，包装盒应并入轮胎售价当中一并征

---

① 啤酒、黄酒以外的其他酒类包装物押金不管包装物是否逾期归还，应一律计征消费税。

收消费税。应纳消费税税额为：

（5 000×500＋20×500）×3％＝75 300（元）

如果企业将包装盒不作价销售而是收取押金，每只包装盒收取20元的押金，只要包装盒在规定期限内归还，则此项押金不应并入应税消费品的销售额计征消费税。该企业应纳消费税为：

5 000×500×3％＝75 000（元）

如果押金在规定期限内未收回，应将此项押金作为销售额纳税。由于收取的押金作为价外费用，应属含税的款项，应将押金换算为不含税收入计征税款。该企业应纳消费税为：

5 000×500×10％＋20×500÷（1＋17％）×10％＝250 854.70（元）

由此可见，该轮胎厂只有将包装盒收取押金，且在规定的期限内将包装物押金收回时，才可以达到最大限度的节税效果。

6. 纳税人用于换取生产资料和消费资料、投资入股和抵偿债务等方面的应税消费品消费税的筹划

在实际操作中，当纳税人用应税消费品换取生产资料、生活资料，或者投资入股、抵偿债务等用途时，一般是按照双方的协议价或评估价确定的，而协议价往往是市场的平均价。如果按照同类应税消费品的最高销售价作为计税依据，显然会加重纳税人的负担。由此不难看出，如果采取先销售后入股（换货、抵债）的方式，会达到减轻税负的目的。当然，这样的筹划方式需要双方在合同签订和账务处理等方面进行适当调整。双方签订的购销合同必须形成事实上的履约，即存在相应的资金周转，否则双方的交易仍可能被认定为"以物易物"交易，按照应税消费品的最高销售价格计算应纳消费税。与此同时，换出应税消费品的一方应通过适当的方式主动让利给交易对方，以争取对方的积极配合。

**【案例3-29】**

某中轻型商用客车生产企业，2013年10月对外销售同类型号的商用客车共有三种价格，以20万元的单价销售150辆，以22万元单价销售200辆，以24万元单价销售50辆。当月以5辆同型号的商用客车与甲汽车配件企业换取其生产的汽车玻璃，双方商定按当月的加权平均销售价格确定商用客车的价格。小汽车税率为5％。

按税法规定，应纳消费税为6万元（24×5×5％）。

**【解析】**

在交易过程中，双方按当月的加权平均销售价格确定商用客车的价格，但计算消费税时，依照现行消费税法规定，却是按照商用客车当月最高售价计算。因此，

可以考虑中轻型商用客车生产企业先按照当月商用客车的加权平均销售价格将用于换取原材料的 5 辆商用客车卖给甲企业，然后再用所售款项购买甲企业的原材料。这种处理方法并未影响甲企业的经济利益，但却使得中轻型商用客车生产企业的消费税有所降低。节约的消费税为：

$$6-\left[(20\times150+22\times200+24\times50)\div(150+200+50)\right]\times5\times5\%=0.625$$
（万元）

双方具体操作思路如下：中轻型商用客车生产企业先与汽车配件企业签订价值 107.5 万元 $\left[(20\times150+22\times200+24\times50)\times5\div(150+200+50)\right]$ 的中轻型商用客车的销售合同，然后再与汽车配件厂签订价值 107.5 万元的汽车玻璃购买合同，形成形式上的一购一销，然后按双方约定的价格进行反方向的资金划拨。另外，此处涉及的筹划策略仅仅是给中轻型商用客车生产企业带来了经济利益，而汽车配件企业不仅没有得到任何经济利益，而且其参与的交易过程较之以前更加复杂，无谓地增加了交易成本。为了能够争取汽车配件企业的主动配合，中轻型商用客车生产企业应当通过适当的方式给予对方一定的经济利益（如产品打折等）。

### 7. 外币结算方式的筹划

从税收筹划的角度来，人民币折合率既可以采用销售额发生当天的国家外汇牌价，也可以用当月 1 日的外汇牌价。一般来说，外汇市场波动越大，通过选择折合率进行税收筹划的必要性越大，越以较低的人民币汇率计算应纳税额，越有利于税收筹划。

需要指出的是，由于汇率的折算方法一经确定，一年内不得随意变动。因此，在选择汇率折算方法的时候，需要纳税人对未来的经济形势及汇率走势进行恰当的判断。由于汇率走势影响因素比较复杂，如果企业判断失误，则可能会导致消费税不降反升。

【案例 3-30】

某化妆品生产企业根据 2013 年汇率走势预计未来较长一段时期内，美元将持续贬值。2014 年，企业的外币结算方式有两种选择：一是按照每月第一日的外汇牌价来计算销售额，二是按照结算当时的外汇牌价来计算销售额。假定 2014 年 3 月 15 日取得 100 万美元销售额，3 月 1 日的国家外汇牌价为 1 美元＝6.2798 元人民币，3 月 15 日的外汇牌价为 1 美元＝6.2723 元人民币。

思考：从节税的角度出发，该企业应当选择哪套方案？企业的节税效果如何？

【解析】

《中华人民共和国消费税暂行条例实施细则》第十一条规定：纳税人销售的应税消费品，以人民币以外的货币结算销售额的，其销售额的人民币折合率可以选择销售额发生的当天或者当月 1 日的人民币汇率中间价。纳税人应在事先确定采用何种折合率，确定后一年内不得变更。

如果选择方案一，则 2013 年 3 月 15 日取得的 100 万美元销售额应纳消费税为：

$100×6.2798×30\%＝188.394$（万元）

如果采取方案二，则 2013 年 3 月 15 日取得的 100 万美元销售额应纳消费税为：

$100×6.2723×30\%＝188.169$（万元）

方案二较之方案一节约消费税 0.225 万元。

因此，如果预计未来较长一段时间，美元将持续贬值，则企业 2014 年应选择方案二。

### 三、税率的筹划

#### （一）消费税税率的法律规定

不同应税消费品的税率存在一定差异，即便同一种类的应税消费品，其税率也不完全相同。比如，卷烟中的甲类卷烟（每标准条不含税调拨价格在 70 元及以上）和乙类卷烟（每标准条调拨不含税调拨价格在 70 元以下）的比例税率分别为 56％和 36％；啤酒中的甲类啤酒（每吨不含税出厂价在 3 000 元及以上）和乙类啤酒（每吨不含税出厂价在 3 000 元以下）的定额税率分别为 250 元/吨和 220 元/吨；乘用车的消费税税率与其气缸容量息息相关，汽缸容量越大的乘用车，其适用的消费税税率也越高，体现了消费税节能环保的导向。

纳税人兼营不同税率的应税消费品，即生产销售两种税率以上的应税消费品时，应当分别核算不同税率应税消费品的销售额或销售数量，未分别核算销售额、销售数量，或者将不同税率的应税消费品组成套装消费品销售的，从高适用税率。所谓"从高适用税率"就是对兼营高低不同税率的应税消费品，当不能分别核算销售额、销售数量，或者将不同税率的应税消费品组成成套消费品销售的，就以应税消费品中适用的高税率与混合在一起的销售额、销售数量相乘，得出应纳消费税额。

对既销售金银首饰，又销售非金银首饰的生产经营单位，应将两类商品划分清楚，分别核算销售额。凡划分不清楚或不能分别核算的，在生产环节销售的，一律从高适用税率征收消费税；在零售环节销售的，一律按金银首饰征收消费税。金银首饰与其他产品组成成套消费品销售的，应按销售额全额征收消费税。

#### （二）消费税税率的筹划策略

1. 分别核算不同税率应税消费品的销售额

由于应税消费品所适用的税率是固定的，只有在兼营不同税率应税消费品的情况下，纳税人才能选择合适的销售方式和核算方式，达到适用较低的消费税税率、减轻消费税的目的。纳税人兼营不同税率的应税消费品时，通过分别核算不同应税消费品的销售额和销售数量，则可以避免从高适用税率。这里所谓的分别核算，是指一个会计主体对发生不同的多项"业务"是否能分别设置明细科目进行核算，在实践中要求企业对不同的产品分别开具发票，在财务上分别核算销售收入。

**【案例 3-31】**

某小汽车生产厂为了适应市场需求，同时生产销售乘用车和中轻型商用客车，其中乘用车又包括气缸容量分别为 1.4 升、1.8 升、3.0 升和 4.5 升的四种类型的乘用车。2014 年 8 月，小汽车厂销售汽缸容量分别为 1.4 升、1.8 升、3.0 升和 4.5 升的乘用车取得的销售额分别为 200 万元、120 万元、100 万元和 80 万元，中轻型商用客车的销售额为 450 万元。由于该厂刚刚更换了财务人员，其对不同小汽车的销售额并未分别开具发票，会计上也没有分别核算。

**【解析】**

按照现行消费税法规定，如果纳税人兼营不同税率的应税消费品，但却未分别核算销售额，则计征消费税时应从高适用税率。则 2014 年 8 月，小汽车厂的应纳消费税为：

(200＋120＋100＋80＋450)×40%＝380（万元）

但如果该小汽车厂能够将不同类型小汽车的销售额进行分别核算，则可按照各自对应的税率计征消费税，此时其应纳消费税为：

200×3%＋120×5%＋100×12%＋80×40%＋450×5%＝78.5（万元）

分别核算较之未分别核算节约消费税 301.5 万元。

2."先包装后销售"改为"先销售后包装"

实践中，许多商家为了满足市场需要，往往会对其销售的应税消费品进行统一包装后再对外销售，但如果包装的应税消费品涉及了不同税率，则采取"先包装后销售"的方式往往会增加商家的消费税负担，此时不妨变化一下思路，采取"先销售后包装"的方式。

采取"先包装后销售"的方式，包装是由生产厂家的员工来做，企业要支出一笔费用。现在采取"先销售后包装"的形式后，是由生产厂家委托商家包装，企业也要支付包装费用。其实，采取哪种方式，企业所支付的费用相差不大，但消费税税金却能得以降低。当然，厂家也可以在把各种产品销售给商家后，组织自己的员工再为商家统一进行包装也可以避免增加消费税负担。

**【案例 3-32】**

2012 年 8 月，张某出资成立了一家日用品生产公司，除了生产化妆品、普通护肤护发品外，还生产一些小工艺品。在经营过程中，张某发现，不少顾客的高档化妆品都是成套购买的，包装极为漂亮，一下就能抓住人的眼球。于是，张某决定将自己所生产的所有产品组合起来，给予漂亮的包装后再成套销售。2013 年年初，张某让员工设计了一个漂亮的包装盒，然后把公司的护肤护发品、香水、指甲油、口红、小工艺品一起放在包装盒中再销售给商家。包装的效果果然吸引了很多消费者的注意，2013 年，公司每个月的销售额出现了飞速增长。但在公司销售额快速增长的同时，公司却因纳税受到了税务机关的处罚。

2014 年年初，税务机关对张某的公司进行税务检查时发现，公司 2013 年共销售成套日用品 1 000 套，不含税销售额为 20 万元，公司缴纳的消费税为：

$$1\,000\times(80+15+5)\times30\%=30\,000（元）$$

原来，公司虽然把各种日用品进行了套装销售，但却对其中每种产品都进行了定价，每套日用品中，护肤护发品 95 元，香水 80 元，指甲油 15 元，口红 5 元，包装盒 5 元。公司的财务人员认为，由于普通护肤护发品和小工艺品都不属于应税消费品，因此，无须计算消费税，仅就香水、指甲油、口红的销售额计算了应缴纳的消费税。但税务机关指出，公司应缴纳的消费税为：

$$200\,000\times30\%=60\,000（元）$$

为此，公司不仅补缴了 30 000 元的消费税及其相应的滞纳金，还被税务机关处以罚款。

**【解析】**

本案例涉及的核心问题是关于套装应税消费品消费税的处理规定。按照现行消费税法规定，纳税人将应税消费品与非应税消费品及适用税率不同的应税消费品组成成套消费品销售的，应根据组合产制品的销售金额按应税消费品中适用最高税率的消费品税率计算缴纳消费。因此，只要纳税人将应税消费品与非应税消费品及适用税率不同的应税消费品组成成套消费品销售，不管其是否对不同应税消费品的销售进行了分别核算，应当一律从高计征消费税。为了避免因套装销售无谓增加消费税负担，公司可以考虑改变包装操作方式，由原来的"先包装后销售"改为"先销售后包装"，即公司可以将打算打包的产品先分别销售给商家，然后再由商家来包装再销售，也就是说，日用品生产公司将包装费用让利于商家。公司在向商家销售打算打包的产品时，可以对这些产品进行分别核算，这样一来，护肤护发品及包装盒等非应税消费品可以不用计征消费税，而商家将产品包装好对外销售时也无须计征消费税。此时日用品生产公司的应纳消费税仅为 30 000 元。

3. 对不同等级的应税消费品制定不同的价格

当应税消费品的税率与其价格相关时，可以通过合理确定应税消费品的价格降低消费税负担。除了卷烟之外，啤酒消费税的筹划也可以适用这一方法。啤酒的出厂价可以高于 3 000 元/吨，也可以低于 3 000 元/吨，前者对应的消费税税率为 250 元/吨，后者对应的消费税税率为 220 元/吨，较高的出厂价格对应着较高的消费税税率。从企业利润的角度来看，应税消费品的价格未必越高越好，当应税消费品的价格处于临界点附近时，通过适当降低应税消费品的价格反而可能会增加企业利润，原因在于，虽然应税消费品的销售价格略有下降，但其消费税负担下降幅度更大。此外，在筹划时需要注意价格变动对应税消费品销售数量的影响。

【案例 3-33】

某卷烟厂生产的卷烟每条调拨价格 75 元，当月销售 2 000 条（每标准箱为 250 条，定额税率为 150 元/箱）。这批卷烟的生产成本为 25 元/条，当月分摊在这批卷烟上的期间费用为 8 000 元。则卷烟厂的应纳消费税为：

$2\,000 \div 250 \times 150 + 75 \times 2\,000 \times 56\% = 85\,200$ （元）

卷烟厂的利润为：

$75 \times 2\,000 - 25 \times 2\,000 - 8\,000 - 85\,200 \times (1 + 7\% + 3\%) = -1\,720$ （元）

思考：假设企业将卷烟每条调拨价格调低至 68 元，则其消费税和利润会发生什么变化？

【解析】

根据《财政部、国家税务总局关于调整烟产品消费税政策的通知》（财税〔2009〕84 号）的规定，每标准条（200 支）对外调拨价在 70 元以上（含 70 元，不含增值税）的为甲类卷烟，其税率为 56%，70 元以下的为乙类卷烟，税率为 36%。如果其价格调低至 68 元，则变为乙类卷烟，其对应的消费税税率降至 36%，此时卷烟厂的应纳消费税为：

$2\,000 \div 250 \times 150 + 68 \times 2\,000 \times 36\% = 50\,160$ （元）

卷烟厂的利润为：

$68 \times 2\,000 - 25 \times 2\,000 - 8\,000 - 50\,160 \times (1 + 7\% + 3\%) = 22\,824$ （元）

卷烟厂在不难看出，每标准条卷烟价格为 75 元时的利润反而低于每标准条卷烟价格为 68 元时的利润，这主要是由于两种价格水平下卷烟消费税的差异导致的。卷烟厂确定的卷烟价格究竟应高于 70 元/标准条还是低于 70 元/标准条，需要认真测算。假定企业成本费用为 C，企业所得税税率为 t，城建税及教育费附加为 10%，P 为略低于 70 元/标准条的价格，如果卷烟厂想要制定高于 70 元/标准条的价格，同时使两种价格水平下卷烟厂的利润相等，则后者应为 P 的 G 倍，此时可得到如下关系式：

$$[P-C-(150+P\times36\%)\times(1+7\%+3\%)(1-t)=[P\times G-C-(150+P\times G\times56\%)\times(1+7\%+3\%)](1-t)$$

$$G=1.57$$

也就是说，从利润的角度讲，卷烟厂可以确定低于 70 元/标准条的价格，也可确定高于 70 元/标准条的价格，但后者至少应为前者的 1.57 倍时，才能保证卷烟厂利润不会因提价而导致利润下降。

当然，上述分析依赖于一个假定前提，即卷烟调拨价格由 75 元/条降为 68 元/条时，卷烟的销售数量保持不变。但现实中，这一假定可能并不成立，因此，在测算利润变化时还应考虑价格变动对销售数量的影响。

（思考：如果每标准条的价格是 180 元呢？）

**4. 生产销售适用低税率的应税消费品**

我国现行消费税的相关立法越来越多地体现出节能环保及合理引导人们健康消费的理念。例如，摩托车的消费税税率根据摩托车气缸容量大小可划分为 3% 和 10% 两个等级；乘用车的消费税税率根据气缸容量大小可以划分为 1%～40% 七个等级；酒类产品中，白酒的消费税比例税率为 20%，而其他酒则为 10%。企业应顺应国家政策导向及人们消费需求的变化，灵活地调整其产品结构，在符合市场需求的条件下，生产制造消费税税率较低的应税消费品。例如，酒类企业可以考虑产品进行升级换代，由经营中、低档酒向制造中、高档酒或是多功能酒饮料转型，形成企业核心竞争力。此外，白酒企业还可选择低税率的工艺生产酒。同一种原料生产的工艺不同，其消费税的税率也不同。在通常情况下，一般蒸馏法要比过滤方法制出的酒税率高。比如，大米，经加温、糖化、发酵后，采用压榨工艺酿制的酒属于黄酒，但如经糖化、发酵后，采用蒸馏工艺酿制的酒则属于粮食白酒。在条件许可的情况下，白酒生产企业可以考虑对旧工艺进行改进开发新的流程，采用非蒸馏方法生产酒。另外以白酒为酒基的配制酒、泡制酒相对应的税率较高，所以可考虑用蒸馏酒或食用酒精或发酵酒作为配制酒、泡制酒（包括制药酒）的酒基。不过，需要注意的是，在用蒸馏酒或食用酒精或发酵酒作为酒基制作配制酒时，还须满足其他相关条件。比如，《国家税务总局关于配制酒消费税适用税率问题的公告》（国家税务总局公告 2011 年第 53 号）规定，以蒸馏酒或食用酒精为酒基的配制酒如果要适用 10% 的消费税税率，必须具有国家相关部门批准的国食健字或卫食健字文号，而且酒精度低于 38 度（含）；以发酵酒为酒基的配制酒，要求酒精度应低于 20 度（含）。另外，上述策略的实施要充分考虑产品口味和市场的需求，如果仅仅是为了节税而贸然推出不成熟的产品往往会得不偿失。

### 四、课税环节的筹划

除个别应税消费品外，多数应税消费品实行单一环节课税，见表 3-10。

**表 3-10** 消费税课税环节

| 环　节 | 消费税 |
| --- | --- |
| 进口应税消费品 | 缴纳（金、银、钻首饰除外） |
| 生产应税消费品出厂销售 | 缴纳（金、银、钻首饰除外） |
| 将自产应税消费品连续生产应税消费品 | 无 |
| 将自产应税消费品连续生产非应税货物 | 缴纳 |
| 将自产应税消费品用于投资、分红、赠送、职工福利、个人消费、基建工程 | 缴纳 |
| 批发应税消费品 | 限于卷烟 |
| 零售应税消费品 | 限于金银钻首饰 |

2009 年，《财政部、国家税务总局关于调整烟产品消费税政策的通知》（财税〔2009〕84 号）规定在卷烟的批发环节加收 5％的消费税，而且，批发企业在计算纳税时不得扣除已含的生产环节的消费税税款。对于卷烟的生产企业而言，如果设立下属独立核算的批发企业，一方面可以通过转让定价降低生产企业的税负，但另一方面又会增加批发环节的消费税，那么转让定价的幅度为多少是可行的？

假定生产企业不设立下属独立核算的批发企业，其直接对外的售价为 $P$，销售数量为 $M$ 标准箱；如果设立下属独立核算的批发企业，其转让给批发企业的价格为 $P \times R$（$R$ 为价格折扣），批发企业对外售价仍然为 $P$，销售数量仍为 $M$ 标准箱，那么税负平衡点的 $R$ 是多少？

甲类卷烟（消费税税率为 56％），设下属批发企业和不设下属批发企业的平衡点为：

$$M \times 150 + P \times R \times 56\% + P \times 5\% = M \times 150 + P \times 56\%$$
$$R = 91.07\%$$

乙级卷烟（消费税税率为 36％），设下属批发企业和不设下属批发企业的平衡点为：

$$M \times 150 + P \times R \times 36\% + P \times 5\% = M \times 150 + P \times 36\%$$
$$R = 86.11\%$$

只要生产企业销售给下属批发企业的价格折扣在 91.07％（甲类卷烟）或 86.11％（乙类卷烟）以下，设立下属的批发企业就是有利的。

但由于卷烟厂与批发企业具有关联关系，因此，卷烟厂与其批发企业的交易价格不能明显偏离正常的市场价格。

### 五、纳税义务发生时间的筹划

《中华人民共和国消费税暂行条例实施细则》第八条规定：消费税纳税义务发生时间，根据条例第四条的规定，分列如下。

（1）纳税人销售应税消费品的，按不同的销售结算方式分别为：

①采取赊销和分期收款结算方式的，为书面合同约定的收款日期的当天，书面合同没有约定收款日期或者无书面合同的，为发出应税消费品的当天。

②采取预收货款结算方式的，为发出应税消费品的当天。

③采取托收承付和委托银行收款方式的，为发出应税消费品并办妥托收手续的当天。

④采取其他结算方式的，为收讫销售款或者取得索取销售款凭据的当天。

（2）纳税人自产自用应税消费品的，为移送使用的当天。

（3）纳税人委托加工应税消费品的，为纳税人提货的当天。

（4）纳税人进口应税消费品的，为报关进口的当天。

不难看出，不同销售方式下应税消费品消费税纳税义务发生时间是不同的，纳税人应充分利用这些相关规定，对消费税纳税义务发生时间进行筹划。对消费税纳税义务发生时间进行筹划，必须充分了解消费税法对不同销售结算方式下消费税纳税义务发生时间的具体规定及具体要求，从而使得不同销售结算方式在一定条件下可以相互转换。比如，《中华人民共和国消费税暂行条例实施细则》规定，采取赊销和分期收款结算方式的，为书面合同约定的收款日期的当天。这里要求必须是在书面合同中约定收款日期，口头约定是无效的。而且，如果到了书面合同约定的收款日期，对方仍未按时付款，此时纳税人仍然需要按照书面合同约定的收款日期确认消费税纳税义务。另外，改变消费税纳税义务发生时间并不能减少纳税人应纳消费税的绝对数额，只是通过延期纳税而实现相对节税。

【案例 3-34】

某化妆品生产厂属于增值税一般纳税人。2013 年 1 月采取直接收款方式发生销售业务 5 笔，共计应收货款 1 800 万元（含税价）。其中，有 3 笔共计 1 000 万元，货款两清；一笔 300 万元，两年后一次付清；另一笔 500 万元，一年后付 250 万元，一年半后付 150 万元，余款 100 万元两年后结清。

【解析】

由于化妆品生产厂采取的是直接收款销售方式，因此，只要其收讫销售款或者取得索取销售款凭据就需要确认消费税纳税义务。但从案例内容可以看出，300 万元的销售款在两年后才能一次性收回，而另外 500 万元的销售款需要在今后两年内分三次才能全部收回。在销售款还未到手的情况下，纳税人却需要确认消费税纳税义务，这对纳税人而言显然是不利的。为此，可以考虑对 300 万元的那笔业务采取赊销结算方式，对 500 万元的那笔业务采取分期收款结算方式，并在书面合同中约定收款时间，这样这两笔消费税的纳税义务发生时间就可以推迟到未来一定时间确认，从而实现递延纳税的效果。

## 【案例分析与讨论】

学习完前面的内容之后，读者现在应该可以回答本节【案例导入】中提出的问题了。公司财务人员的理解显然是不正确的。这是因为，按照现行消费税法规定，将不同税率的应税消费品组成成套消费品销售的，就以应税消费品中适用的高税率与混合在一起的销售额、销售数量相乘，得出应纳消费税额。而这也正是税务机关要求黄金酒业公司补缴消费税的法律依据。因此，公司实际应申报缴纳的消费税为：

[（40＋20）×20％＋2×0.5]×50 000＝650 000（元）

由于公司已申报缴纳 525 000 元，因而需要补缴消费税 125 000 元。

上述案例告诉我们，企业必须熟练掌握税法的基本规定，并严格按照这些规定进行实务操作，不能仅凭个人的主观臆断行事，否则可能会招致不必要的麻烦和损失。

# 第三节　营业税筹划

## 【案例导入】

2013 年，甲建设单位有一工程需找一施工单位承建。在 X 工程承包公司的组织安排下，Y 施工单位最后中标。随后，甲建设单位与 Y 施工单位签订了承包合同，合同承包金额为 1 400 万元。另外，甲建设单位还支付给 X 工程承包公司 80 万元的服务费用。这样一来，甲公司 80 万元的服务费用应按照 5％的税率计征营业税，应纳营业税为 4 万元（80×5％）。X 工程承包公司的税务顾问提出，如果 X 工程承包公司直接与甲建设单位签订 1 480 万元的工程承包合同，然后再以 1 400 万元的价格将该项工程转包给 Y 施工单位，则其收入仍为 80 万元，但营业税应纳税额下降为 2.4 万元（80×3％）。

思考：X 工程承包公司的税务顾问的建议是否可取？

## 一、纳税人的筹划

### (一) 营业税纳税人的法律规定

在中华人民共和国境内提供应税劳务、转让无形资产或者销售不动产的单位和个人，为营业税的纳税义务人（以下简称"纳税人"）。目前，我国正在进行"营改增"试点改革，在试点改革之前，营业税的应税劳务主要包括交通运输业、建筑业、金融保险业、邮电通信业、文化体育业、娱乐业和服务业。截至 2014 年 6 月，交通运输业、邮电通信业及部分现代服务业已经完成"营改增"改革，营业税的纳税人数量出现较大幅度下降。按照"营改增"的工作部署，我国力争 2015 年全面完成"营改增"改革，届时营业税纳税人基本上将演变为增值税纳税人。

### （二）营业税纳税人的筹划

在第一节"增值税筹划"中，我们对增值税混合销售行为和兼营非应税劳务行为中的纳税人身份筹划思路进行了较为详细的探讨。在营业税的涉税行为中，同样存在混合销售行为及兼营应税劳务与货物或非应税劳务行为。《中华人民共和国营业税暂行条例实施细则》第六条指出："一项销售行为如果既涉及应税劳务又涉及货物，为混合销售行为。除本细则第七条的规定外[①]，从事货物的生产、批发或者零售的企业、企业性单位和个体工商户的混合销售行为，视为销售货物，不缴纳营业税；其他单位和个人的混合销售行为，视为提供应税劳务，缴纳营业税。"这里所称从事货物的生产、批发或者零售的企业、企业性单位和个体工商户，包括以从事货物的生产、批发或者零售为主，并兼营应税劳务的企业、企业性单位和个体工商户在内。混合销售行为与兼营行为的区别在于：混合销售行为强调的是一项销售行为同时涉及应税劳务和货物销售，其范围仅指应税劳务与货物销售的混合；兼营行为是指纳税人从事的经营活动中涉及应税劳务和销售货物或非应税劳务；从货物的角度来看，兼营行为是指应税劳务与销售货物不是在一项销售行为中同时发生；从劳务的角度来看，无论应税劳务与非应税劳务是否同时发生，均为兼营行为。

同增值税的混合销售行为类似，营业税的混合销售行为究竟缴纳营业税还是增值税主要取决于其主业。而纳税人兼营应税行为和货物或者非应税劳务的，应当分别核算应税行为的营业额和货物或者非应税劳务的销售额，其应税行为营业额缴纳营业税，货物或者非应税劳务销售额不缴纳营业税；未分别核算的，由主管税务机关核定其应税行为营业额，这与增值税兼营非应税劳务行为的税务处理相似。因此，在上述两类特殊行为中，营业税纳税人的筹划与增值税纳税人的筹划思路和方法是类似的，在此不再赘述。

## 二、计税依据的筹划

### （一）营业税计税依据的法律规定

营业税的计税依据又称营业税的计税营业额。营业额一般为收入全额，含全部价款和价外费用；特殊情况下为收入差额，允许减除特定项目金额；纳税人提供应税劳务、转让无形资产或者销售不动产的价格明显偏低并无正当理由的，由主管税务机关核定其营业额。营业税计税依据的规定见表3-11。

---

[①] 《中华人民共和国营业税暂行条例实施细则》第七条规定，纳税人的下列混合销售行为，应当分别核算应税劳务的营业额和货物的销售额，其应税劳务的营业额缴纳营业税，货物销售额不缴纳营业税；未分别核算的，由主管税务机关核定其应税劳务的营业额：①提供建筑业劳务的同时销售自产货物的行为；②财政部、国家税务总局规定的其他情形。

**表 3-11** 营业税计税依据的规定

| 计税依据 | 基本规定 |
|---|---|
| 收入全额 | (1) 包括纳税人提供应税劳务、转让无形资产或者销售不动产向对方收取的全部价款和价外费用。价外费用，包括收取的手续费、补贴、基金、集资费、返还利润、奖励费、违约金、滞纳金、延期付款利息、赔偿金、代收款项、代垫款项、罚息及其他各种性质的价外收费，但不包括同时符合以下条件代为收取的政府性基金或者行政事业性收费：<br>①由国务院或者财政部批准设立的政府性基金，由国务院或者省级人民政府及其财政、价格主管部门批准设立的行政事业性收费。<br>②收取时开具省级以上财政部门印制的财政票据。<br>③所收款项全额上缴财政。<br>(2) 关于折扣的处理原则：纳税人发生应税行为，如果将价款与折扣额在同一张发票上注明的，以折扣后的价款为营业额；如果将折扣额另开发票的，不论其在财务上如何处理，均不得从营业额中扣除。<br>(3) 纳税人的营业额计算缴纳营业税后因发生退款减除营业额的，应当退还已缴纳营业税税款或者从纳税人以后的应缴纳营业税税额中减除 |
| 允许减除特定项目金额确定营业额 | 可减除的条件：<br>(1) 特定项目的特定金额。<br>(2) 凭合法有效的凭证扣除：<br>①支付给境内单位和个人的——对方开具的发票。<br>②支付的行政事业收费和政府性基金——财政票据。<br>③支付给境外单位和个人的——对方单位、个人的签收单据，税务机关对来自境外的签收单据的真实性质疑的，可要求提供境外公证机构的确认证明。<br>④国家税务总局规定的其他合法有效凭证 |
| 核定营业额 | 纳税人提供应税劳务、转让无形资产或者销售不动产价格明显偏低并无正当理由，或者视同发生应税行为而无营业额的，税务机关可按下列顺序确定其营业额：<br>(1) 按纳税人最近时期发生同类应税行为的平均价格核定。<br>(2) 按其他纳税人最近时期发生同类应税行为的平均价格核定。<br>(3) 按下列公式核定：<br>营业额=营业成本或者工程成本×（1+成本利润率）÷（1-营业税税率）<br>公式中的成本利润率，由省、自治区、直辖市税务局确定 |

**（二）营业税计税依据的筹划**

营业税计税依据的筹划有两种方法：一是通过减少流转环节，缩小计税依据，减少应纳营业税款；二是扩大税前扣除项目，减少应税的营业额，达到减轻税负的目的。营业税的税率按照行业不同进行设计，而不同的行业边界并不十分清晰，这样税收筹划就有了空间。由于不同行业的营业税计税依据规定不尽相同，因此，有必要分行业对营业税计税依据的筹划方法进行介绍。

1. 建筑业营业税计税依据的筹划

（1）在不影响工程质量的前提下严格控制工程、物资的价款。

根据《中华人民共和国营业税暂行条例》的规定，纳税人提供建筑业劳务（不含装饰劳务）的，其营业额应当包括工程所用原材料、设备及其他物资和动力价款在内，但不包括建设方提供的设备的价款。因此，企业必须精打细算，严格控制工程原料的预算开支，提高原材料及其他材料的使用效率，从而降低工程材料、物资等的价款。同时，运用合理合法的手段减少应计税营业额，达到少缴纳营业税的目的。比如，甲城建集团为乙单位建造一幢大楼，工程总承包金额为 1 500 万元。如果工程所用材料由乙单位自己购买，材料款为 1 200 万元，工程承包金额和材料费合计为 2 700 万元，那么建筑公司应纳营业税额为 81 万元（2 700×3%）。若由施工单位包工包料，由于施工单位更加熟悉建材市场，能够买到价廉物美的材料。假设施工单位以 1 000 万元买到所需材料，工程承包金额和材料费合计为 2 500 万元，则应纳营业税额为 75 万元（2 500×3%）。由此可以看出，采用包工包料形式，既为乙单位节省了材料款，同时也给甲单位减少了缴纳的营业税 6 万元（81－75）。另外，还可以节减应纳的城市维护建设税和教育费附加。

（2）慎重采用工程转包。

工程转包与工程分包是建设工程合同实践中经常出现的经营方式，也经常出现有关工程施工合同的转包和分包相关的纠纷。

所谓转包，是指承包单位承包建设工程后，不履行合同约定的责任和义务，而是将其承包的全部建设工程转给第三人或者将其承包的全部工程肢解以后以分包的名义分别转给第三人承包的行为。常见的转包行为有两种形式：一种是承包单位将其承包的全部建设工程转包给别人；另一种是承包单位将其承包的全部建设工程肢解以后以分包的名义分别转包给他人即变相的转包。在实践中，转包行为具有很大的危害性。一些单位将其承包的工程压价转包给他人，从中牟取不正当利益，形成"层层转包、层层扒皮"的现象，最后实际用于工程建设的费用大为减少，导致严重偷工减料；一些建设工程转包后落入不具备相应资质条件的包工队中，留下严重的工程质量隐患，甚至造成重大质量事故。另一方面，承包人擅自将其承包的工程项目转包，破坏了合同关系应有的稳定性和严肃性。在建设工程合同订立过程中，发包人往往经过慎重选择，确定与其所信任并具有相应资质条件的承包人订立合同，承包人将其所承包的工程转包给他人，擅自变更合同，违背了发包人的意志，损害了发包人的利益。但需要注意的是，按照法律规定，承担连带责任必须有法律规定或合同的约定，《中华人民共和国建筑法》第六十七条第二款规定："承包单位有前款规定的违法行为的，对因转包工程或者违法分包的工程不符合规定的质量标准造成的损失，与接受转包或者分包的单位承担连带赔偿责任。"因此转包人与被转包人应就建设工程的质量对原合同发包人承担连带责任。

分包是指从事工程总承包的单位将所承包的建设工程的一部分依法发包给具有相应资质的承包单位的行为，该总承包人并不退出承包关系，其与第三人就第三人完成的工作成果向发包人承担连带责任。合法的分包须满足以下几个条件：①分包必须取得发包人的同意；②分包只能是一次分包，即分包单位不得再将其承包的工程分包出去；③分包必须是分包给具备相应资质条件的单位；④总承包人可以将承包工程中的部分工程发包给具有相应资质条件的分包单位，但不得将主体工程分包出去。《中华人民共和国合同法》第二百七十二条规定："总承包人或者勘察、设计、施工承包人经发包人同意，可以将自己承包的部分工作交由第三人完成。第三人就其完成的工作成果与总承包人或者勘察、设计、施工承包人向发包人承担连带责任。承包人不得将其承包的全部建设工程转包给第三人或者将其承包的全部建设工程肢解以后以分包的名义分别转包给第三人。"可见，工程分包是一种合法行为，而工程转包却是一种违法行为。

从营业税法的相关规定来看，工程分包和工程转包的营业税处理规定也是不一样的。2009年1月1日之后的《中华人民共和国营业税暂行条例》第五条规定："纳税人将建筑工程分包给其他单位的，以其取得的全部价款和价外费用扣除其支付给其他单位的分包款后的余额为营业额。"而在此之前的《中华人民共和国营业税暂行条例》第五条规定："建筑业的总承包人将工程分包或者转包给他人的，以工程的全部承包额减去付给分包人或者转包人的价款后的余额为营业额。"通过对比不难发现，按照目前营业税法的相关规定，纳税人将建筑工程转包给其他单位的，其计税营业额将不允许扣除减去付给转包人的价款，而是以工程转包人的全部承包额为计税营业额。这样一来，工程转包人的营业税负担较之以前会大大增加，必须慎重对待工程转包行为。

（3）合理确定安装设备价值是否作为安装工程产值的组成部分。

根据《中华人民共和国营业税暂行条例实施细则》的规定，纳税人从事安装工程作业，凡所安装的设备价值作为安装工程产值的，其营业额应包括设备的价款。这就要求建筑安装企业在从事安装工程作业时，一般不要将设备价值作为安装工程产值，可由建设单位提供机器设备，建筑安装企业只负责安装，取得的只是安装费收入，使其营业额中不包括所安装设备的价款，从而达到节税的目的。

**【案例 3-35】**

甲安装公司为某房地产开发商安装中央空调，签订的合同金额为 100 万元，其中空调价值 70 万元，安装费 30 万元。

思考：安装公司应如何进行税收筹划？

**【解析】**

甲安装公司与房地产开发商签订的安装合同金额中包含了空调的价值，此时空调的价值已构成安装工程产值的一部分，安装公司营业税的计税依据就应包含空调的价值，则：

应纳营业税额 = 100 × 3% = 3（万元）

应纳城建税及教育费附加 = 3 ×（7% + 3%）= 0.3（万元）

公司利润 = 30 - 3 - 0.3 = 26.7（万元）

但如果甲安装公司与房地产开发商商定，由开发商负责购买空调，安装公司仅负责安装，安装合同约定的安装费仍为 30 万元，此时，空调的价值不再构成安装工程产值的一部分，安装公司营业税的计税依据不再包括空调的价值，则：

应纳营业税＝30×3％＝0.9（万元）

应纳城建税及教育费附加＝0.9×（7％＋3％）＝0.09（万元）

公司利润＝30－0.9－0.09＝29.01（万元）

筹划后的公司利润较之筹划前增加了 2.31 万元。

但这里需要说明的是，安装公司如果能够利用自己的渠道和信息优势以比较低廉的价格购买到符合开发商要求的空调，也可以考虑自己购买空调并负责安装，即与开发商签订 100 万元的安装合同。假定开发商能够以 65 万元的价格购买到符合开发商所要求的空调，则其利润变为 31.7 万元［100－100×3％×（1＋7％＋3％）－65］。公司利润较之仅收取 30 万元安装费时的利润增加了 2.69 万元。

（4）承接装修业务要合理选择清包工还是全包工。

2006 年 8 月 17 日，财政部、国家税务总局联合下发《财政部、国家税务总局关于纳税人以清包工形式提供装饰劳务征收营业税问题的通知》（财税〔2006〕114 号）。该文件指出，清包工形式提供的装饰劳务是指，工程所需的主要原材料和设备由客户自行采购，纳税人只向客户收取人工费、管理费及辅助材料费等费用的装饰劳务。对于纳税人采用清包工形式提供的装饰劳务，按照其向客户实际收取的人工费、管理费和辅助材料费等收入（不含客户自行采购的材料价款和设备价款）确认计税营业额。按照财税〔2006〕114 号文件的规定，自 2006 年 8 月起，对广大的从事装修业务的建筑施工单位而言，全包工业务的计税营业额不仅包括实际收取的人工费、管理费及辅助材料款，还应当包含装修业务所使用的原材料款项，而清包工业务的计税营业额仅为装修公司实际收取的人工费、管理费及辅助材料费等费用，而不包括客户自行采购并提供工程所需的主要原材料和设备款项。从表面来看，清包工业务的计税营业额明显小于全包工业务的计税营业额，但这并不意味着清包工业务一定就是最佳选择。在装修工程承接方式的选择方面，衡量标准并不应该是税收负担的轻与重，而是应当以最终的利润或者收益作为评价的依据，如果所获得的收益或者利润较多，即使多纳税仍然是有利的。因此，确定是选择清包工还是全包工，应当比较两种方式下公司的收益或者利润，哪一种收益或者利润多就选择哪一种工程承接方式。

【案例 3-36】[①]

假设某装潢公司承接室内装修工程的一般情况为：主体材料成本占收入的比重为 X，人工、管理费及辅助材料成本占收入的比重为 Y，所承接的工程在包含材料、

① 胡俊坤. 承接装修业务：清包工还是全包工. http：//www.ctaxnews.com.cn，2007-12-29.

人工费的情况下的总收入为 100 个收入单位，其中人工费、管理费及辅助材料等项目的收入为 $Z$。假设城建税和教育费附加费税率与征收率分别为 7% 和 3%。

思考：应如何对工程的承接方式进行选择？

【解析】

采取全包工方式承接工程时，装修公司的税前收益或者利润为[①] $100-100 \times 3\% \times (1+7\%+3\%) -100 \times (X+Y)$。而采取清包工方式承接工程时，装修公司的税前收益或者利润为 $Z-Z \times 3\% \times (1+7\%+3\%) -100 \times Y$。当两种工程承接方式利润相等时，经过计算可得到如下关系式：

$$Z=100-103.41X$$

这一公式的含义是：当某一装修工程的人工费、管理费及辅助材料收入等于工程总收入减除 103.41 与主材收入比重乘积的情况下，无论是采取全包工方式，还是采取清包工方式，其税前收益或者利润在数量上是相等的。如果 $Z<100-103.41X$，则对装修公司而言，应当选择采用全包工方式承接装修工程。相反，如果 $Z>100-103.41X$，则装修公司应当选择采取清包工方式承接装修工程。比如，某公司主要材料占总体收入的比重为 50% 时，人工费、管理费等收入为 40 个收入单位，那么由于 $Z$ 为 40，小于 48.295 （$100-103.41 \times 50\%$），所以公司应当选择全包工方式。相反，如果主要材料占总体收入的比重变为 60% 时，人工费、管理费等收入仍然为 40 个收入单位，那么由于 $Z$ 为 40，大于 37.954 （$100-103.41 \times 60\%$），所以公司应当选择清包工方式。

通过上述分析不难看出，对装修公司来说，究竟是选择清包工还是全包工方式承接工程，主要取决于两个因素：其一是装修工程中人工费、管理费及辅助材料收入数额；其二是主材占包含主材情况下整个工程造价或者说总收入的比重。

不过必须注意的是，在实际工作中，承接装修业务是十分复杂的，工程承接方式并不单单取决于装修企业的筹划需要，而且还取决于消费者或者说是客户的需要，决定权在客户手中。比如，现实当中，许多客户对装饰公司购买的建筑材料质量可能信不过，往往倾向于自己购买主要原材料。因此，装修企业应当从生产经营的实际需要出发，权衡利弊，而不能只顾税收筹划问题，否则可能会得不偿失。

2. 娱乐业营业税计税依据的筹划

娱乐业的营业额为经营娱乐业收取的全部价款和价外费用，包括门票收费、台位费、点歌费、烟酒、饮料、茶水、鲜花、小吃等收费及经营娱乐业的其他各项收费。由于有些娱乐行业的营业税税率较高，娱乐业经营者应在不影响收入的前提下尽可能降低

---

① 由于两种情况下的企业所得税税率是相等的，因而我们只需要比较税前收益或者利润。

娱乐业的营业税负担。

（1）正确处理商品销售收入。

消费者在娱乐场所通常要进行烟酒、饮料、茶水、小吃等商品性消费，从理论上讲，销售上述商品应当征收增值税，但如果娱乐场所并未通过独立核算的部门对顾客销售商品，则这些商品的销售额将并入营业额一并按照娱乐业税率计征营业税。由于娱乐业的营业税率较高，商品销售额的并入无疑会加重经营者的营业税负担。因此，对于适用营业税较高税率的娱乐业，要达到节税的目的，可以把烟、酒和其他食品等销售业务分离出去，注册成立一家商业企业，专门经营烟、酒和其他食品等业务。由于经营商品的进销差价很大，可以把这个商业企业注册成增值税小规模纳税人。这样娱乐场所的应纳税额就分成了两部分：商品销售部分按3%的增值税税率缴纳增值税，娱乐收入部分按"娱乐业"税率缴纳营业税。比如，2013年3月，某歌舞厅取得的营业收入为100万元，其中有20万元是出售烟、酒和小食品所取得的收入，另外80万元属于娱乐收入。假设该歌舞厅适用的营业税税率为20%，此时，商品销售收入也一并按照"娱乐业"缴纳营业税，则其应缴纳营业税为20万元（100×20%）。为了降低营业税负担，歌舞厅可考虑注册成立一家商业企业，为增值税小规模纳税人，专门经营烟、酒和其他食品等业务。筹划后，该歌舞厅应缴纳营业税为16万元（80×20%）；该商业企业应缴纳增值税为0.583万元［20÷（1+3%）×3%］，共可少缴纳税款3.417万元（20−16−0.583）。

现在娱乐业中流行量贩式KTV，关于量贩式KTV内设超市收入如何征税，目前没有统一的政策规定，如果超市作为独立纳税人单独核算销售额，可以认定为增值税纳税人。然而有的省级税务机关明确规定，KTV内设超市收入应按娱乐业征收营业税。例如，内蒙古自治区地税局下发的《关于对量贩式KTV超市征收营业税批复》（内地税字〔2004〕105号）文件规定，在量贩式KTV内设立的超市，经营时间与KTV的营业时间相同，在KTV为顾客进行娱乐活动提供服务的同时，以向顾客销售饮料、烟酒、食品等为主，无论办理何种税务登记，均应暂按娱乐业征收营业税。因此，从事量贩式KTV经营的投资人，在企业开设初期就要与当地税务机关沟通，明确相关政策，降低涉税风险。

（2）关联业务定价的筹划。

消费者到娱乐场所消费往往不是单项的，而是接受综合性服务消费，对这些消费项目，消费者关心的是消费总额，至于单项消费金额或价格，消费者往往不太计较。假定消费者在量贩式KTV餐饮、酒水、包房消费的比例为2∶2∶6，在10 000元的消费额中，餐饮费2 000元，酒水费2 000元，包房消费6 000元，若餐饮费适用饮食业的5%税率，酒水费按小规模纳税人适用3%的税率征收增值税，包房费适用娱乐业20%的税率，则应纳流转税为1 358.25元［2 000×5%＋2 000÷1.03×3%＋6 000×20%］。如果企业进行定价筹划，提高餐饮消费和酒水消费价格，降低包房费用，将餐饮、酒水、包房消费的比例调整为3∶3∶4，在10 000元的消费额中，餐饮费3 000元，酒水费3 000元，包房消费

4 000元，则应纳流转税为 1 037.38 元（3 000×5％＋3 000÷1.03×3％＋4 000×20％）。但需要注意的是，利用关联业务定价筹划操作不能过度。例如，在量贩式 KTV 经营中如果过分提高商品销售收入或者餐饮价格，减少娱乐业收入，就会造成娱乐业收入明显偏低且无正当理由，主管税务机关有权核定娱乐业收入，并补征营业税。

3. 服务业营业税计税依据的筹划

服务业是指利用设备、工具、场所、信息或技能为社会提供服务的业务，包括代理业、旅店业、饮食业、旅游业、仓储业、租赁业、广告业和其他服务业。其主要筹划方法如下。

（1）准确划分服务业与其他业务的营业额。

根据《中华人民共和国营业税暂行条例》第三条规定："纳税人有不同税目应税行为的，应当分别核算不同税目的营业额、转让额、销售额；未分别核算营业额的，从高适用税率。"所以当纳税人有多种应税行为时，一定要分别设立明细账，分别核算营业额，分别计算税额。特别是有些纳税人会同时兼营服务业和娱乐业，而娱乐业的营业税率往往较高，这时应注意准确划分服务业和娱乐业的营业额，避免全部营业额按照娱乐业税率计征营业税。比如，A 宾馆有住宿部、餐饮部、演艺厅、练歌房等业务部。根据营业税法相关规定，住宿、餐饮收入应按"服务业"申报 5％的营业税，演艺收入应按"文化体育业"申报 3％的营业税，练歌房应按"娱乐业"申报 20％的营业税，但该宾馆财务人员对各项业务收入没有进行细分，全部计入"营业收入"账目中，统一按"服务业"申报 5％的营业税。但在次年的税务稽查中，税务机关在无法分清各项业务营业额的情况下，对 A 宾馆全部业务征收了 20％的营业税。显然，如果该宾馆能将不同业务收入分别核算，其营业税将会大大下降。

**【案例 3-37】**

美食乡餐饮公司年营业额约 300 万元。2013 年，该公司组织首届"美食文化节"，取得与美食相关的各种知识讲座、技术交流会、展览收入约 100 万元。由于公司未将"美食文化节"取得的收入与其他收入分别核算，则应纳营业税额为 20 万元 [（300＋100）×5％]。

思考：2014 年，该集团将举办第二届"美食文化节"，收入预计与 2013 年持平，应当如何筹划？

**【解析】**

餐饮公司在美食节中举办的与美食相关的各种知识讲座、技术交流会、展览活动属于"文化体育业"的范畴，如果能够将这部分收入与其他餐饮收入分别核算，则"美食文化节"取得的相关收入可按 3％税率计征营业税。因此，餐饮公司 2014 年组织"美食文化节"时，应注意将与美食相关的各种知识讲座、技术交流会、展览取得的收入与其他餐饮收入分别核算，这样其应纳营业税额将下降为 18 万元（300×5％＋100×3％）。

（2）正确理解旅游业中营业税扣除项目的相关规定。

根据《中华人民共和国营业税暂行条例》的相关规定，纳税人从事旅游业务的，以其取得的全部价款和价外费用扣除替旅游者支付给其他单位或者个人的住宿费、餐费、交通费、旅游景点门票和支付给其他接团旅游企业的旅游费后的余额为营业额。但是，纳税人从事旅游业务的营业额可扣除的项目仅指以上列举的住宿费、餐费、交通费、旅游景点门票和支付给其他接团旅游企业的旅游费。除此之外，签证费、保险费、会务费、业务招待费等其他费用均不得扣除。还需要注意的是，营业税扣除项目凭证必须合法、真实、完整。根据规定，纳税人按照规定扣除有关项目，取得的凭证不符合法律、行政法规或者国务院税务主管部门有关规定的，该项目金额不得扣除。合法有效凭证的具体要求是：支付给境内单位或者个人的款项，且该单位或者个人发生的行为属于营业税或者增值税征收范围的，以该单位或者个人开具的发票为合法有效凭证；支付的行政事业性收费或者政府性基金，以开具的财政票据为合法有效凭证；支付给境外单位或者个人的款项，以该单位或者个人的签收单据为合法有效凭证，税务机关对签收单据有疑义的，可以要求其提供境外公证机构的确认证明；国家税务总局规定的其他合法有效凭证。

（3）合理确定房产租赁中租金的结算方式。

在房产租赁中，除了房产本身的租金外，往往还会涉及其他一些费用结算（如水电费），由此会引发不同的结算方式。房产租赁业务中，比较常见的做法有以下两种：一是出租方提高租金标准，承租方不再另外支付相关费用；二是出租方收取相对较低的租金，其余相关费用由承租方另行支付。由于在第一种情况下，营业税的计税营业额相对较大，出租方可以考虑适当降低租金标准，并将相关费用交由承租方负担。

---

**【案例 3-38】**

甲公司为增值税一般纳税人，2013 年 12 月，公司将 1 000 平方米的办公楼出租给乙公司，负责供水、供电，每月供电 8 000 度，水 1 600 吨，电的购进价 0.4 元/度，水的购进价格为 1.25 元/吨，均取得增值税专用发票。双方签署一个房屋租赁合同，租金每月 150 元/平方米（含水电费）。

思考：甲公司应如何进行税收筹划？

**【解析】**

在本案例中，甲公司办公楼的月租金收入为 150 000 元（1 000×150）。公司的相关税费计算如下：

应纳营业税＝150×1 000×5％＝7 500（元）

应纳城建税和教育费附加＝7 500×（7％＋3％）＝750（元）

应纳房产税＝150×1 000×12％＝18 000（元）

由于甲公司购进的水电用于房产租赁，属于增值税的非应税项目，按照税法规定，水电费的进项税额不允许抵扣，相当于公司负担增值税 804 万元（8 000×0.4×17％＋1 600×1.25×13％）。

公司利润＝150×1 000－1 600×1.25－8 000×0.4－7 500－750－18 000－804＝117 746（元）

甲公司原来的操作方案存在两个问题：一是由于租金中包含了水电费，较高的租金提高了营业税、房产税的计税依据；而是水电费虽然取得了增值税专用发票，但却不能得到抵扣。为此公司可以考虑设计以下筹划方案：甲公司与乙公司分别签订转售水电合同、房屋租赁合同，分别核算水电收入、房屋租赁收入，分别作单独的账务处理。转售水电的价格参照同期市场价格分别确定为：电 0.6 元/度，水 1.75 元/吨。房屋租赁价格每月 142.4 元/平方米［（1 000×150－1 600×1.75－8 000×0.6）÷1 000］，当月取得租金收入 142 400 元，电费收入 4 800 元，水费收入 2 800 元。此时，甲公司的税费计算如下：

应纳营业税＝142 400×5％＝7 120（元）

应纳增值税＝8 000×0.6×17％＋1 600×1.75×13％－8 000×0.4×17％－1600×1.25×13％＝376（元）

应纳城建税和教育费附加＝（7 120＋376）×（7％＋3％）＝749.6（元）

应纳房产税＝142 400×12％＝17 088（元）

公司利润＝142 400＋4 800＋2 800－1 600×1.25－8 000×0.4－7 120－749.6－17 088＝119 842.4（元）

不难看出，筹划之后的公司利润较之原始方案中的公司利润增加了 2 096.4 元。

**4. 销售不动产和转让无形资产营业税计税依据的筹划**

根据《财政部、国家税务总局关于营业税若干政策问题的通知》（财税〔2003〕16 号文件规定，单位和个人销售或转让其购置的不动产或受让的土地使用权，以全部收入减去不动产或土地使用权的购置或受让原价后的余额为营业额；单位和个人销售或转让抵债所得的不动产、土地使用权的，以全部收入减去抵债时该项不动产或土地使用权作价后的余额为营业额。另外，根据《财政部、国家税务总局关于股权转让有关营业税问题的通知》（财税〔2002〕191 号）规定，自 2003 年 1 月 1 日起，以无形资产、不动产投资入股，与接受投资方利润分配，共同承担投资风险的行为，不征收营业税，对股权转让也不征营业税[①]。上述规定为销售不动产和转让无形资产的营业税筹划提供了较大空间。

---

① 目前，转让专利和非专利技术所有权或使用权及转让商标、商誉和著作权的行为已经由原来征收营业税改为征收增值税。

（1）将不动产销售及无形资产转让转化为股权投资。

如果将不动产直接销售或者将无形资产直接转让，通常要按照5％的税率计征营业税。在某些情况下，可以通过将这种不动产销售或无形资产转让行为转化为一种股权投资行为，进而达到节约营业税的目的。

**【案例 3-39】**

甲公司有一块土地，面积为 10 000 平方米，为获得该土地使用权支付的金额为 4 000 万元，现拟以 5 000 万元的价格将其转让给乙房地产开发公司。

思考：甲公司应如何筹划该笔交易中的营业税？

**【解析】**

根据财税〔2003〕16 号文件规定，单位和个人销售或转让其购置的不动产或受让的土地使用权，以全部收入减去不动产或土地使用权的购置或受让原价后的余额为营业额。因为转让的土地使用权未改变土地的资产形态，应按全部收入 5 000 万元减去土地使用权的购置或受让 4 000 万元后的余额为营业额。则甲公司在该笔土地使用权的转让交易中应纳营业税为 50 万元 [（5 000－4 000）×5％]。

如果甲公司不直接向乙房地产公司转让土地使用权，而是以土地使用权向乙公司投资入股，与对方风险共担、利润共享，则投资入股环节无须计征营业税，甲公司以后将股权转让出去变现时，同样也无须计征营业税。但这种筹划方案需要征得乙公司的配合，同时还需注意以后股权转让时可能面临的风险。

（2）谨慎选择不动产和无形资产的股权投资方式。

根据现行营业税法规定，单位和个人以不动产和无形资产投资入股是否征收营业税关键取决于投资方是否参与接受被投资方的利润分配和共同承担投资风险；如果投资方和被投资方风险共担、利润共享，则投资方销售不动产和转让无形资产的行为不征收营业税；如果投资方从被投资方获得固定收益，则投资方销售不动产和转让无形资产的行为应征收营业税。那么，投资方究竟是否应选择与被投资方风险共担、利益共享的投资方式？这一方面取决于投资方的风险偏好，另一方面也取决于投资方对被投资方的未来预期。总的来说，纳税人在利用不动产或无形资产投资时，应对被投资方的生产经营状况进行充分的可行性分析，如被投资方的生产经营规模、产品目前及未来销售状况、市场前景、盈利状况等。如果投资方对被投资方的未来发展前景比较乐观，可以考虑与对方风险共担、利润共享，这样可以不用缴纳投资入股环节的营业税，而且以后再转让股权也不用缴纳营业税。

（3）通过代建房巧妙规避不动产产权的转移。

对于从事代建房的房地产开发公司来说，由于其并不拥有所建房产的产权，不会涉及不动产产权的转移问题，只是根据委托代建合同获得了部分劳务收入，从而可以在一定程度上减少不必要的营业税负担。

---

**【案例 3-40】**

某投资公司下设多个子公司，其中的甲公司为房地产公司，乙公司提供房屋租赁、物业管理。2013 年乙公司为经营业务需要，准备投资兴建一写字楼，由于没有建房资质，就以甲公司的名义投资兴建，预计工程总投资 9 000 万元。由于甲公司将工程由丙公司承建，工程完工实际总价款 10 000 万元。甲公司根据丙公司建筑安装业发票作在建工程入账，甲与丙办理了工程决算手续后，又将写字楼落入乙公司名下。（假定销售不动产利润率为 12%）

思考：甲公司应如何对该项业务进行税收筹划？

**【解析】**

由于写字楼是以甲公司名义兴建的，而且，施工单位与甲公司进行结算，因此，写字楼的产权归甲公司所有。这样一来，当甲公司将写字楼落入乙公司名下时，这个过程视同甲公司销售不动产，甲公司应缴纳营业税额为 589.47 万元 [10 000 × (1 + 12%) ÷ (1 − 5%) × 5%]。

由于乙公司才是写字楼的真正需求主体，原操作方案却让甲公司额外多承担了 500 多万元的营业税。甲公司为了避免因写字楼产权转移增加营业税负担，可以考虑与乙公司签订委托代建合同，由甲公司根据乙公司的需求，从土地获取、产品设计、开发管理和工程施工全过程服务，最终将写字楼提供交付乙公司。在委托代建行为中，甲公司作为代建方，规避了写字楼的过户环节，仅需就其收取的代建劳务费按照 5% 的税率缴纳营业税即可，其营业税负大大降低。

---

但需要特别注意的是，代建行为必须满足一系列条件，具体包括：①由委托方自行立项；②不发生土地使用权或产权转移（委托建房单位具有土地使用证）；③受托方不垫付资金，单独收取代建手续费（或管理费）；④事先与委托方订有委托代建合同，并在协议中列明所收取的"代建费或者服务费"；⑤施工企业将建筑业发票全额开具给委托建房单位（原票转交）。凡不符合上述条件的代建行为，对受托方应以其收入全额按照"销售不动产"税目税率征收营业税。

---

**【案例 3-41】**

2013 年 1 月，A 房地产开发公司把本公司开发的楼房出售给买房单位后，想办法与对方签订了综合大楼代建合同，认为经过这样处理本公司就可以避开按照销售不动产的金额征收的营业税，而改为按照收取的代建手续费来缴纳营业税。A 房地产开发公司还刻意草拟了一份合同，以证明确实是代建房业务，只能按手续费纳税，而不能按"销售不动产"税目征税。另外，A 房地产开发公司还垫付了资金，施工企业将建筑业发票全额开具给 A 房地产开发公司，A 房地产开发公司按照双方确定的房屋价格另开具发票给建设单位入账。

思考：A 房地产开发公司的筹划行为是否恰当？

【解析】

对照前面提到的代建行为的基本条件不难发现，A 房地产开发公司出现了垫付资金的行为，而且也未将施工企业发票原票转交建设单位，其行为并不是真正意义上的代建，而应当视同销售不动产，应就其收入全额按照"销售不动产"税目税率缴纳营业税。

（4）合理安排不动产抵债关系。

随着经济生活的日益频繁及企业流动资金的缺乏，企业间以不动产抵债的现象也日益增多。由于不动产抵债涉及不动产权属由债务人向债权人转移，期间会涉及契税、印花税等相关税费，从而会增加债权人的支出，特别是当债权人并不真正需要这样的不动产时，如何有效处理这种不动产抵债关系显得尤为重要。

【案例 3-42】

甲企业欠乙企业货款 2 500 万元，由于甲企业发生财务困难、无力偿还该部分货款，双方商定甲企业以一幢原购置成本为 1 000 万元、账面价值为 800 万元的房产作价 2 500 万元抵偿该部分欠款，乙企业收到房产后以 2 500 万元的价格将其转让给丙企业。（假定契税税率为 3%）

思考：乙企业接受上述抵债方案是否有损失？乙企业应如何进行税收筹划？

【解析】

《财政部、国家税务总局关于营业税若干政策问题的通知》（财税〔2003〕16号）规定："单位和个人销售或转让抵债所得的不动产、土地使用权的，以全部收入减去抵债时该项不动产或土地使用权作价后的余额为营业额。"根据上述规定，甲企业将房产用于抵偿债务时，其营业税为 75 万元〔（2 500－1 000）×5%〕。乙企业收到房产后以 2 500 万元的价格将其转让给丙企业，这时乙企业房产的售价等于抵债时的房产作价，此时无须缴纳营业税。但乙企业在接受抵债的房产时需要缴纳契税 75 万元（2 500×3%）。同时乙企业还要负担房产过户中的其他部分相关税费（如印花税等）。因此，乙企业接受上述抵债方案是有损失的。

如果双方约定以该房产变现后的价款抵偿 2 500 万元的贷款、该款项在乙方控制之内并确保在收回该款项的前提下，由甲直接将上述资产转让给第三方丙企业而不经过乙方的话，则将大大降低双方的税负。假如甲方以 2 500 万元直接销售给丙企业，同时将 2 500 万元抵偿乙方 2 500 万元贷款，这时甲方的营业税为 75 万元［（2 500－1 000）×5%］。由于乙企业只是控制该笔交易而不以自己的名义进行交易，所以乙企业无须再负担契税及其他相关税费。

比较上述两种方法可知，通过税收筹划，乙企业最少可减轻税负 75 万元，同时也不会加重甲企业和丙企业的税负。

### 三、税率的筹划

#### （一）营业税税率的法律规定

营业税实行的是行业差别比例税率，见表 3-12。

**表 3-12** 营业税税率

| 税　目 | 税　率 |
|---|---|
| 建筑业 | 3% |
| 金融保险业 | 5% |
| 文化体育业 | 3% |
| 娱乐业 | 5%～20% |
| 服务业 | 5% |
| 转让无形资产 | 5% |
| 销售不动产 | 5% |

#### （二）营业税税率的筹划

1. 兼营不同税率应税劳务时应注意分别核算

《中华人民共和国营业税暂行条例》第三条规定："纳税人兼有不同税目的应当缴纳营业税的劳务（以下简称应税劳务）、转让无形资产或者销售不动产，应当分别核算不同税目的营业额、转让额、销售额（以下统称"营业额"）；未分别核算营业额的，从高适用税率。"据此规定，纳税人兼营不同税目的应税劳务、转让无形资产或销售不动产时，应注意分别核算营业额。例如，娱乐业企业在提供娱乐项目的同时还兼营旅店业、饮食业，属于兼营不同税目的应税行为，应分别核算娱乐业、饮食业和旅店业的营业额，分别按照娱乐业和服务业税率缴纳营业税，未分别核算不同应税项目的营业额，按照娱乐业的税率进行纳税；娱乐业企业经营歌厅、舞厅、台球、保龄球等不同娱乐项目的，应分别核算不同税率项目的营业额，未分别核算的，从高适用税率；大型购物中心提供购物、餐饮、娱乐、休闲等项目，应分别核算商品销售额和餐饮、娱乐项目的营业额，对商品销售额征收增值税，对餐饮、娱乐项目按各自适用税率征收营业税，若纳税人不分别核算或者不能准确核算商品销售额和餐饮、娱乐项目的营业额的，由主管税务机关核定销售额或营业额。

2. 利用幅度税率进行投资筹划

《中华人民共和国营业税暂行条例》规定，娱乐业执行 5%～20% 的幅度税率，具体适用的税率由各省、自治区、直辖市人民政府根据当地的实际情况在税法规定的幅度内决定。娱乐业是营业税中唯一适用幅度税率的行业，也是唯一由省级政府决定营业税税率的行业。从全国范围看，娱乐业在不同省份税率规定存在差异，这就为投资娱乐业的纳税人提供了税收筹划的空间。例如，广东省规定，歌厅、舞厅、卡拉 OK 歌舞厅营业税税率 15%，高尔夫球、网吧税率 10%，游艺、音乐茶座、台球、保龄球场税率 5%；辽宁省规定，歌厅、舞厅、卡拉 OK 歌舞厅、音乐茶座、游艺、网吧营业税税率 10%，高尔夫球税率 7%，台球、保龄球场税率 5%；浙江省和安徽省规定，高尔夫球营业税税率 10%，其他娱乐业税率 5%；重庆市规定，歌厅、舞厅、卡拉 OK 歌舞厅、高尔夫球、游戏机营业税税率 10%，台球、保龄球场、游艺税率 5%。由于各地娱乐业税率差异较大，纳税人在投资娱乐项目之前，应通过地税局了解当地税负情况，根据经营项目选择低税率地区设立企业，达到降低税负的目的。

当然，在追求低税率待遇的同时，投资者还应综合考虑影响娱乐业投资收益的各种因素，如各地区消费水平的差异等。只有综合考虑有关的税收因素和非税收因素，才能最终实现纳税人利益的最大化。

## 四、税收优惠的筹划

### (一) 营业税税收优惠的法律规定

1. 免征营业税的项目

根据《中华人民共和国营业税暂行条例》的规定，下列项目免征营业税。

(1) 托儿所、幼儿园、养老院、残疾人福利机构提供的育养服务，婚姻介绍，殡葬服务。

(2) 残疾人员个人提供的劳务。

(3) 医院、诊所和其他医疗机构提供的医疗服务。

(4) 学校和其他教育机构提供的教育劳务，学生勤工俭学提供的劳务。

(5) 农业机耕、排灌、病虫害防治、植物保护、农牧保险及相关技术培训业务，家禽、牲畜、水生动物的配种和疾病防治。

(6) 纪念馆、博物馆、文化馆、文物保护单位管理机构、美术馆、展览馆、书画院、图书馆举办文化活动的门票收入，宗教场所举办文化、宗教活动的门票收入。

(7) 境内保险机构为出口货物提供的保险产品。

2. 其他减征或免征营业税的项目

根据国家的其他规定，下列项目减征或免征营业税。

（1）对单位和个人从事技术转让、技术开发业务和与之相关的技术咨询、技术服务业务取得的收入，免征营业税。

（2）个人转让著作权，免征营业税。

（3）将土地使用权转让给农业生产者，免征营业税。

（4）社会团体按财政部门或民政部门规定标准收取的会费，不征收营业税。

（5）2014年1月1日至2016年12月31日，对自主就业退役士兵从事个体经营的，在3年内按每户每年8 000元为限额依次扣减其当年实际应缴纳的营业税、城市维护建设税、教育费附加、地方教育附加和个人所得税。限额标准最高可上浮20%，各省、自治区、直辖市人民政府可根据本地区实际情况在此幅度内确定具体限额标准，并报财政部和国家税务总局备案。对商贸企业、服务型企业、劳动就业服务企业中的加工型企业和街道社区具有加工性质的小型企业实体，在新增加的岗位中，当年新招用自主就业退役士兵，与其签订1年以上期限劳动合同并依法缴纳社会保险费的，在3年内按实际招用人数予以定额依次扣减营业税、城市维护建设税、教育费附加、地方教育附加和企业所得税优惠。定额标准为每人每年4 000元，最高可上浮50%，各省、自治区、直辖市人民政府可根据本地区实际情况在此幅度内确定具体定额标准，并报财政部和国家税务总局备案。

（6）2014年1月1日至2016年12月31日，对持《就业失业登记证》（注明"自主创业税收政策"或附着《高校毕业生自主创业证》）人员从事个体经营的，在3年内按每户每年8 000元为限额依次扣减其当年实际应缴纳的营业税、城市维护建设税、教育费附加、地方教育附加和个人所得税。限额标准最高可上浮20%，各省、自治区、直辖市人民政府可根据本地区实际情况在此幅度内确定具体限额标准，并报财政部和国家税务总局备案。对商贸企业、服务型企业、劳动就业服务企业中的加工型企业和街道社区具有加工性质的小型企业实体，在新增加的岗位中，当年新招用在人力资源社会保障部门公共就业服务机构登记失业一年以上且持《就业失业登记证》（注明"企业吸纳税收政策"）人员，与其签订1年以上期限劳动合同并依法缴纳社会保险费的，在3年内按实际招用人数予以定额依次扣减营业税、城市维护建设税、教育费附加、地方教育附加和企业所得税优惠。定额标准为每人每年4 000元，最高可上浮30%，各省、自治区、直辖市人民政府可根据本地区实际情况在此幅度内确定具体定额标准，并报财政部和国家税务总局备案。

（7）对从事个体经营的军队专业干部、城镇退役士兵和随军家属，自领取税务登记证之日起，3年内免征营业税。

（8）对经营公租房所取得的租金收入，免征营业税。公租房租金收入与其他住房经营收入应单独核算，未单独核算的，不得享受免征营业税税收优惠。

（9）根据国家相关规定，其他减征或免征营业税的项目。

### 3. 起征点优惠

根据《中华人民共和国营业税暂行条例实施细则》的规定，营业税的起征点如下：按期纳税的，起征点为月营业额 5 000～20 000 元；按次纳税的，起征点为每次营业额 300～500 元。不过，在实践中，各地都将起征点确定为 20 000 元。需要注意的是，营业税的起征点仅适用于个人。

另外，从 2013 年 8 月 1 日起，对小微企业中月销售额不超过 20 000 元的营业税纳税人，暂免征收营业税。在上述基础上，2014 年 9 月 17 日召开的国务院常务会议决定，自 2014 年 10 月 1 日至 2015 年底，将月销售额 2—3 万元的小微企业、个体工商户和其他个人也纳入暂免征收营业税的范围。

#### （二）营业税税收优惠的筹划

##### 1. 分别核算免税项目、减税项目的营业额

《中华人民共和国营业税暂行条例》第九条规定："纳税人兼营免税、减税项目的，应当分别核算免税、减税项目的营业额；未分别核算营业额的，不得免税、减税。"因此，当纳税人兼营免税项目和减税项目时应分别核算免税项目和减税项目的营业额。

##### 2. 合理利用营业税的起征点

由于营业税存在起征点，因此，并非个人的营业额越大，其盈利就一定越多。以起征点为 20 000 元为例，当个人预计在某个月的营业额略高于 20 000 元时，如果能够主动降低营业额至 20 000 元以内，其盈利反而可能会增加。比如，张某是一个从事饮食服务业的个体户，2014 年 3 月，预计本月的营业额约为 20 100 元，则其营业税为 1 005 元（20 100×5%）。但如果张某能够主动将其营业额减少 100 元以上，假定营业额减少至 19 999 元，则其营业税下降为零。此时，收入下降 101 元，而且营业税却下降 1005 元，节税效果非常明显。对于小微企业而言，如果其在某个月的营业额略高于 20 000 元，同样可以通过主动降低营业额获得良好的节税效果。但上述筹划思路是有一定前提的，即要求纳税人的营业额在起征点附近，如果纳税人的营业额远远高于起征点，则这种筹划方法就得不偿失了。

## 五、纳税义务发生时间的税收筹划

### （一）营业税纳税义务发生时间的法律规定

根据《中华人民共和国营业税暂行条例》的相关规定，营业税纳税义务发生时间为纳税人提供应税劳务、转让无形资产或者销售不动产并收讫营业收入款项或者取得索取营业收入款项凭据的当天；这里所称收讫营业收入款项，是指纳税人应税行为发生过程中或者完成后收取的款项。取得索取营业收入款项凭据的当天；为书面合同确定的付款

日期的当天；未签订书面合同或者书面合同未确定付款日期的，为应税行为完成的当天。营业税法对一些具体项目的纳税义务发生时间有明确的规定。比如，纳税人转让土地使用权或者销售不动产，采取预收款方式的，其纳税义务发生时间为收到预收款的当天；纳税人提供建筑业或者租赁业劳务，采取预收款方式的，其纳税义务发生时间为收到预收款的当天；纳税人将不动产或者土地使用权无偿赠送其他单位或者个人的，其纳税义务发生时间为不动产所有权、土地使用权转移的当天。

### （二）营业税纳税义务发生时间的筹划

#### 1. 适当延后营业税纳税义务发生时间

按照营业税法规定，当纳税人未签订书面合同或者书面合同未确定付款日期的，为应税行为完成的当天。因此，当营业税纳税人预计其应税行为完成时间较短而其款项在短期内难以收回的条件下，最好在书面合同中明确约定付款日期，这样可以避免其在应税行为完成的当天确认营业税纳税义务。

#### 2. 慎重收取诚意金

目前，收取"诚意金"在国内各大城市的商品房销售中被广泛运用。部分房地产开发企业为了缓解资金压力，在未取得《商品房预售许可证》的情况下，采取各种方式（申请书、承诺书、订单等）、各种名目（诚意金、VIP会员费等）收取购房准业主的款项，以部分满足开发项目建设的资金需要。房地产企业收取的"诚意金"并不需要缴纳营业税，这一点可以从以下几个方面理解：

（1）应税行为发生过程中或者完成后收取的款项，应该缴纳营业税。而房地产企业收取"诚意金"时，应税行为根本就没有发生。

（2）房地产企业预收定金的营业税纳税义务发生时间为收到定金的当天，而"诚意金"与"定金"是完全不同的两个概念。没有相关税务文件规定"诚意金"需要缴纳营业税，只有关于"定金"缴纳营业税的规定。

（3）书面合同确定的付款日期的当天，纳税人就具有了纳税义务。《城市商品房预售管理办法》第十条、《商品房销售管理办法》第十六条均明确规定，房地产开发企业预售、销售商品房需要签订书面合同。企业收取"诚意金"时，是没有签订《商品房销售合同》的，也就说不上合同确定的付款日期了。

由此可见，房地产开发企业向购房准业主收取的"诚意金"，按照营业税相关税收政策规定，是不需要缴纳营业税的。但住房和城乡建设部2010年4月13日发布的《关于进一步加强房地产市场监管完善商品住房预售制度有关问题的通知》（建房（2010）53号）明确要求，未取得预售许可的商品住房项目，房地产开发企业不得进行预售，不得以认购，预订，排号，发放VIP卡等方式向买受人收取或变相收取定金，预定款等性质的费用，不得参加任何展销活动。因此，房地产开发企业收取诚意金的前提是取得了预售许可，否则可能会受到到处罚。

---

**【案例 3-43】**[①]

某大型餐饮企业以前一直采用储值卡销售的经营方式，即客户在消费前可以提前用现金购买企业一定金额的储值卡，在实际消费时直接刷卡付款。该餐饮企业也一直将销售储值卡收到现金的当期作为营业税纳税义务发生时间，申报缴纳营业税。

2009 年 3 月，为该餐饮企业从事税务代理的注册税务师发现这一情况后，根据新修订的《中华人民共和国营业税暂行条例》及其实施细则的规定，为该企业设计了如下筹划方案：该餐饮企业在销售储值卡的同时，与购买方签订餐饮服务提供合同，在合同中不约定付款日期。这样，该餐饮企业销售储值卡取得的现金收入就可以在购买方将储值卡金额全部消费完毕后再确认营业税纳税义务发生时间，从而推迟纳税。注册税务师的筹划理由如下：该餐饮企业销售储值卡时取得的现金收入属于纳税人应税行为发生前取得的收入，取得的当时是不需要申报缴纳营业税的。同时，由于该餐饮企业销售储值卡的同时和购买方签订了餐饮服务合同，且服务合同没有约定付款日期，餐饮企业可以在应税行为完成当天纳税，即购买方将储值卡金额消费完的当期，餐饮企业才需就储值卡的全部金额申报缴纳营业税。

为谨慎起见，该餐饮企业财务经理就该筹划方案咨询了当地税务机关，税务机关给予了否定的答复。

思考：税务机关为什么给予了餐饮企业财务经理否定的答复？

**【解析】**

在本案例中有三个关键时间点需要注意，即合同签订日、应税行为开始提供日、应税行为完成日。具体分析如下：

第一，在合同签订日之前，纳税人收取的款项是不需要缴纳营业税的，因为此时营业税应税行为尚未成立。

第二，在合同签订日至应税行为开始提供日这段期间，纳税人收取的款项，除国务院财政、税务主管部门另有规定外（也就是指除新修订的《中化人民共和国营业税暂行条例实施细则》第二十五条所列举的特殊项目外），也不需要申报缴纳营业税。因为这些款项不属于纳税人应税行为发生过程中收取的，而是应税行为发生前收取的[②]。

---

[①] 彭昕宁.要准确理解营业税纳税义务发生时间.htpp://www.chinaacc.com，2009-12-10.

[②] 但是，对于《中华人民共和国营业税暂行条例实施细则》第二十五条规定的建筑业、租赁业、转让土地使用权和销售不动产项目，纳税人在合同签订日至劳务开始提供日期间收取的款项属于预收款，应按细则规定以收到预收款的当天作为纳税义务发生时间。

第三，在应税行为开始提供日至应税行为完成日这段期间，只要纳税人收到了款项就属于《中华人民共和国营业税暂行条例》第十二条规定的提供营业税应税行为并收讫营业收入款项。此时，不管是否有合同及合同如何约定，纳税义务均已发生。如果在这期间纳税人没有收到任何价款，但是双方有合同且合同约定付款日期了，则按合同约定的付款日期作为纳税义务发生时间。没有合同或合同没有约定付款日期，按应税行为提供完成当天作为纳税义务发生时间。

在本案例中，虽然该餐饮企业和购卡方签订了餐饮服务合同，合同没有约定收款时间，但是该餐饮企业在销售储值卡时已经预先收到了后期提供餐饮劳务的款项。在售卡时，应税劳务还未提供，且餐饮服务不在《中华人民共和国营业税暂行条例实施细则》第二十五条特殊规定之内，按细则规定此时不需要缴纳营业税。但是，当购卡方第一次刷卡消费后，该餐饮企业就已经根据合同规定在为购卡方提供餐饮劳务了。此时，其售卡取得的收入应属于《中华人民共和国营业税暂行条例实施细则》第二十四条规定的纳税人在应税行为发生过程中收到的款项。因此，该餐饮企业销售储值卡取得的收入应在购卡方第一次刷卡消费时全部确认为营业税应税收入，申报缴纳营业税，而不能等到整个合同履行完毕后才就售卡金额申报纳税。如果购卡方在未消费完前退卡，该餐饮企业可根据财税〔2003〕16号文件第三条第一款规定申请退还已缴税款，也可以从纳税人以后的营业额中减除。

虽然《中华人民共和国营业税暂行条例实施细则》第二十四条规定，取得索取营业收入款项凭据的当天，为书面合同确定的付款日期的当天。但是，该规定暗含了一个条件，即营业税应税行为提供方已经按合同约定如期履行了合同义务。如果纳税人根本没有履行合同义务或没有按合同约定履行规定的劳务量的，合同双方应在合同约定的付款日期前及时签订补充合同进行说明，重新约定付款日期和金额，以免增加不必要的税收负担。

## 【案例分析与讨论】

学习完前面的内容，现在我们可以对本节【案例导入】中的问题进行解答了。根据目前《中华人民共和国营业税暂行条例》的规定，纳税人将建筑工程转包给其他单位的，在计算其营业税时不允许从营业额中扣除支付给被转包人的价款。因此，X工程承包公司的计税营业额应为1 480万元，而不是80万元。这样一来，尽管X工程承包公司的取得收入仍为原来的80万元，而且其营业税的适用税率也下降为3%，但其应纳营业税额却增加为44.4万元（1 480×3%）。这种做法不仅没有减少营业税，反而使营业税增加了40.4万元。

# 第四节　关 税 筹 划

## 【案例导入】

　　李某在国外留学多年，2013 年 8 月回国探亲，打算给国内的亲友带礼物。对于礼物清单构成，李某有两种想法：瑞士表（价值 500 美元）2 块、化妆品（价值 400 美元）4 套、松下摄录一体机（价值 1 000 美元）1 台；或者选择金银首饰、项链（价值 2 000 美元）及化妆品（价值 1 600 美元）。

　　思考：

　　(1) 你认为两套清单的商品内容不同，对纳税情况会有影响吗？

　　(2) 从节省进口关税的角度，你认为该选哪套方案？请计算分析。

## 一、计税依据的筹划

### (一) 关税计税依据的法律规定

关税的计税方法有多种，其应纳税额计算有如下公式。

(1) 从价计税应纳税额。

　　　　关税税额＝进（出）口应税货物的数量×单位完税价格×适用税率

(2) 从量计税应纳税额。

　　　　　　关税税额＝应税进（出）口货物数量×单位货物税额

(3) 复合计税应纳税额。

　　　　关税税额＝应税进（出）口货物数量×单位货物税额＋应税进出口

　　　　　　货物数量×单位完税价格×适用税率

(4) 滑准税应纳税额。

　　　　　　关税税额＝应税进（出）口货物数量×单位完税价格×滑准税税率

　　不难看出，关税的计税依据主要包括应税货物数量和关税完税价格。由于应税货物的数量比较容易确定，这里重点介绍一下关税完税价格的确定。

　　在正常情况下，进口货物采用以成交价格为基础的完税价格。进口货物的成交价格，是指卖方向中华人民共和国境内销售该货物时买方为进口该货物向卖方实付、应付的，并且按照相关规定调整后的价款总额，包括直接支付的价款和间接支付的价款。根据《中华人民共和国海关审定进出口货物完税价格办法》（以下简称《完税价格办法》）规定，进口货物的成交价格应当符合下列条件：①对买方处置或者使用进口货物不予限制，但是法律、行政法规规定实施的限制、对货物销售地域的限制和对货物价格无实质性影响的限制除外；②进口货物的价格不得受到使该货物成交价格无法确定的条件或者因素的影响；③卖方不得直接或者间接获得因买方销售、处置或者使用进口货物而产生的任何收益，或者虽然有收益但是能够按照相关规定作出调整；④买卖双方之间没有特殊关系，或者虽然有特殊关系但是按照本办法第十七条、第十八条的规定未对成交价格产生影响。

以成交价格为基础审查确定进口货物的完税价格时，未包括在该货物实付、应付价格中的下列费用或者价值应当计入完税价格：

（1）由买方负担的下列费用：①除购货佣金以外的佣金和经纪费；②与该货物视为一体的容器费用；③包装材料费用和包装劳务费用。

（2）与进口货物的生产和向中华人民共和国境内销售有关的，由买方以免费或者以低于成本的方式提供，并且可以按适当比例分摊的下列货物或者服务的价值：①进口货物包含的材料、部件、零件和类似货物；②在生产进口货物过程中使用的工具、模具和类似货物；③在生产进口货物过程中消耗的材料；④在境外进行的为生产进口货物所需的工程设计、技术研发、工艺及制图等相关服务。

（3）买方需向卖方或者有关方直接或者间接支付的特许权使用费，但是符合下列情形之一的除外：①特许权使用费与该货物无关；②特许权使用费的支付不构成该货物向中华人民共和国境内销售的条件。

（4）卖方直接或者间接从买方对该货物进口后销售、处置或者使用所得中获得的收益。

对于价格不符合成交条件或成交价格不能确定的进口货物，由海关估价确定。海关估价依次使用的方法包括①相同或类似货物成交价格方法；②倒扣价格方法；③计算价格方法；④其他合理的方法。使用其他合理方法时，应当根据《完税价格办法》规定的估价原则，以在境内获得的数据资料为基础估定完税价格，但不得使用以下价格：境内生产的货物在境内的销售价格；可供选择的价格中较高的价格；货物在出口地市场的销售价格；以计算价格方法规定的有关各项之外的价值或费用计算的价格；出口到第三国或地区的货物的销售价格；最低限价或武断虚构的价格。

出口货物的完税价格由海关以该货物的成交价格为基础审查确定，并且应当包括货物运至中华人民共和国境内输出地点装载前的运输及其相关费用、保险费。出口货物的成交价格不能确定时，完税价格由海关依次使用下列方法估定：①同时或大约同时向同一国家或地区出口的相同货物的成交价格；②同时或大约同时向同一国家或地区出口的类似货物的成交价格；③根据境内生产相同或类似货物的成本、利润和一般费用、境内发生的运输及其相关费用、保险费计算所得的价格；④按照合理方法估定的价格。

### （二）关税计税依据的筹划

在关税计税依据的筹划中，关税完税价格具有较大的筹划空间，因此，下面重点介绍关税完税价格的筹划。

1. 同等条件下选择成交价格或相关费用较低的货物

根据《中华人民共和国海关法》（以下简称《海关法》）规定，进出口货物的完税价格，由海关以货物的成交价格为基础审查确定。进出口商向海关申报进口货物价格时，如果经海关审定认为符合"成交价格"的要求和有关规定，就可以此作为计算完税价格的依据，然后经海关对货价、费用和运费、保险、杂项费等项费用进行必要的调整后，即可确定其完税价格。这是我国及其他各国海关在实际工作中最基本、最常用的海关估价方法。我国进口货物一般也都按此方法确定完税价格。因此，进出口商应尽量选择同类产品中成交价格比较低，运输、保险费用相对较小的货物进口或出口，从而降低关税完税价格，达到节税的目的。

**【案例 3-44】**[①]

甲企业欲从境外引进钢结构产品自动生产线，可选择从英国或美国进口。若从美国进口，离岸价格（FOB）1 700万元。该生产线运抵我国输入地点起卸前的运费和保险费100万元，另支付由买方负担的经纪费10万元，买方负担的包装材料和包装劳务费50万元，与生产线有关的境外开发设计费用50万元。若从英国进口，离岸价格（FOB）1 600万元。该生产线运抵我国输入地点起卸前的运费和保险费120万元，另支付由买方负担的经纪费10万元，买方负担的包装材料和包装劳务费30万元，与生产线有关的境外开发设计费用100万元。关税税率均为30%，请对其进行税收筹划。

**【解析】**

若甲企业从美国引进钢结构产品自动生产线，则：

关税完税价格＝1 700＋100＋10＋50＋50＝1 910（万元）

应纳关税＝1 910×30%＝573（万元）

应纳增值税＝（1 910＋573）×17%＝422.11（万元）

若甲企业从英国引进钢结构产品自动生产线，则：

关税完税价格＝1 600＋120＋10＋30＋100＝1 860（万元）

应纳关税＝1 860×30%＝558（万元）

应纳增值税＝（1 860＋558）×17%＝411.06（万元）

从英国引进钢结构产品自动生产线比从美国引进少缴关税15万元（573－558），少缴增值税11.05万元（422.11－411.06），因此，应当从英国引进钢结构产品自动生产线。

2. 由海关估定稀缺商品的关税完税价格

根据《海关法》规定，当进出口货物的价格不符合成交价格条件或者成交价格不能确定的，应由海关估定关税完税价格。对于一般进口货物，国内、国外市场均有参考价

---

① 梁文涛. 关税的税务筹划探讨［J］. 财政监督，2009（22）. 39-40

格，其税收筹划的空间不大，但对于稀缺商品，如高新技术、特种资源、新产品等，由于这些产品没有确定的市场价格，而其预期的市场价格一般要远远高于市场类似产品的价格，也就为进口完税价格的申报留下了较大的税收筹划空间，企业可以用市场类似产品的价格来进行申报，从而通过降低完税价格来降低关税。

【案例 3-45】

美国的 A 公司开发出一种高新技术产品，这种新产品刚刚走出实验室，其确定的市场价格尚未形成，但开发商预计此种产品进口到中国国内市场上的售价将达到 150 万美元，而类似产品的市场价格仅为 100 万美元，假定关税税率为 30%。

思考：当进口商从美国进口这种高新技术产品时应如何进行关税筹划？

【解析】

由于这种高新技术产品确定的市场价格尚未形成，当进口商向海关申报进口时，可以按照 80 万美元申报。因为这是一种刚刚研制开发出来的新品种，当海关工作人员认为其完税价格为 80 万美元合理时，即可征税放行，此时进口商需申报缴纳的关税为 24 万美元（80×30%）。当海关认为进口商申报的价格不合理时，就会对这种进口新产品的完税价格进行估定。在估定完税价格时，如果采用类似货物成交价格法，该产品的完税价格很有可能被估定为 100 万美元，此时进口商需申报缴纳的关税 30 万美元（100×30%）。这样一来，这种高新技术产品的关税负担会得以大幅下降。

3. 通过转让定价适当压低关税完税价格

当国内企业从境外关联企业进口相关产品时，可以在允许的范围内适当压低成交价格，这样可在一定程度上通过降低关税完税价格减轻关税负担。美国的甲公司是中国乙公司的总公司，甲公司控制乙公司 100% 的股权。甲公司对乙公司销售一批零件，由乙公司加工后在中国大陆地区出售。甲公司零部件生产成本为 50 万元，甲公司对乙公司按正常价格销售产品收入为 100 万元，但甲公司却以 75 万元的价格将零件卖给乙公司。不考虑其他因素，假设该产品关税税率为 20%，售价即为关税完税价格。按正常价格计算，甲公司应纳关税 20 万元（100×20%）。通过转让定价的税收筹划，甲公司实际交纳关税 15 万元（75×20%）。通过转让定价，甲公司少缴纳关税 5 万元（20−15）。

需要注意的是，当进口商进口商品用于国内销售时，不仅需要向海关缴纳关税，还需要向国内的税务机关缴纳企业所得税。这时，关税的计税依据是关税完税价格，而企业所得税准予扣除的项目是存货成本，按照《中华人民共和国企业所得税法》的规定，存货的计税基础是：通过支付现金方式取得的存货，以购买价款和支付的相关税费为成本；通过支付现金以外的方式取得的存货，以该存货的公允价值和支付的相关税费为成本。如果进口商想少缴税，他的策略是关税的完税价格，即报关进口时的价格越低越好，这样可以少缴关税；而存货成本却被"筹划"得越高越好，因为这样可以减少应纳税所得额，少缴企业所得税。因此，关联企业通过转让定价筹划关税时还需考虑其对企业所得税的影响，特别是进口国的企业所得税税率高于出口国的所得税税率时更是如此。

4. 在进出口货物的价款中单独列明相关税收和费用

根据《中华人民共和国海关审定进出口货物完税价格办法》第十五条规定，进口货物的价款中单独列明的下列税收、费用，不计入该货物的完税价格：①厂房、机械或者设备等货物进口后发生的建设、安装、装配、维修或者技术援助费用，但是保修费用除外；②进口货物运抵中华人民共和国境内输入地点起卸后发生的运输及其相关费用、保险费；③进口关税、进口环节海关代征税及其他国内税；④为在境内复制进口货物而支付的费用；⑤境内外技术培训及境外考察费用。同时符合下列条件的利息费用不计入完税价格：①利息费用是买方为购买进口货物而融资所产生的；②有书面的融资协议的；③利息费用单独列明的；④纳税义务人可以证明有关利率不高于在融资当时当地此类交易通常应当具有的利率水平，且没有融资安排的相同或者类似进口货物的价格与进口货物的实付、应付价格非常接近的。此外，根据《中华人民共和国海关审定进出口货物完税价格办法》第四十条规定，下列税收、费用不计入出口货物的完税价格：①出口关税；②在货物价款中单独列明的货物运至中华人民共和国境内输出地点装载后的运输及其相关费用、保险费。

因此，当进出口商发生上述规定中涉及的相关税费时，应尽可能在货物价格中单独列明，这样可以因其不计入关税完税价格而降低关税负担。

## 二、税率的筹划

### （一）关税税率的法律规定

进口关税设置最惠国税率、协定税率、特惠税率、普通税率、关税配额税率等税率。对进口货物在一定期限内可以实行暂定税率。出口关税设置出口税率。对出口货物在一定期限内可以实行暂定税率。

需要注意的是，进口货物所适用的税率类型主要取决于货物的原产地。原产于共同适用最惠国待遇条款的世界贸易组织成员的进口货物，原产于与中华人民共和国签订含有相互给予最惠国待遇条款的双边贸易协定的国家或者地区的进口货物，以及原产于中华人民共和国境内的进口货物，适用最惠国税率。原产于与中华人民共和国签订含有关税优惠条款的区域性贸易协定的国家或者地区的进口货物，适用协定税率。原产于与中华人民共和国签订含有特殊关税优惠条款的贸易协定的国家或者地区的进口货物，适用特惠税率。原产于其他国家或者地区的进口货物，以及原产地不明的进口货物，适用普通税率。

**（二）关税税率的筹划**

1. 充分利用原材料、零部件与产成品的关税税率差异

原材料、零部件与成品的关税税率相比，原材料和零部件的关税税率最低，半成品次之，产成品的税率最高。企业在条件允许的情况下，可以考虑先进口原材料和零部件，加工生产成自己所需的产成品，从而降低关税税负。

**【案例 3-46】**

中国巨大的汽车消费市场引起了各国汽车生产企业的广泛关注。德国汽车生产企业 A 打算进军中国市场，提出了以下两种方案。

方案 I：在中国设立一家销售子公司 B，通过转让定价压低汽车进口的价格，节省关税。

方案 II：在中国设立一家组装兼销售子公司 C，通过国际间转让定价，压低汽车零部件的进口价格，节省关税。

假定 B 公司每年从 A 企业购买 20 000 辆小轿车，每辆小轿车的完税价格为 20 万元，在中国境内的销售价格为每辆 40 万元（不含税），假定适用进口环节的关税税率为 25%，消费税税率为 12%，增值税税率为 17%。C 公司进口一辆汽车的全套零部件的关税完税价格为 15 万元，每年同样可组装 20 000 辆，在境内的销售价格为每辆 35 万元（不含税），散装零部件进口环节关税税率为 10%，C 公司每辆车的组装成本为 2 万元[①]。

思考：A 企业应选择哪种方案？

**【解析】**

在方案 I 中，B 公司每年从 A 企业购买 20 000 辆小轿车，则其在进口环节的税收情况如下：

应纳关税＝20×20 000×25%＝100 000（万元）

应纳消费税＝［（20×20 000＋100 000）÷（1－12%）］×12%＝68 181.8（万元）

应纳增值税＝［（20×20 000＋100 000）÷（1－12%）］×17%＝96 590.9（万元）

在境内销售汽车时：

销项税额＝40×20 000×17%＝136 000（万元）

应纳税额合计＝100 000＋68 181.8＋（136 000－96 590.9）＋96 590.9＝304 181.8（万元）

---

① 为了简化分析，本案例没有考虑 B 公司和 C 公司的间接费用。

企业的综合税负率＝304 181.8÷（40×20 000）＝38.0％

B 公司的年利润＝40×20 000－20×20 000－100 000－68 181.8＝231 818.2（万元）

在方案Ⅱ中，C 公司每年购买组装 20 000 辆汽车所需的零部件，则其在进口环节的税收情况如下：

应纳关税＝15×20 000×10％＝30 000（万元）

应纳增值税＝（15×20 000＋30 000）×17％＝56 100（万元）

C 公司在境内销售组装的汽车时，其税收情况如下：

应纳消费税＝35×20 000×12％＝84 000（万元）

销项税额＝35×20 000×17％＝119 000（万元）

应纳税额合计＝30 000＋84 000＋（119 000－56 100）＋56 100＝233 000（万元）

企业的综合税负率＝233 000÷（35×20 000）＝33.3％

C 公司的年利润＝35×20 000－15×20 000－30 000－84 000－2×20 000＝246 000（万元）

无论是从税负还是利润的角度来看，方案Ⅱ较方案Ⅰ更佳。此外，方案Ⅱ与方案Ⅰ相比还有其他许多优点，如转让定价更容易操作，可以充分利用中国较为低廉的劳动力，及更容易搜集市场需求信息等。

**2. 合理安排货物的原产地**

我国对产自不同国家和地区的进口货物适用不同的税率。关于原产地的确认，我国基本上采用了"全部产地生产标准"和"实质性加工标准"两种国际上通用的原产地标准。前者是指对于完全在一个国家内生产或制造的进口货物，其生产或制造国就是该货物的原国。后者是指经过几个国家加工、制造的进口货物，以最后一个对货物进行经济上可以视为实质性加工的国家作为有关货物原产国。这里所说的实质性加工是指产品经过加工后，在《海关税则》中已不按原有的税目税率征税，而应归入另外的税目征税，或者其加工增值部分所占新产品总值的比例已经超过 30％以上的。两个条件具备一项，即可视为实质性加工。此外，需指明的是，对机器、仪器或车辆所用零件、部件、配件、备件及工具，如与主件同时进口而且数量合理，其原产地按全件的原产地予以确定；如果分别进口的，应按其各自的原产地确定。

实质性加工标准提供了避税的可能。就实质性加工的第一个条件而言，从税收角度来看，重要的是它必须表现为税目税率的改变。从另外一条件来说，就是"加工增值部分所占新产品总值的比例已经超过 30％以上"。企业在对关税进行筹划时，应考虑能构成实质性加工的两个条件。比如，A 汽车股份有限公司是一家全球性的跨国公司，主要经营业务是研究生产各种型号的轻型轿车，其业务遍布全球。该公司在东南亚等地设有较多子公司，新加坡的子公司生产仪表，中国台湾地区的子公司生产汽车轴承和发动机，菲律宾生产阀门，马来西亚生产轮胎，越南供应玻璃，等等。随着中国改革开放的进一步深入，中国国内汽车市场日益发展壮大，对 A 汽车公司产生了巨大的诱惑力。但中国的关税税率太高，高额的关税会使汽车在进口到中国以后，在价廉质优的丰田、大众面前毫无竞争优势可言。公司董事会组织临时会议，一致认为应在新加坡组建一总装配厂，由各子公司提供原配件，经组装后的成品从新加坡销往中国。理由是中国和新加坡签有关税互惠协议，产品在新加坡经过实质性加工后可以在进口时享受优惠关税。如果企业已经选择了一个非常有利于节税的国家和地区，在那里建立了总装配厂，可是总装配厂的加工增值部分在技术和价值含量上仅占产品总值的 25%，达不到 30% 的标准，这时筹划就更具必要性。一般来说，不用扩大生产规模、加大技术比重，可以运用转让定价，降低其他地区的零部件的生产价格，问题就可以解决了。

3. 合理选购国外商品

根据《中华人民共和国进出口关税条例》规定，进境物品的关税及进口环节海关代征税合并为进口税，由海关依法征收。目前，进口税税率共设为四档，分别为 10%、20%、30% 和 50%，见表 3-13。

表 3-13　　　　　中华人民共和国进境物品进口税税率表（2011 年修订）

| 税号 | 税率（%） | 物品名称 |
|---|---|---|
| 1 | 10 | 书报、刊物、教育专用电影片、幻灯片、原版录音带、录像带、金银及其制品、计算机，视频摄录一体机，数字照相机等信息技术产品、照相机、食品、饮料、本表税号 2、3、4 税号及备注不包含的其他商品 |
| 2 | 20 | 纺织品及其制成品、电视摄像机及其他电器用具、自行车、手表、钟表（含配件、附件） |
| 3 | 30 | 高尔夫球及球具、高档手表 |
| 4 | 50 | 烟、酒、化妆品 |

由于我国税法对烟、酒、化妆品、金银及其制品、纺织品和制品、电器用具、手表、照相机、录像机等关税税率的规定差异很大，所以可以选择购买税率较低的外国商品，以达到降低进口关税的目的。

【案例 3-47】

假定欧阳先生在欧洲度假归来欲购买礼物送给一位朋友，欧阳先生可以选择购买高档手表，其价格为 8 000 元，进口税率为 30%；也可以选择购买某知名品牌洋酒，其价格也为 8 000 元，进口关税税率为 50%。请对其进行纳税筹划。

【解析】

如果欧阳先生购买高档手表作为礼物，则其应纳关税为 2 400 元（8 000×30%）。

如果欧阳先生购买品牌洋酒作为礼物，则其应纳关税为 4 000 元（8 000×50%）。

因此，从税负的角度看，欧阳先生应购买高档手表为宜。

### 三、关税纳税时间的筹划

#### （一）关税纳税时间的法律规定

根据《中华人民共和国进出口关税条例》规定，进口货物的纳税义务人应当自运输工具申报进境之日起 14 日内，出口货物的纳税义务人除海关特准的外，应当在货物运抵海关监管区后、装货的 24 小时以前，向货物的进出境地海关申报。纳税义务人应当自海关填发税款缴款书之日起 15 日内向指定银行缴纳税款。纳税义务人未按期缴纳税款的，从滞纳税款之日起，按日加收滞纳税款万分之五的滞纳金。如关税缴纳期限的最后一日是周末或法定节假日，则关税缴纳期限顺延至周末或法定节假日过后的第一个工作日。为了方便纳税义务人，经海关同意，进（出）口货物的纳税义务人可以在设有海关的指运地（启运地）办理海关申报、纳税手续。关税纳税义务人因不可抗力或者在国家税收政策调整的情形下，不能按期缴纳税款的，经海关批准，可以延迟缴纳税款，但最长不得超过 6 个月。

#### （二）关税纳税时间的筹划

对于一家进出口企业，特别是长期进行大批量进出口业务的企业来说，其巨额的资金周转对时间占用提出了特殊的要求。公司应充分利用关税纳税时间的相关规定进行筹划，尽量使其关税缴纳期限的最后一日是周末或法定节假日，这样可以延迟公司占用税款的时间。

### 【案例分析与讨论】

学习完前面的内容，现在可以对本节【案例导入】中的问题进行解答了。由于不同物品适用的进口税率存在差异，因此，不同商品组合的纳税情况会有所不同。具体来看，瑞士表适用进口税税率为 20%，化妆品适用的进口税税率为 50%，摄录一体机适用的进口税税率为 10%，因此，如果李某购买瑞士表（价值 500 美元）2 块、化妆品（价值 400 美元）4 套、松下摄录一体机（价值 1 000 美元）1 台，同时假定美元兑人民币汇率为 1∶6.2，则李某应缴纳的进口税为 6 820 元（500×2×20%×6.2+400×4×50%×6.2+1 000×10%×6.2）。另外，金银首饰、项链适用的进口税率为 10%，因此，如果李某购买金银首饰、项链（价值 2 000 美元）及化妆品（价值 1 600 美元），同时假定美元兑人民币汇率为 1∶6.2，则李某应缴纳的进口税为 6 200 元（2 000×10%×6.2+1 600×50%×6.2）。可见，相同价值的商品组合，由于里面的商品内容不同，其负担的进口税也会存在差异。

---

## 本章小结

　　增值税是我国第一大税种，它是对在中华人民共和国境内销售货物，进口货物，提供加工、修理修配劳务及其他应税服务的单位和个人征收的一种税。当前，我国正在进行"营改增"试点改革，交通运输业、邮政通信业及部分现代服务业已经纳入"营改增"试点改革范围，今后一定时期内，将陆续有更多的行业加入"营改增"的行列。我国对增值税一般纳税人和小规模纳税人实行了不同的征税管理办法，前者可以实行税款抵扣制度，后者适用简易征税办法。增值税的筹划重点包括纳税人筹划、计税依据筹划、税率筹划、纳税义务发生时间筹划和税收优惠筹划。在对纳税人身份进行筹划时，比较常用的方法是无差别平衡点增值率法。计税依据筹划的切入点主要包括销售方式的筹划、销售价格的筹划、采购对象的筹划、进项税额抵扣时间的筹划、采购时间的筹划、采购结算方式的筹划、进项税额核算方式的筹划等。当纳税人兼营不同税率的货物或应税劳务和服务时，应当注意分别核算，否则会从高适用税率。增值税的税收优惠政策较多，纳税人应充分了解税收优惠政策的内容及其所需要的条件，力求优惠政策的价值能够得以最大化。

　　消费税是在对商品普遍课征增值税的基础上针对特定的消费品征收的一种流转税。与增值税相比，消费税的课税范围相对较窄，而且实行单一环节课税，但消费税的计税方法呈现多样化特点，包括从价定率、从量定额和复合计税三种方法。消费税的筹划可从纳税人、计税依据、税率、课税环节及纳税义务发生时间等多个角度入手。其中，对消费税纳税人的筹划策略主要包括三个方面：一是避免成为消费税纳税人；二是准确区分消费税纳税人的身份；三是合理合并消费税纳税人。对计税依据的筹划是消费税筹划的重点所在。该节共涉及七个方面：设立独立核算销售部门通过转让定价对外销售应税消费品；合理确定产品销售价格；选择合理的应税消费品加工方式；通过降低成本减少自产自用应税消费品的计税价格；包装物的消费税筹划；纳税人用于换取生产资料和消费资料、投资入股和抵偿债务等方面的应税消费品消费税的筹划；外币结算方式的筹划。在进行税率筹划时，应充分考虑消费税税率的特点，主要的筹划策略包括：分别核算不同税率应税消费品的销售额；"先包装后销售"改为"先销售后包装"；对不同等级的应税消费品制定不同的价格；生产销售适用低税率的应税消费品。由于某些消费税的税率与其销售价格息息相关，因此，计税依据的筹划和税率的筹划应当统筹考虑。改变消费税纳税义务发生时间虽然不能实现绝对节税，但可以达到延期纳税的效果。

　　营业税原本也是一个比较重要的税种，但由于我国正在进行"营改增"改革试点，并且此项改革很有可能在"十二五"期末得以全面完成，因此，营业税的课税范围将会越来越窄。目前，在学习营业税筹划过程中，重点掌握营业税计税依据的筹划、税率的筹划和纳税义务发生时间的筹划。在计税依据的筹划中，重点关注建筑业、娱乐业、服务业、销售不动产和转让无形资产营业税计税依据的筹划。由于不同行业的营业税税率不尽相同，因此，企业在兼营不同税率的应税劳务时应注意分别核算，避免从高适用税率。营业税的纳税义务发生时间与增值税和消费税有所不同，在筹划过程中必须注意营业税法对营业税纳税义务发生时间的具体规定。

关税主要是对进出境的货物或物品征收的一种流转税。关税筹划最主要的切入点是关税计税依据的筹划，尤其是关税完税价格的筹划。一般来说，在关税完税价格的筹划中，比较常用的策略是：同等条件下选择成交价格或相关费用较低的货物；由海关估定稀缺商品的关税完税价格；通过转让定价适当压低关税完税价格；在进出口货物的价款中单独列明相关税收和费用。在关税税率的筹划中，应注意把握以下三个要点：一是充分利用原材料、零部件与产成品的关税税率差异；二是合理安排货物的原产地；三是合理选购国外商品。

---

## 思考与练习

### 一、思考题

1. 如何运用无差别平衡点增值率法进行增值税纳税人身份的筹划？

2. 增值税纳税人在选择一般纳税人或小规模纳税人身份时应注意什么？

3. 在委托代销中，视同买断代销和支付手续费代销两种方式的税务处理有何不同？

4. 一般纳税人选择采购方的筹划原理是什么？

5. 利用优惠政策进行增值税筹划时应注意哪些事项？

6. 如何对增值税的纳税义务发生时间进行筹划？

7. 通过合并消费税纳税人进行消费税筹划时应注意哪些事项？

8. 消费税纳税人通过设立销售部门进行消费税筹划时应把握的要点有哪些？

9. 包装物的消费税筹划有哪些方法？

10. 如何利用委托加工方式进行消费税筹划？

11. 如何利用消费税税率的特点对消费税进行筹划？

12. 建筑劳务和装饰劳务营业税筹划的要点是什么？

13. 安装劳务应如何进行营业税筹划？

14. 装饰劳务营业税筹划的要点是什么？

15. 娱乐业营业税计税依据如何筹划？

16. 服务业营业税计税依据如何筹划？

17. 利用不动产和无形资产对外投资时应如何进行税收筹划？

18. 如何通过代建房进行营业税筹划？

19. 不动产抵债时的营业税筹划思路是什么？

20. 营业税税率筹划的技术要点是什么？

21. 如何利用营业税的税收优惠进行筹划？

22. 如何对营业税的纳税义务发生时间进行筹划？

23. 简述进口货物完税价格的纳税筹划思路。

24. 如何利用关税纳税时间进行税收筹划？

**二、练习题**

1. 某苦瓜茶厂系增值税小规模纳税人，适用征收率为 3%。2013 年，该苦瓜茶厂为了在该市茶叶市场上打开销路，与一家知名度较高的茶叶商店协商，委托茶叶店（以下简称"茶庄"）代销苦瓜茶。在洽谈中，他们遇到了困难：该茶庄为增值税一般纳税人，适用增值税税率为 13%。由于苦瓜茶厂为小规模纳税人，不能开具增值税专用发票，这样，苦瓜茶厂的增值税税负将达到 13%。现在双方有以下两种方案可供选择。

方案 I：苦瓜茶厂以每千克 500 元的价格（含税）委托茶庄代销，茶庄再以每千克 800 元的价格（含税）对外销售，其差价作为代销手续费。（预计每年销售 500 千克苦瓜茶）

方案 II：茶庄与茶厂签订租赁合同，茶厂直接在茶庄销售苦瓜茶，仍按价差 103 982.30 元 [500×800÷（1+13%）－500×500] 作为租赁费支付给茶庄。

要求：试分析上述两种方案对茶厂和茶庄收益的影响。

2. 某牛奶公司是增值税一般纳税人，该公司的进项税额主要包括两个部分：一是向农民个人收购草料，可以抵扣 13% 的进项税额；二是公司水电费和修理费用配件等，按规定可以抵扣进项税额。与销项税额相比，这两部分进项税额数额较小，致使公司增值税税负较高。为了减轻税负，公司采取了筹划方案：将整个生产流程分成饲养场和牛奶制品加工厂，饲养场和牛奶加工场均实行独立核算。分开后饲养场属于农产品生产单位，奶制品加工厂从饲养场购买牛奶（可抵扣 13% 的进项）。实施方案前，假定 2013 年从农民生产者手中购入的金额为 100 万元，其他水电费、修理配件等进项税额 8 万元，全年奶制品收入 500 万元。实施方案后，饲养场销售给奶制品厂的鲜奶售价为 350 万元，其他资料不变。

请问：企业筹划方案起到节税作用的是什么？实施方案后比实施方案前节省了多少增值税税额？筹划过程中应注意什么问题？

3. 某公司既生产经营粮食白酒，又生产经营药酒，两种产品的消费税税率分别为 20% 加 0.5 元/500 克（或者 500 毫升）、10%。2012 年，粮食白酒的销售额为 200 万元，销售量为 5 万千克，药酒销售额为 300 万元，销售量为 4 万千克，但该公司没有分别核算。2013 年，该公司的生产经营状况与 2012 年基本相同，现在有两种方案可供选择。

方案 I：统一核算粮食白酒和药酒的销售额。

方案Ⅱ：分别核算粮食白酒和药酒的销售额。

请问：从节税的角度出发，应当选择哪套方案？

4. 某焰火厂生产一批焰火共 10 000 箱，每箱价值 200 元，其中包含包装物价值 15 元，焰火的消费税税率为 15%，该厂有两套销售方案可供选择。

方案Ⅰ：按照每箱 200 元价格销售。

方案Ⅱ：按照 185 元的价格销售，收取 15 元押金。

请问：从节税角度出发，该企业应当选择哪套方案？

5. 某酒厂接到一笔粮食白酒订单，合同议定销售价格（不含增值税）1 000 万元，如何组织生产该批白酒，共有三种方案可供选择。

方案Ⅰ：委托加工成酒精，然后由本厂生产成白酒。

该酒厂可以价值 250 万元的原材料委托 A 厂加工成酒精，加工费支出 150 万元，加工后的酒精运回本厂后，再由本厂加工成白酒，需要支付人工及其他费用 100 万元。

方案Ⅱ：委托 A 厂直接加工成白酒收回后直接销售。

该酒厂将价值 250 万元的原材料交 A 厂加工成白酒，需支付加工费 220 万元。产品运回后仍以 1 000 万元的价值出售。

方案Ⅲ：由该厂自己完成该白酒的生产过程。

由该厂自己生产，需支付人工及其他费用 220 万元。

要求：根据以上材料，请设计出相应的筹划方案。[酒精消费税税率 5%；粮食白酒消费税税率 20%，0.5 元/500 克（或者 500 毫升）]

6. 房地产企业甲公司于 2013 年 10 月开发了一幢写字楼，公司售楼部与该市某商业大厦签署了购房合同，合同规定：甲公司将写字楼的第一至第二层共计 5 000 平方米的经营用房，按照商业大厦的要求进行装修后再销售给商业大厦，每平方米售价 6 000 元，合计 3 000 万元。甲公司将装修工程承包给乙装饰公司，总承包金额为 1 200 万元。甲、乙两家公司的应纳税额计算如下：

甲公司应纳营业税＝3 000×5%＝150（万元）

甲公司应纳城建税和教育税附加＝150×（7%+3%）＝15（万元）

甲公司应纳税费合计＝150+15＝165（万元）

乙公司应纳营业税＝1 200×3%＝36（万元）

乙公司应纳城建税和教育税附加＝36×（7%+3%）＝3.6（万元）

乙公司应纳税费合计＝36+3.6＝39.6（万元）

请问：对于上述业务，可否换一种方式，如由乙公司和商业大厦直接签订装修合同，乙公司按照 1 200 万元的价格把发票直接开给商业大厦，甲公司再按照 1800 万元的价格给商业大厦开具售房发票，这样甲公司会节省税费吗？

7. 一家钢铁企业，需要进口 100 万吨铁矿石，可供选择的进货渠道中有两家：一是澳大利亚，一是加拿大。澳大利亚的铁矿石品位较高，价格为 20 美元 1 吨，运费 60 万美元；加拿大的铁矿石品位较低，价格为 19 美元 1 吨，但运杂项费用高达 240 万美元，暂不考虑其他条件。

请问：应该选择哪一个国家进口铁矿石？

## 参考文献

[1] 朱佳谊. 白酒类生产企业消费税筹划策略 [J]. 财会通讯（中）（综合版），2011（7）：140.

[2] 崔海霞. 浅谈消费税的纳税筹划 [J]. 会计之友，2009（5）：89-90.

[3] 申嫦娥. 消费税筹划中的平衡点分析 [J]. 财会学习，2011（9）：56-57.

[4] 计金标. 税收筹划 [M]. 5 版. 北京：中国人民大学出版社，2014.

[5] 梁俊娇. 税收筹划 [M]. 北京：中国人民大学出版社，2009.

[6] 盖地. 税务筹划学 [M]. 北京：中国人民大学出版社，2009.

[7] 黄凤羽. 税收筹划：策略、方法与案例 [M]. 2 版. 大连：东北财经大学出版社，2011.

[8] 中国注册会计师协会. 税法 [M]. 北京：经济科学出版社，2013.

[9] 郭淑荣. 纳税筹划 [M]. 成都：西南财经大学出版社，2011.

[10] 朱亚平，黄超平，赵建群. 税务筹划 [M]. 长沙：湖南师范大学出版社，2013.

[11] 李英. 固定资产折旧对企业所得税的影响 [J]. 财会通讯，2010（19）：60-61.

[12] 杨志清. 税收筹划案例分析 [M]. 2 版. 北京：中国人民大学出版社，2010.

[13] 张佩璐. 营业税税务筹划方法研究 [J]. 财会通讯，2010（11）：140-141.

[14] 彭昕宁. 要准确理解营业税纳税义务发生时间. http://www.chinaacc.com，2009-12-10.

[15] 胡俊坤. 承接装修业务：清包工还是全包工. http://ctaxnews.com.cn，2007-12-29.

# 第四章　所得税类筹划

【学习目标】

通过本章的学习，熟悉企业所得税法和个人所得税法的基本规定，在此基础上，掌握企业所得税和个人所得税纳税人、计税依据、税率及税收优惠的筹划方法和注意事项。

【学习重点】

企业所得税计税依据和税收优惠的筹划及个人所得税计税依据的筹划。

## 第一节　企业所得税筹划

【案例导入】

A公司是一家电子设备制造商，员工50人，资产总额500万元，2013年12月初准备与某公司签订一项专利权转让合同，将其拥有的某项专利转让给对方，转让费为400万元，合同规定于12月31日支付全部款项。A公司为微利企业，2012年的盈利为2万元，2013年如果没有该转让收入，盈利约为7万元。A公司采用按季预交（按上年应纳税所得额的1/4预交）、年终汇算清缴方式缴纳企业所得税。税务顾问余某在审查合同时提出，应当将付款日期改为2014年1月1日。

思考：A公司的税务顾问为何建议A公司将转让费的收款时间由2013年12月31日改为2014年1月1日？这种做法对A公司的企业所得税有何影响？

### 一、纳税人的筹划

#### （一）企业所得税纳税人的法律规定

在中华人民共和国境内，企业和其他取得收入的组织（以下统称"企业"）为企业所得税的纳税人。个人独资企业、合伙企业不是企业所得税的纳税人。

缴纳企业所得税的企业分为居民企业和非居民企业，分别承担不同的纳税责任。居民企业是指依法在中国境内成立，或者依照外国（地区）法律成立但实际管理机构在中国境内的企业。非居民企业，是指依照外国（地区）法律成立且实际管理机构不在中国境内，但在中国境内设立机构、场所的，或者在中国境内未设立机构、场所，但有来源于中国境内所得的企业。居民企业和非居民企业承担的纳税义务是不相同的。前者承担的是无限纳税义务，就其来源于中国境内、境外的所得缴纳企业所得税。后者承担的是有限纳税义务，具体来说，非居民企业在中国境内设立机构、场所的，应当就其所设机构、场所取得的来源于中国境内的所得，以及发生在中国境外但与其所设机构、场所有实际联系的所得，缴纳企业所得税；非居民企业在中国境内未设立机构、场所的，或者虽设立机构、场所但取得的所得与其所设机构、场所没有实际联系的，应当就其来源于中国境内的所得缴纳企业所得税。

### （二）企业所得税纳税人的筹划

1. 合理选择企业的组织形式

根据市场经济的要求，现代企业的组织形式按照财产的组织形式和所承担的法律责任划分，通常分为个人独资企业、合伙制企业和公司制企业。在我国，不同类型企业的特点和税收待遇存在较大差异，具体说明如下：

（1）个人独资企业。个人独资企业是依照《中华人民共和国个人独资企业法》在中国境内设立，由一个自然人投资，财产为投资人个人所有，投资人以其个人财产对企业债务承担无限责任的的经营实体。个人独资企业具有以下特征：由一个自然人投资；投资人对企业的债务承担无限责任；内部机构设置简单，经营管理方式灵活；属于非法人企业。从 2000 年 1 月 1 日起，个人独资企业每一纳税年度的收入总额减除成本、费用及损失后的余额，作为投资者个人的生产、经营所得，比照个人所得税法的"个体工商户的生产经营所得"应税项目，适用 5%～35% 的五级累进税率，计算征收个人所得税。

（2）合伙制企业。在我国，合伙企业是指自然人、法人和其他组织依照《中华人民共和国合伙企业法》在中国境内设立的普通合伙企业和有限合伙企业。普通合伙企业由普通合伙人组成，合伙人对合伙企业债务承担无限连带责任。《中华人民共和国合伙企业法》对普通合伙人承担责任的形式有特别规定的，从其规定。有限合伙企业由普通合伙人和有限合伙人组成，普通合伙人对合伙企业债务承担无限连带责任，有限合伙人以其认缴的出资额为限对合伙企业债务承担责任。根据我国税法相关规定，对合伙制企业不征收企业所得税，而是分别对各合伙人从合伙企业分得的利润征收个人所得税或企业所得税。《财政部、国家税务总局关于合伙企业合伙人所得税问题的通知》（财税〔2008〕159 号）对合作制企业的所得税问题作出以下规定。①合伙企业以每一个合伙人为纳税义务人。合伙企业合伙人是自然人的，缴纳个人所得税；合伙人是法人和其他组织的，缴纳企业所得税。②合伙企业生产经营所得和其他所得采取"先分后税"的原则[1]。合伙企业的合伙人按照下列原则确定应纳税所得额：①合伙企业的合伙人以合伙企业的生产经营所得和其他所得，按照合伙协议约定的分配比例确定应纳税所得额。②合伙协议未约定或者约定不明确的，以全部生产经营所得和其他所得，按照合伙人协商决定的分配比例确定应纳税所得额。③协商不成的，以全部生产经营所得和其他所得，按照合伙人实缴出资比例确定应纳税所得额。④无法确定出资比例的，以全部生产经营所得和其他所得，按照合伙人数量平均计算每个合伙人的应纳税所得额。合伙协议不得约定将全部利润分配给部分合伙人。

（3）公司制企业。根据《中华人民共和国公司法》的规定，公司是指股东依法以投资方式设立，以营利为目的，以其认缴的出资额或认购的股份为限对公司承担责任，公司以其全部独立法人财产对公司债务承担责任的企业法人。《中华人民共和国公司法》将公司分为有限责任公司和股份有限公司两种形式。有限责任公司，又称有限公司，是指由 50 个以下股东共同出资设立，股东以出资额为限对公司承担责任，公司以其全部资产对其债务承担责任的公司；股份有限公司，又称股份公司，是指全部资本分成等额股份，股东以其认购的股份为限对公司承担责任，公司以其全部资产对其债务承担责任的公司。作为具有独立法人资格的公司制企业，根据我国税法规定，对公司及其股东都要征税。一方面对公司征收企业所得税，另一方面还要对股东从公司分得的利润征收个人所得税。由于股息是税后利润，因而会产生双重征税的问题。

因此，从减轻税负的角度看，投资者在设立企业组织形式时应充分考虑不同类型企业税收待遇的差异性。由于公司制企业存在双重课税，在税前投资收益率相同的条件下，其税负一般重于个人独资企业和合伙制企业。

**【案例 4-1】**

2013 年，甲、乙、丙、丁四人打算每人出资 50 万元成立一家企业，预计每年可获得税前利润 40 万元，企业设立时有两个方案可供选择。

方案 I：设立有限责任公司，注册资本 200 万元。

方案 II：四个合伙人，每人出资 50 万元，订立合伙协议，设立合伙制企业。

思考：从税负的角度看，四人应选择哪种方案？

**【解析】**

在方案 I 中，由于四人成立的是公司制企业，因此，按照《中华人民共和国企

---

[1] 具体应纳税所得额的计算按照《关于个人独资企业和合伙企业投资者征收个人所得税的规定》（财税〔2000〕91 号）及《财政部、国家税务总局关于调整个体工商户个人独资企业和合伙企业个人所得税税前扣除标准有关问题的通知》（财税〔2008〕65 号）的有关规定执行。前款所称生产经营所得和其他所得，包括合伙企业分配给所有合伙人的所得和企业当年留存的所得（利润）。

业所得税法》规定，企业应首先就其利润缴纳企业所得税，应纳税额为 100 000 元（400 000×25％）。假定税后利润全部分配给股东，则每人还应就其分得的股利缴纳个人所得税，应纳个人所得税额为 15 000 元［（400 000－100 000）×20％÷4］。则在方案Ⅰ中，四位投资者的投资收益实际承担的税负为 160 000 元（100 000＋15 000×4）。

在方案Ⅱ中，由于四人成立的是合伙制企业，根据我国税法规定，合伙制企业以每一个合伙人为纳税人，合伙人为自然人的，缴纳个人所得税。假定合作协议约定企业的所得在合伙人之间平均分配，则每位合伙人应缴纳的个人所得税为 7 850 元［（400 000÷4－3 500×12）×20％－3 750］。则四位投资者在方案Ⅱ中实际承担的税负为 31 400 元（7 850×4）。较之方案Ⅰ减少 128 600 元。

不难看出，如果仅仅从减轻税负的角度出发，四位投资者应设立合伙制企业而非有限责任公司。

但需要注意的是，虽然个人独资企业和合伙制企业的税负相对较轻，但投资者所承担的风险也相对较高，而且许多企业所得税优惠政策并不适用于个人独资企业和合伙制企业。因此，投资者在选择企业组织形式时应综合考虑相关因素。另外，合伙制企业的合伙人也可能是缴纳企业所得税的企业或其他组织，此时，投资者设立合伙制企业的税负和设立公司制企业的税负并不存在差异。

**【案例 4-2】**

2013 年，A 和 B 两家有限责任公司出资 200 万元成立一个新企业，预计每年可获得税前利润 40 万元，企业设立时有以下两个方案可供选择。

方案Ⅰ：设立有限责任公司，注册资本 200 万元。

方案Ⅱ：A 和 B 两家公司各出资 100 万元，订立合伙协议，设立合伙制企业。

思考：从税负的角度来看，A 公司和 B 公司应选择哪种方案？

**【解析】**

在方案Ⅰ中，由于 A 公司和 B 公司成立的是公司制企业，因此，按照《中华人民共和国企业所得税法》规定，企业应首先就其利润缴纳企业所得税，应纳税额为 10 万元（40×25％）。假定税后利润全部分配给股东，则 A 公司和 B 公司各分得股利 15 万元，根据现行所得税法规定，符合条件的居民企业之间的股息、红利等权益性投资收益免征企业所得税，因此，A 公司和 B 公司各分得的 15 万元股利可以免征企业所得税。两家公司合计应纳企业所得税为 10 万元。

在方案Ⅱ中，由于 A 公司和 B 公司成立的是合伙制企业，根据财税〔2008〕159 号文件规定，假定合作协议约定企业的所得在合伙人之间平均分配，则每家公

司应缴纳的企业所得税为 5 万元（20×25％）。两家公司合计应纳企业所得税为 10
万元。

所以，从税负的角度来看，A 公司和 B 公司无论是设立公司制企业，还是设立
合伙制企业，其税负不存在差异。

2. 居民企业和非居民企业身份的选择

前面提出，居民企业和非居民企业的纳税义务存在较大差异。一个企业是否为我国
的居民企业主要依据注册登记地标准和实际管理机构所在地标准进行判断，企业只要满
足其中一个标准即为我国的居民企业。在某些情况下，一个企业完全可以通过两种身份
之间的转换实现降低税负的目的。

【案例 4-3】

美国的 A 公司拟每年对我国境内企业发放贷款 5 000 万元，每年获得的利息收
入约为 480 万元（暂不考虑相关的成本费用支出），该公司面临以下三种选择：

（1）在中国境内设立实际管理机构。

（2）在中国境内不设立实际管理机构，但设立营业机构，贷款通过该营业机构
发放。

（3）在中国境内既不设立实际管理机构，也不设立营业机构。

思考：从税负的角度来看，公司应作出哪种选择？

【解析】

根据《中华人民共和国企业所得税法》的相关规定，如果 A 公司在中国境内
设立了实际管理机构，那么，它将成为我国的居民企业，其利息收入将按照 25％
的税率计征企业所得税，应纳所得税额为：

$[480-480×5％×（1+7％+3％）]×25％=113.4$（万元）

如果 A 公司未在境内设立实际管理机构，但却设立了营业机构，而且贷款通过
该营业机构发放，此时，A 公司变为我国的非居民企业，因其所得与其在境内设立的
机构场所有实际联系，也应按照 25％的税率计征企业所得税，其应纳所得税额为：

$[480-480×5％×（1+7％+3％）]×25％=113.4$（万元）

但如果 A 公司在境内既不设立实际管理机构，也不设立营业机构，此时，它
是我国的非居民企业，那么其来源于境内的利息收入不再按照 25％计征企业所得
税，而是减按 10％的税率征收预提所得税，其应纳预提所得税额为：

$480×10％=48$（万元）

因此，从税负的角度来看，公司应选择第三种方案。

## 二、计税依据的筹划

### （一）企业所得税计税依据的法律规定

1. 居民企业的企业所得税计税依据规定

居民企业的企业所得税计税依据即为企业的应纳税所得额。其中，对于实行查账征收企业所得税的居民企业而言，其应纳税所得额的计算公式为

应纳税所得额＝收入总额－不征税收入－免税收入－各项扣除金额－弥补亏损

这里的收入总额包括以货币形式和非货币形式从各种来源取得的收入，具体包括销售货物收入，提供劳务收入，转让财产收入，股息、红利等权益性投资收益，利息收入，租金收入，特许权使用费收入，接受捐赠收入，其他收入。不征税收入和免税收入范围见表4-1。

**表 4-1**                                   **不征税收入和免税收入的范围**

| 收入种类 | 范 围 |
| --- | --- |
| 不征税收入 | 收入总额中的下列收入为不征税收入：财政拨款；依法收取并纳入财政管理的行政事业性收费、政府性基金；国务院规定的其他不征税收入 |
| 免税收入 | 企业的下列收入为免税收入：<br>（1）国债利息收入。<br>（2）符合条件的居民企业之间的股息、红利等权益性投资收益。<br>（3）在中国境内设立机构、场所的非居民企业从居民企业取得与该机构、场所有实际联系的股息、红利等权益性投资收益。<br>（4）符合条件的非营利组织的收入。符合条件的非营利组织下列收入为免税收入：①接受其他单位或者个人捐赠的收入；②除《中华人民共和国企业所得税法》第七条规定的财政拨款以外的其他政府补助收入，但不包括因政府购买服务取得的收入；③按照省级以上民政、财政部门规定收取的会费；④不征税收入和免税收入孳生的银行存款利息收入；⑤财政部、国家税务总局规定的其他收入 |

需要补充的是，《国家税务总局关于企业所得税应纳税所得额若干问题的公告》（国家税务总局公告 2014 年第 29 号）对企业接收政府划入资产和企业接收股东划入资产的所得税处理进行了明确规定。

对企业接收政府划入资产的企业所得税处理规定如下：

（1）县级以上人民政府（包括政府有关部门，下同）将国有资产明确以股权投资方式投入企业，企业应作为国家资本金（包括资本公积）处理。该项资产如为非货币性资产，应按政府确定的接收价值确定计税基础。

（2）县级以上人民政府将国有资产无偿划入企业，凡指定专门用途并按《财政部国家税务总局关于专项用途财政性资金企业所得税处理问题的通知》（财税〔2011〕70号）规定进行管理的，企业可作为不征税收入进行企业所得税处理。其中，该项资产属于非货币性资产的，应按政府确定的接收价值计算不征税收入。

县级以上人民政府将国有资产无偿划入企业，属于上述（1）、（2）项以外情形的，应按政府确定的接收价值计入当期收入总额计算缴纳企业所得税。政府没有确定接收价值的，按

第四章　所得税类筹划 **181**

资产的公允价值计算确定应税收入。对企业接收股东划入资产的企业所得税处理规定如下：

（1）企业接收股东划入资产（包括股东赠予资产、上市公司在股权分置改革过程中接收原非流通股股东和新非流通股股东赠予的资产、股东放弃本企业的股权，下同），凡合同、协议约定作为资本金（包括资本公积）且在会计上已做实际处理的，不计入企业的收入总额，企业应按公允价值确定该项资产的计税基础。

（2）企业接收股东划入资产，凡作为收入处理的，应按公允价值计入收入总额，计算缴纳企业所得税，同时按公允价值确定该项资产的计税基础。

计算应纳税所得额时的各项扣除包括企业实际发生的与取得收入有关的、合理的成本、费用、税金、损失和其他支出。其中，成本是指企业销售商品（产品、材料、下脚料、废料、废旧物资等）、提供劳务、转让固定资产、无形资产（包括技术转让）的成本。费用是指企业在生产产品及提供劳务等过程中发生的销售费用、管理费用和财务费用（已计入成本的有关费用除外）。税金是指企业发生的除企业所得税和允许抵扣的增值税以外的企业缴纳的各项税金及附加。损失是指企业在生产经营活动中发生的固定资产和存货的盘亏、毁损、报废损失，转让财产损失，呆账损失，坏账损失，自然灾害等不可抗力因素造成的损失和其他损失。需要注意的是，企业实际发生的支出在计算应纳税所得额时所遵循的扣除规则是不尽相同的（见表4-2）。

表 4-2　　　　　　　　　　计算应纳税所得额时的扣除规则

| 要点 | 具体规定 | |
|---|---|---|
| 扣除原则 | 权责发生制原则、配比原则、相关性原则、确定性原则、合理性原则 | |
| 基本范围 | 成本、费用、税金、损失、其他支出 | |
| 具体项目和标准 | 按照实际发生额扣除（在符合扣除原则的前提下） | 工薪（合理和据实）、社保、财险、向金融机构借款利息、汇兑损失、劳动保护费、环境保护专项基金（限定用途） |
| | 限定比例扣除 | 职工福利费、职工教育经费、工会经费、招待费、公益捐赠、广告费、向金融机构以外的借款利息、手续费及佣金 |
| | 限定手续扣除 | 总机构分摊的费用、资产损失 |

亏损是按照《中华人民共和国企业所得税法》及其暂行条例的规定，将每一纳税年度的收入总额减除不征税收入、免税收入和各项扣除后小于零的数额。税法规定，企业某一纳税年度发生的亏损可以用下一年度的所得弥补，下一年度所得不足以弥补的，可以逐年延续弥补，但最长不超过5年。而且，企业在汇总计算缴纳企业所得税时，其境外营业机构的亏损不得抵减境内营业机构的盈利。

2. 非居民企业的企业所得税计税依据规定

非居民企业的企业所得税应纳税所得额按照下列方法计算：

（1）股息、红利等权益性投资收益和利息、租金、特许权使用费所得，以收入全额为应纳税所得额。

（2）转让财产所得，以收入全额减除财产净值后的余额为应纳税所得额。

（3）其他所得，参照前两项规定的方法计算应纳税所得额。

### （二）企业所得税计税依据的筹划

#### 1. 收入的筹划

企业所得税应税收入总额是应纳税所得额最为基础的内容，减少企业的应税收入总额将可以直接减少应纳税所得额，实现少缴甚至不缴企业所得税的目的。因而，对纳税人来说，有效开展应税收入总额筹划的基本思路即是在不违反税法规定的前提下，尽一切可能降低或延迟应税收入总额。另外，由于不征税收入和免税收入可以从收入总额中减除，纳税人应当尽可能地扩大、增加不征税收入与免税收入额。

（1）充分考虑收入的抵减因素。

在收入计量中，经常存在各种收入抵免因素，纳税人在对收入进行筹划时应充分考虑这些抵免因素。比如，根据《国家税务总局关于确认企业所得税收入若干问题的通知》（国税函〔2008〕875 号）规定，商品销售涉及商业折扣的，应当按照扣除商业折扣后的金额确定销售商品收入金额；企业已经确认销售收入的售出商品发生销售折让和销售退回，应当在发生当期冲减当期销售商品收入。因此，如果企业的销售行为涉及商业折扣、销售折让或销售退回的，应根据税法规定相应冲减销售收入。

（2）尽可能满足不征税收入和免税收入的条件。

企业所得税不征税收入是那些能够流入企业但按照企业所得税法的规定不需要承担企业所得税纳税义务、不纳入企业所得税课税范围的经济利益。

根据企业应纳税所得额的计算公式可知，在其他因素保持不变的条件下，企业的不征税收入和免税收入越多，则应纳税所得额相应越小。比如，对于企业取得的专项用途财政性资金是否属于不征税收入，《财政部、国家税务总局关于专项用途财政性资金企业所得税处理问题的通知》（财税〔2011〕70 号）明确规定，企业从县级以上各级人民政府财政部门及其他部门取得的应计入收入总额的财政性资金，凡同时符合以下条件的，可以作为不征税收入，在计算应纳税所得额时从收入总额中减除：①企业能够提供规定资金专项用途的资金拨付文件；②财政部门或其他拨付资金的政府部门对该资金有专门的资金管理办法或具体管理要求；③企业对该资金以及以该资金发生的支出单独进行核算。因此，当企业从县级以上各级人民政府财政部门及其他部门取得专项用途的财政性资金时，要尽可能使这些资金满足财税〔2011〕70 号文件的三个条件，进而可以作为不征税收入从收入总额中扣除。再比如，根据《中华人民共和国企业所得税法》及其实施条例的相关规定，符合条件的非营利组织的收入属于免税收入，但这里所称符合条件的非营利组织是指同时符合下列条件的组织：

①依法履行非营利组织登记手续。

②从事公益性或者非营利性活动。

③取得的收入除用于与该组织有关的、合理的支出外，全部用于登记核定或者章程规定的公益性或者非营利性事业。

④财产及其孳息不用于分配。

⑤按照登记核定或者章程规定，该组织注销后的剩余财产用于公益性或者非营利性目的，或者由登记管理机关转赠给与该组织性质、宗旨相同的组织，并向社会公告。

⑥投入人对投入该组织的财产不保留或者享有任何财产权利。

⑦工作人员工资福利开支控制在规定的比例内，不变相分配该组织的财产。

同时，需要注意的是，符合条件的非营利组织的收入不包括非营利组织从事营利性活动取得的收入。

实践中，有些非营利组织因不能同时满足上述七个条件，导致其收入无法称为免税收入，增加了企业所得税负担。

（3）延迟收入的确认时间。

《国家税务总局关于确认企业所得税收入若干问题的通知》（国税函〔2008〕875号）指出，符合收入确认条件，采取下列商品销售方式的，应按以下规定确认收入实现时间：

①销售商品采用托收承付方式的，在办妥托收手续时确认收入。

②销售商品采取预收款方式的，在发出商品时确认收入。

③销售商品需要安装和检验的，在购买方接受商品以及安装和检验完毕时确认收入。如果安装程序比较简单，可在发出商品时确认收入。

④销售商品采用支付手续费方式委托代销的，在收到代销清单时确认收入。

每种销售结算方式都有收入确认的标准条件，企业通过对收入确认条件的控制，可以控制收入确认的时间。因此，在进行税收筹划时，企业应特别注意临近年终所发生的销售业务收入确认时点的筹划。例如，假如甲企业采用预收款方式销售商品，起初购买方要求年底发货，但如果甲企业能够与买方积极协商，争取将发货时间延迟至下一年的年初，则商品的销售收入即可在下个年度确认，从而有利于推迟收入课税时间。对于需要安装或者检验的商品销售，应当在合同中明确规定相关收入在安装与检验后确认收入。

对于其他类型收入的筹划也应遵循上述思路。例如，根据《中华人民共和国企业所得税法》及其实施条例的规定，对于利息、租金、特许权使用费收入，应当按照合同约定的债务人、承租人、特许权使用人应付利息、租金、特许权使用费的日期确认收入的实现。纳税人应根据相关规定合理筹划收入的确认时间。比如，对于租金收入，则应当采取预收方式，并尽可能在合同上约定在每个月（季、年）初的某个时间为应收租金日期，进而延迟收入的实现。某企业将其闲置的房产出租，与承租方签订房屋出租合同中约定：租赁期为 2013 年 9 月至 2014 年 9 月间；租金 200 万元，承租方应当于 2013 年 12 月 20 日和 2014 年 6 月 20 日各支付租金 100 万元。那么，按照这样的合同，企业应当于 2013 年 12 月 20 日将 100 万元的租金确认为收入，并在 2014 年 5 月 31 日前计算缴纳企业所得税；同时在 2014 年 6 月 20 日也将 100 万元的租金确认为收入，并在 2014 年 7 月 15 日前计算预缴企业所得税。如果纳税人修改一下租金的支付时间或者方法，那么情况可以大为改观：其一，将支付时间分别改为 2014 年 1 月及 7 月，那么就可以轻松地将与租金相关的两笔所得税纳税义务延迟一年和一个季度；其二，不修改房租的支付时间，但只是将"支付"房租改为"预付"，同时约定承租期末进行结算。

**2. 扣除项目的筹划**

**(1) 合理选择成本费用的分摊方法**

成本费用分摊方法的选择主要遵循以下思路[①]：

①对于分摊期限和分摊方法都不能自主选择的成本费用，只能按法规所规定的分摊方法和分摊期限进行分摊。

②对于分摊期限可适当选择的成本费用，一般应严格按照法规所规定的方法进行分摊，但分摊期限可在不违反法规的前提下加以选择。例如，对无形资产的摊销，税法通常只规定最短的摊销期限。

③对于分摊方法可自主选择的成本费用，在法规中一般规定有几种分摊方法，可供企业自主选择。

第一，在盈利年度，应选择能使成本费用尽快得到分摊的分摊方法。其目的是使成本费用的抵税作用尽早发挥，推迟利润的实现，从而推迟所得税的纳税义务时间。例如，在盈利企业，对低值易耗品的价值摊销应选择一次摊销法。

第二，在亏损年度，分摊方法的选择应充分考虑亏损的税前弥补程度。在其亏损额预计不能或不能全部在未来年度里得到税前弥补的年度，应选择能使成本费用尽可能地摊入亏损能全部得到税前弥补或盈利的年度，从而使成本费用的抵税作用得到最大限度的发挥。

第三，在享受税收优惠政策的年度，应选择能避免成本费用的抵税作用被优惠政策抵消的分摊方法。例如，在享受免税和正常纳税的交替年度，应选择能使减免税年度摊销额最小和正常纳税年度摊销最大的分摊方法。

**(2) 及时合理地列支费用支出**

及时合理地列支费用支出主要表现在费用的列支标准、列支期间、列支数额、扣除限额等方面，具体来讲，进行费用列支应注意以下几点：

①发生商品购销或费用支出行为时要取得符合要求的发票。比如，根据《国家税务

---

① 张芳. 企业所得税的税收筹划. http://www.chinaacc.com，2010-06-10.

总局关于进一步加强普通发票管理工作的通知》（税发〔2008〕80号）第八条第二款的规定，在日常检查中发现纳税人使用不符合规定发票特别是没有填开付款方全称的发票，不得允许纳税人用于税前扣除、抵扣税款、出口退税和财务报销。因此，没有填写或填写、打印单位名称不完整的发票所列支的成本费用是不能够税前扣除的。

②费用发生及时入账。企业发生的支出应当区分收益性支出和资本性支出。税法规定纳税人某一纳税年度应申报的可扣除费用不得提前或滞后申报扣除。所以在费用发生时要及时入账。比如，2013年10月发生招待费取得的发票要在2013年入账才可以税前扣除，若不及时入账而拖延至2014年入账，则此笔招待费用不管2013年还是2014年均不得税前扣除。

③适当缩短摊销年限。以后年度需要分摊列支的费用、损失的摊销期要适当缩短，如长期待摊费用等的摊销应在税法允许范围内选择最短年限，增大前几年的费用扣除，递延纳税时间。

④对限额列支的费用应充分列支。企业发生的各项费用中，有些费用可以依照法律、行政法规和国家有关税法规定据实扣除，如会员费、合理的会议费、差旅费、违约金、诉讼费用及企业参加财产保险按规定缴纳的保费等；但也有些费用有着具体的扣除标准，如企业发生的与生产经营活动有关的业务招待费支出，按照发生额的60%扣除，但最高不得超过当年销售（营业）收入的5‰，企业发生的符合条件的广告费和业务宣传费支出，除国务院财政、税务主管部门另有规定外，扣除金额不得超过当年销售（营业）收入的15%[①]。

对相关费用进行筹划的基本原则是：在遵循税法与会计准则的前提下，尽可能加大据实扣除费用的额度，对于有扣除限额的费用应该用够标准，直到规定的上限。以企业的业务招待费为例，假设企业年销售（营业）收入为$X$，年业务招待费为$Y$，当满足$Y \times 60\% = X \times 5‰$，即$Y = X \times 0.833\%$时，企业的业务招待费能够得到最大限额扣除。

**【案例4-4】**[②]

甲企业预计年销售（营业）收入为10 000万元，请对业务招待费进行税务筹划。

**【解析】**

方案Ⅰ：如果企业实际发生业务招待费50万元＜83.3万元，即小于销售（营业）收入的0.833%。一方面，业务招待费的60%，即30万元（50×60%）可以扣除；另一方面，扣除限额为销售（营业）收入的5‰，即50万元（10 000×5‰）。根据孰低原则，只能按照30万元税前扣除，纳税调整增加额为20万元（50—

---

① 超过部分允许结转到以后年度扣除。

② 梁文涛. 对业务招待费税务筹划的思考［J］. 财会通讯（综合版）（中），2010（6）：126.

30），计算缴纳企业所得税为 5 万元（20×25%），即实际消费 50 万元则要付出的代价为 55 万元（50＋5），实际消费换算成 100 元则要付出 110 元的代价。

方案Ⅱ：如果企业实际发生业务招待费 83.3 万元，即等于销售（营业）收入的 0.833%。一方面，业务招待费的 60%，即 50 万元（83.3×60%）可以扣除；另一方面，扣除限额为销售（营业）收入的 5‰，即 50 万元（10 000×5‰），正好等于业务招待费的 60%。纳税调整增加额为 33.3 万元（83.3－50），计算缴纳企业所得税为 8.325 万元（33.3×25%），即实际消费 83.3 万元则要付出的代价为 91.625 万元（83.3＋8.325），实际消费换算成 100 元则要付出 110 元的代价。

方案Ⅲ：如果企业实际发生业务招待费 100 万元＞83.3 万元，即大于销售（营业）收入的 0.833%。一方面，业务招待费的 60%，即 60 万元（100×60%）可以扣除；另一方面，扣除限额为销售（营业）收入的 5‰，即 50 万元（10 000×5‰）。根据孰低原则，只能按照 50 万元税前扣除，纳税调整增加额为 50 万元（100－50），计算缴纳企业所得税为 12.5 万元（50×25%），即实际消费 100 万元则要付出的代价为 112.5 万元（100＋12.5）。

方案Ⅳ：如果企业实际发生业务招待费 200 万元＞83.3 万元，即大于销售（营业）收入的 0.833%。一方面，业务招待费的 60%，即 120 万元（200×60%）可以扣除；另一方面，扣除限额为销售（营业）收入的 5‰，即 50 万元（10 000×5‰）。根据孰低原则，只能按照 50 万元税前扣除，纳税调整增加额为 150 万元（200－50），计算缴纳企业所得税为 37.5 万元（150×25%），即实际消费 200 万元则要付出的代价为 237.5 元（200＋37.5），实际消费换算成 100 元则要付出 118.75 元的代价。

方案Ⅴ：如果企业实际发生业务招待费 300 万元＞83.3 万元，即大于销售（营业）收入的 0.833%。一方面，业务招待费的 60%，即 180 万元（300×60%）可以扣除；另一方面，扣除限额为销售（营业）收入的 5‰，即 50 万元（10 000×5‰）。根据孰低原则，只能按照 50 万元税前扣除，纳税调整增加额为 250 万元（300－50），计算缴纳企业所得税为 62.5 万元（250×25%），即实际消费 300 万元则要付出的代价为 362.5 万元（300＋62.5），实际消费换算成 100 元则要付出 120.83 元的代价。

因此，当销售（营业）收入为 10 000 万元时，业务招待费支出最佳状态是正好 83.3 万元，其次是低于 83.3 万元，若高于 83.3 万元，则超过 83.3 万元的部分要承受更高的税负。

（3）对不同类型的费用进行分别核算。

对于有扣除限制和无扣除限制的费用，企业应注意分别核算。比如，在核算业务招待费时，企业应将会务费（会议费）、差旅费等项目与业务招待费等严格区分，不能将会务费（会议费）、差旅费等挤入业务招待费，否则对企业将产生不利影响。因为纳税人发生的与其经营活动有关的合理的差旅费、会务费（会议费）、董事费，只要能够提供证明其真实性的合法凭证，均可获得税前全额扣除，不受比例的限制；而凭证不全的会务费（会议费）只能算作业务招待费。发生会务费（会议费）时，按照规定应该有详细的会议签到簿、召开会议的文件、会议邀请函等，否则不能证实会务员（会议费）的真实性，仍然不得税前扣除。同时，不能故意将业务招待费混入会议费（会务费）、差旅费中核算，否则属于逃避缴纳税款。

对于某些特定类型的企业而言，其在某种费用的扣除方面适用特殊规定，相关企业应对其加以充分利用。比如，《国家税务总局关于企业所得税执行中若干税务处理问题的通知》（国税函〔2009〕202 号）规定："软件生产企业发生的职工教育经费中的职工培训费用，根据《财政部、国家税务总局关于企业所得税若干优惠政策的通知》（财税〔2008〕1号）规定，可以全额在企业所得税前扣除。软件生产企业应准确划分职工教育经费中的职工培训费支出，对于不能准确划分的，以及准确划分后职工教育经费中扣除职工培训费用的余额，一律按照《实施条例》第四十二条规定的比例扣除。"因此，对于软件生产企业而言，应尽可能将其职工培训费用进行准确划分，否则将无法享受据实全额扣除的待遇。再比如，《国家税务总局关于企业所得税应纳税所得额若干问题的公告》（国家税务总局公告 2014 年第 29 号）规定："核力发电企业为培养核电厂操纵员发生的培养费用，可作为企业的发电成本在税前扣除。企业应将核电厂操纵员培养费与员工的职工教育经费严格区分，单独核算，员工实际发生的职工教育经费支出不得计入核电厂操纵员培养费直接扣除。"为此，对于核力发电企业来说，应尽可能将其培养核电厂操纵员发生的培养费用与职工教育经费单独核算，从而可以享受据实全额扣除的待遇。

**【案例 4-5】**[①]

A 企业 2013 年度发生会务费、差旅费共计 18 万元，业务招待费 6 万元，其中，部分会务费的会议邀请函及相关凭证等保存不全，导致 5 万元的会务费无法扣除。该企业 2013 年度的销售收入为 400 万元。试计算企业所得税额并拟进行税收筹划。

**【解析】**

根据税法的规定，如凭证票据齐全则 18 万元的会务费、差旅费可以全部扣除，但其中凭证不全的 5 万元会务费和会议费只能算作业务招待费，而该企业 2013 年度可扣除的业务招待费限额为 2 万元（400×5‰）。超过的 9 万元（6+5−2）不得扣除，也不能转以后年度扣除。仅此项超支费用企业需缴纳企业所得税 2.25 万元（9×25%）。如果在 2014 年度，企业加强了财务管理，准确把握相关政策的同时进行事先税收筹划，严格将业务招待费尽量控制在 2 万元以内，各种会务费、差旅费都按税法规定保留了完整合法的凭证，同时，在不违反规定的前提下将部分类

---

①  张海瑶. 新企业所得税法"三费"的纳税筹划［J］. 税收征纳，2009（2）：48-49. 编者在引用时对案例发生时间进行了调整。

似会务费性质的业务招待费并入会务费项目核算，使得当年可扣除费用达 8 万元。由此可节约企业所得税 2 万元（8×25％）。

另外，企业对其发生的职工福利费与劳动保护费、工资支出也应注意分别核算。按照现行企业所得税法的相关规定，企业发生的职工福利费支出，不超过工资、薪金总额 14％的部分准予扣除，而企业发生的合理的工资、薪金支出准予据实扣除，同时企业发生的合理的劳动保护支出，准予扣除。另外，《关于企业所得税若干问题的公告》（国家税务总局 2011 年第 34 号公告）指出，企业根据其工作性质和特点、由企业统一制作并要求员工工作时统一着装所发生的工作服饰费用，根据《中华人民共和国企业所得税法实施条例》第二十七条的规定，可以作为企业合理的支出给予税前扣除。这样就将工作服的性质定义为可以税前扣除的项目，计入劳动保护费支出或者其他经营费用而不计入职工福利费，这可以缩小职工福利费的范围，从而降低职工福利费支出过多需要调增应纳税所得额的可能性。此外，根据《财政部关于企业加强职工福利费财务管理的通知》（财企〔2009〕242 号）规定，企业为职工提供的交通、住房、通信待遇，已经实行货币化改革的，按月按标准发放或支付的住房补贴、交通补贴或者车改补贴、通信补贴，应当纳入职工工资总额，不再纳入职工福利费管理。这样可以增加计税工资总额，增大职工福利费的扣除基数，减少调增应纳税所得额的可能性。

（4）通过"一分为二"扩大扣除费用的计算基数。

广告费、业务宣传费及业务招待费等费用扣除限额的计算与企业当年的销售（营业）收入密切相关，如果能够适当增加企业当年的销售（营业）收入，则当年允许扣除的广告费、业务宣传费及业务招待费就会相应增加。这里筹划的一个基本思路是：成立单独核算的销售公司，这样同一种产品在总公司和子公司之间作两次销售，从而使得销售额大幅增加，广告费、业务宣传费和业务招待费的列支标准随之加大。

**【案例 4-6】**

A 企业为一家从事儿童食品生产的新建企业，2014 年预计年销售收入 8 000 万元（假若本地销售 1 000 万元＋南方地区销售 7 000 万元），需要广告费支出 1500 万元，预计业务招待费支出 100 万元。

方案Ⅰ：产品销售统一在本公司核算，需要在当地电视台、南方地区电视台分别投入广告费 500 万元、1 000 万元，业务招待费 100 万元。

方案Ⅱ：鉴于产品主要市场在南方，可在南方设立独立核算的销售公司，销售公司设立以后，与 A 企业联合起来作广告宣传。成立公司估算需要支付场地、人员工资等相关费用 30 万元，向当地电视台、南方地区电视台分别支付广告费 500 万元、1 000 万元，其中：南方销售公司销售额 7 000 万元，A 企业向南方销售公司按照出厂价 6 000 万元作销售，A 企业当地销售额 1 000 万元。A 企业发生业务招待费 50 万元，销售公司发生业务招待费 50 万元。

思考：从税负的角度来看，A 企业应采用哪个方案？

【解析】

在方案Ⅰ中，A 企业广告费的扣除限额为 1 200 万元（8 000×15％）。A 企业实际发生的广告费支出超出扣除限额 300 万元。尽管 300 万元广告费可以无限期得到扣除，但毕竟提前缴纳所得税 75 万元（300×25％）。另外，A 企业的业务招待费允许按照实际发生额的 60％（60 万元）予以扣除，同时不能超过年度销售收入的 5‰（40 万元），因此，A 企业实际可以扣除的业务招待费仅为 40 万元。

在方案Ⅱ中，若南方销售公司销售收入仍为 7 000 万元，这样 A 企业向南方销售公司移送产品可按照出厂价作销售，此产品的出厂价为 6000 万元，A 企业准予扣除的广告费限额为 1 050 万元〔（1 000＋6 000）×15％〕，南方销售公司准予扣除的广告费限额为 1 050 万元（7 000×15％），这样准予税前扣除的广告费限额为 2 100 万元，实际支出 1 500 万元的广告费可由两公司分担，分别在 A 企业和南方销售公司的销售限额内列支，且均不被纳税调整。另外，A 企业的业务招待费可以扣除实际发生额的 60％（30 万元），并未超出销售收入的 5‰（35 万元），南方销售公司的业务招待费可扣除实际发生额的 60％（30 万元），也未超出销售收入的 5‰（35 万元）。这样最终允许扣除的业务招待费增至 60 万元，仅招待费一项可使企业少缴所得税 5 万元。

所以，以税负的角度来看，A 企业应采用方案Ⅱ。

但采用上述方法进行筹划时，必须关注设立销售公司的相关费用，兼顾成本和效益原则，从长远利益考虑，决定是否设立独立核算单位。

（5）合理确定费用的归属。

《中华人民共和国企业所得税法实施条例》第一百零二条规定：企业同时从事适用不同企业所得税待遇的项目的，其优惠项目应当单独计算所得，并合理分摊企业的期间费用；没有单独计算的，不得享受企业所得税优惠。因此，如果一个企业既有企业所得税的应税项目，又有企业所得税的免税项目，应将相关成本和期间费用在免税项目与应税项目之间进行合理分配，并做到单独计算，在不违反相关规定的基础上，尽可能将成本和费用归属到应税项目中。

（6）合理安排固定资产的折旧。

固定资产折旧是计算企业应纳税所得额时的一个重要扣除项目，具有抵减企业所得税的作用。企业在计提固定资产的折旧时，可以采用正常的折旧年限或折旧方法，也可以在允许的条件下进行加速折旧。不论是正常折旧还是加速折旧，不会改变企业最终计提的折旧总额，但会影响到折旧额在不同年度的分配，进而影响企业各个年度的应纳企业所得税额，如果考虑到货币资金的时间价值，不同的折旧年限和折旧方法对企业税负的影响是不同的，因此企业有必要对固定资产的折旧年限和折旧方法进行合理筹划。但固定资产的折旧年限和折旧方法并不是由企业随意选择的。根据国家税务总局《关于企业固定资产加速折旧所得税处理有关问题的通知》（国税发〔2009〕81号），企业采用加速折旧方法的固定资产必须是具备以下四个条件的固定资产：①企业拥有的固定资产；②企业用于生产经营的固定资产；③企业主要或关键的固定资产；④确实需加速折旧的固定资产。而且，企业对固定资产采用加速折旧方法必须是因为以下原因之一：①由于技术进步，产品更新换代较快的；②常年处于强震动、高腐蚀状态的。还需要注意的是，采取缩短折旧年限方法的，最低折旧年限不得低于《中华人民共和国企业所得税法实施条例》第六十条规定折旧年限的60%[1]，而且最低折旧年限一经确定，一般不得变更；采取加速折旧方法的，可以采取双倍余额递减法或者年数总和法，但加速折旧方法一经确定，一般不得变更。[2]

下面首先分析不同折旧年限对企业所得税的影响。目前的会计制度及税法对固定资产的预计使用年限和预计净残值没有作出具体的规定，只要求企业根据固定资产的性质和消耗方式，合理确定固定资产的预计使用年限和预计净残值，只要是"合理的"即可[3]。这样企业便可根据自己的具体情况，选择对企业有利的固定资产折旧年限，以此来达到节税及其他理财目的。在一般情况下，在企业创办初期且享有减免税优惠待遇时，企业可以通过延长固定资产折旧年限，将计提的折旧递延到减免税期满后计入成本，从而获得节税的好处。而对一般性企业，即处于正常生产经营期且未享有税收优惠待遇的企业来说，缩短固定资产折旧年限，往往可以加速固定资产成本的回收，使企业后期成本费用前移，前期利润后移，从而获得延期纳税的好处。

---

[1] 对企业购置的新固定资产，最低折旧年限不得低于《中华人民共和国企业所得税法实施条例》第六十条规定的折旧年限的60%；若为购置已使用过的固定资产，其最低折旧年限不得低于《中华人民共和国企业所得税法实施条例》规定的最低折旧年限减去已使用年限后剩余年限的60%。最低折旧年限一经确定，一般不得变更。

[2] 2014年9月24日召开的国务院常务会议决定：（1）对所有行业2014年1月1日后新购进用于研发的仪器、设备，单位价值不超过100万元的，允许一次性计入当期成本费用在税前扣除；超过100万元的，可按60%比例缩短折旧年限，或采用双倍余额递减等方法加速折旧。（2）对所有行业企业持有的单位价值不超过5 000元的固定资产，允许一次性计入当期成本费用在税前扣除。（3）对生物药品制造业，专用设备制造业，铁路、船舶、航空航天和其他运输设备制造业，计算机、通信和其他电子设备制造业，仪器仪表制造业，信息传输、软件和信息技术服务业等行业2014年1月1日后新购进的固定资产，允许按规定年限的60%缩短折旧年限，或采用双倍余额递减等加速折旧方法。

[3] 当然，企业确定预计净残值并不是随意和毫无根据的，而是必须考虑固定资产的自身特性和企业使用固定资产的实际情况。如果企业并非根据固定资产的性质和使用情况，而是出于某种少缴税等非合理商业目的确定预计净残值的，将被税务机关进行调整，并承担相应的法律责任。

**【案例 4-7】**

A 企业是一家从事高科技产品生产的企业,有一台常年处于高腐蚀状态的设备,价值 500 000 元,预计可使用年限为 8 年,预计净残值率为 4%。

思考:为使企业获得较大的税收收益,企业应如何确定其折旧年限?(假设企业使用年限平均法,企业资金成本为 10%)。

**【解析】**

由于 A 企业的设备常年处于高腐蚀状态,按照现行企业所得税法的相关规定,符合加速折旧的条件,因此可以申请进行加速折旧。如果企业以 8 年为折旧年限计提折旧,则:

每年计提的折旧额=500 000×(1−4%)÷8=60 000(元)

折旧减少所得税=60 000×25%×8=120 000(元)

折旧减少所得税的现值=60 000×25%×5.335=80 025(元)

如果企业将折旧期限缩短为 6 年,则:

每年计提的折旧额=500 000×(1−4%)÷6=80 000(元)

折旧减少所得税=80 000×25%×6=120 000(元)

折旧减少所得税的现值为:80 000×25%×4.355=87 100(元)。折旧期限的改变,虽然并未影响企业所得税税负的总和,但考虑到资金的时间价值,后者对企业更为有利。

假如企业正享受两年免税的优惠政策,且设备是企业第一个免税年度购入的,企业仍以 8 年为折旧年限计提折旧。其每年仍计提折旧 60 000 元,但折旧各年减少的税收额却不相同。

第 1 和第 2 年:由于处于免税期,折旧减少的所得税为 0 元。

第 3 年至第 8 年:

企业因计提折旧每年减少的所得税=60 000×25%=15 000(元)

折旧节约所得税=15 000×6=90 000(元)

折旧节约所得税的现值=15 000×(5.335−1.736)=53 985(元)

如果企业将折旧期限缩短为 6 年,年计提折旧额 80 000 元,折旧各年节税情况如下:

第 1 年和第 2 年:由于处于免税期,折旧减少的所得税为 0 元。

第 3 年至第 6 年:

每年节约的所得税=80 000×25%=20 000(元)

节约所得税总和=20 000×4=80 000(元)

节约所得税的现值=20 000×(4.355−1.736)=52 380(元)

因此,如果企业处于减免税时期,应选择 8 年为其折旧年限,这时无论是所得税节约的总额还是现值都会较大。

接下来进一步分析不同折旧方法对企业所得税的影响。在通常情况下，由于折旧具有抵税的作用，从应纳税额的现值来看，运用双倍余额递减法计算折旧时，税额最少，年数总和法次之，而运用年限平均法计算折旧时，税额最多。所以采用加速折旧法比年限平均法能获得更大的时间价值。但若企业处于税收减免优惠期间，加速折旧对企业所得税的影响是负的，不仅不能少缴税，反而会多缴税。

**【案例 4-8】**

A 企业 2013 年 12 月购入一项价值 600 000 元的固定资产，会计制度规定其预计使用年限为 5 年，预计净残值为 10 000 元，适用的所得税税率为 25%，假设企业未扣除折旧的税前会计利润（见表 4-3），企业资金成本为 10%。试分析企业分别采用年限平均法、双倍余额递减法和年数总和法计提折旧时对企业税负的影响。

表 4-3　　　　　　　　　A 企业各年度利润额

| 年　限 | 未扣除折旧的利润额（元） |
|---|---|
| 第 1 年 | 1000 000 |
| 第 2 年 | 900 000 |
| 第 3 年 | 1 200 000 |
| 第 4 年 | 800 000 |
| 第 5 年 | 760 000 |
| 合　计 | 4 660 000 |

**【解析】**

采用不同的折旧计提方法得到 A 企业各年度的折旧额、应纳税所得额和应纳所得税额见表 4-4。

表 4-4　　　　　采用不同折旧方法对 A 企业的影响

| 项　目 | | 第 1 年 | 第 2 年 | 第 3 年 | 第 4 年 | 第 5 年 | 合　计 |
|---|---|---|---|---|---|---|---|
| 折旧额 | 年限平均法 | 118 000 | 118 000 | 118 000 | 118 000 | 118 000 | 590 000 |
| | 年数总和法 | 196 666.67 | 157 333.33 | 118 000 | 78 666.67 | 39 333.33 | 590 000 |
| | 双倍余额递减法 | 240 000 | 144 000 | 86 400 | 59 800 | 59 800 | 590 000 |
| 应纳税所得额 | 年限平均法 | 882 000 | 782 000 | 1082 000 | 682 000 | 642 000 | 4070 000 |
| | 年数总和法 | 803 333.33 | 742 666.67 | 1082 000 | 721 333.33 | 720 666.67 | 4 070 000 |
| | 双倍余额递减法 | 760 000 | 756 000 | 11 136 00 | 740 200 | 700 200 | 4 070 000 |
| 应纳税所得额 | 年限平均法 | 220 500 | 195 500 | 270 500 | 170 500 | 160 500 | 1 017 500 |
| | 年数总和法 | 200 833.33 | 185 666.67 | 270 500 | 180 333.33 | 180 166.67 | 1 017 500 |
| | 双倍余额递减法 | 190 000 | 189 000 | 278 400 | 185 050 | 175 050 | 1 017 500 |

从表 4-4 不难看出，无论采用哪种折旧方法，A 企业在 5 个年度内的累计的折旧额、应纳税所得额和应纳所得税额都是相同的，但折旧额、应纳税所得额和应纳所得税额在各个年度间的分配是不同的。为了对三个方案的节税效果进行比较，下面分别计算每个方案的应纳所得税额现值。

在年限平均法下 A 企业的应纳所得税额现值为：

$220\ 500 \times 0.909 + 195\ 500 \times 0.826 + 270\ 500 \times 0.751 + 170\ 500 \times 0.683 + 160\ 500 \times 0.621 = 781\ 185$（元）

在年数总和法下 A 企业应纳所得税额现值为：

$200\ 833.33 \times 0.909 + 18566\ 6.67 \times 0.826 + 270\ 500 \times 0.751 + 18\ 033\ 3.33 \times 0.683 + 180\ 166.67 \times 0.621 = 774\ 114.83$（元）

在双倍余额递减法下 A 企业应纳所得税额现值为：

$190\ 000 \times 0.909 + 189\ 000 \times 0.826 + 278\ 400 \times 0.751 + 185\ 050 \times 0.683 + 1\ 75\ 050 \times 0.621 = 772\ 997.6$（元）

从 A 企业 5 个年度的企业所得税的现值来看，双倍余额递减法最优，其次为年数总和法，最后为年限平均法。

最后需要强调的是，对固定资产的折旧进行筹划虽然有利于企业实现节税目标，但折旧政策的选用不能就税收论税收，还应当同时考虑以下三点。①对企业筹资的影响。因为折旧费用随着货款的收回沉淀在企业，成为企业更新固定资产的重要来源。所以折旧政策的选择应根据未来期间的资金需求和将要面临的筹资环境而定。②对企业投资的影响。影响固定资产投资决策的一个重要因素就是可利用的资金规模，由于折旧政策影响着企业内部筹资量，因此它也就间接地影响着企业的投资活动。③对利润分配的影响。折旧政策的选择直接决定进入产品和劳务成本中的折旧成本的多少。在其他因素不变的情况下，不同的折旧政策会使企业同一期间的可分配利润金额有所不同，从而影响企业利润分配。从整体上讲，折旧政策的选择应既不使企业市价降低，同时也应尽可能地满足企业特定时期的理财需要。

（7）合理选择存货计价方法。

存货计价方法的不同，会导致销货成本和期末存货价值不同，从而对企业的财务状况、盈亏情况及所得税产生不同影响。企业持有存货的主要目的是最终实现对外销售，存货计价方法造成存货价值的差异对经营成果的影响主要通过销售成本发生作用。《中华人民共和国企业所得税法实施条例》第七十三条规定："企业使用或者销售的存货的成本计算方法，可以在先进先出法、加权平均法、个别计价法中选用一种。计价方法一经选用，不得随意变更。"在先进先出法下，由于存货成本是按最近进货确定的，因此期末存货成本能够较为公允地反映本身的市场价值。但在物价持续上涨的情况下，这个方法会高估企业期末存货价值，少计销售成本，使得当期利润虚增，增加企业所得税费用的支出。相反，在通货紧缩的条件下，会造成库存存货价格较低，使得销货成本虚增，从而减少应纳税所得额，达到节税目的。加权平均法对存货以平均数的形式进行计价，使得本期的销货成本在早期购货成本与当期购货成本之间，可以避免因存货成本大幅波动而导致各期利润的时高时低，计算的应纳税所得额也比较均衡。由于存货的成本流转和实物流转相一致，本期销货成本与本期销售利润配比适当，计算的企业所得税比其他方法都准确。因此，纳税人应根据企业的自身实际状况如处于盈利期、亏损期或享受税收优惠等不同情况，作出最有利于企业的存货计价方法。

一般来说，当企业处于正常征税期，企业实现的利润越多，所需要交的税费也就越多。所以在这个时期下应使存货成本尽量扩大，进而减少利润，从而达到节税目的。在此情形下，具体筹划要点如下。①在价格波动幅度较大时，应选择加权平均法。当企业发出和领用存货采用加权平均法进行核算时，可使企业利润趋于平稳。其原理主要是利用加权平均法核算时，企业各期存货成本比较均衡，不会时高时低。尤其是在存货价格差别较大时，可以起到缓冲的作用，使各期利润比较均衡，不至于在利润过高时需套用高税率。②在物价持续上涨时期，使用后进先出法可使成本处于较高水平，减少会计利润，从而减少企业应纳所得税，从而达到节税目的。但因新企业会计准则的改变，取消了后进先出法，规定企业应当采用先进先出法、加权平均法或者个别计价法确定发出存货的实际成本。这对原先采用"后进先出法"，且周转率较低、存货较多的公司而言，存货价格下跌，改变存货核算方法后，其利润可能出现大幅度下降，对公司业绩将产生一定影响。③在物价持续下跌时期，适用先进先出法，这种计价方法同样能使存货成本保持较高水平，使得应纳税所得额减少，进而减少应纳所得税额。

另一方面，当企业处于免税期时，企业所得的利润越大，所豁免的所得税也越多，所以在这时期，企业应尽量增大利润，从而获得更好的节税效果。在此情形下，具体的筹划要点如下：①在物价处于持续上涨时期，使用先进先出法可使销售成本处于较低水平，增加会计利润，从而达到增加企业所得税的目的，由于此时企业正处于免税期，因此节约了较多的企业所得税；②当物价处于持续下降时期，适用个别计价法或加权平均法，这种计价方法同样能使存货成本保持较低水平，使得所得会计利润增加，进而增加应纳所得税额；③在物价波动时期，应采用加权平均法，以避免企业因物价的波动导致各期利润上下起伏过大，使各期利润较为均衡。

**【案例 4-9】**

（1）某钢板厂 2013 年 4 月 1 日结存黑铁 5 万吨，每吨实际成本为 1 100 元；4 月 10 日和 4 月 23 日分别购进黑铁 10 万吨和 8 万吨，每吨实际成本分别为 1 200 元和 1 300 元；4 月 15 日生产领用发出黑铁 12.5 万吨，4 月 27 日生产领用发出黑铁

6.5 万吨。2013 年该厂共有 19 万吨钢板出售，市场售价每吨钢板为 2 500 元。此外，加工钢板发生其他的费用每吨为 400 元。试分析移动加权平均法、先进先出法和月末一次加权平均法对企业税负的影响。

（2）某钢板厂 2013 年 4 月 1 日结存黑铁 5 万吨，每吨实际成本为 1 100 元；4 月 10 日和 4 月 23 日分别购进黑铁 10 万吨和 8 万吨，每吨实际成本分别为 1 000 元和 850 元；4 月 15 日生产领用发出黑铁 12.5 万吨，4 月 27 日生产领用发出黑铁 6.5 万吨。2013 年该厂共有 19 万吨钢板出售，市场售价每吨钢板为 2 500 元。此外，加工钢板发生其他的费用每吨为 400 元。下面分析采用哪种计算方法对企业纳税最为有利。试分析移动加权平均法、先进先出法和月末一次加权平均法对企业税负的影响。

**【解析】**

（1）当黑铁的价格整体呈现上涨态势时，先进先出法、移动加权平均法和月末一次加权平均法对企业的影响见表 4-5。

表 4-5　　　　　　　**A 钢板厂计价方法对比表**

| 存货计价方法 | 先进先出法 | 移动加权平均法 | 月末一次加权平均法 |
|---|---|---|---|
| 销售收入（万元） | 47 500 | 47 500 | 47 500 |
| 营业成本（万元） | 30 300 | 30 427 | 30 648 |
| 利润（万元） | 17 200 | 17 073 | 16 852 |
| 应纳税额（万元） | 4 300 | 4 268.25 | 4 213 |
| 净利润（万元） | 12 900 | 12 804.75 | 12 639 |

由表 4-5 的对比分析可以看出，在材料价格不断上涨的时期，三种存货计价方法中，采用月末一次加权平均法所计算得出的营业成本最高，移动加权平均法次之，先进先出法最低，即运用月末一次加权平均法所需交纳的所得税最少，可以减轻企业的所得税负担，移动加权平均法次之，而采用先进先出法会增加企业所得税的负担。

（2）当黑铁价格整体呈现下跌态势时，先进先出法、移动加权平均法和月末一次加权平均法对企业的影响见表 4-6。

表 4-6　　　　　　　**A 钢板厂计价方法对比表**

| 存货计价方法 | 先进先出法 | 移动加权平均法 | 月末一次加权平均法 |
|---|---|---|---|
| 销售收入（万元） | 47 500 | 47 500 | 47 500 |
| 营业成本（万元） | 26 500 | 26 325 | 26022 |
| 利润（万元） | 21 000 | 21 175 | 21 478 |
| 应纳税额（万元） | 5 250 | 5 293.75 | 5 369.5 |
| 净利润（万元） | 15 750 | 15 881.25 | 16 108.5 |

> 由表 4-6 的对比分析可以看出，在材料价格不断下降的时期，三种存货计价方法中，采用先进先出法所计算得出的营业成本最高，移动加权平均法次之，月末一次加权平均法最低，即运用先进先出法所需交纳的所得税最少，可以减轻企业的所得税负担，达到节税目的。移动加权平均法次之，而采用月末一次加权平均法会增加企业所得税的负担。

需要注意的是，在实际工作中，对企业需要改变存货计价方法的，应在下一纳税年度开始前，将改变存货成本计价方法的原因向主管税务机关作出书面说明。主管税务机关对企业提出的改变存货计价方法的原因，应就其合理性情况进行分析、核实。凡经认定企业改变存货计价方法的原因不充分，或者存在有意调节利润嫌疑的，主管税务机关可以通知企业维持原有的存货计价方法。对于擅自改变存货计价方法而减少应纳税所得额的，应做相应的纳税调整处理。因此，利用存货计价法对企业所得税进行筹划的空间是有一定限度的。

（8）精心安排公益性捐赠。

《中华人民共和国企业所得税法》第九条规定："企业发生的公益性捐赠支出，在年度利润总额 12% 以内的部分，准予在计算应纳税所得额时扣除。"这里的公益性捐赠是指企业通过公益性社会团体或者县级（含县级）以上人民政府及其部门，用于《中华人民共和国公益事业捐赠法》规定的公益事业的捐赠。年度利润总额是指企业按照国家统一会计制度的规定计算的年度会计利润。当企业进行公益性捐赠时，应尽可能根据税法规定做到应扣尽扣，其筹划要点主要包括以下几个方面。

①选择捐赠的渠道。企业可选择的捐赠方式主要有两种：一是直接捐赠；二是间接捐赠。根据现行所得税法规定，纳税人只有通过公益性社会团体或者县级（含县级）以上人民政府及其部门进行的公益性捐赠才允许在不超过年度会计利润 12% 的限额内税前扣除，如果直接向受益人进行捐赠，则不能享受任何税前扣除。因此，企业应选择符合规定的非营利性的社会团体或国家机关实施捐赠及获得税前扣除凭证，否则，自行捐赠或通过其他渠道进行捐赠是不允许税前扣除的。

②选择捐赠的形式。按捐赠资产的类别，公益性捐赠可分为货币性资产捐赠和非货币性资产捐赠。当企业以现金以外的其他财产进行捐赠时，作为视同销售按规定要将其分解为销售和捐赠两笔进行，并考虑由于财产的公允价值与计税成本的差异所导致的对企业所得税纳税调整的影响，其纳税调整前所得应由会计利润做相应调整得到。用现金捐赠不能全额扣除的项目，要计算扣除限额，超过限额部分不予扣除。所以，企业一般先出售货物再以货款捐赠比直接以实物捐赠对企业更为有利。因此，企业在捐赠时，要在实物和现金之间权衡，以期选择最佳的捐赠方式。

③选择捐赠的时间。由于税法规定，企业发生的公益性捐赠支出，在不超过年度利

润总额 12%以内的部分，准予扣除。对于捐赠金额超过扣除限额的部分，不允许结转以后期间扣除。因此，企业筹划捐赠时间，应根据公司经营状况和市场需求对当年利润作出合理预计，根据预计利润进行计算分析，选择企业会计利润较高的期间进行捐赠，以达到尽可能扣除，从而降低税收负担。如果捐赠额度太大，争取将当年捐赠额度控制在一定范围之内，分为两个或两个以上年度多次捐赠，使捐赠额被尽可能充分扣除。

④选择捐赠的额度。假设纳税人某个纳税年度拟对外捐赠的金额为 $X$，企业当年未发生捐赠前的利润总额为 $Y$，那么，捐赠支出后，企业的年度利润总额变为 $Y-X$。按照规定，税前可扣除的捐赠额不得超过利润总额的 12%，因而，假设捐赠额可以全额扣除，那么 $X\div(Y-X)\leqslant12\%$，即 $X\leqslant10.71\%Y$。这一结果的含义为：纳税人每年对外捐赠的金额小于或等于捐赠前利润总额的 10.71%时，其捐赠额可全额扣除，不用作纳税调整，这样企业既做了好事，也取得了经济收益，可谓一举两得。

【案例 4-10】

某企业 2013 年和 2014 年预计会计利润分别为 100 万元和 300 万元（未考虑捐赠），企业所得税税率为 25%，该企业为提高其产品知名度及竞争力，树立良好的社会形象，决定向贫困地区捐赠 40 万元。现提出以下两套捐赠方案。

方案 I：2013 年年底通过省级民政部门捐赠给贫困地区。

方案 II：2013 年年底通过省级民政部门捐赠 10 万元，2014 年年初通过省级民政部门捐赠 30 万元。

思考：从节税的效果来看，企业应采取哪个方案？

【解析】

从税收筹划角度来分析，结果如下。

方案 I：该企业 2013 年通过省级民政部门向贫困地区捐赠 40 万元，其捐赠额超出了捐赠前年度利润的 10.71%，允许扣除的捐赠额度为 7.2 万元［(100-40)×12%］，剩余的 32.8 万元捐赠将无法得到税前扣除。在此情形下，企业 2013 和 2014 两个年度的应纳企业所得税为 98.2 万元［(100-7.2)×25%+300×25%］。

方案 II：2013 年捐赠的 10 万元没有超出捐赠前利润的 10.71%，因此可在税前全额扣除，2014 年捐赠的 30 万元同样也没有超出捐赠前利润的 10.71%，也可以税前全额扣除。在此情形下，企业 2013 和 2014 两个年度的应纳企业所得税为 90 万元［(100-10)×25%+(300-30)×25%］。

可见，通过分次捐赠，有利于企业的公益性捐赠在税前得到充分扣除，起到了较好的节税效果。所以，该企业应采取方案 II。

实践中，企业往往还面临着货币性捐赠和实物捐赠的选择，两种不同形式的捐赠对企业的影响是不同的，企业应在不同的捐赠形式之间进行适当选择。

**【案例 4-11】**

2013 年，A 企业打算向企业所在地的一所乡村小学进行公益性捐赠，现有以下两种方案可供选择。

方案 I：A 企业将自产学习用品 1 000 件（单位成本 100 元，单位售价 120 元）通过省级民政部门向乡村小学捐赠。当年度不包括以上捐赠业务的利润总额为 60 万元，企业所得税税率 25%，增值税税率 17%，无其他纳税调整事项。

方案 II：A 企业通过签发支票捐赠银行存款 12 万元。

思考：从税负的角度来看，A 企业应选择哪个方案？

**【解析】**

方案 I：企业将自产产品对外进行捐赠时，其在会计上应确认为营业外支出，则：计入营业外支出的金额 = 1 000 × 100 ÷ 10 000 + 1 000 × 120 × 17% × （1 + 7% + 3%）÷ 10 000 = 12.244（万元）

A 企业本年会计利润 = 60 - 12.244 = 47.756（万元）

税法允许在税前扣除的捐赠支出 = 47.756 × 12% = 5.731（万元）

纳税调增额 = 12.244 - 5.731 = 6.513（万元）

根据《中华人民共和国企业所得税法实施条例》第二十五条的规定：企业发生非货币性资产交换，以及将货物、财产、劳务用于捐赠、偿债、赞助、集资、广告、样品、职工福利或者利润分配等用途的，应当视同销售货物、转让财产或者提供劳务，但国务院财政、税务主管部门另有规定的除外。所以对外捐赠货物须视同销售，确认收入。同时，《中华人民共和国企业所得税法》第十五条规定：企业使用或者销售存货，按照规定计算的存货成本，准予在计算应纳税所得额时扣除。因此，A 企业还应确认视同销售所得 2 万元 [1 000 × （120 - 100）÷ 10 000]。企业当年应纳企业所得税为 14.067 万元 [（47.756 + 6.513 + 2）× 25%]。

方案 II：A 企业通过签发支票捐赠的银行存款 12 万元在会计上确认为营业外支出，本年会计利润为 48 万元（60 - 12）。税法允许在税前扣除的捐赠支出为 5.76 万元（48 × 12%），纳税调增额为 6.24 万元（12 - 5.76）。企业当年应纳企业所得税为 13.56 万元 [（48 + 6.24）× 25%]。

因此，从税负的角度来看，方案 II 是一个更优的选择。

## 三、税率的筹划

### （一）企业所得税税率的法律规定

企业所得税的纳税人不同，使用的税率也不同，见表 4-7。

表 4-7　　　　　　　　　企业所得税的税率

| 纳税人 | | | 税收管辖权 | 征税对象 | 税　率 |
|---|---|---|---|---|---|
| 居民企业 | | | 居民管辖权，就其世界范围所得征税 | 居民企业、非居民企业在华机构的生产经营所得和其他所得（包括非居民企业发生在中国境外但与其所设机构、场所有实际联系的所得） | 基本税率 25% |
| 非居民企业 | 在我国境内设立机构、场所 | 取得所得与设立机构、场所有联系的 | 地域管辖权，就来源于我国的所得及发生在中国境外但与其所设机构、场所有实际联系的所得征税 | | |
| | | 取得所得与设立机构、场所没有实际联系的 | | | |
| | 未在我国境内设立机构、场所，却有来源于我国的所得 | | | 来源于我国的所得 | 低税率20%（实际减按10%的税率征收） |

不过，有些特定类型的企业可以享受优惠税率。《中华人民共和国企业所得税法》第二十八条规定："符合条件的小型微利企业，减按 20% 的税率征收企业所得税。国家需要重点扶持的高新技术企业，减按 15% 的税率征收企业所得税。"其中，符合条件的小型微利企业是指从事国家非限制和禁止行业，并符合下列条件的企业：①工业企业，年度应纳税所得额不超过 30 万元，从业人数不超过 100 人，资产总额不超过 3 000 万元；②其他企业，年度应纳税所得额不超过 30 万元，从业人数不超过 80 人，资产总额不超过 1 000 万元。国家需要重点扶持的高新技术企业，是指拥有核心自主知识产权，并同时符合下列条件的企业：①产品（服务）属于《国家重点支持的高新技术领域》规定的范围；②研究开发费用占销售收入的比例不低于规定比例；③高新技术产品（服务）收入占企业总收入的比例不低于规定比例；④科技人员占企业职工总数的比例不低于规定比例；⑤高新技术企业认定管理办法规定的其他条件。此外，财政部 2011 年发布的《关于深入实施西部大开发战略有关税收政策问题的通知》规定，自 2011 年 1 月 1 日至 2020 年 12 月 31 日，设在西部地区的鼓励类产业企业减按 15% 的税率征收企业所得税。

此外，根据《国家税务总局关于中国居民企业向境外 H 股非居民企业股东派发股息代扣代缴企业所得税有关问题的通知》（国税函〔2008〕897 号）规定，中国居民企业向境外 H 股非居民企业股东派发 2008 年及以后年度股息时，统一按 10% 的税率代扣代缴企业所得税。根据《国家税务总局关于中国居民企业向 QFII 支付股息、红利、利息代扣代缴企业所得税有关问题的通知》（国税函〔2009〕47 号）规定，合格境外机构投资者取得来源于中国境内的股息、红利和利息收入，应当按照企业所得税法的规定缴纳 10% 的企业所得税。

### （二）企业所得税税率的筹划

根据现行企业所得税法规定，符合条件的小型微利企业、国家重点扶持的高新技术企业及设在西部地区的鼓励类产业企业可以享受优惠税率。因此，企业在某些情况下可以创造条件使自身能够享受低税率。比如，某企业成立于 2009 年，2012 年该企业具备成为国家需要重点扶持的高新技术企业的其他各种条件，只是第 3 个条件未满足①，因为该企业尽管具有大学专科以上学历的科技人员有 40 人，占企业当年职工总数（100人）的 30％以上，但其研发人员仅有 9 人，占企业当年职工总数不足 10％。为此，企业可以通过招聘再增加 2 名研发人员，从而符合研发人员占企业当年职工总数的 10％以上的条件，进而可申请成为国家需要重点扶持的高新技术企业，享受 15％的优惠税率。

**【案例 4-12】**

甲商业企业共有两个实行统一核算的门市部，预计 2013 年度应纳税所得额为 50 万元，假设没有纳税调整项目，即税前利润正好等于应纳税所得额。而这两个门市部税前利润及相应的应纳税所得额都为 25 万元，从业人数 70 人，资产总额 900 万元。请对其进行税收筹划。

**【解析】**

该企业的从业人数和资产总额都符合小型微利企业的条件，但其应纳税所得额超过了小型微利企业的标准，这样一来，企业的应纳企业所得税为 25 万元（50×25％）。但如果将甲商业企业按照门市部分立为两个独立的企业 A 和 B，则每个企业都符合小型微利企业的标准。此时，A 企业应纳企业所得税 5 万元（25×20％），B 企业应纳企业所得税为 5 万元（25×20％）。筹划后的企业所得税较之原来减少 2.5 万元。

另外，关联企业之间的交易，按照税法规定应当按照独立企业之间的业务往来收取或支付价款、费用，否则，税务机关有权利进行纳税调整。但当不同地区或不同的纳税人之间存在税率差异时，关联企业之间可以通过适当的转让定价筹划，将利润从适用企业所得税税率高的企业转移到税率低的企业，从而达到谋求最佳税收筹划效果。

## 四、税收优惠的筹划

### （一）企业所得税税收优惠的法律规定

企业所得税的优惠政策类型较多，涉及行业范围较广，居民企业的优惠政策见表 4-8。

---

① 这是指具有大学专科以上学历的科技人员占企业当年职工总数的 30％以上，其中研发人员占企业当年职工总数的 10％以上。

**表 4-8**　　　　　　　　　　　**居民企业所得税优惠政策**

| 优惠种类 | 具体规定 |
|---|---|
| 税额式减免优惠（免税、减税、税额抵免） | (1) 企业的从事农、林、牧、渔业项目的所得，可以免征、减征企业所得税；从事国家重点扶持的公共基础设施项目投资经营的所得（"三免三减半"）；从事符合条件的环境保护、节能节水项目的所得（"三免三减半"）；符合条件的技术转让所得（一个纳税年度内，居民企业转让技术所有权所得不超过 500 万元的部分，免征企业所得税；超过 500 万元的部分，减半征收企业所得税）。<br>(2) 企业购置用于环境保护、节能节水、安全生产等专用设备的投资额，可以按一定比例实行税额抵免（按投资额的 10% 抵免当年和结转 5 年的所得税）。 |
|  | (3) 对经济特区和上海浦东新区内在 2008 年 1 月 1 日（含）之后完成登记注册的国家需要重点扶持的高新技术企业，在经济特区和上海浦东新区内取得的所得，自取得第一笔生产经营收入所属纳税年度起，第一年至第二年免征企业所得税，第三年至第五年按照 25% 的法定税率减半征收企业所得税。<br>(4) 关于鼓励软件产业和集成电路产业发展的优惠政策（集成电路线宽小于 0.8 微米的集成电路生产企业，经认定后，在 2017 年 12 月 31 日前自获利年度起享受"两免三减半"；集成电路线宽小于 0.25 微米或投资额超过 80 亿元的集成电路生产企业，经认定后，减按 15% 的税率征收企业所得税，其中经营期在 15 年以上的，在 2017 年 12 月 31 日前自获利年度起享受"五免五减半"；我国境内新办的集成电路设计企业和符合条件的软件企业，经认定后，在 2017 年 12 月 31 日前自获利年度起享受"两免三减半"）。<br>(5) 节能服务公司的税收优惠政策（对符合条件的节能服务公司实施合同能源管理项目，符合企业所得税税法有关规定的，自项目取得第一笔生产经营收入所属纳税年度起，第一年至第三年免征企业所得税，第四年至第六年按照 25% 的法定税率减半征收企业所得税） |
| 税基式减免优惠（加计扣除、加速折旧、减计收入） | (1) 用减计收入的方法缩小税基的优惠：企业综合利用资源，生产符合国家产业政策规定的产品所取得的收入，可以在计算应纳税所得额时减计收入（减按 90% 计入收入）。<br>(2) 用加计扣除的方法减少税基的优惠：企业开发新技术、新产品、新工艺发生的研究开发费用（加计 50% 扣除）；安置残疾人员所支付的工资（加计 100% 扣除）。<br>(3) 用单独计算扣除的方法减少税基的优惠：创业投资企业从事国家需要重点扶持和鼓励的创业投资，可以按投资额的一定比例抵扣应纳税所得额。<br>(4) 用加速折旧的方法影响税基：企业的固定资产由于技术进步等原因，确需加速折旧的，可以缩短折旧年限或者采取加速折旧的方法 |
| 税率式减免优惠（减低税率） | (1) 符合条件的小型微利企业，减按 20% 的税率征收企业所得税。<br>(2) 国家需要重点扶持的高新技术企业，减按 15% 的税率征收企业所得税。<br>(3) 国家规划布局内的重点软件企业和集成电路设计企业，如当年未享受免税优惠的，可减按 10% 的税率征收企业所得税 |

非居民企业税收优惠政策见表 4-9。

表 4-9 非居民企业税收优惠政策

| 优惠种类 | 具体规定 |
|---|---|
| 减按低税率 | 非居民企业减按10%的税率征收企业所得税（这里使用10%优惠税率的是在我国未设立机构、场所，或设立机构、场所，但取得的所得与机构、场所没有实际联系的非居民企业） |
| 免征企业所得税 | 非居民企业的下列所得免征企业所得税：<br>（1）外国政府向中国政府提供贷款取得的利息所得。<br>（2）国际金融组织向中国政府和居民企业提供优惠贷款取得的利息所得。<br>（3）经国务院批准的其他所得 |

## （二）企业所得税税收优惠的筹划

### 1. 充分利用税额式减免优惠

税额式减免是指通过直接减少应纳税额的方式实现的减税免税，包括全部免征、减半征收、税额抵免等。在利用税额式减免优惠政策进行企业所得税筹划时，企业应对自己的经营状况进行合理安排，特别是要对享受减免税的起始年度进行有效筹划。比如，有的减免税优惠起始年度是企业取得第一笔经营收入的所属纳税年度，有的减免税优惠起始年度是企业开始获利的年度，企业应通过对收入或支出的发生时间进行适当安排，尽量使其应纳税额集中在可以享受税额式减免优惠的时期内。

【案例 4-13】

A 科技公司是 2013 年 12 月在经济特区登记注册的国家需要重点扶持的高新技术企业，主要业务是技术开发和系统集成。公司在注册登记的当月获利 60 万元，预计未来 6 年获利情况见表 4-10。

表 4-10 A 科技公司未来盈利预测

| 年度 | 2014 | 2015 | 2016 | 2017 | 2018 | 2019 |
|---|---|---|---|---|---|---|
| 利润（万元） | 20 | −100 | 300 | 500 | 800 | 1 000 |

思考：A 科技公司应如何对企业所得税进行筹划？

【解析】

根据现行企业所得税法规定，国家需要重点扶持的高新技术企业适用 15% 的企业所得税税率。但《国务院关于经济特区和上海浦东新区新设立高新技术企业实行过渡性税收优惠的通知》（国发〔2007〕40 号）规定：对经济特区和上海浦东新区内在 2008 年 1 月 1 日（含）之后完成登记注册的国家需要重点扶持的高新技术企业，在经济特区和上海浦东新区内取得的所得，自取得第一笔生产经营收入所属纳税年度起，第一年至第二年免征企业所得税，第三年至第五年按照 25% 的法定税率减半征收企业所得税。根据上述规定，由于 A 科技公司在 2013 年度已经开始获利，意味着该公司在 2013 年就取得了第一笔生产经营收入，因此，其在 2013 和 2014 两个年度将享受免税待遇，在 2015—2017 年将享受减半征税待遇，在 2018 和 2019 两个年度将按照 15% 的税率计征企业所得税。A 公司在 2013—2017 年共计征的企业所得税为 357.5 万元 [（300−100）×25%×1/2+500×25%×1/2+800×15%+1 000×15%]。

该公司开业当年即获利润进入减免税期，这两年盈利不多，还有亏损，没有最大程度享受税收优惠政策带来的实惠，所以该企业应该重新调整第一次营业收入的实现时间。假定公司在 2014 年开始取得第一笔生产经营收入，则其在 2013 年因无生产经营收入无须纳税，2014 和 2015 两个年度将享受免税待遇，2016—2018 年将享受减半征税待遇，2019 年将按照 15% 的税率计征企业所得税。这样一来，A 公司在 2013—2017 年共计征的企业所得税为 337.5 万元 [（300−100）×25%×1/2+500×25%×1/2+800×25%×1/2+1 000×15%]。较之筹划前节税 20 万元。

接下来分析如何利用税收抵免政策进行企业所得税筹划。根据《中华人民共和国企业所得税法实施条例》第一百条规定，企业购置并实际使用《环境保护专用设备企业所得税优惠目录》、《节能节水专用设备企业所得税优惠目录》和《安全生产专用设备企业所得税优惠目录》规定的环境保护、节能节水、安全生产等专用设备的，该专用设备的投资额的 10% 可以从企业当年的应纳税额中抵免；当年不足抵免的，可以在以后 5 个纳税年度结转抵免。如果企业购置了符合上述税收抵免条件的专用设备，应尽可能使专用设备的投资额的 10% 从企业当年的应纳税额中得到全部抵免。

**【案例 4-14】**

甲公司成立于 2008 年 10 月，为保障生产安全，准备于 2008 年 12 月购置一大型安全生产专用设备，该设备价款为 600 万元。因该企业生产产品为新型产品，预计未来 3 年企业将面临亏损，至第四年起将逐渐盈利，2008 年及未来 6 年的预计利润额见表 4-11。

表 4-11　　　　　　甲公司 2008 年及未来年度盈利预测

| 年度 | 2008 | 2009 | 2010 | 2011 | 2012 | 2013 | 2014 |
|---|---|---|---|---|---|---|---|
| 利润额（万元） | −200 | −120 | −50 | 80 | 130 | 250 | 400 |

思考：该公司应如何筹划才能进一步降低企业所得税？

**【解析】**

根据现行企业所得税法中年度亏损弥补的相关规定，甲公司在 2008—2012 年各个年度的应纳税所得额和应纳所得税额均为零，2013年和2014年的应纳税所得额分别为90万元和400万元，其对应的应纳所得税额分别为22.5万元和100万元。企业按规定可于2008—2013年六个年度抵免所得税60万元（600×10%）。经过税收抵免后，甲公司在2013年的应纳所得税额减少为零，但剩余的37.5万元却不能用于抵免2014年的企业所得税。为此，可以考虑将企业购置安全生产设备的时间延迟至2009年1月，这样设备投资额的10%（60万元）不仅可以抵免2013年的22.5万元企业所得税，还可以继续抵免2014年的部分企业所得税。这样一来，甲公司仅需在2014年缴纳企业所得税62.5万元（100−37.5）。

### 2. 充分利用税基式减免优惠

现行企业所得税法中存在加计扣除、减计收入等多项税基式减免优惠政策。比如，企业开发新产品、新技术、新工艺发生的研究开发费用未形成无形资产计入当期损益的，在按照规定据实扣除的基础上，按照研究开发费用的50%加计扣除；形成无形资产的，按照无形资产成本的150%摊销。但需要注意的是，根据国税发〔2008〕116号文件规定，企业未设立专门的研发机构或企业研发机构同时承担生产经营任务的，应对研发费用和生产经营费用分开进行核算，准确、合理地计算各项研究开发费用支出，对划分不清的，不得实行加计扣除；企业必须对研究开发费用实行专账管理，准确归集填写年度可加计扣除的各项研究开发费用实际发生金额，并于年度汇算清缴所得税申报时向主管税务机关报送本办法规定的相应资料。因此，企业在筹划中应注意以下事项。

（1）判断研发项目是否属于《国家重点支持的高新技术领域》和国家发展改革委员会等部门公布的高技术产业化重点领域，这是企业享受加计扣除税收优惠的前提。

（2）申请研发费用加计扣除必须把握三个环节。根据规定，企业享受研究开发费用税前加计扣除政策一般包括项目确认、项目登记和加计扣除三个环节。具体来说，项目确认环节是指企业研究开发的项目需向政府（省辖市、县及县级市）以上科技部门或经信委申请项目确认，政府科技部门或经信委进行审核并出具《企业研究开发项目确认书》后，由政府科技部门或经信委等部门连同申请资料一同提交同级主管税务机关；项目登记环节是指税务机关取得《企业研究开发项目确认书》后，对无异议或不予登记的项目，向企业出具《企业研发项目登记信息告知书》，告知项目登记号或不予登记的原因；加计扣除环节是指已取得税务机关登记并发放《企业研究开发项目登记信息告知书》的企业，享受研究开发费用加计扣除时，应在企业所得税年度纳税申报前按规定进行备案。在企业所得税年度纳税申报时，企业对已经登记的研发项目所发生的研发费用享受税法规定加计扣除优惠政策。

（3）注意研发费用加计扣除范围。国税发〔2008〕116号文件规定，允许加计扣除的费用包括：①新产品设计费、新工艺规程制定费以及与研发活动直接相关的技术图书资料费、资料翻译费；②从事研发活动直接消耗的材料、燃料和动力费用；③在职直接从事研发活动人员的工资、薪金、奖金、津贴、补贴；④专门用于研发活动的仪器、设备的折旧费或租赁费；⑤专门用于研发活动的软件、专利权、非专利技术等无形资产的摊销费用；⑥专门用于中间试验和产品试制的模具、工艺装备开发及制造费；⑦勘探开发技术的现场试验费；⑧研发成果的论证、评审、验收费用。《关于研究开发费用税前加计扣除有关政策问题的通知》（财税〔2013〕70号）指出，扩大企业可以在企业所得税前加计扣除的研发费用范围，从过去的8项增加到现在的13项，新纳入税前加计扣除范围的5项企业研发费用包括：①企业依照国务院有关主管部门或者省级人民政府规定的范围和标准，为在职直接从事研发活动人员缴纳的基本养老保险费、基本医疗保险费、失业保险费、工伤保险费、生育保险费和住房公积金；②专门用于研发活动的仪器、设备的运行维护、调整、检验、维修等费用；③不构成固定资产的样品、样机及一般测试手段购置费；④新药研制的临床试验费；⑤研发成果的鉴定费用。

（4）账务独立核算，应设专门核算科目，以正确归集、核算企业发生的研发费用。若企业未设立专门的研发机构或企业研发机构同时承担生产、经营任务的，应对研发费用和生产经营费用分开核算，准确、合理地计算各项研究开发费用支出，对划分不清的，不得加计扣除。若企业在1个纳税年度内进行多个研究开发活动的，应按照不同开发项目分别归集可加计扣除的研究开发费用额。

（5）按照当地税务机关有关加计扣除纳税审批备案申报的管理流程及时提交各项资料，以免错过提交时间导致无法享受税收优惠。

另外，企业安置残疾人员的，在按照支付给残疾职工工资据实扣除的基础上，按照支付给残疾职工工资的100%加计扣除。在不影响正常生产经营活动的条件下，企业在招聘员工时可优先考虑吸纳残疾人员就业①。比如，某企业因生产规模的扩大，需招聘20名新员工，新增加的20名员工每年需要支付60万元工资，2014年该企业预计实现应纳税所得额为200万元（未扣除新增员工工资）。如果招聘20名健康人员作为新员工，则企业的应纳税所得额为35万元［（200−60）×25%］。在不影响企业正常生产经营的情况下，招聘20名残疾人员作为新员工，则企业的应纳税所得额为20万元［（200−60×2）×25%］。两者税负相差15万元。不过，企业在享受安置残疾职工工资100%加计扣除政策时，必须满足《财政部国家税务总局关于安置残疾人员就业有关企业所得税优惠政策问题的通知》（财税〔2009〕70号）的相应要求。根据财税〔2009〕70号文件规定，企业享受安置残疾职工工资100%加计扣除应同时具备以下条件：①依

---

① 残疾人员的范围适用《中华人民共和国残疾人保障法》的有关规定。

法与安置的每位残疾人签订了1年以上（含1年）的劳动合同或服务协议，并且安置的每位残疾人在企业实际上岗工作；②为安置的每位残疾人按月足额缴纳了企业所在区县人民政府根据国家政策规定的基本养老保险、基本医疗保险、失业保险和工伤保险等社会保险；③定期通过银行等金融机构向安置的每位残疾人实际支付了不低于企业所在区县适用的经省级人民政府批准的最低工资标准的工资；④具备安置残疾人上岗工作的基本设施。

### （三）充分利用亏损弥补政策

根据《中华人民共和国企业所得税法》第十八条规定，企业纳税年度发生的亏损，准予向以后年度结转，用以后年度的所得弥补，但结转年限最长不得超过5年。利用亏损弥补政策进行企业所得税筹划的要点主要包括以下几个方面。

1. 重视亏损年度后的运营

企业在某个年度发生亏损后，就必须从资本运营上下功夫，如企业可以减小以后5年内投资的风险性，以相对较安全的投资为主，确保亏损能在规定期限内尽快得到全部弥补。

2. 充分利用不同企业、不同情况下亏损弥补的规定

按税法规定，汇总、合并纳税的成员企业发生的亏损，可直接冲抵其他成员企业的所得额或并入母公司的亏损额，不需要用本企业以后年度所得弥补。被兼并企业若不再具有独立纳税人资格，其兼并前尚未弥补的经营亏损，可由兼并企业用以后年度的所得弥补。所以，对于一些长期处于高盈利状态的企业，可以兼并一些亏损企业，以减少其应纳税所得额，达到节税目的。一些大型集团企业，可以采取汇总、合并纳税的方式，用盈利企业所得冲抵亏损企业的亏损额，减少应纳所得税额，取得最大的纳税补偿收益。

3. 选择亏损弥补期进行税收筹划

当纳税企业既有所得税应税项目，又有免税项目时（如免税的投资收益），如果认真地考虑免税所得的返回时间，将可以最大限度地弥补亏损获得实际利益。

## 【案例分析与讨论】

学习完前面的内容，我们现在可以对本节【案例导入】中提出的问题进行解答了。A公司如果将专利权转让费的收款时间由2013年12月31日改为2014年1月1日，则该笔转让费将被确认为A公司2014年度的收入，这样可以带来两大好处：①由于A公司是按上年应纳税所得额的1/4预交企业所得税，如果将专利权转让费确认为2014年度收入，则A公司2013年的应纳税所得额相对较低，由此可以减少其在2014年预交的企业所得税；②A公司是一家制造企业，员工人数和资产总额均符合小型微利企业的条

件，如果将专利权转让费确认为 2014 年度收入，则其 2013 年的应纳税所得额会小于 30 万元，A 公司从而完全符合小型微利企业的标准，其 2013 年的企业所得税可按 20％的税率计征。

# 第二节　个人所得税筹划

## 【案例导入】

某教授到外地某企业讲课，关于讲课的劳务报酬，该教授面临着两种选择：一种是企业给教授支付讲课费 50 000 元人民币，往返交通费、住宿费、伙食费等一概由该教授自己负责；另一种是企业支付教授讲课费 40 000 元，往返交通费、住宿费、伙食费等全部由企业负责。

思考：该教授应选择哪种方案才能实现税后收入的最大化？

## 一、纳税人的筹划

### (一) 个人所得税纳税人的法律规定

我国缴纳个人所得税的纳税义务人，按照国际惯例被分为居民纳税人和非居民纳税人两种，分别承担不同的纳税义务。根据《中华人民共和国个人所得税法》第一条规定，居民纳税义务人是指在中国境内有住所，或者无住所而在境内居住一年的个人；非居民纳税义务人是指在中国境内无住所又不居住，或无住所且居住不满一年的个人，见表 4-12。

表 4-12　　　　　　居民纳税人和非居民纳税人的判定

| 纳税人类别 | 承担的纳税义务 | 判定标准 |
|---|---|---|
| 居民纳税人 | 负有无限纳税义务。其所取得的应纳税所得，无论是来源于中国境内还是中国境外任何地方，都要在中国境内缴纳个人所得税 | 住所标准和居住时间标准只要具备一个就成为居民纳税人：<br>　(1) 住所标准："在中国境内有住所"是指因户籍、家庭、经济利益关系而在中国境内习惯性居住。这里的"户籍"是指拥有中国户口；这里的"经济利益"标准一般考虑主要经营活动地和主要财产所在地；所谓"习惯性居住"是判定纳税义务人为居民纳税人和非居民纳税人的法律标准，通常理解为一个纳税人因学习、工作、探亲等原因消除后，所要回到的地方。<br>　(2) 居住时间标准："在中国境内居住满 1 年"是指在一个纳税年度（公历 1 月 1 日起至 12 月 31 日止）内，在中国境内居住满 365 日。在计算居住天数时，对临时离境应视同在华居住，不扣减其在华居住的天数。"临时离境"是指在一个纳税年度内，一次不超过 30 日或者多次累计不超过 90 日的离境 |

续 表

| 纳税人类别 | 承担的纳税义务 | 判定标准 |
|---|---|---|
| 非居民纳税人 | 承担有限纳税义务，只就其来源于中国境内的所得，向中国缴纳个人所得税 | 非居民纳税人的判定条件是以下两条（必须同时具备）：<br>（1）在我国无住所。<br>（2）在我国不居住或居住不满 1 年 |

按照税法的规定，居民纳税人负有无限纳税义务，即就其来源于中国境内和境外的全部所得缴纳个人所得税；非居民纳税人仅负有限纳税义务，即仅就其来源于中国境内的所得，缴纳个人所得税。简单地说，非居民纳税人的纳税义务远轻于居民纳税人的纳税义务，因而个人在进行税收筹划时往往愿意将居民纳税人的身份变成非居民纳税人的身份，从而减轻自己的税负。

### （二）个人所得税纳税人的筹划

一般来说，减轻税负的方式主要有两种。一种是改变自己的住所，一般认为就是改变自己的国籍。例如，某人是一高税国居民，他（她）可以通过移居，使自己成为一低税国居民，这在国际避税中经常被运用。另一种便是根据各国具体规定的临时离境日期，恰当地安排自己离境时间，便可以使自己从居民纳税人变成非居民纳税人，从而减轻税负。这种情况对个人来说比较多见，也是国际上出现大量税收难民的原因，这些难民在各国之间旅游，避免成为任何国家的居民纳税人。当然，进行这种筹划应在法律允许的范围内，而且应进行成本收益分析，如果节省税收额还不够自己进行筹划的成本，就没有什么必要了。

【案例 4-15】

甲、乙、丙均系美国俄亥俄州人，而且都是美国科通技术发展有限公司高级雇员。因工作需要，甲和乙于 2011 年 12 月 8 日被美国总公司派往在中国设立的分公司里工作，在北京业务区。紧接着 2012 年 2 月 10 日丙也被派往中国开展业务，在上海业务区工作。其间，甲、乙、丙各自因工作需要均回国述职一段时间。甲于 2012 年 7 月至 8 月回国两个月，乙和丙于 2012 年 9 月回国 20 天。2013 年 1 月 20 日，发放当年工资薪金。甲领得中国分公司支付的工资薪金 10 万元，美国总公司支付的工资薪金 1 万美元。乙和丙均领得中国分公司的 12 万元和美国总公司的 1 万美元。公司财务人员负责代扣代缴个人所得税，其中甲和丙仅就中国分公司支付的所得缴税，而乙则两项所得均要缴税。乙不明白，便向财务人员进行咨询。财务人员的答复是乙为居民纳税人，而甲和丙是非居民纳税人。

【解析】

在本案例中，甲、乙、丙三人均习惯性居住在美国，而且其户籍和主要经济利益地也为美国,中国只不过是临时工作地,因而均不能被认定为在中国境内有住所。因此,判断三人是否为中国的居民主要看其在境内居住时间是否满一年。这里的"居住满一年",根据《中华人民共和国个人所得税法实施条例》第三条的规定,是指在中国境内居住 365 日,临时离境的,不扣除天数。所谓临时离境是指在一个纳税年度一次不超过 30 日或多次累计不超过 90 日的离境。这里的纳税年度是指从公历 1 月 1 日到 12 月 31 日的期间,即如果一个纳税人在中国境内实际居住时间已超过 365 天,但从每一纳税年度看都没有居住满一年,则该个人不能被认定为中国的居民纳税人。

在本案例中,甲一次性出境两个月,明显超过 30 天的标准,因而应定为居住不满一年,为非居民纳税人;丙于 2012 年 2 月 10 日才来中国,在一个纳税年度里(1 月 1 日到 12 月 31 日)没居住满一年,因而也不是居民纳税人;只有乙在 2012 年纳税年度 1 月 1 日至 12 月 31 日期间,除临时离境 20 天,其余时间全在中国,居住满一年。因而乙属于居民纳税人,其全部所得均应缴纳个人所得税。

另外,由于对居民纳税人有住所的规定,所以在国际上,纳税人可以通过改变居所的方法来减轻纳税负担,如居住在高税区的纳税人转移到低税区去居住。当然,迁移居所也好,移民也好,只要是作为避税手段,就不能给政府虚假迁移的印象,必须做到"真正移民"。例如,荷兰规定,凡是一个放弃荷兰居所而移居国外的,并且在一个纳税期间内未在国外设置居所而回到荷兰的居民应属于荷兰居民,在此期间发生的收入一律按照荷兰税法纳税。显然,纳税人应当"彻底地"移民,才可以达到避税的目的。

## 二、计税依据和税率的筹划

### (一)个人所得税计税依据和税率的法律规定

目前,我国实行的是分类的个人所得税制,个人所得税的课税范围包括:工资、薪金所得;个体工商户的生产、经营所得;企事业单位的承包经营、承租经营所得;劳务报酬所得;稿酬所得;特许权使用费所得;利息、股息、红利所得;财产租赁所得;财产转让所得;偶然所得;其他所得。影响个人所得税应纳税额的因素有两个,即计税依据(应纳税所得额)和税率。不同类型个人所得的计税依据和税率存在一定差异(见表 4-13、表 4-14、表 4-15 和表 4-16)。

表 4-13　　　　　　　　　　　不同类型个人所得的计税依据

| 征税项目 | 计税依据和费用扣除 | 税　率 | 计税公式 |
|---|---|---|---|
| 工资、薪金所得 | 应纳税所得额＝月工薪收入－3 500元<br><br>外籍、港澳台在华人员及其他特殊人员附加减除费用1 300元 | 七级超额累进税率 | 应纳税额＝应纳税所得额×适用税率－速算扣除数 |
| 个体户生产、经营所得 | 应纳税所得额＝全年收入总额－成本、费用以及损失 | 五级超额累进税率 | |
| 对企事业单位承包、承租经营所得 | 应纳税所得额＝纳税年度收入总额－必要费用（每月3 500元） | | |
| 劳务报酬所得<br>稿酬所得<br>特许权使用费所得<br><br>财产租赁所得 | 每次收入不足4 000元的<br>应纳税所得额＝每次收入额－800元<br>每次收入4 000元以上的<br>应纳税所得额＝每次收入额（1－20％） | 20％比例税率 | 应纳税额＝应纳税所得额20％<br>劳务报酬所得超额累进加征：应纳税额＝应纳税所得额×适用税率－速算扣除数<br>稿酬所得减征：应纳税额＝应纳税所得额20％（1－30％） |
| 财产转让所得 | 应纳税所得额＝转让收入－财产原值－合理费用 | | |
| 利息、股息、红利所得 | 来自上市公司的股息红利减按50％计算应纳税所得额；利息所得和来自非上市公司股息、红利按收入总额为应纳税所得额。<br>自2013年1月1日起，对上市公司股息、红利按持股期限实行差别化个人所得税政策：持股期限在1个月以内（含1个月）的，其股息红利所得全额计入应纳税所得额；持股期限在1个月以上至1年（含1年）的，暂减按50％计入应纳税所得额；持股期限超过1年的，暂减按25％计入应纳税所得额 | | |
| 偶然所得<br>其他所得 | 按收入总额计税，不扣费用 | | |

表 4-14　　　　　　　　　工资、薪金所得适用的税率表

| 级数 | 全月应纳税所得额 | | 税率（％） | 速算扣除数 |
|---|---|---|---|---|
| | 全月含税应纳税所得额 | 全月不含税应纳税所得额 | | |
| 1 | 不超过1 500元的 | 不超过1 455元的部分 | 3 | 0 |
| 2 | 超过1 500元至4 500元的部分 | 超过1 455元至4 155元的部分 | 10 | 105 |
| 3 | 超过4 500元至9 000元的部分 | 超过4 155元7 755元的部分 | 20 | 555 |
| 4 | 超过9 000元至35 000元的部分 | 超过7 755元至27 255元的部分 | 25 | 1 005 |
| 5 | 超过35 000元至55 000元的部分 | 超过27 255元至41 255元的部分 | 30 | 2 755 |
| 6 | 超过55 000元至80 000元的部分 | 超过41 255元至57 505元的部分 | 35 | 5 505 |
| 7 | 超过80 000元的部分 | 超过57 505元的部分 | 45 | 13 505 |

**表 4-15** 个体工商业户生产、经营所得和对企事业
单位的承包经营、承租经营所得适用的税率表

| 级数 | 全年含税应纳税所得额 | 全年不含税应纳税所得额 | 税率（%） | 速算扣除数 |
|---|---|---|---|---|
| 1 | 不超过 15 000 元的 | 不超过 14 250 元的部分 | 5 | 0 |
| 2 | 超过 15 000 元至 30 000 元的部分 | 超过 14 250 元至 27 750 元的部分 | 10 | 750 |
| 3 | 超过 30 000 元至 60 000 元的部分 | 超过 27 750 元至 51 750 元的部分 | 20 | 3 750 |
| 4 | 超过 60 000 元至 100 000 元的部分 | 超过 51 750 元至 79 750 元的部分 | 30 | 9 750 |
| 5 | 超过 100 000 元的部分 | 超过 79 750 元的部分 | 35 | 14 750 |

**表 4-16** 劳务报酬所得个人所得税税率表

| 级数 | 每次应纳税所得额 | 税率（%） | 速算扣除数 |
|---|---|---|---|
| 1 | 不超过 20 000 元的部分 | 20 | 0 |
| 2 | 超过 20 000 元至 50 000 元的部分 | 30 | 2 000 |
| 3 | 超过 50 000 元的部分 | 40 | 7 000 |

**（二）个人所得税计税依据和税率的筹划**

由于部分个人所得计征个人所得税时适用的税率与其计税依据密切相关，因此，这里将计税依据筹划和税率筹划予以统筹考虑。

1. 工资、薪金所得计税依据和税率的筹划

工资、薪金所得的个人所得税关系到每个人的切身利益，由于我国对于工资、薪金所采取的是七级超额累进税率制度，从 3% 到 45% 不等。这种形式使得个人收入越高时，适用的税率也越高，税收负担也越重。在每一级税收的边缘地带，收入之间可能只相差一元，但所承担的个人所得税的税收负担会相差很大。不过，通过采取一定的合法手段进行筹划，可以避免此类不公平的发生。总体来看，工资、薪金个人所得税计税依据和税率筹划的基本思路是：①在不违法的前提下减少应纳税所得额；②通过周密的设计和安排，使应纳税所得额适用较低的税率。

具体来看，工资、薪金所得的个人所得税计税依据和税率筹划主要方法包括以下几个。

（1）工资、薪金福利化。

按照税法规定，员工获得的现金和实物形式薪酬均需缴纳个人所得税。但是，企业提供的公共福利在某些情形下对个人是免税的，因此，合理安排员工的公共福利，适当将部分直接发放的工资、薪金转化为员工公共福利，是降低个人工资、薪金应纳税所得额的一个方面。需要注意的是，根据现行个人所得税法的相关规定，对于发给个人的福利，不论是现金还是实物，均应缴纳个人所得税。但目前对于集体享受的、不可分割

的、非现金方式的福利①，原则上不征收个人所得税。因此，企业若要通过工资、薪金福利化的手段为员工节税，必须注意发放福利的方式。对于一些在外出差的员工，有些单位会发放交通费、餐费补贴和每月通信费补贴，单位以现金方式给出差人员发放交通费、餐费补贴应征收个人所得税，但如果单位是根据国家有关一定标准，凭出差人员实际发生的交通费、餐费发票作为公司费用予以报销，可以不作为个人应税所得征收个人所得税。关于通信费补贴，如果所在省市地方税务局报经省级人民政府批准后，规定了通信费免税标准的，可以不征收个人所得税。如果所在省市未规定通信费免税标准，单位发放此项津贴，应予以征收个人所得税。

（2）足额缴纳"三险一金"。

工资、薪金应纳税所得额是个人取得的收入扣除"三险一金"②和"免征额"等费用后的余额，在实行超额累进税率的条件下，费用扣除越多，所适用的税率越低。因此，企业应充分利用国家的社保政策和住房公积金政策，按照当地政府规定的最高缴存比例、最大基数标准为职工缴存"三险一金"，为职工建立一种长期保障。这样不仅能提高职工的福利待遇，而且也能有效降低企业和职工的税负水平。但需要注意的是，企事业单位和个人缴纳的"三险一金"不能超过规定的比例和标准，否则，超出的部分要计征个人所得税。

（3）合理安排年终奖的发放方案。

一次性奖金按适用税率计算应纳税额，只要确定的税率高于某一档次，其奖金全额就要适用更高一级次的税率（类似全额累进税率），因此就形成了一个工资发放无效区间。通过对一次性奖金每个所得税级的上限（税收临界点）、应纳税额和税后所得的计算，可计算出一次性奖金发放的无效区间。按照国税发〔2005〕9号文件的规定，全年一次性奖金在一个纳税年度由扣缴义务人在发放时代扣代缴。如果在发放年终一次性奖金的当月，雇员当月工资、薪金所得低于税法规定的费用扣除额，应将全年一次性奖金减除"雇员当月工资薪金所得与费用扣除额的差额"后的余额，按上述办法确定全年一次性奖金的适用税率和速算扣除数，具体计算公式如下。

第一步：雇员当月工资薪金所得高于（或等于）税法规定的费用扣除额，适用公式为：

应纳税额＝雇员当月取得全年一次性奖金×适用税率－速算扣除数

第二步：雇员当月工资薪金所得低于税法规定的费用扣除额的，适用公式为

应纳税额＝（雇员当月取得全年一次性奖金－雇员当月工资薪金所得与费用扣除额的差额）×适用税率－速算扣除数。

---

① 比如，一些单位给员工建设的篮球场、游泳池、娱乐休闲室等。

② "三险一金"是指基本养老保险费、基本医疗保险费、失业保险费和住房公积金。

　　企业管理者可选择的员工一次性奖金的发放方式有四种：把全年一次性奖金除以12平摊到每月作为工资的一部分分月发放；年终、年末两次发放；年终一次发放；年终奖中的一部分作为月奖随每月的工资一同发放，其余年终奖一次发放。

**【案例 4-16】**

　　2014年，企业员工张某的月工资薪金为3 800元（已扣除"三险一金"），年终确定张某的奖金共计36 000元。请按照四种方案分别计算各种应缴纳的个人所得税。

**【解析】**

　　采用四种方案分别计算个人所得税的情况如下。

　　方案Ⅰ：奖金按月发放，每月发放3 000元。在此方案下：

　　张某的月应纳税所得额＝3 800＋3 000－3 500＝3 300（元）

　　张某每月应纳个人所得税额＝3 300×10％－105＝225（元）

　　张某全年应该负担的个人所得税＝225×12＝2 700（元）

　　方案Ⅱ：年中7月份发放一次性半年奖18 000元，年末再发放一次性全年奖18 000元。在此方案下：

　　张某各月（除7月份外）应纳税所得额＝3 800－3 500＝300（元）

　　张某各月（除7月份外）应纳个人所得税额＝300×3％－0＝9（元）

　　张某7月份应纳税所得额＝3 800＋18 000－3 500＝18 300（元）

　　张某7月份应纳个人所得税额为：18 300×25％－1 005＝3 570（元）

　　根据国税发〔2005〕9号文件规定，张某年终奖18 000元适用税率和速算扣除数分别为3％和0，则：

　　年终奖金应纳个人所得税额＝18 000×3％－0＝540（元）

　　张某年应纳个人所得税额＝9×11＋3 570＋540＝4 209（元）

　　方案Ⅲ：年终一次性发放奖金36 000元。在此方案下：

　　张某每月应纳税所得额＝3 800－3 500＝300（元）

　　张某每月应纳个人所得税额＝300×3％－0＝9（元）

　　根据国税发〔2005〕9号文件规定，年终奖36 000元适用税率和速算扣除数分别为10％和105，则：

　　张某年终一次性奖金应纳所得税额＝36 000×10％－105＝3 495（元）

　　张某年应纳个人所得税额＝9×12＋3 495＝3 603（元）

　　方案Ⅳ：奖金中的一部分作为月奖1 500元随月工资薪金发放，其余18 000元作为年终一次性奖发放。在此方案下：

　　张某每月应纳税所得额＝3 800＋1 500－3 500＝1 800（元）

张某每月应纳所得税额＝1 800×10％－105＝75（元）

根据国税发〔2005〕9 号文件规定，年终奖 18 000 元适用税率和速算扣除数分别为 3％和 0，则：

张某年终一次性奖金应纳所得税额＝18 000×3％－0＝540（元）。张某年应纳个人所得税额＝75×12＋540＝1 440（元）

由以上四种方案可知，方案Ⅳ所缴纳的个人所得税税额最少。方案Ⅳ的最大优点在于确定两部分的比例时，充分利用了适用税率的临界点，通过合理分配奖金，尽可能降低年终一次性奖金的适用税率。尤其是在求得（年终奖金÷12）的商数高出较低一档税率的临界值不多的时候，减少年终奖金发放金额，使其商数调减至低一档临界值，降低适用税率，尽可能使至少一部分收入的适用税率达到最低的最佳组合，此时节税效果最为明显。

另外，根据国税发〔2005〕9 号文件的相关规定可知，企业发放的名义年终奖越多，并不意味着员工实际得到的年终奖也越多，在现实中，很有可能出现这种现象：年终奖多发一元钱，个人所得税可能就要多缴一千多元钱。例如，发 18001 元比 18000 元多纳个税 1155.1 元；54 001 元比 54 000 元多纳个税 4950.2 元；发 108 001 元比 108 000 元多纳个税 4 950.25 元；发 420 001 元比 420 000 元多纳个税 19 250.3 元；发 660 001 元比 660 000 元多纳个税 30 250.35 元；发 960 001 元比 960 000 元多纳个税 88 000.45 元。之所以存在上述现象是因为多发了几块钱，正好税率上了一个档次而多缴税的情况。因此，企业在发放年终奖时，要合理避开盲区，以免"得不偿税"。发放年终奖的盲区分布如下：〔18 001 元，19 283.33 元〕；〔54 001 元，60 187.50 元〕；〔108 001元，114 600 元〕；〔420 001 元，447 500 元〕；〔660 001 元，706 538.46 元〕；〔960 001元，1 120 000 元〕①。

此外，还可以考虑科学筹划月度工资和一次性奖金的发放结构。在职工全年收入一定的情况下，应科学安排月度工资和一次性奖金的发放比例，找到工资和奖金之间个人所得税税率的最佳配比，从而有效降低个人所得税负担。

**【案例 4-17】**

2014 年，某位员工年薪 90 000 元，月工资 7 500 元。现有三种方案可供选择。

A 方案：每月工资 7 500 元，全年共计 90 000 元。

B 方案：每月工资 2 000 元，其余 66 000 元作为年终奖金。

C 方案：每月工资 5 500 元，其余作为年终奖金。

---

① 年终奖应纳个人所得税额的计算均以个人取得年终奖当月的工薪所得高于或等于 3 500 元为前提。

> 思考：如何使得税后收入最大？
>
> 【解析】
>
> A方案的个人所得税＝［（7 500－3 500）×10％－105］×12＝3 540（元）
>
> B方案的个人所得税＝［66 000－（3 500－2 000）］×20％－555＝12 345（元）
>
> C方案的个人所得税＝［（5 500－3 500）×10％－105］×12＋（24 000×10％－105）＝3 435（元）
>
> 从税收收入的角度来看，C方案最优。

（4）工资、薪金的均衡发放。

职工工资、薪金个人所得税采取的是超额累进税率，纳税人的应税所得越多，适用的税率也就越高，所以在纳税人一定时期内收入总额既定的情况下，分摊到各个纳税期内（一般为每月）的收入应尽量均衡，避免大起大落。许多企业发放的工资除月度固定工资外，还有月度加班工资、季度考核奖励、半年奖金预发等一次性的发放，使得月度工资薪金有的月份很高，而有的月份又相对较少，大幅度波动的结果使工资奖金较高的月份适用高税率带来的税负增加大于工资奖金较低月份适用低税率形成的税负减少，最终导致部分工资奖金变成税款，形成工资奖金增加但实际收入没有增加甚至减少的情况。因此，要最大限度地降低个人所得税负担，就必须尽可能每月均衡发放工资，当然，"均衡发放"并不是一定要求每月工资绝对额相等，而是要尽可能使每月适用的个人所得税最高税率相等。

2. 劳务报酬所得的计税依据和税率的筹划

虽然劳务报酬适用的是20％的比例税率，但由于对于一次性收入畸高的实行加成征收，实际相当于适用三级超额累进税率，故一次收入数额越大，其适用的税率就越高。因此劳务报酬所得筹划方法的一般思路就是，通过增加费用开支尽量减少应纳税所得额，或者通过延迟收入、平分收入等方法，将每次的劳务报酬所得安排在较低税率的范围内。劳务报酬个人所得税计税依据和税率的筹划方法主要包括以下几个方面。

（1）将劳务报酬所得转化为工资、薪金所得。

劳务报酬所得是指个人独立从事各种非雇佣的各种劳务所取得的所得，而工资、薪金所得是指个人因任职或者受雇而取得的工资、薪金、奖金、年终加薪、劳动分红、津贴、补贴及与任职或受雇有关的其他所得。简单而言，区分劳务报酬所得和工资、薪金所得的主要标志是个人与提供所得的单位之间是否存在着稳定的雇佣和被雇佣关系，即个人从事的是独立劳动还是非独立劳动。由于税法规定的不同，相同数额的工资、薪金所得与劳务报酬所得适用的税率不同，相应地，纳税人缴纳的税收额度也就不同。个人通过选择是否与单位签订劳动合同，就可以决定其是以工资、薪金的形式获得收入，还是以劳务报酬的形式获得收入。由于二者之间存在着所得形式相互转化的可能性，也就同时存在着纳税人进行税收筹划的可能性。纳税人通过合理地选择所得的收入形式，就可以达到节约税收的目的。

**【案例 4-18】**

王某是一名高级工程师，从 A 企业退休后，受 B 公司邀请担任其技术顾问。B 公司每月向王某支付 5 000 元。

思考：从节税的角度来看，王某是否应该与 B 企业建立稳定的雇佣关系？

**【解析】**

如果王某与 B 公司不建立稳定的雇佣关系，则其每月从 B 公司取得的 5 000 元收入将被作为劳务报酬所得计征个人所得税。王某应缴纳的个人所得税 800 元 [5 000×（1-20%）×20%]。

如果王某与 B 公司建立稳定的雇佣关系，则其每月从 B 公司取得的收入将被作为工资、薪金性质所得计征个人所得税。王某应缴纳的个人所得税 45 元 [（5 000－3 500）×3%]。

因此，从个人所得税的角度来看，王某应与 B 公司建立稳定的雇佣关系。

（2）合理分割劳务报酬所得

根据现行个人所得税法的相关规定，对劳务报酬所得一次收入畸高，在计征个人所得税时实行加成征收，实际相当于适用三级超额累进税率，故一次收入数额越大，其适用的税率就越高。但如果纳税人能够通过适当安排将其较高的劳务报酬所得进行适当分割，则可以降低劳务报酬所得适用的税率，进而减少个人所得税。

**【案例 4-19】**

刘某为他人进行设计和安装，并签订一份设计安装合同。按合同规定，完工后对方应支付劳务报酬 45 000 元。

思考：刘某应如何对其劳务报酬的个人所得税进行筹划？

**【解析】**

如果刘某与对方签订一份设计安装合同，则其 45 000 元的劳务报酬所得将确定为一次劳务报酬所得，根据现行个人所得税法，刘某应纳个人所得税为 8 800 元 [45 000×（1－20%）×30%－2 000]。如果刘某与对方分别签订设计合同和安装合同，约定设计合同的劳务报酬金额为 20 000 元，安装合同的劳务报酬为 25 000 元，则其应纳个人所得税税额为 7 200 元 [20 000×（1－20%）×20%＋25 000×（1－20%）×20%]。筹划后的方案较之原来的方案能够减少 1 600 元的个人所得税。

（3）增加劳务报酬所得的支付次数。

税法规定，对于同一项目取得连续性收入的，以一个月内取得的收入为一次。当个人为一家单位连续提供某种劳务时，如果对方既可以一次性支付全部劳务报酬，也可以分月支付劳务报酬，则个人应与支付劳务报酬的业主商议，将其劳务报酬按月平均支付，从而使得该项所得可以适用较低的税率。而且，这种支付方式也使得业主无需一次性支付较高费用，减轻了其经济负担，相信业主也会比较乐意去做。

【案例 4-20】

陈某为某行政单位软件开发人员。他利用业余时间为某电脑公司开发软件并提供一年的维护服务。按约定，他可以得到劳务报酬 36 000 元。陈某可以要求对方事先一次性支付该笔报酬，也可以要求对方按软件维护期分 12 个月支付，每月支付 3 000 元。

思考：他该如何筹划？

【解析】

若电脑公司一次性支付报酬，则陈某应纳个人所得税为 6640 元 [36 000×(1−20%)×30%−2 000]

若电脑公司分次（分 12 个月）支付，则陈某每月应缴纳个人所得税为 440 元 [（3 000−800）×20%]，12 个月共计缴纳个人所得税 5 280 元（440×12）。

可见，采用第二种方案比第一种方案少缴纳个人所得税款 1 360 元。

（4）分项申报不同的劳务所得。

个人兼有不同的劳务报酬所得，应当分别减除费用，计算缴纳个人所得税。个人在缴纳个人所得税时应明白并充分利用这一点。例如，纳税人李某 2013 年 6 月份分别给几家公司提供劳务，同时取得多项收入：给某设计院设计了一套工程图纸，获得设计费 1 万元；给某外资企业当 15 天兼职翻译，获得 1.5 万元的翻译报酬；给某民营企业提供技术帮助，获得该企业的 2 万元报酬。如果李某将各项所得综合申报缴纳个人所得税款，则其应纳个人所得税 8 800 元 [（10 000＋15 000＋20 000）×（1−20%）×30%−2 000]。但如果分项申报，分项计算，则李某的设计费应纳个人所得税额为 16 00 元 [10 000×（1−20%）×20%]；翻译费应纳个人所得税额 2 400 元 [15 000×（1−20%）×20%]；技术服务费应纳个人所得税额 3 200 元 [20 000×（1−20%）×20%]。总计应纳个人所得税额 7 200 元（1 600＋2 400＋3 200）。

（5）费用转移法。

为他人提供劳务以取得报酬的个人，可以考虑由对方提供一定的福利，将本应由自己承担的费用改由对方提供，以达到减少个人所得税的目的。可以考虑下列方式：由对方提供餐饮服务，报销交通费用，提供住宿，提供办公用具，安排实验设备等。这样就等于扩大了费用开支，相应地则降低了自己的劳务报酬总额，从而使得该项劳务报酬所得适用较低的税率或扣除超过 20% 的费用。这些日常开支是不可避免的，如果由个人自己负担就不能在应纳税所得额中扣除,而由对方提供则能够扣除,这样做虽减少了名义报酬额,但实际收益却会有所增加。

3. 稿酬所得的税收筹划

(1) 系列丛书筹划法。

我国个人所得税法规定,个人以图书、报刊方式出版、发表同一作品(文字作品、书画作品、摄影作品以及其他作品),不论出版单位是预付还是分笔支付稿酬,或者加印该作品再付稿酬,均应合并其稿酬所得按一次计征个人所得税。但对于不同的作品却是分开计税的,这就给纳税人的筹划创造了条件。如果一本书可以分成几个部分,以系列丛书的形式出现,则该作品将被认定为几个单独的作品,单独计算纳税,这在某些情况下可以节省纳税人不少税款。

**【案例 4-21】**

刘教授准备出版一本关于税务筹划的著作,预计将获得稿酬所得 15 000 元。

思考:刘教授应如何筹划?

**【解析】**

(1) 如果刘教授以一本书的形式出版该著作,则其应纳个人所得税额为 1 680 元 [15 000×(1−20%)×20%×(1−30%)]。

(2) 如果刘教授与出版社协商,以系列丛书形式将该著作的五个部分分别单独发行,则每本书获得的稿酬为 3 000 元,刘教授全部稿酬的个人所得税额 1 540 元 [(3 000−800)×20%×(1−30%)×5]。

由此可见,如果刘教授采用系列丛书筹划法可以节省个人所得税 140 元。

使用系列丛书筹划法时应该注意以下几点:

①该著作可以被分解成一套系列著作,而且该种发行方式不会对发行量有太大的影响,当然最好能够促进发行。如果该种分解导致著作的销量或者学术价值大受影响,则这种方式将得不偿失。

②该种发行方式要想充分发挥作用,最好与著作组筹划法结合。

③该种发行方式应保证每本书的人均稿酬小于 4 000 元。因为该种筹划法利用的是抵扣费用的临界点,即在稿酬所得小于 4 000 元时,实际抵扣标准大于 20%。

(2) 增加作者署名筹划法。

实践中,许多学者或专家名人在完成某项专著的撰写过程中,其家人难免会为其提供一些帮助,甚至有时还参与某些内容的编写等,这种作品既可以算作学者、专家名人单独完成,也可以视为与家人共同完成。从家庭的角度来说,在作品上单独署专家、学者个人的名字和共同署上妻子或儿子的名字并无太大区别,但从税收筹划的角度出发,单独署名和共同署名却存在很大差别。如果一项稿酬所得预计数额较大,就可以考虑利用署名筹划法，即将一本书由署一个人名字改为署多个人的名字。

【**案例 4-22**】[①]

某医学专家王教授写了一本医学专著，出版社初步同意该书出版之后支付稿费6 300 元。在撰写过程中，同是医学专家的妻子与儿子不仅分别负责为其收集相关资料和文稿校对工作，而且还共同承担了两个章节的写作。

思考：王教授应如何进行稿酬的个人所得税筹划？

【**解析**】

由于王教授的妻子与儿子不仅分别负责为其收集相关资料和文稿校对工作，而且还共同承担了两个章节的写作，所以根据署名情况的不同，王教授（一家）应纳稿酬个人所得税情况存在 3 种可能。

（1）如果王教授在专著上只署他一个人的名字，则应纳个人所得税为 705.6 元 [6 300×（1−20%）×20%×（1−30%）]。

（2）如果王教授在著作上署上他和妻子或儿子的名字，那么王教授所负担的个人所得税为 329 元 [（3 150−800）×20%×（1−30%）]；其妻子（儿子）应负担的个人所得税与王教授本人相同。王教授夫妻俩（一家）共要缴纳个人所得税为658 元（329+329）。可见，王教授在著作上署上他和妻子（儿子）的名字比只署他一个人的名字（全家）可少缴纳个人所得税 47.6 元（705.6−658）。

（3）如果王教授在著作上署上他和妻子与儿子的名字，那么王教授所负担的个人所得税为 182 元 [（2 100−800）×20%×（1−30%）]；其妻子与儿子应负担的个人所得税与王教授本人相同。王教授一家共要缴纳个人所得税为 546 元（182+182+182）。通过对照可以看出，王教授在著作上署上他和妻子与儿子的名字，比其只署他一个人的名字（全家）可少缴纳个人所得税 159.6 元（705.6−546）。

（3）费用转移筹划法。

根据税法规定，个人取得的稿酬所得只能在一定限额内扣除费用。如果能在现有扣除标准下，再多扣除一定的费用，或想办法将应纳税所得额减少，就可以减少应纳税额。一般的做法是和出版社商量，让其提供尽可能多的设备或服务，这样就将费用转移给出版社，自己基本上不负担费用，使自己的稿酬所得相当于享受到两次费用抵扣，从而减少应纳税额。可以考虑由出版社负担的费用有：资料费、稿纸、绘画工具、作图工具、书写工具、其他材料、交通费、住宿费、实验费、用餐、调研费等，甚至可以要求提供办公室及计算机等办公设备。但由出版社提供条件容易造成不必要的浪费，出版社可以考虑采用限额报销制，问题就可迎刃而解。

---

① 刘厚兵. 稿酬个人所得税的税收筹划 [J]. 税收征纳，2011（10）：29-31.

**【案例 4-23】**

某经济学家准备创作一本社会科学的专著。预计这本书的销路看好。出版社与他达成协议，全部稿费 20 万元，预计到上海考察费用支出 5 万元。

思考：他应该如何筹划呢？

**【解析】**

如果该经济学家自己负担费用，则：

应纳税额＝200 000×（1－20％）×20％×（1－30％）＝22 400（元）

实际收入＝200 000－22 400－50 000＝127 600（元）

如果改由出版社支出费用，限额为 50 000 元，则实际支付给该经济学家的稿费为 15 万元。

应纳税额＝150 000×（1－20％）×20％×（1－30％）＝16 800（元）

实际收入＝150 000－16 800＝133 200（元）

因此，第 2 种方法可以节省税收 5 600 元。

（4）利用作品发表或出版单位的不同筹划个人所得税。

《国家税务总局关于个人所得税若干业务问题的批复》（国税函〔2002〕146 号）就报纸、杂志、出版等单位的职员在本单位的刊物上发表作品、出版图书取得所得的征税问题作出以下规定：

①任职、受雇于报纸、杂志等单位的记者、编辑等专业人员，因在本单位的报纸、杂志上发表作品取得的所得，属于因任职、受雇而取得的所得，应与其当月工资收入合并，按"工资、薪金所得"项目征收个人所得税。除上述专业人员以外，其他人员在本单位的报纸、杂志上发表作品取得的所得，应按"稿酬所得"项目征收个人所得税。

②出版社的专业作者撰写、编写或翻译的作品，由本社以图书形式出版而取得的稿费收入，应按"稿酬所得"项目计算缴纳个人所得税。

由此可以看出，任职、受雇于报纸、杂志等单位的记者、编辑等专业人员在不同场合发表自己的作品时，其取得报酬的个人所得税将享受不同的待遇。

**【案例 4-24】**

李某是 A 日报社的记者，月工资 4 500 元。2013 年，李某利用业余时间创作了一部中篇小说并准备于 2014 年 3 月将其在报纸上连载。假设在 A 日报的副刊上连载发表，将取得 12 000 元的稿费；而同城另一家 B 都市报社也准备出同样的稿酬，欲在 B 都市报上进行连载。

思考：在此种情况下，如果单从节税的角度加以考虑，李某该将小说投给哪家报纸呢？

【解析】

　　如果李某选择投给 A 日报的副刊上连载发表，由于李某是 A 日报社记者，根据《国家税务总局关于个人所得税若干业务问题的批复》（国税函〔2002〕146 号）规定，则李某取得 12 000 元稿费收入应与其当月工资收入合并，按"工资、薪金所得"项目征收个人所得税。所以，2014 年 3 月份李某应纳个人所得税为 2 245 元 [（4 500＋12 000－3 500）×25％－1 005]。

　　如果李某选择投给 B 都市报上进行连载，由于李某不是 B 都市报社记者，其从 B 都市报社取得 12 000 元稿费收入按"稿酬所得"项目征收个人所得税，则其 10 月份应纳个人所得税为 1 374 元 [（4 500－3 500）×3％＋12 000×（1－20％）×20％×（1－30％）]，即李某选择在本单位刊物发表比选择在 B 都市报社发表多纳税 871 元（2 245－1 374）。

　　4. 个体工商户生产经营所得个人所得税计税依据和税率的筹划

　　个体工商户的个人所得税计征方式包括核定征收与查账征收两种。究竟哪种计征方式对个体工商户更为有利必须根据不同个体工商户的利润情况而定。如果个体工商户每年的利润较高而稳定，采用核定征收方式比较好；若利润不稳定，则采用查账征收方式比较好。另外，纳税人实行核定征收方式的，不得享受企业所得税的各项税收优惠，同时投资者个人也无法享受个人所得税的优惠政策。所以，个体工商户在考虑享受某项企业所得税的优惠政策时，便不宜采取核定征收方式。

　　对于采用查账征收方式的个体工商户而言，其个人所得税应纳税额的计算公式为

　　应纳税额＝（全年收入总额－成本、费用以及损失）×适用税率－速算扣除数

　　可见，个体工商户生产经营所得的应纳税所得额的计算与企业所得税应纳税所得额计算比较相似，其税收筹划方法与企业所得税的税收筹划方法类似，但也有自己的特点。由于个体工商户适用的个人所得税税率为五级超额累进税率，因此，个体工商户应对自己的收入和支出进行合理安排，避免适用过高的边际税率。

　　（1）收入的筹划。

　　如果个体工商户某一纳税年度的应纳税所得额过高，就要按较高的税率纳税，此时，个体工商户可以采取递延收入的方式实现延期纳税或使纳税人当期适用较低的税率。一般递延收入的方式有两种：一是采取赊销方式；二是改一次性收款销售为分期收款销售。

【案例 4-25】

　　2013 年 1 月，李某开了一家饰品店，注册登记为个体工商户。由于李某眼光独特，经营的饰品大受欢迎，甚至在圣诞前夕有几个客户订购了 20 000 元的饰品，预计当年可取得净收益 120 000 元。但在 2013 年 12 月初，在李某店旁又开了两家

饰品店，竞争异常激烈，李某预计第二年的净收益可能会下降为 50 000 元。

　　思考：李某应如何进行个人所得税筹划？

【解析】

　　李某第一年应纳个人所得税额为 13 650 元 [（120 000－3 500×12）×30％－9 750]；第二年应纳个人所得税额为 400 元 [（50 000－3 500×12）×5％]；两年合计应纳个人所得税额为 14 050 元（13 650＋400）。

　　如果李某在第一年与其客户在合同中约定圣诞前夕的那部分货款 20 000 元延至第二年支付。则第一年应纳个人所得税额 7 850 元 [（100 000－3 500×12）×20％－3 750]；第二年应纳个人所得税额为 2050 元 [（70 000－3 500×12）×10％－750]；两年合计应纳个人所得税额为 9 900 元（7 850＋2 050），共可减轻税负 4150 元（14 050－9 900）。

　　（2）成本费用的筹划。

　　合理扩大成本费用的列支范围，是个体工商户减少应纳税所得额进而实现节税目的的有效手段。需要注意的是，在税务机关的纳税检查过程中，很多纳税人申报的成本费用被剔除，不允许在税前扣除，究其原因，是因为纳税人不能提供合法的凭证，所以纳税人平时应注意保管好原始凭证，发生的损失必须报告备案。成本费用环节的纳税筹划方法有以下几种。

　　①尽量把一些收入转换成费用开支。因为个人收入主要用于家庭的日常开支，而家庭的很多日常开支事实上很难与其经营支出区分开，可以考虑将电话费、交通费等支出计入个体工商户经营成本中。这样，个体工商户就可以把本来应由其收入支付的家庭开支转换成其经营开支，从而既能满足家庭开支的正常需要，又可减少应纳税所得额。

　　②尽可能地将资本性支出合法地转化为收益性支出。对于符合税法规定的收益性支出，可以将其作为一次性的成本费用在税前扣除。

　　③如果使用自己的房产进行经营，则可以采用收取租金的方法扩大经营支出范围。虽然收取租金会增加个人的应纳税所得额，但租金作为一项经营费用可以冲减个人的应纳税所得额，减少个人经营所得的纳税额。同时自己的房产维修费用也可列入经营支出，这样既扩大了经营支出范围，又可以实现自己房产的保值甚至增值。

　　④使用家庭成员或雇用临时工，扩大工资等费用支出范围。这些人员的开支具有较大的灵活性，既能增加个人家庭收入，又能扩大一些与之相关的人员费用支出范围，增加了税前列支费用，从而降低了应纳税所得额。按税法规定，个体工商户工作人员的工资及规定的津贴可以计入产品成本，这样就达到了"个人有所得，商户少交税"的目的。

**【案例 4-26】**

2013 年 1 月，李某成立了个人独资企业，所得税实行查账征收方式，第一年的应纳税所得额为 50 000 元，其应缴纳的个人所得税 6 250 元（50 000×20％－3 750）。李某预计 2014 年度的经营状况与 2013 年相当。

思考：李某应如何进行个人所得税筹划？

**【解析】**

李某为了减少应纳税所得额，可以采用增加费用扣除的方法，如聘用其父母从事企业内部的维护与保洁工作，每人每月发放 1 500 元工资，则李某 2014 年的应纳税所得额为 14 000 元（50 000－1 500×12×2）。其个人所得税将下降为 700 元（14 000×5％）。李某的个人所得税较之原来减少 5 550 元。由于李某与其父母是亲属关系，并未出现"肥水外流"，因此，这种筹划方法可以取得较好的节税效果。

这里再简单介绍一下个人独资企业个人所得税的相关规定。个人独资企业每一纳税年度的收入总额减除成本、费用以及损失后的余额，作为投资者个人的生产经营所得，比照个人所得税法的"个体工商户的生产经营所得"应税项目，适用5％～35％的五级超额累进税率，计算征收个人所得税。凡实行查账征税办法的，生产经营所得比照个体工商户个人所得税计税办法计征个人所得税，但必须注意以下事项：

①投资者及其家庭发生的生活费用不允许在税前扣除。投资者及其家庭发生的生活费用与企业生产经营费用混合在一起，并且难以划分的，全部视为投资者个人及其家庭发生的生活费用，不允许在税前扣除。

②企业生产经营和投资者及其家庭生活共用的固定资产，难以划分的，由主管税务机关根据企业的生产经营类型、规模等具体情况，核定准予在税前扣除的折旧费用的数额或比例。

5. 财产租赁所得个人所得税计税依据的筹划

个人出租财产取得的财产租赁收入，在计算缴纳个人所得税时，应依次扣除以下费用：

（1）财产租赁过程中缴纳的税费。

（2）由纳税人负担的该出租财产实际开支的修缮费用。允许扣除的修缮费用，以每次 800 元为限，一次扣除不完的，准予在下一次继续扣除，直至扣完为止。

（3）税法规定的费用扣除标准。

财产租赁所得应纳税所得额的计算公式为：

（1）每次（月）收入不超过 4 000 元的：

应纳税所得额＝每次（月）收入额－准予扣除项目－修缮费用（800 元为限）－800 元

（2）每次（月）收入超过 4 000 元的：

应纳税所得额＝［每次（月）收入额－准予扣除项目－修缮费用（800 元为限）］×(1－20%)

实践中，纳税人往往需要对其出租财产进行修缮，此时应把握好修缮时机，力求发生的修缮费用能够在税前全额扣除。

---

**【案例 4-27】**

王先生将家里闲置的一间房屋于 2014 年 1 月租了出去，租期是 8 个月，租期结束后将转为自用。主管地方税务机关根据王先生的房屋出租收入减去应纳的税费及其他相关费用后，核定月应纳税所得额为 4 200 元，每月应纳个人所得税 840 元。2 月份，王先生发现房子有点儿漏雨，打算在租期结束后对房屋进行维修。维修队的技术员经过现场察看与测算，房屋维修费至少要 5 000 元，只需一个星期的时间就可维修好，2 月底前可以完工，不会影响房屋出租。为此，王先生认识的一个税务师建议王先生马上进行维修，这样可以节省一笔个人所得税。

思考：将房屋出租期满后维修与现在进行维修对王先生应缴纳的个人所得税有多大影响？

**【解析】**

根据现行个人所得税法的相关规定，由纳税人负担的该出租财产实际开支的修缮费用允许扣除，以每次 800 元为限，一次扣除不完的，准予在下一次继续扣除，直至扣完为止。王先生房屋出租的期限还有近 7 个月的时间，如果现在动工维修，2 月底前房屋即可维修好，假定修缮费用为 5 000 元，依照上述规定，这样在今后 7 个月的纳税期限内，其修缮费用在计算征税时可全部扣除完。由于主管税务机关核定王先生月应纳税所得额为 4 200 元，如果现在开始修缮房屋，则房屋租赁期的第 2 个月至第 7 个月，每个月可扣除修缮费用 800 元，累计可扣除房屋维修费为 4 800元（800×6）。这样一来，王先生每月应纳个人所得税额为 680 元［（42 00－800）×20%]。在房屋租赁期内最后一个月中，可扣除的维修费为 200 元，王先生在租赁期最后一个月应纳个人所得税额为 800 元［（4 200－200）×20%]。王先生在出租房屋 8 个月的时间内，实际缴纳个人所得税应为 5 720 元（840＋680×6＋800）。如果王先生等房屋租赁期结束后对房屋进行维修，则其应纳个人所得税额为 6 720 元（4 200×20%×8）。不难看出，如果王先生在 2 月份即对房屋进行维修，最终可以节税 1 000 元。但需要注意的是，在支付维修费时，王先生一定要向维修队索取合法、有效的房屋维修发票，并及时报经主管地方税务机关核实，经税务机关确认后才能扣除。

---

6. 财产转让所得个人所得税计税依据的筹划

在一般情况下，财产转让所得应纳税额的计算公式为。

应纳税额＝（收入总额－财产原值－合理税费）×20％

住房作为个人的一项重要财产，其在转让过程中的个人所得税问题尤其值得关注。《关于个人住房转让所得征收个人所得税有关问题的通知》（国税发〔2006〕108 号），对个人转让住房的有关个人所得税政策进行了明确。个人转让住房，可能涉及营业税、个人所得税等税种，税负可能增加，售房者因此需最大限度地利用税收优惠政策，减少涉税成本。

首先，要严格对照规定正确确认房产原值。个人转让住房，以其转让收入额减除财产原值和合理费用后的余额为应纳税所得额，按照"财产转让所得"项目缴纳个人所得税。而应纳税所得额＝房产转让收入额－房产原值－合理费用。为此，正确确认房产原值对于个人转让住房缴纳个人所得税至关重要。

其次，要尽最大可能地扣除所有合理费用。按《国家税务总局关于实施房地产税收一体化管理若干问题的通知》（国税发〔2005〕156 号）规定，个人转让住房缴纳个人所得税按"转让收入－房产原值－转让住房过程中缴纳的税金及有关合理费用"的20％征收。为此，在确认转让收入和房屋原值基础上，税收筹划时要注意两方面的问题：一是纳税人在转让住房时实际缴纳的营业税、城市维护建设税、教育费附加、土地增值税、印花税等税金可扣除；二是从 2006 年 8 月 1 日起，纳税人按照规定实际支付的住房装修费用、住房贷款利息、手续费、公证费等费用可扣除。需要注意的是，有关合理费用的扣除是有严格限定条件的，具体规定如下：

（1）支付的住房装修费用。纳税人能提供实际支付装修费用的税务统一发票，并且发票上所列付款人姓名与转让房屋产权人一致的，经税务机关审核，其转让的住房在转让前实际发生的装修费用，可在以下规定比例内扣除：①已购公有住房、经济适用房，最高扣除限额为房屋原值的 15％；②商品房及其他住房，最高扣除限额为房屋原值的 10％。纳税人原购房为装修房，即合同注明房价款中含有装修费（铺装了地板，装配了洁具、厨具等）的，不得再重复扣除装修费用。

（2）支付的住房贷款利息。纳税人出售以按揭贷款方式购置的住房的，其向贷款银行实际支付的住房贷款利息，凭贷款银行出具的有效证明据实扣除。

（3）纳税人按照有关规定实际支付的手续费、公证费等，凭有关部门出具的有效证明据实扣除。

另外，根据国税发〔2006〕108 号文件规定，纳税人未提供完整、准确的房屋原值凭证，不能正确计算房屋原值和应纳税额的，税务机关可根据《中华人民共和国税收征收管理法》第三十五条的规定，对其实行核定征税，即按纳税人住房转让收入的一定比例核定应纳个人所得税额。具体比例由省级地方税务局或者省级地方税务局授权的地市级地方税务局根据纳税人出售住房的所处区域、地理位置、建造时间、房屋类型、住房平均价格水平等因素，在住房转让收入 1％～3％的幅度内确定。事实上，不同的计税方式对纳税人的税收负担影响较大。比如，一套房子 200 万元买入，300 万元出售，假定个人所得税按照转让收入的 2% 核定征收，则住房转让所得应缴纳的个人所得税为 6 万元；假定个人所得税按照住房转让所得的 20% 计征，住房转让过程中允许扣除的合理税费为 30 万元，则住房转让所得应缴纳的个人所得税为 14 万元。这对于投资客来说是非常严重的获利切割。过去，有些纳税人为了在计征转让住房的个人所得税时实行核定征收，故意不提供完整、准确的房屋原值凭证，从而可以减轻税负。但 2013 年 3 月 1 日发布的《国务院办公厅关于继续做好房地产市场调控工作的通知》明确，税务、住房城乡建设部门要密切配合，对出售自有住房按规定应征收的个人所得税，通过税收征管、房屋登记等历史信息能核实房屋原值的，应依法严格按转让所得的 20% 计征。新规的出台一定程度上限制了纳税人在转让住房时选择核定征收个人所得税的空间。

7. 利息、股息、红利所得个人所得税计税依据的筹划

利息、股利、红利所得的个人所得税适用 20% 的税率，在某些情形下，可以通过适当操作将利息、股利、红利所得转化为工资、薪金所得，进而可以达到节税目的。

（1）职工集资利息转化为工资、薪金。

企业在法律允许的范围内向职工集资时，通常需要向职工支付相应的集资利息。职工取得的利息收入需要按照 20% 的税率缴纳个人所得税。当职工的工资、薪金所得适用的个人所得税税率较低时，可以考虑将发给职工的集资利息转化为工资、薪金所得。

**【案例 4-28】**

某企业于 2013 年成立，有 100 名员工，人均月工资 3 000 元。2014 年，因扩大规模需要，企业向职工集资人均 10 000 元，年利率 6%。则年终向职工支付集资利息时需代扣代缴个人所得税为 12 000 元（100×10 000×6%×20%）。

思考：企业应如何筹划集资利息的个人所得税？

**【解析】**

由于该企业职工人均月工资 3 000 元，尚未达到 3 500 元的个人所得税费用扣除标准，职工无需缴纳工资个人所得税，但其集资利息却适用 20% 的较高税率。为此，企业可以将集资利息率下降 3 个百分点，相当于人均减少利息收入为 300 元，同时将减少的集资利息转化为职工的工资，相当于每月人均增加 25 元工资，这样本年度人均月工资达到 3 025 元，仍然无需缴纳个人所得税。而集资利息的个人所得税却下降为 6 000 元（100×10 000×3%×20%）。

利用这种方法进行筹划时需要注意四点：一是集资必须是在法律许可的范围内，不能演变成非法集资；二是利率应控制在银行同期贷款利率以下，防止超标准的利息因不能在税前扣除而增加企业所得税负担；三是提高工资、薪金时，必须考虑到税务机关对工资、薪金合理性的认定，否则可能会增加企业所得税税负；四是要注意利息转化为工

资后对职工工资、薪金个人所得税适用的边际税率的影响,合理权衡利息个人所得税与工资、薪金个人所得税的关系。

(2) 股利、红利所得转化为工资、薪金所得。

在某些情形下,个人取得的股息、红利筹划可以通过转化为工资、薪金所得的途径进行税收筹划。

**【案例 4-29】**

某有限责任公司由甲、乙、丙三个自然人投资组建,投资比例各占 1/3。2013 年,甲、乙、丙三人各月的工资均为 4000 元,投资当年每人应得股利 24000 元。

思考:甲、乙、丙三人应如何进行个人所得税筹划?

**【解析】**

按照原来的操作方案,每人每月应缴纳的个人所得税为 4 980 元〔(4 000-3 500)×3%×12+24 000×20%〕。

如果在年初将预计分配的股利通过增加工资、奖金的形式领取,则税负就会大大降低。假设将各人应得的股利 24 000 元平均增加到各月的工资当中,这样每人每月增加 2 000 元工资,其应纳的个人所得税应改按"工资、薪金所得"项目计算。此时,每人每年应缴纳的个人所得税为 145 元〔(4 000+2 000-3 500)×10%-105〕,每年应缴纳的个人所得税为 1 740 元。每个投资者全年的应纳个人所得税额减少 3 240 元。

在运用这种筹划方案时,应注意以下几个问题:一是如果预计公司当年有足够的盈余,提高个人股东的工资时,必须以"工资、薪金所得"项目不超过 20% 的适用税率为限;二是提高工资、薪金时,必须考虑到税务机关对工资、薪金合理性的认定,否则会增加企业所得税税负。

(3) 延长持股期限。

自 2013 年 1 月 1 日起,个人从公开发行和转让市场取得的上市公司股票,持股期限在 1 个月以内(含 1 个月)的,其股息、红利所得全额计入应纳税所得额;持股期限在 1 个月以上至 1 年(含 1 年)的,减按 50% 计入应纳税所得额;持股期限超过 1 年的,暂减按 25% 计入应纳税所得额。按上述标准计算的应纳税所得额统一适用 20% 的税率计征个人所得税。该政策实施后,股息、红利所得按持股时间长短确定实际税负。持股超过 1 年的,税负为 5%,税负比政策实施前降低一半;持股 1 个月至 1 年的,税负为 10%,与政策实施前维持不变;持股 1 个月以内的,税负为 20%,恢复至法定税负水平。因此,个人投资者持股时间越长,其股息、红利所得个人所得税的税负就越低。

### 三、税收优惠的筹划

#### (一) 个人所得税税收优惠的法律规定

《中华人民共和国个人所得税法》及其实施条例，以及财政部、国家税务总局的若干规定，都对个人所得项目给予了减税免税的优惠。

1. 免征个人所得税的优惠

(1) 省级人民政府、国务院部委和中国人民解放军军以上单位，以及外国组织、国际组织颁发的科学、教育、技术、文化、卫生、体育、环境保护等方面的奖金。

(2) 国债和国家发行的金融债券利息。

(3) 按照国家统一规定发给的补贴、津贴。

(4) 福利费、抚恤金、救济金。

(5) 保险赔款。

(6) 军人的转业费、复员费。

(7) 按照国家统一规定发给干部、职工的安家费、退职费、退休工资、离休工资、离休生活补助费。

(8) 依照我国有关法律规定应予免税的各国驻华使馆、领事馆的外交代表、领事官员和其他人员的所得。

(9) 中国政府参加的国际公约、签订的协议中规定免税的所得。

(10) 对乡、镇 (含乡、镇) 以上人民政府或经县 (含县) 以上人民政府主管部门批准成立的机构、有章程的见义勇为基金或者类似性质组织，见义勇为者的奖金或奖品，经主管税务机关核准，免征个人所得税。

(11) 企业和个人按照省级以上人民政府规定的比例提取并缴付的住房公积金、医疗保险金、基本养老保险金、失业保险金，不计入个人当期的工资、薪金收入，免予征收个人所得税。超过规定的比例缴付的部分计征个人所得税。

(12) 对个人取得的教育储蓄存款利息所得以及国务院财政部门确定的其他专项教育储蓄存款或者储蓄性专项基金存款的利息所得，免征个人所得税。

(13) 外籍个人以非现金形式或实报实销形式取得的住房补贴、伙食补贴、搬迁费、洗衣费。

(14) 外籍个人按合理标准取得的境内、外出差补贴。

(15) 外籍个人取得的探亲费、语言训练费、子女教育费等，经当地税务机关审核批准为合理的部分。

(16) 个人转让自用达5年以上并且是家庭唯一的家庭居住用房取得的所得。

(17) 经国务院财政部门批准免税的所得。

**2. 减征个人所得税的优惠**

经批准可以减征个人所得税的情形包括以下几种。

(1) 残疾、孤老人员和烈属的所得。

(2) 因严重自然灾害造成重大损失的。

(3) 其他经国务院财政部门批准减税的。

**3. 非居民的减免税优惠**

非居民的减免税优惠见表4-17。

表 4-17                                        非居民个人所得税优惠

| 居住时间 | 纳税人性质 | 来自境内的工薪所得 | | 来自境外的工薪所得 | |
|---|---|---|---|---|---|
| | | 境内支付或境内负担 | 境外支付 | 境内支付 | 境外支付 |
| 不超过90天（协定183天） | 非居民纳税人 | 在我国纳税 | 实施免税 | 不在我国纳税 | 不在我国纳税 |
| 超过90天（协定183天）不超过1年 | | 在我国纳税 | | 不在我国纳税 | 不在我国纳税 |
| 超过1年不超过5年 | 居民纳税人 | 在我国纳税 | | | 实施免税 |
| 超过5年的 | | 在我国纳税 | | | |

另外，个人将其所得通过中国境内的社会团体、国家机关向教育和其他社会公益事业及遭受严重自然灾害地区、贫困地区捐赠，捐赠额未超过纳税义务人申报的应纳税所得额30%的部分，可以从其应纳税所得额中扣除。其中，个人通过非营利的社会团体和国家机关向农村义务教育的捐赠，准予在缴纳个人所得税前的所得额中全额扣除。个人的所得（不含偶然所得和经国务院财政部门确定征税的其他所得）用于资助非关联的科研机构和高等学校研究开发新产品、新技术、新工艺所发生的研究开发经费，经主管税务机关确定，可以全额在下月（工资、薪金所得）或下次（按次计征的所得）或当年（按年计征的所得）计征个人所得税时，从应纳税所得额中扣除，不足抵扣的，不得结转抵扣。

**（二）个人所得税税收优惠的筹划**

个人所得税的税收优惠政策较多，纳税人可以结合自身实际灵活选择相应的优惠政策筹划个人所得税。这里仅以住房转让和公益性捐赠为例阐述如何利用税收优惠政策进行个人所得税筹划。

**1. 住房转让的个人所得税筹划**

根据现行个人所得税法的相关规定，对个人转让自用5年以上，并且是家庭唯一生活用房取得的所得，免征个人所得税。因此，个人在转让家庭的唯一生活用房时，如果住房的自用时间已快满5年，可以考虑适当延迟住房转让时间。

**【案例 4-30】**

李先生 2009 年 3 月购买了一套建筑面积为 80 平方米的商品房（家庭唯一生活用房），共支付价款 40 万元，属于普通住房。2013 年 5 月，李先生感觉原来的住房面积过小，打算更换一套建筑面积为 120 平方米的住房。由于手头资金较为宽裕，李先生采取了"先买后卖"的做法，2013 年 12 月，在办完新房的各项手续后，以 70 万元的价格将原来的商品房转让出去。

思考：李先生的做法有何问题？他应该如何进行税收筹划？

**【解析】**

《财政部、国家税务总局、住房和城乡建设部关于调整房地产交易环节契税个人所得税优惠政策的通知》（财税〔2010〕94 号）规定，对个人购买普通住房，且该住房属于家庭（成员范围包括购房人、配偶以及未成年子女，下同）唯一住房的，减半征收契税；对个人购买 90 平方米及以下普通住房，且该住房属于家庭唯一住房的，减按 1％税率征收契税。《财政部国家税务总局关于调整个人住房转让营业税政策的通知》（财税〔2011〕12 号）规定，个人将购买不足 5 年的住房对外销售的，全额征收营业税；个人将购买超过 5 年（含 5 年）的非普通住房对外销售的，按照其销售收入减去购买房屋的价款后的差额征收营业税；个人将购买超过 5 年（含 5 年）的普通住房对外销售的，免征营业税。另外，《国家税务总局关于个人转让房屋有关税收征管问题的通知》（国税发〔2007〕33 号）指出："根据《财政部、国家税务总局、建设部关于个人住房所得征收个人所得税有关问题的通知》（财税字〔1999〕278 号）的规定，个人转让自用 5 年以上，并且是家庭唯一生活用房，取得的所得免征个人所得税。"

根据上述规定，李先生的做法显然增加了自己的各项税收负担，理由是：①由于李先生采取的是"先买后卖"的做法，因此，在购买新房时将无法享受减半征收契税的优惠政策；②由于其转让的旧房居住时间未满 5 年，因此，需要全额征收营业税；③由于其转让的旧房不再属于家庭唯一生活用房，而且居住时间也未满 5 年，因此，须照常缴纳住房转让所得的个人所得税。

事实上，如果李先生能够将其旧房转让时间推迟到 2014 年 3 月份之后，同时采用"先卖后买"的做法，则其税收负担会大大降低，这是因为：①李先生的旧房购置于 2009 年 3 月，并且属于普通住宅，如果将其旧房转让时间推迟到 2014 年 3 月份之后，则其居住时间已满 5 年，可以免征营业税；②李先生将旧房转让之后再购买新房，符合"对个人购买普通住房，且该住房属于家庭（成员范围包括购房人、配偶以及未成年子女，下同）唯一住房的，减半征收契税"的规定，此时可以享受减半征收契税的优惠政策；③由于李先生此时转让的住房属于家庭唯一生活用房，而且自用已满 5 年，可以免征个人所得税。

这里需要特别提醒的是，现实中，有些纳税人为了享受转让住房免征个人所得税的优惠政策，采取了一些非常规的避税手段。比如，陈女士和丈夫名下有三套房子，打算出售其中一套。显然，如果两人直接转让住房，其住房转让所得是不符合免征个人所得税条件的，但为了节省住房转让环节的个人所得税，陈女士与丈夫先办理了离婚手续，离婚后有一人名下只有一套房，这样一来，这套住房就成为唯一家庭用房了，如果居住时间已满 5 年，此时再卖掉房子，就可以免交个人所得税。等房子卖掉后，两人再办理复婚手续。虽然上述避税手段并不违法，但却存在很大的风险，双方的离婚行为一旦弄假成真，当事人将追悔莫及。

2. 公益性捐赠的税收筹划

根据现行个人所得税法的相关规定，个人将其所得通过中国境内的社会团体、国家机关进行的公益性捐赠，捐赠额未超过纳税义务人申报的应纳税所得额 30％ 的部分，可以从其应纳税所得额中扣除。其中，个人通过非营利的社会团体和国家机关向农村义务教育的捐赠，准予在缴纳个人所得税前的所得额中全额扣除。因此，个人在进行公益性捐赠时，可以优先考虑通过非营利的社会团体和国家机关向农村义务教育进行捐赠，争取捐赠额在缴纳个人所得税前的所得额中全额扣除。纳税人即便不向农村义务教育捐赠，也应对自己的捐赠行为进行合理安排，使其捐赠额能够得到最大限度的扣除，这里的筹划要点主要有两个。

（1）将一次捐赠行为变为分期捐赠行为。

根据现行个人所得税法的相关规定，个人进行的公益性捐赠如果超出了扣除限额，则超出扣除限额的部分不允许税前扣除。因此，当纳税人某次公益性捐赠额较大时，很有可能超出扣除限额，此时可以考虑将一次性捐赠变更为分期捐赠。由于个人所得税实行超额累进税率，该方法的筹划效果会受到个人收入总额的影响，即个人收入总额较高的人，一般会适用比较高的边际税率，用这一方法进行税收筹划的效果会更好。

**【案例 4-31】**

张先生的月工资收入 6 800 元，2014 年 2 月通过本地民政部门将本月工资对外进行公益性捐赠 1 500 元。请对张先生的捐赠行为进行筹划。

**【解析】**

由于张先生在 2014 年 2 月份的工资为 6800 元，则其进行公益性捐赠时允许税前扣除的捐赠额为 990 元 ［（6 800－3 500）×30％］。张先生实际捐赠额为 1 500 元，超出了捐赠限额，因此，其当月应纳个人所得税额为 126 元 ［(6 800－3 500－990)×10％－105］。若张先生 2014 年 3 月的工资收入仍为 6 800 元，按规定，当月应纳个人所得税额为 225 元 ［（6 800－3 500）×10％－105］。

但如果张先生将其公益性捐赠分期进行，如在 2 月份捐赠 990 元，剩余 510 元公益性捐赠安排在 3 月份，则其在 2 月份的应纳个人所得税额为 126 元 [（6 800－3 500－990）×10％－105]。其在 3 月份的应纳个人所得税额为 174 元 [（6 800－3 500－510）×10％－105]。不难发现，同样是捐赠 1 500 元，但一次性捐赠和分期捐赠的税负不同，后者可以降低税负 51 元。

（2）选择不同类型的收入进行公益性捐赠。

由于我国目前实行的是分类个人所得税制，不同类型个人所得应纳税所得额的计算方法及其适用的税率并不完全相同。即便进行相同数额的公益性捐赠，如果用于公益性捐赠的收入类型不同，其税前扣除的额度也会出现差异。因此，当纳税人拥有多种收入时，应充分考虑究竟利用哪种类型的收入对外捐赠。

**【案例 4-32】**

贾女士 2014 年 1 月份取得各项收入 21 000 元，其中，工资薪金收入 4 000 元，福利彩票中奖收入 12 000 元（尚未缴纳个人所得税），稿酬收入 5 000 元。本月对外捐赠 3 000 元。请对贾女士的公益性捐赠进行筹划。

**【解析】**

如果贾女士利用工资进行公益性捐赠，则允许的税前扣除限额为：

（4 000－3 500）×30％＝150（元）

如果贾女士利用福利彩票中奖收入进行公益性捐赠，则允许的税前扣除限额为

12 000×30％＝3 600（元）

如果贾女士利用稿酬收入进行公益性捐赠，则允许的税前扣除限额为

5 000×（1－20％）×30％＝1 200（元）

贾女士利用三种收入进行公益性捐赠时，税法允许的税前扣除限额合计为 4 950元（150＋3 600＋1 200）。而贾女士的实际捐赠额仅为 3 000 元，小于税法允许的税前扣除限额，因此，可以考虑进行一次性捐赠而不是分期捐赠。

为了能够让 3000 元的公益性捐赠支出得以税前全额扣除，贾女士有三种捐赠方案。

（1）捐赠工资 150 元，捐赠稿酬 1 200 元，捐赠福利彩票中奖收入 1 650 元。

（2）全部利用福利彩票中奖收入进行捐赠。

（3）捐赠稿酬 1200 元，捐赠福利彩票中奖收入 1800 元。

在第一种捐赠方案中，贾女士应缴纳的个人所得税为：

（4 000－3 500－150）×3％＋[5 000×（1－20％）－1 200]×20％×（1－30％）＋（12 000－1 650）×20％＝2 472.5（元）

在第二种捐赠方案中，贾女士应缴纳的个人所得税为：

$(4\,000-3\,500)\times3\%+5\,000\times(1-20\%)\times20\%\times(1-30\%)+$
$(12\,000-3\,000)\times20\%=2\,375$（元）

在第三种捐赠方案中，贾女士应缴纳的个人所得税为：

$(4\,000-3\,500)\times3\%+[5\,000\times(1-20\%)-1\,200]\times20\%\times70\%+$
$(12\,000-1\,800)\times20\%=2\,447$（元）

不难看出，虽然上述三种捐赠方案都可使贾女士的公益性捐赠在税前全额扣除，但贾女士采用第二种捐赠方案时其个人所得税负担最轻，主要是因为贾女士工资水平相对不高，其工资个人所得税适用的税率较低，稿酬所得虽然与福利彩票中奖收入的税率相同，但前者可以享受减征 30% 的优惠。相比之下，福利彩票中奖收入的个人所得税负担最重，第二种捐赠方案大幅减少了福利彩票中奖收入的应纳税所得额，从而降低了贾女士的个人所得税负担。可以推论，充分利用哪一种所得项目的扣除限额更有助于税收筹划，关键在于哪一种项目的边际税率更高。如果工资收入的边际税率高于 20%，那么应充分利用工资收入的扣除限额。

**【案例分析与讨论】**

我们再回顾本节开始时的【案例导入】，该企业财务人员考虑了两个方案。

方案Ⅰ：教授自负交通费、住宿费及伙食费。则应纳个人所得税额为 10 000元 $[50\,000\times(1-20\%)\times30\%-2\,000]$，个人所得税额应由企业代扣代缴。教授实际收到讲课费为 40 000 元（50 000−10 000）。但讲课期间该教授的开销为：往返飞机票 3 000 元，住宿费 5 000 元，伙食费 2 000 元。因此该教授实际的净收入为 30 000 元。

方案Ⅱ：由企业支付交通费、住宿费及伙食费，企业应为教授代扣代缴个人所得税。个人所得税额为 7 600 元 $[40\,000\times(1-20\%)\times30\%-2\,000]$。教授实际收到的讲课费为 32 400 元（40 000−7 600）。由此可见，由企业支付交通费、住宿费及伙食费，教授可以获得更多的实际收益。而对于企业来讲，企业的实际支出没有变多，反而有可能有所减少，原因有以下几点。首先，对于企业来讲，提供住宿比较方便，伙食问题一般也容易解决，因而这方面的开支对企业来说可以比个人自理时省去不少，企业的负担也不会因此而加重。其次，费用的分散及税收的减少使得企业列支更加方便，也使得企业更乐意接受。

可见，个人在提供服务时，若采取不同收入取得方式也会带来不同的效果，对个人经济收入会有一定的影响。但需要注意的是，在方案Ⅰ中，如果教授生活比较节俭，由其自负费用时实际发生的费用小于 7 600 元，则方案Ⅰ的净收入反而会大于方案Ⅱ。

---

### 本章小结

　　企业所得税是绝大多数企业和其他取得收入的组织都会涉及的一个重要税种。企业所得税的计征方法主要包括查账征收和核定征收，其中，查账征收方式下企业所得税的计算比较复杂，其应纳税所得额为企业每一纳税年度的收入总额，减除不征税收入、免税收入、各项扣除，以及允许弥补的以前年度亏损后的余额。对于企业所得税的筹划来说，计税依据筹划是重点，而且其筹划空间也最大。计税依据筹划的主要切入点包括收入筹划、扣除项目筹划及亏损弥补筹划，尤其是扣除项目的筹划尤其值得关注。除此之外，企业所得税的优惠政策较多，包括税额式优惠、税率式优惠和税基式优惠，纳税人应当用足用活相关税收优惠政策，力求获得最大的税收利益。当然，不同类型企业享受的所得税待遇是存在一定差异的，纳税人还应当对自己的身份进行合理筹划。

　　个人所得税是对个人取得的各项应税所得征收的一种所得税。由于我国目前实行的是分类个人所得税制，税法对不同类型的个人所得规定了不尽相同的计税规则，纳税人可以充分利用这些计税规则的差异对个人所得税的计税依据和税率进行筹划。本章重点对工资薪金所得、个体工商户的生产经营所得、劳务报酬所得、稿酬所得、财产租赁所得、财产转让所得、利息股息红利所得的个人所得税筹划方法进行了讨论。另外，居民纳税人和非居民纳税人的纳税义务不同，个人可以通过一定方式实现自己身份的转变。而且，个人所得税的减免税优惠政策较多，纳税人应充分了解享受优惠政策的条件，尽可能利用这些优惠政策去减轻个人所得税负担。

---

### 思考与练习

#### 一、思考题

1. 简述企业所得税纳税人筹划的基本思路。
2. 如何对企业的收入进行企业所得税筹划？
3. 如何对企业的费用进行企业所得税筹划？
4. 固定资产折旧筹划的要点是什么？
5. 如何对存货成本计价方法进行筹划？
6. 对公益性捐赠进行企业所得税筹划的注意事项有哪些？
7. 如何利用企业所得税的税率进行税收筹划？
8. 如何利用税收优惠政策进行企业所得税筹划？
9. 如何对个人纳税人的身份进行筹划？
10. 工资、薪金所得和劳务报酬所得有哪些筹划技巧？

11. 财产租赁所得和财产转让所得的个人所得税筹划要点有哪些?

12. 个人转让住房时应如何进行个人所得税筹划?

13. 个人如何对公益性捐赠进行个人所得税筹划?

**二、练习题**

1. 某公司根据《中华人民共和国企业所得税法实施条例》第八十七条的规定,可以享受自项目取得第一笔生产经营收入的纳税年度起,第一年至第三年免征企业所得税,第四年至第六年减半征收企业所得税的优惠政策。该公司原计划于 2008 年 11 月份开始生产经营,当年预计会有亏损,从 2009 年度至 2014 年度,每年预计应纳税所得额分别为 100 万元、500 万元、600 万元、800 万元、1200 万元和 1800 万元。

要求:请计算从 2008 年度到 2014 年度,该公司应当缴纳多少企业所得税,并提出企业所得税税收筹划方案。

2. 某公司某年 1 月 1 日至 8 月末,一直进行正常的生产经营活动,取得应纳税所得额为 18 万元,该公司适用税率为 25%,股东会于 8 月 20 日通过解散清算会议,并将 9 月 1 日作为清算日,开始进行清算。自 9 月 1 日起至 10 月 15 日共发生清算费用 40 万元,清算所得为 10 万元。

要求:请提出企业所得税税收筹划方案。

3. 李某欲投资兴办一个小型微利企业,预计企业将实现年盈利 20 万元。

请问:以何种方式组建公司可得最大税收利益?

4. H 股份有限公司是一家公路建设工程公司,2009 年度承担了一项国家重点工程项目,该项目属于国家重点扶持的公共基础设施建设项目,2009 年 10 月 1 日工程完工。2009 年度取得应纳税所得额 60 万元,预计今后五年每年的应纳税所得额均为 300 万元。H 公司在财务上独立核算,属于企业所得税的纳税义务人。

请问:H 公司应如何进行企业所得税筹划?

5. 刘先生是一位知名撰稿人,年收入预计在 60 万元左右。在与报社合作方式上有以下三种方式可供选择:调入报社,领取日常的工资薪金;兼职专栏作家,领取劳务报酬;做自由撰稿人,取得稿酬所得。

要求:请从税负的角度分析刘先生采取哪种方式最合算。

6. 李先生承租经营一家餐饮企业(有限责任公司,职工人数为 20 人)。该企业将全部资产(资产总额 300 000 元)租赁给郭先生使用,郭先生每年上缴租赁费 100 000 元,缴完租赁费后的经营成果全部归郭先生个人所有。2013 年该企业的生产经营所得为 190 000 元,郭先生在企业不领取工资。

要求:试计算比较郭先生如何利用不同的企业性质进行筹划?

7. 张先生是一位建筑设计工程师,2012 年,他利用业余时间为某项工程设计图纸,同时担任该项工程的顾问,工作时间 10 个月,获取报酬 30 000 元。

请问：对这 30 000 元报酬，张先生应该要求建筑单位一次性支付，还是在其担任工程顾问的期间，分 10 个月支付，每月支付 3 000 元呢？如何支付对张先生最有利呢？

8. 个人投资者高先生欲投资设立一小型工业企业，预计年应纳税所得额为 18 万元。该企业人员及资产总额均符合小型微利企业条件，适用 20％的企业所得税税率。

要求：计算分析高先生以什么身份纳税比较合适。

## 参考文献

[1] 蔡昌. 税务筹划实战 [M]. 北京：机械工业出版社，2009.

[2] 杨志清. 税收筹划案例分析 [M]. 2 版. 北京：中国人民大学出版社，2010.

[3] 李锐，王南. 浅谈个人所得纳税筹划形式与应用 [J]. 中国证券期货，2012 (5).

[4] 杜建华，程笑，蔡乐. 个人所得税纳税筹划的必要性与可行性 [J]. 企业经济，2012 (4).

[5] 计金标. 税收筹划 [M]. 5 版. 北京：中国人民大学出版社，2014.

[6] 盖地. 税务筹划学 [M]. 北京：中国人民大学出版社，2009.

[7] 黄凤羽. 税收筹划：策略、方法与案例 [M]. 2 版. 大连：东北财经大学出版社，2011.

[8] 中国注册会计师协会. 税法 [M]. 北京：经济科学出版社，2013.

[9] 梁俊娇. 税收筹划 [M]. 北京：对外经济贸易大学出版社，2011.

[10] 夏仕平. 利用固定资产折旧进行纳税筹划的误区. http：//www.chinaacc.com，2011-2-17.

[11] 张芳. 企业所得税的税收筹划. http：//www.chinaacc.com，2010-6-10.

[12] 国家税务总局教材编写组. 财务会计·税务版 [M]. 北京：人民出版社，2011.

# 第五章　资源税类筹划

【学习目标】

通过本章的学习，熟悉资源税类相关税种的基本法律规定，在此基础上，围绕各个税种的基本构成要素，着重掌握资源税、土地增值税、城镇土地使用税的税收筹划思路，力求能用所学的筹划理论和方法去解决实际问题。

【学习重点】

资源税、土地增值税和城镇土地使用税的税收筹划策略。

## 第一节　资源税筹划

【案例导入】

山西省某煤矿以生产煤炭、原煤为主，同时也小规模生产洗煤和选煤。某月该煤矿发生以下业务：

(1) 外销原煤 5 000 吨，售价为 600 元/吨。

(2) 销售原煤 2 000 吨，售价为 550 元/吨。

(3) 销售本月生产的选煤 100 吨，选煤回收率为 70%，售价 1 200 元/吨。

(4) 移送加工煤制品用原煤 1 500 吨。

(5) 用本月生产的 80 吨选煤支付发电厂电费。

山西省原煤资源税单位税额为 3.2 元/吨。该公司本月申报缴纳的资源税为 27 776 元［(5 000＋2 000＋100＋1 500＋80)×3.2］。

思考：公司财务人员的税额计算是否正确？公司应如何进行资源税筹划？

### 一、计税依据的筹划

#### (一) 资源税计税依据的法律规定

资源税是对在中华人民共和国领域及管辖海域从事应税矿产品开采和生产盐的单位

和个人课征的一种税。目前资源税的计税方法包括从价定率和从量定额两种方法。

1. 从价定率征收的计税依据

实行从价定率征收的资源税计税方式为：

$$应纳资源税额＝应税销售额×比例税率$$

销售额是指为纳税人销售应税产品向购买方收取的全部价款和价外收费，但不包括收取的增值税销项税额。这里的价外费用包括价外向购买方收取的手续费、补贴、基金、集资费、返还利润、奖励费、违约金、滞纳金、赔偿金、代收款项、代垫款项、包装费、包装物租金、储备费、优质费等。

2. 从量定额征收的计税依据

实行从量定额征收的资源税计税方式为：

$$应纳资源税额＝应税销售数量×定额税率$$

销售数量的具体规定如下：

（1）销售数量包括纳税人开采或者生产应税产品的实际销售数量和视同销售的自用数量。

（2）纳税人不能准确提供应税产品销售数量或移送使用数量的，以应税产品的产量或主管税务机关确定的折算比换算成的数量为计征资源税的销售数量。

（3）纳税人在资源税申报时，除财政部、国家税务总局另有规定外，应当将其应税和减免项目分别计算和报送。

（4）对于连续加工前无法正确计算原煤移送使用量的煤炭，可以按加工产品的综合回收率，将加工产品实际销量和自用量折算成原煤数量，以此作为课税数量。

（5）金属和非金属矿产品原矿，因无法准确掌握纳税人移送使用数量的，可将其精矿按选矿比例折算成原矿数量，作为课税数量。其计算公式为：

$$选矿比＝精矿数量÷耗用原矿数量$$

（6）纳税人以自产的液体盐加工固体盐，按固体盐税额征税，以加工的固体盐数量为课税数量。纳税人以外购的液体盐加工成固体盐，其加工固体盐所耗用液体盐的已纳税额准予扣除。

### （二）资源税计税依据的筹划

1. 利用"折算比"筹划资源税

税务机关确定折算比一般是按照同行业的平均水平确定的，而各个企业的实际综合回收率或选矿比总是围绕这个平均折算比上下波动的。这种情况给纳税人进行税收筹划提供了空间，即纳税人可预先测算自己企业综合回收率或选矿比，如果相对于同行业折算比较低，就无须准确核算提供应税产品的销售量或移送使用数量，这样，税务机关在根据同行业企业的平均综合回收率或选矿比折算应税产品数量时，就会少算课税数量，从而节省不少税款。

【案例 5-1】

某煤炭企业本月对外销售原煤 1 000 万吨，用企业的原煤加工洗煤 420 万吨销售，已知该企业加工的矿产品的综合回收率为 70%，税务机关确定的综合回收率为 60%，原煤适用单位税额为 2 元/吨。

思考：该企业应如何计算本月的应纳税额？

【解析】

由于资源税按原矿使用数量征税，因此，本案例中的洗煤需要折算成原煤数量后再计算应缴纳的资源税。

按企业实际的综合回收率计算本月应纳的资源税税额为 3 200 万元（1 000×2+420÷70%×2）。

按税务机关确定的综合回收率计算应纳的资源税税额为 3 400 万元（1 000×2+420÷60%×2）。

显然，按实际综合回收率计算可以为企业节税 200 万元。因此，煤炭企业应尽可能准确提供原煤的实际移送使用数量。反之，如果该煤炭企业的综合回收率小于同行业的平均水平，则最好由税务机关在根据同行业企业的平均综合回收率折算实际移送使用的原煤数量。

【案例 5-2】

某铜矿企业，2014 年 1 月份销售铜矿石原矿 40 万吨，移送入选 20 万吨精矿，假定该铜矿企业的实际选矿比为 20%，税务机关确定的选矿比为 25%，铜矿石原矿适用单位税额为 1.2 元/吨。

思考：该铜矿企业如何筹划资源税？

【解析】

铜矿企业按实际选矿比计算的资源税税额为 168 万元（40×1.2+20÷20%×1.2）。

铜矿企业按税务机关确定的选矿比计算应纳的资源税税额为 144 万元（40×1.2+20÷25%×1.2）。

因此，如果铜矿企业不准确核算其入选精矿所耗用的原矿数量，此时可由税务机关按其确定的选矿比计征资源税，从而可以节约资源税 24 万元。

2. 液体盐加工成固体盐的筹划

纳税人对其外购的液体盐应与自产的液体盐分别核算，同时要准确核算用于加工固体盐所耗用的外购液体盐的数量，以备抵扣。

---

**【案例 5-3】**

某盐场全年生产液体盐 50 万吨，其中 10 万吨对外销售，40 万吨用于生产固体盐。当年共生产固体盐 100 万吨，全部对外销售，耗用液体盐 120 万吨，除本企业自产的 40 万吨液体盐外，另外 80 万吨是外购的，已知液体盐单位税额为 2 元/吨，固体盐单位税额为 25 元/吨，盐场财务人员核算出全年应纳的资源税为 2 520 万元。

思考：财务人员核算的应纳资源税额是否有误？

**【解析】**

如果盐场能分别核算自产液体盐和外购液体盐，则其应纳资源税额的计算过程如下。

自产液体盐对外销售 10 万吨应纳资源税为 20 万元（10×2）。

生产的固体盐对外销售 100 万吨应纳资源税为 2 500 万元（100×25）。

外购液体盐加工固体盐准予抵扣的资源税为 160 万元（80×2）。

所以全年合计应纳的资源税为 2 360 万元（20+2 500−160）。

但如果盐场没有分别核算自产液体盐和外购液体盐，则其用于加工固体盐的外购液体盐的已纳资源税额 160 万元将不允许扣除，从而加重了企业的资源税负担。

---

## 二、税率的筹划

### （一）资源税税率的法律规定

资源税的税率包括比例税率和定额税率，见表 5-1。

表 5-1 资源税税目税率表

| 税 目 | | 税 率 |
|---|---|---|
| 一、原油 | | 销售额的 5%～10% |
| 二、天然气 | | 销售额的 5%～10% |
| 三、煤炭① | 焦煤 | 每吨 8～20 元 |
| | 其他煤炭 | 每吨 0.3～5 元 |
| 四、其他非金属矿原矿 | 普通非金属矿原矿 | 每吨或者每立方米 0.5～20 元 |
| | 贵重非金属矿原矿 | 每千克或者每克拉 0.5～20 元 |
| 五、黑色金属矿原矿 | | 每吨 2～30 元 |
| 六、有色金属矿原矿 | 稀土矿 | 每吨 0.4～60 元 |
| | 其他有色金属矿原矿 | 每吨 0.4～30 元 |
| 七、盐 | 固体盐 | 每吨 10～60 元 |
| | 液体盐 | 每吨 2～10 元 |

---

① 根据财税〔2014〕72 号规定，自 2014 年 12 月 1 日起在全国范围内实施煤炭资源税从价计征改革，同时清理相关收费基金。煤炭资源税税率幅度为 2%～10%，具体适用税率由省级财税部门在上述幅度内，根据本地区清理收费基金、企业承受能力、煤炭资源条件等因素提出建议，报省级人民政府拟定。煤炭应税产品包括原煤和以未税原煤加工的洗选煤。

## （二）资源税税率的筹划

资源税的税目涉及原油、天然气、煤炭、其他非金属矿原矿、黑色金属矿原矿、有色金属矿原矿、盐等七大类，在七个税目下又设有若干个子项目。在现实中，一个矿床一般不可能仅仅生产一种矿产品，大多是除了一种主要矿产品外，还有其他矿产品。矿产品加工企业在其生产过程中，一般也不会只生产一种矿产品。

（1）伴生矿。在同一矿床内，除了主要矿产品以外，还含有多种可供工业利用的成分，这些成分即为伴生矿。考虑到一般性开采是以主产品的元素成分开采为目的的，确定资源税税额时，一般将主产品作为定额的主要依据，同时也考虑作为副产品的元素成分及其他相关因素。企业在开采之前就应关注个别元素（这种元素的矿产品适用税额应该相对较低），以此来影响税务机关确定单位税额，使得整个矿床的矿产品适用较低税率。

（2）伴采矿。这是指开采单位在同一矿区内开采主产品时，伴采出来的非主产品元素的矿石。根据有关税法规定，对伴采矿量大的，由省、自治区、直辖市人民政府根据规定，对其核定资源税单位税额标准；对伴采矿量小的，则在销售时，按照国家对收购单位规定的相应品目的单位税额标准缴纳资源税。如果伴采矿的单位税额主产品高，则利用这项政策进行税收筹划的关键在于让税务机关认定伴采矿量小。伴采矿量的大小由企业自身生产经营所决定，如果企业在开采之初少采甚至不采伴生矿，税务机关在进行认定时，通常都会认为企业的伴采矿量小。等到税务机关确定好单位税额标准后，再扩大企业的伴采矿量便可以实现预期目的。如果伴采矿的税额相对较低，则企业应进行相反的操作。

（3）伴选矿。这是指在对矿石原矿中所含主产品进行精选的加工过程中，以精矿形式伴生出来的副产品。由于国家对以精矿形式伴选出来的副产品不征收资源税，对纳税人而言，最好的筹划方式就是尽量完善工艺，引进技术，使以非精矿形式伴生出来的副产品以精矿形式出现，从而达到少缴税款的目的。

## 三、税收优惠的筹划

### （一）资源税税收优惠的法律规定

（1）开采原油过程中用于加热、修井的原油，免税。

（2）纳税人开采或者生产应税产品过程中，因意外事故或者自然灾害等原因遭受重大损失的，由省、自治区、直辖市人民政府酌情决定减税或者免税。

（3）自2007年2月1日起，北方海盐资源税暂减按每吨15元征收；南方海盐、湖盐、井矿盐暂减按每吨10元征收；液体盐资源税暂减按每吨2元征收。

（4）国务院规定的其他减税、免税项目。纳税人的减税免税项目，应单独核算课税数量；未单独核算或不能准确提供课税数量的，不予减税或者免税。

（5）自 2007 年 1 月 1 日起，对地面抽采煤层气暂不征收资源税①。

（6）自 2010 年 6 月 1 日起，纳税人在新疆开采的原油、天然气，自用于连续生产原油、天然气的，不缴纳资源税；自用于其他方面的，视同销售，依照规定计算缴纳资源税。一共规定了三类减免税项目：

①对油田范围内运输稠油过程中用于加热的原油、天然气，免征资源税。

②对稠油、高凝油和高含硫天然气资源税减征 40%。

③对三次采油资源税减征 30%。

④对低丰度油气田资源税暂减征 20%。

⑤对深水油气田资源税减征 30%。

符合上述减免税规定的原油、天然气划分不清的，一律不予减免资源税；同时符合上述两项及两项以上减税规定的，只能选择其中一项执行，不能叠加适用。

### （二）资源税税收优惠的筹划

根据现行资源税法的相关规定，纳税人的减税、免税项目，应当单独核算；未单独核算或者不能准确提供减、免税产品课税数量或销售额的，不予减税或者免税。为此，纳税人开采或者生产不同税目应税产品的，应当分别核算不同税目应税产品的销售额或者销售数量，使每一种应税产品选择各自的适用税率，避免从高计税；如果没有分别核算或者不能准确提供不同税目应税产品的销售额或者销售数量的，从高适用税率，资源税负相对较重。

**【案例 5-4】**

某矿业开采企业，2014 年 1 月份共开采销售原油 200 万元，开采销售天然气 100 万元。原油适用税率为其销售额的 8%，天然气适用税率为其销售额的 6%。该企业会计人员为节省核算成本没有两种产品分开核算，税务顾问得知此事后指出，最好将两种产品分别核算。

思考：将两种产品分别核算对资源税有何影响？

**【解析】**

如果企业未将原油、天然气产品的销售额分别核算，此时企业应纳资源税为 24 万元 [（200＋100）×8%]。

如果企业采纳税务顾问的意见，将原油和天然气的销售额分别核算，此时企业的应纳资源税为 22 万元（200×8%＋100×6%）。

可见，如果将原油和天然气的销售额分别进行核算，企业可少缴资源税 2 万元，因此，应当选择分别核算。

---

① 煤层气是指赋存于煤层及其围岩中与煤炭资源伴生的非常规天然气，也称煤矿瓦斯。

### 四、纳税义务发生时间的筹划

根据现行资源税法的有关规定，不同的销售结算方式使得资源税纳税义务发生的时间存在较大差异，具体如下：

（1）纳税人采取分期收款结算方式销售应税产品的，其纳税义务发生时间为销售合同规定的收款日期的当天。

（2）纳税人采取预收货款结算方式的，其纳税义务发生时间为发出应税产品的当天。

（3）纳税人采取其他结算方式的，其纳税义务发生时间为收讫销售款或者取得索取销售款凭据的当天。

（4）纳税人自产自用应税产品，其纳税义务发生时间为移送使用应税产品的当天。

纳税人可以充分利用这些相关规定，对资源税结算方式进行筹划。尽管改变结算方式并不能减少纳税人应纳资源税的绝对数额，但有助于纳税人通过延期纳税实现相对节税。

## 【案例分析与讨论】

学习完前面的内容之后，读者现在应该可以回答本节【案例导入】中提出的问题了。公司财务人员的计算显然是不正确的。按照现行资源税法的相关规定，只有原煤才征收资源税，对于洗煤、选煤及其他煤炭制品，要根据加工的综合回收率折算为原煤后计征资源税。因此，该煤矿实际应缴纳的资源税＝［5 000＋2 000＋1 500＋（100＋80）÷0.7］×3.2＝28 022.86（元）。由于财务人员的工作失误，导致企业少缴资源税 246.86 元。

可见，企业必须熟练掌握资源税法的基本规定，特别是资源税税目和计税依据的特殊规定，并严格按照这些规定去进行实务操作，不能仅凭个人的主观臆断行事，否则可能会导致不必要的损失。

# 第二节　土地增值税筹划

## 【案例导入】

A 房地产开发公司开发一批商业用房，支付的地价款为 600 万元，开发成本为 1 000万元，假设按房地产开发项目分摊利息且能提供金融机构证明的应扣除利息为 100 万元。

思考：如何通过利息扣除为该公司进行土地增值税的筹划？如果应扣除的利息支出为 70 万元时，又如何筹划呢？（假设当地政府规定的两类扣除比例分别为 5％和 10％）

### 一、征税范围的筹划

#### （一）土地增值税征税范围的法律规定

土地增值税的课税对象是有偿转让国有土地使用权及地上建筑物和其他附着物产权

所取得的增值额。

**1. 征税范围的一般规定**

（1）土地增值税只对转让国有土地使用权的行为课税，转让非国有土地和出让国有土地的行为均不征税。

（2）土地增值税既对转让土地使用权课税，也对转让地上建筑物和其他附着物的产权征税。

（3）土地增值税只对有偿转让的房地产征税，对以继承、赠与等方式无偿转让的房地产，不予征税。

**2. 征税范围的若干具体规定**

（1）以房地产进行投资、联营。

对于以房地产进行投资、联营的，如果投资、联营的一方以土地（房地产）作价入股进行投资或作为联营条件，暂免征收土地增值税。但对以房地产作价入股，凡所投资、联营的企业从事房地产开发的，或者房地产开发企业以其建造的商品房进行投资和联营的，或是投资、联营企业将上述房地产再转让，则属于征收土地增值税的范围。

（2）合作建房。

对于一方出地，一方出资金，双方合作建房，建成后分房自用的，暂免征收土地增值税。但是，建成后转让的，属于征收土地增值税的范围。

（3）企业兼并转让房地产。

在企业兼并中，对被兼并企业将房地产转让到兼并企业中的，暂免征收土地增值税。

（4）房地产交换。

交换房地产行为既发生了房产产权、土地使用权的转移，交换双方又取得了实物形态的收入，按照规定属于征收土地增值税的范围。但对个人之间互换自有居住用房地产的，经当地税务机关核实，可以免征土地增值税。

（5）房地产抵押。

房地产在抵押期间不征收土地增值税，待抵押期满后，视该房地产是否转移产权来确定是否征收土地增值税。以房地产抵债而发生房地产产权转让的，属于征收土地增值税的范围。

（6）房地产出租。

房地产出租，出租人取得了收入，但没有发生房地产产权的转让，不属于征收土地增值税的范围。

（7）房地产评估增值。

国有企业在清产核资时对房地产进行重新评估而使其升值时，房地产虽有增值，但既没有发生房地产权属的转移，房产产权、土地使用权人也未取得收入，不属于征收土地增值税的范围。

（8）房地产的代建房行为。

房地产公司代客户进行房地产开发，开发完成后向客户收取代建收入时，对于房地产开发公司而言，虽然取得了收入，但没有发生房地产权属转移，其收入属于劳务收入性质，不属于土地增值税的课税范围。

（9）房地产的继承、赠与。

房产的原产权所有人、依照法律规定取得土地使用权的土地使用人死亡后，由其继承人依法承受死者房产产权和土地使用权时，虽然发生了房地产的权属变更，但作为房产产权、土地使用权的原所有人（被继承人）并没有因为权属变更而取得任何收入，这种房地产的继承不属于土地增值税的征税范围。

房产所有人、土地使用权所有人将自己拥有的房地产无偿交给其他人时，虽然发生了房地产的权属变更，但作为房产所有人、土地使用权的所有人并未因权属转移而取得任何收入，因此，房地产的赠与不属于土地增值税的征税范围。不过，这里的赠与仅限于以下两种情况：①房屋所有人、土地使用权所有人将房屋产权、土地使用权赠与直系亲属或承担直接赡养义务的；②房产所有人、土地使用权所有人通过中国境内非营利的社会团体、国家机关将房屋产权、土地使用权赠与教育、民政和其他社会福利、公益事业的。

### （二）土地增值税征税范围的筹划

#### 1. 选择适当的建房方式

根据税法有关规定，某些方式的建房行为不属于土地增值税征税范围，不用缴纳土地增值税。纳税人如果能注意运用这些特殊政策进行税收筹划，其节税效果是很明显的。

代建房行为不属于土地增值税的征税范围，其取得的代建收入属于劳务收入性质，是营业税的征税范围，按照"服务业——代理业"适用5％的营业税税率，而土地增值税适用的是30％～60％的四级超率累进税率。因此，如果房地产开发公司在开发之初便能确定最终客户，实行定向开发，避免开发后销售缴纳土地增值税。这种筹划可以由房地产开发公司以客户名义取得土地使用权和购买各种材料设备，也可以协商由客户自己购买和取得，其关键是房地产权没有发生转移就可以了。为了使该项筹划更加顺利，房地产开发公司可以根据市场情况，适当降低代建房劳务收入的数额，以取得客户的配合。

**【案例 5-5】**[①]

D 公司有一块土地准备自行建造一幢商务大厦，原土地购入成本为 800 万元，商务大厦建成后准备以 8 000 万元出售给 Z 公司，该商务大厦建筑安装成本为 2 500 万元，建筑安装工程毛利为 1 500 万元，该企业应缴纳的各项税金计算如下：

应缴纳建筑安装营业税 $= (2\,500 + 1\,500) \times 3\% = 120$（万元）

应缴纳销售不动产营业税 $= 8000 \times 5\% = 400$（万元）

应缴纳城市维护建设税及教育费附加 $= (120 + 400) \times (7\% + 3\%) = 52$（万元）

扣除项目金额合计 $= 800 + 2\,500 + 120 + 400 + 52 = 3\,872$（万元）

土地增值额 $= 8\,000 - 3\,872 = 4\,128$（万元）

土地增值率 $= 4\,128 \div 3\,872 = 106.61\%$

应缴纳土地增值税 $= 4\,128 \times 50\% - 3\,872 \times 15\% = 1\,483.20$（万元）

应缴纳企业所得税 $= (8\,000 - 3\,872 - 1\,483.20) \times 25\% = 661.20$（万元）

税后利润 $= 8\,000 - 3\,872 - 1\,483.2 - 661.20 = 1\,983.60$（万元）

思考：D 公司应如何进行税收筹划？

**【解析】**

D 公司先将土地以原价 800 万元出售给 Z 公司，然后与 Z 公司签订委托建房合同，合同约定 Z 公司委托 D 公司建房，建房安装合同总价为 4 000 万元，委托建房手续费为 3 200 万元。

进行此项筹划后，D 公司建筑安装成本仍为 2 500 万元，建筑安装工程毛利仍为 1 500 万元，另外取得建房手续费收入 3 200 万元。D 公司因转让土地差价为零，故无须缴纳转让无形资产营业税，转让土地未增值，故无须缴纳土地增值税及不动产转让营业税。D 公司将房地产开发业务合理转化为委托建房行为，因委托建房行为不涉及房产及地产的产权转移问题，其委托建房手续费收入是劳务性的，不涉及土地增值税及不动产转让营业税，只需按"服务业——代理业"税目缴纳 5% 的营业税，税负大幅度降低，D 公司经筹划后应缴纳的各项税金计算如下：

缴纳建筑安装营业税 $= 4\,000 \times 3\% = 120$（万元）

应缴纳委托建房手续费收入营业税 $= 3200 \times 5\% = 160$（万元）

应缴纳城市维护建设税及教育费附加 $= (120 + 160) \times (7\% + 3\%) = 28$（万元）

---

[①] 陆英. 土地增值税筹划有方 [J]. 新理财，2010 (1)：78-81.

应缴纳企业所得税＝（4 000－2 500＋3 200－120－160－28）×25％＝1 098（万元）

D公司税后利润＝4 000－2 500＋3 200－120－160－28－1 098＝3 294（万元）

经过上述筹划，D公司比筹划前税后利润增加了1 310.40万元（3 294－1 983.60）。进行此项筹划时需注意一定要实现土地使用权的过户转让，并通过合同严密约定委托建房行为，完善相关法律手续。

2. 转售为租

依据现行土地增值税法的规定，对于产权未发生转移的企业自用或出租等行为，不征收土地增值税，在清算时不作为收入，也不扣除相应的成本费用。如企业以销售价格作为租赁价格，企业获得的总收入保持不变，营业税保持不变，缴纳的土地增值税必将减少。但是由于租赁房产需要缴纳12％的房产税，企业应根据不同增值率情况，计算租售税负平衡点，以获得总体最优税负。

3. 投资入股

房地产开发企业通过不同方式取得土地，其成本是有巨大差别的，并对企业的实际税负造成巨大的影响。

【案例5-6】

甲房地产公司欲转让一块现价8 000万元的地块给乙公司。已知甲公司取得土地使用权时支付的金额为4 000万元，试比较不同的转让方式对纳税情况的影响，以选择最优的节税方案。（甲公司期间费用暂不考虑）

【解析】

方案Ⅰ：直接办理土地转让交易。

1. 营业税及城建税和教育费附加

根据财政部、国家税务总局下发的《关于营业税若干政策问题的通知》（财税〔2003〕16号）的规定，单位和个人销售或转让其购置的不动产或受让的土地使用权，以全部收入减去不动产或土地使用权的购置或受让原价后的余额为营业额。因此，甲公司应缴营业税为200万元〔（8 000－4 000）×5％〕，应纳的城建税和教育费附加为20万元〔200×（7％＋3％）〕。

2. 土地增值税

土地增值额＝8 000－（4 000＋200＋20）＝3 780（万元）

土地增值率＝3 780÷（4 000＋200＋20）＝89.57％

甲公司应缴土地增值税＝3 780×40％－4 220×5％＝1301（万元）

合计应缴税款＝200＋20＋1 301＝1 521（万元）

甲公司利润＝8 000－4 000－200－20－1 301＝2 479（万元）

方案Ⅱ：变土地转让为转让股权。

将地块作价8 000万元向乙公司进行投资，并与乙公司风险共担、利润共享，然后再将股权以8 000万元的价格进行转让。

1. 营业税

根据财政部、国家税务总局下发的《关于股权转让有关营业税问题的通知》（财税〔2002〕191号）规定，以无形资产、不动产投资入股，参与接受投资方利润分配，共同承担投资风险的行为，不征收营业税，在投资后转让其股权也不征收营业税。

2. 土地增值税

根据现行土地增值税法的相关规定，对于以房地产进行投资、联营的，如果投资、联营的一方以土地（房地产）作价入股进行投资或作为联营条件，暂免征收土地增值税。

因此，方案Ⅱ中，甲公司无须缴纳营业税和土地增值税，其利润为4 000万元（8 000－4 000）。

可见，从利润的角度来看，方案Ⅱ是最优选择，但这种方案的实施有一定风险：一是乙公司未必同意接受甲公司以土地进行的股权投资；二是甲公司在转让股权时的转让价格存在一定不确定性。

## 二、计税依据和税率的筹划

### （一）土地增值税计税依据和税率的法律规定

由于土地增值税实行的是超率累进税率，税率和计税依据息息相关，因此，这里将土地增值税计税依据和税率的筹划统筹考虑。

土地增值税的课税对象是转让国有土地使用权及地上建筑物和其他附着物产权所取得的增值额。转让房地产的增值额，是纳税人转让房地产的收入减除税法规定的扣除项目金额后的余额。土地增值税的计算公式如下：

$$增值额＝转让房地产收入－扣除项目金额$$

$$增值率＝增值额÷扣除项目金额$$

$$土地增值税＝增值额×税率－扣除项目金额×速算扣除系数$$

纳税人转让房地产取得的收入，包括转让房地产取得的全部价款及有关的经济利益。从形式上看包括货币收入、实物收入和其他收入，非货币收入要折合金额计入收入总额。纳税人的扣除项目见表5-2。

表 5-2                          土地增值税的扣除项目

| 企业情况 | 转让房地产情况 | 可扣除项目 |
|---|---|---|
| 房地产开发企业 | 转让新建房 | (1) 取得土地使用权所支付的金额。<br>(2) 房地产开发成本。<br>(3) 房地产开发费用。<br>(4) 与转让房地产有关的税金：①营业税；②城建税和教育费附加。<br>(5) 财政部规定的其他扣除项目（加计扣除）。<br>从事房地产开发的纳税人可加计扣除＝（取得土地使用权所支付的金额＋房地产开发成本）×20％ |
| 非房地产开发企业 | 转让新建房 | (1) 取得土地使用权所支付的金额。<br>(2) 房地产开发成本。<br>(3) 房地产开发费用。<br>(4) 与转让房地产有关的税金：①营业税；②印花税；③城建税和教育费附加 |
| 各类企业 | 转让存量房 | (1) 取得土地使用权所支付的金额。<br>(2) 房屋及建筑物的评估价格：①评估价格＝重置成本价×成新度折扣率；<br>②不能取得评估价格的，按发票所载金额并从购买年度起至转让年度止每年加计 5％计算扣除（新增）。<br>(3) 转让环节缴纳的税金：①营业税；②印花税；③城建税和教育费附加；④购房时缴纳的契税（按发票每年加计 5％的纳税人适用） |
| | 单纯转让未经开发的土地 | (1) 取得土地使用权所支付的金额。<br>(2) 转让环节缴纳的税金 |

土地增值税实行的超率累进税率，见表 5-3。

表 5-3                          土地增值税税率表

| 级数 | 增值额与扣除项目金额的比（％） | 税率（％） | 速算扣除系数（％） |
|---|---|---|---|
| 1 | 不超过 50％的部分 | 30 | 0 |
| 2 | 超过 50％未超过 100％的部分 | 40 | 5 |
| 3 | 超过 100％未超过 200％的部分 | 50 | 15 |
| 4 | 超过 200％的部分 | 60 | 35 |

### （二）土地增值税计税依据和税率的筹划

1. 销售收入的筹划

（1）合理确定房地产的转让价格。

根据现行土地增值税法规定，纳税人建造、出售的是普通标准住宅，增值额未超过扣除项目金额的 20％，免征土地增值税；增值额超过扣除项目金额 20％，应就其全部增值额按规定计税。因此，我们可以充分利用 20％这一临界点的税负效应进行筹划。

设某房地产开发企业建造一批商品房待售，除销售税金及附加外的全部允许扣除的项目金额为 $A$，销售的房价总额为 $X$，相应的销售税金及附加＝ $5\%X(1+7\%+3\%)=5.5\%X$（$5\%$、$7\%$、$3\%$分别为营业税税率、城建税税率、教育费附加征收率）。

如果纳税人欲享受起征点的照顾，那么最高售价只能满足：$X=1.2(A+5.5\%X)$，解得 $X=1.2848A$，企业在这一价格水平下，既可享受起征点的照顾又可获得较大利润。如果售价低于此数，虽也能享受起征点照顾，却只能获得较低的收益。

如果企业欲通过提高售价达到增加收益的目的，此时增值率会高于 $20\%$，只有当价格提高的部分超过缴纳的土地增值税和新增的销售税金及附加，提价才是有意义的。

不妨假设提高价格 $Y$ 单位，则新的价格为 $X+Y$，新增的营业税、城建税和教育费附加为 $5.5\%Y$。允许扣除的项目金额为 $A+5.5\%X+5.5\%Y$；房地产增值额为 $X+Y-A-5.5\%X-5.5\%Y$；缴纳的土地增值税为 $30\%\times(X+Y-A-5.5\%X-5.5\%Y)$[①]。

企业欲使提价所带来的收益超过因突破起征点而新增的税负，就必须满足：$Y>30\%\times(X+Y-A-5.5\%X-5.5\%Y)+5.5\%Y$，其中 $X$ 为增值率为 $20\%$ 时的售价，可以解得 $Y>0.0971A$。

**【案例 5-7】**[②]

某房地产开发公司建成并待售一幢商品房，同行业房价为 1 800 万～1 900 万元，已知为开发该商品房，支付的土地出让金为 200 万元，房地产开发成本为 900 万元，利息支出不能按房地产开发项目分摊也不能提供金融机构的证明，假设城建税税率为 $7\%$，教育费附加征收率为 $3\%$，当地政府规定允许扣除的房地产开发费用的扣除比例为 $10\%$。

思考：如何为该公司筹划，使其房价在同行业中较低，又能获得最佳利润？

**【解析】**

本例中，除营业税、城建税和教育费附加之外的可扣除的项目金额为 1 430 万元 [$200+900+(200+900)\times10\%+(200+900)\times20\%$]。

(1) 公司要享受起征点优惠，又想获得最佳利润，则最高售价应为 1 837.264 万元（$1 430\times1.2848$），此时获利为 526.21 万元 [$1 837.264-(200+900+(200+900)\times10\%)-1 837.264\times5.5\%$][③]。当价格定在 1 800 万～1 837.264 万元时，获利将逐渐增加，但都要小于 526.21 万元。

(2) 公司要适当提高售价，则提高的总售价至少要大于 138.853 万元（$1 430\times$

---

① 这里假定增值额与扣除项目金额的比例虽然超过 $20\%$ 但未超过 $50\%$。
② 吕顺龙．房地产企业土地增值税纳税筹划问题探讨 [J]．企业导报，2012（8）：92-94．
③ 为简化分析，假设企业实际发生的各项开发费用与计算土地增值税时允许扣除的房地产开发费用是一致的。

0.0971)，即总房价至少要超过 1 976.117 万元，提价才会增加总收益，否则提价只会导致总收益减少。

所以，当同行业的房价在 1800 万～1900 万元时，公司应选择 1837.264 万元作为自己的销售价格，使自身的房价较低，增强竞争力，又能给公司带来较大的利润。当然，如果公司能以高于 1976.117 万元的价格出售商品房的话，所获利润将会进一步增加，但如果其定价较同行价格高出太多的话，可能会影响房地产的销量。

通过本案例进一步说明，在出售普通标准住宅问题上，企业是完全可以利用合理定价的方法，使自己保持较高的竞争力，又可使自己获得更多利润，千万不可盲目提价，有时较高的价格所带来的利润反而会低于较低价格所带来的利润。比如，在本案例中，如果房地产公司的总售价为 1 830 万元，此时扣除项目金额合计为 1 530.65万元（1 430＋1 830×5.5%），增值额为 299.35 万元（1 830－1 530.65），增值率为 19.6%（299.35÷1 530.65）。则公司将免缴土地增值税，获利为 519.35 万元〔1 830－200＋900＋（200＋900）×10%－1 830×5.5%〕。如果房地产公司的总售价定为 1 840 万元，则公司应缴土地增值税为 123 万元〔（1 840－1 430）×30%〕。此时公司可获利 405.8 万元〔1 840－（1 100＋1 100×10%）－1 840×5.5%－123〕。不难看出，对于房地产企业而言，并非房地产售价越高利润就越大。

（2）分立不动产销售合同，分散不动产销售收入，降低土地增值额。

在累进税制下，房地产销售收入的增长预示着相同条件下增值额的扩大，从而使得纳税人适用较高的税率，档次爬升现象会使纳税人的税收负担急剧上升。在扣除项目金额一定的情况下，企业可以适当分散转让房地产的收入，转让收入越少，土地增值额就越小，税率和税额就越低。一般常见的方法就是将可以分开单独处理的部分从整个房地产中分离，分次单独签订合同。比较常见的做法有两种：①房地产企业在销售新建的带装修的商品房时，可以与购房者签订两份合同，一份是房地产转移合同，另一份是设备安装及装饰、装潢合同，这样，房地产企业只就第一份合同上注明的金额缴纳土地增值税；②纳税人进行旧房的销售时，能将单独计价的部分从整个房产价值中分离出来，如房屋内的电器、办公设备等。那么，纳税人可以与购房者签一份房产转让合同，再签一份附属的设备购销合同，从而降低应纳土地增值税的增值额，实现了节税目的。

【案例 5-8】
某房地产企业建造的精装修住宅 10 幢，总售价定为 8 000 万元，其中毛坯房售价收入 6 500 万元，精装修售价收入 1 500 万元，取得土地使用权支付的金额为 1 000 万元，建造安装成本合计 2 600 万元（其中商品房开发成本等 2 000 万元，精装修成本 600 万元），房地产开发费用为 500 万元，该企业应缴纳的各项税金计算如下：

应缴纳营业税＝8 000×5％＝400（万元）

应缴纳城市维护建设税及教育费附加＝400×（7％＋3％）＝40（万元）

扣除项目金额合计＝1 000＋2 600＋500＋400＋40＋（1 000＋2 600）×20％＝5 260（万元）

土地增值额＝8 000－5 260＝2 740（万元）

土地增值率＝2 740÷5 260＝52.1％

应缴纳土地增值税＝2 740×40％－5 260×5％＝833（万元）

企业利润＝8 000－1 000－2 600－500－400－40－833＝2 627（万元）

思考：如何进行收税筹划？

**【解析】**

企业改变销售合同签订方式，将毛坯房销售和精装修装饰分别签订合同，毛坯房销售合同定为售价收入 6 500 万元，精装修装饰合同定为装饰收入 1 500 万元，总合同收入不变，经分立合同后，企业应缴纳的各项税金计算如下。

（1）毛坯房销售合同应缴纳的各项税金。

应缴纳营业税＝6 500×5％＝325（万元）

应缴纳城市维护建设税及教育费附加＝325×（7％＋3％）＝32.5（万元）

扣除项目金额＝1 000＋2 000＋500＋325＋32.5＋（1 000＋2 000）×20％＝4 457.5（万元）

土地增值额＝6 500－4 457.5＝2 042.5（万元）

土地增值率＝2 042.5÷4 457.5＝45.82％

应缴纳土地增值税＝2 042.5×30％＝612.75（万元）

（2）精装修装饰合同应缴纳的各项税金。

应缴纳营业税＝1 500×3％＝45（万元）

应缴纳城市维护建设税及教育费附加＝45×（7％＋3％）＝4.5（万元）

房地产企业的利润＝8 000－1 000－2 600－500－325－32.5－612.75－45－4.5＝2 880.25（万元）

较之筹划前的利润增加 253.25 万元。

2. 扣除项目的筹划

（1）费用均分。

房地产开发公司可能同时进行几处房地产的开发业务，不同地方开发成本因为地价或其他原因可能不同，这就会导致有的房屋开发出来销售后的增值率较高，而有的房屋增值率较低，这种不均匀的状态实际会加重企业的税收负担，这就要求企业对开发成本进行必要的调整，使得各处开发业务的增值率大致相同，从而节省税款。因此，平均费用分摊是抵消增值额、减少纳税的极好选择。房地产开发企业可将一段时间内发生的各项开发成本进行最大限度的调整分摊，就可以将获得的增值额进行最大限度的平均，这样就不会出现某段时间增值率过高的现象，从而节省部分税款。如果结合其他筹划方法，使增值率刚好在某一临界点以下，则节税效果就更加明显。

（2）最大化归集开发成本，规范账务处理。

建筑安装成本、配套设施及基础设施成本在计算土地增值税时，也是可以加计20％扣除的。所以企业一方面要完整地归集这些成本项目，规范账务处理，另一方面在进行项目开发策略的研究时，也应该考虑土地增值税的因素，即通过加大投入提高房屋的建造质量，增加和扩建配套设施建设，提高小区的居住环境，提高楼盘的档次。通过提高房地产品质和选择适中的价格，不仅有利于控制土地增值税的增值率，进而避免过高税负，还可以保证产品在市场上的竞争力及企业的利润率。

（3）增加可扣除项目金额，寻找利息支出平衡点。

房地产开发企业在进行房地产开发业务的过程中，一般都会发生大量的借款，利息支出是不可避免的，而利息支出的不同扣除方法会对企业应纳的土地增值税产生很大影响。根据税法规定，与房地产开发有关的利息支出分两种情况确定扣除。

第一，凡能按转让房地产项目分摊并提供金融机构证明的，允许据实扣除，但最高不得超过按商业银行同期贷款利率计算的金额；其他房地产开发费用，按取得土地使用权所支付的金额和房地产开发成本金额的5％以内计算扣除。

$$房地产开发费用＝允许扣除的利息＋（取得土地使用权支付的金额＋$$
$$房地产开发成本）×扣除比例（5％以内）$$

第二，凡不能按转让房地产项目计算分摊利息支出或不能提供金融机构证明的，利息支出要并入房地产开发费用一并计算扣除。

$$房地产开发费用＝（取得土地使用权支付的金额＋$$
$$房地产开发成本）×扣除比例（10％以内）$$

由于土地增值税是以土地增值额与扣除项目金额的比率大小按相适用的税率累进计算征收的，扣除项目金额越大，增值额越小。两者比率越小，适用的税率越低，税额越小，所以，企业应先预计转让房地产可分摊利息支出，按照规定的两种扣除方式衡量并选择扣除费用较大的方式。

假设第一种方式可扣除比率为 $Q$，第二种方式可扣除比率为 $W$，则利息支出平衡点为 $(W-Q)×$（取得土地使用权所支付的金额＋房地产开发成本）。

当预计利息支出大于利息支出平衡点时，采用第一种方式有利；当前者小于后者时，第二种方式有利；当前者等于后者时，两种方式均可。例如，A 房地产开发企业转让一幢住宅，取得土地使用权支付金额和房地产开发成本为 1 000 万元。采用第一种方式可扣除比率为 5％，第二种方式可扣除比率为 10％，则利息支出平衡点为 50 万元

[（10%－5%）×1 000]。如预计利息支出为 80 万元，按第一种方式计算允许扣除的房地产开发费用为 130 万元（80＋1 000×5%），按第二种方式计算可扣除房地产开发费用为 100 万元（1 000×10%），故应采取第一种方式。如预计利息支出为 40 万元，按第一种方式计算允许扣除的房地产开发费用为 90 万元（40＋1 000×5%），按第二种方式计算可扣除房地产开发费用为 100 万元（1 000×10%），故应采取第二种方式。当预计利息支出等于 50 万元时，两种方式计算可扣除房地产开发费用相等。

**【案例 5-9】**

某房地产开发企业开发某住宅，共支付地价款 2 000 万元，开发成本为 4 000 万元，假设当地政府规定的房地产开发费用的两类扣除比例分别为 5% 和 10%。开发费用的扣除有两种选择方案。

方案 I：纳税人按照转让房地产项目计算分摊利息，并且提供利息支出证明，则其他开发费用扣除数额不得超过 300 万元，即（2 000＋4 000）×5%，利息按实际发生数扣除。

方案 II：纳税人不按照转让房地产项目计算分摊利息支出，或不提供金融机构贷款证明的，房地产开发费用按地价款和房地产开发成本金额的 10% 计算扣除，用公式表示：

房地产开发费用＝（取得土地使用权所支付的金额＋
房地产开发成本）×10%，

即房地产开发费用总扣除限额为 600 万元 [（2 000＋4 000）×10%]，超限额部分不得扣除。

思考：针对这两种方案，纳税人应该如何选择？

**【解析】**

纳税人在能够按转让房地产项目计算分摊利息支出，并能提供金融机构的贷款证明时，利息支出如何计扣值得考虑。一般而言，企业在进行房地产开发时，借款数额会较大，其实际数会大于（取得土地使用权所支付的金额＋房地产开发成本）×5%。因此，一般来说，按照第一种方式计扣比较有利于企业节省税款，即房地产开发费用按下式计扣：

房地产开发费用＝利息＋（取得土地使用权所支付的金额＋房地产开发成本）×5%

但是，现实中的情况并不总是如此简单。有些企业由于资金比较充裕，很少向银行等金融机构贷款，这方面的利息支出相应地就比较少。这时，如果按照第一种方法计算，则扣除项目金额会较少，而按照第二种方法计算则扣除项目金额会较多。因此企业比较合乎逻辑的做法就是故意不按照转让房地产项目计算分摊利息支出，或是假装不能提供金融机构的贷款证明，这样税务机关就会按照第二种方法计算。

（4）生地变熟地后进行交易转让，增加可扣除项目金额。

根据国税函发〔1995〕110 号文件的规定，对取得土地使用权（房地产产权）后，未进行任何形式的开发即转让的，计算增值额时只允许扣除：取得土地使用权（房地产）时支付的价款、国家统一规定交纳的有关费用，以及在转让环节缴纳的税金，不能加计 20％扣除。对于取得土地使用权后，仅进行土地开发（如进行"三通一平"等），不进行房屋建造，即将土地使用权再转让出去的，在计算增值额时只允许扣除：取得土地使用权时支付的金额，按国家统一规定交纳的有关费用，开发土地的成本、费用，以及与转让土地使用权有关的税金，再加计开发土地的成本的 20％。根据上述规定，房地产公司在某些情况下可通过适当增加开发土地成本提高计算土地增值额时的扣除金额，进而有利于节约土地增值税，但前提是节省的土地增值税要大于增加的开发土地成本。

**【案例 5-10】**

重庆市 B 房地产开发公司有一块土地，原土地购入价款 5 000 万元，现该地块市价 9 000 万元。2013 年 8 月，B 公司欲以 9 000 万元价格转让该地块。该公司财务经理为公司提出了一个筹划方案，先投入 100 万元对地块进行"三通一平"，这样以后转让土地使用权计算土地增值额时可以享受开发土地成本加计扣除 20％的优惠，由此可以大大降低公司的土地增值税。具体测算如下：

应缴纳营业税＝（9 000－5 000）×5％＝200（万元）

应缴纳城市维护建设税及教育费附加＝200×（7％＋3％）＝20（万元）

扣除项目金额合计＝（5 000＋100）×（1＋20％）＋200＋20＝6 340（万元）

土地增值额＝9000－6 340＝2 660（万元）

土地增值率＝2 660÷6 340＝41.96％

应缴纳土地增值税为＝2 660×30％＝798（万元）

企业利润为＝9 000－5 000－200－20－798＝2 982（万元）

但如果 B 公司直接转让土地使用权，则应缴纳税金计算如下：

应缴纳转让土地使用权营业税＝（9 000－5 000）×5％＝200（万元）

应缴纳城市维护建设税及教育费附加＝200×（7％＋3％）＝20（万元）

扣除项目金额合计＝5 000＋200＋20＝5 220（万元）

土地增值额＝9 000－5 220＝3 780（万元）

土地增值率＝3 780÷5 220＝72.41％

应缴纳土地增值税＝3 780×40％－5 220×5％＝1 251（万元）

企业利润＝9 000－5 000－200－20－1 251＝2 529（万元）

不难看出，公司进行"三通一平"虽然增加了 100 万元支出，但其利润却较之以前增加了 453 万元，主要是因为筹划方案中的土地增值税较之原来出现了大幅下降。

思考：公司财务经理的筹划方案是否可行？

【解析】

事实上，公司财务经理提出的税收筹划方案是不可行的。根据（国税函发〔1995〕第 110 号）《国家税务总局关于印发〈土地增值税宣传提纲〉的通知》第六条第二款规定，对取得土地使用权后投入资金，将生地变为熟地转让的，计算其增值额时，允许扣除取得土地使用权时支付的地价款、交纳的有关费用和开发土地所需成本再加计开发成本的 20% 及在转让环节缴纳的税款。对于加计扣除基数中是否包括取得土地使用权时支付的价款，在实践中有不同的理解。第一种观点认为，加计扣除基数不包括取得土地使用权时支付的地价款。理由是《国家税务总局关于印发〈土地增值税宣传提纲〉的通知》（国税函发〔1995〕110 号）对此作出了规定。第二种观点认为，完整理解《中华人民共和国土地增值税暂行条例》及其实施细则的规定，加计扣除基数应包括取得土地使用权时支付的地价款。《新编地方税业务指南》支持第二种观点。该指南由国家税务总局原地方税务司编写，中国税务出版社 2003 年 7 月出版。《新编地方税业务指南》指出，对于取得土地使用权后，仅进行土地开发（如进行"三通一平"等），不进行房屋的建造，即将土地使用权再转让出去的，在计算其增值额时只允许扣除：取得土地使用权时支付的金额；按国家统一规定交纳的有关费用；开发土地的成本、费用；与转让土地使用权有关的税金；取得土地使用权时支付的地价款和开发土地的成本之和加计 20% 的扣除。但就本案例而言，B 公司的加计扣除基数不能包括取得土地使用权时支付的地价款 5000 万元。《重庆市地方税务局关于土地增值税若干问题的通知》（渝地税发〔2011〕221 号）明确提出，对取得土地使用权后，仅进行土地开发（如"三通一平"等），不建造房屋即转让土地使用权的，允许扣除取得土地使用权时支付的地价款、交纳的有关费用、开发土地所需成本以及在转让环节缴纳的税金，再按开发土地所需成本的 20% 予以加计扣除。加计扣除计算基数不包括取得土地使用权时支付的地价款。可见，公司财务经理对"三通一平"后公司土地增值税的计算是错误的。

实践中，房地产开发企业若要通过"生地变熟地"的方法进行土地增值税筹划，必须了解当地主管税务机关对加计扣除基数的相关规定，否则税收筹划行为就会演变为逃避缴纳税款行为。

（5）针对不同增值率的房产合理确定是否合并纳税。

由于土地增值税适用四档超率累进税率，其中最低税率为 30%，最高税率为 60%，如果对增值率不同的房地产并在一起核算，就有可能降低高增值率房地产的适用税率，使该部分房地产的税负下降，同时可能会提高低增值率房地产的适用税率，增加这部分房地产的税负，因而，纳税人需要具体测算分开核算与合并核算的相应税额，再选择低税负的核算方法，达到节税的目的。

**【案例 5-11】**

某房地产开发公司同时开发 A、B 两幢商业用房，且处于同一片土地上，销售A 房产取得收入 300 万元，允许扣除的金额为 200 万元；销售 B 房产共取得收入400 万元，允许扣除的项目金额为 100 万元。

思考：对这两处房产，公司是分开核算还是合并核算，才能带来节税的好处？

**【解析】**

（1）分开核算时：

A 房产的增值率＝（300－200）÷200＝50％

A 房产应纳的土地增值税＝（300－200）×30％＝30（万元）

B 房产的增值率＝（400－100）÷100＝300％

B 房产应纳的土地增值税＝（400－100）×60％－100×35％＝145（万元）

A、B 两幢房产共缴纳土地增值税＝30＋145＝175（万元）

（2）合并核算时：

两幢房产的收入总额＝300＋400＝700（万元）

允许扣除的金额＝200＋100＝300（万元）

增值率＝（700－300）÷300＝133.3％

应纳土地增值税＝（700－300）×50％－300×15％＝155（万元）

通过比较可以看出，合并核算对公司是有利的，因为合并核算比分开核算节税20 万元。

从案例 5-11 中可以看出，由于两处房产增值率相差很大，只要房地产开发公司将两处房产安排在一起开发、出售，并将两处房产的收入和扣除项目放在一起核算，一起申报纳税，就可以达到少缴税的目的。但是由于低增值率的房产的适用税率可能会提高，在实践中必须具体测算后才能作出选择。

（6）合理安排房地产销售中的代收费用。

很多房地产开发企业在销售开发产品时，会代替相关单位或部门收取一些价外费用，比如管道煤气初装费、有线电视初装费、物业管理费及部分政府基金等。这些费用一般先由房地产企业收取，后由房地产企业按规定转交给委托单位。国家税务总局《关于印发〈土地增值税清算鉴证业务准则〉的通知》（国税发〔2007〕132 号）第二十五条进一步明确，对纳税人按县级以上人民政府的规定在售房时代收的各项费用，应区分不同情形分别处理：①代收费用计入房价向购买方一并收取的，应将代收费用作为转让房地产所取得的收入计税，实际支付的代收费用，在计算扣除项目金额时，可予以扣除，但不允许作为加计 20％的扣除的基数。②代收费用在房价之外单独收取且未计入房地产价格的，不作为转让房地产的收入，在计算增值额时不允许扣除代收费用。两种方式到底哪种对企业更有利，企业可以通过预先测算，作出最有利的选择。

【案例 5-12】

某房地产开发公司出售一栋商品房，预计获得销售收入 3 000 万元，按当地市政府的要求，在售房时需代收 200 万元的各项费用。房地产开发企业开发该商品房的支出如下：支付土地出让金 200 万元，房地产开发成本为 600 万元，允许扣除的房地产开发费用及税金合计 200 万元。

思考：该公司是否应将代收费用并入房价？

【解析】

方案 I：未将代收费用并入房价，而是单独向购房者收取，则：

允许扣除的金额＝200＋600＋200＋（200＋600）×20％＝1 160（万元）

增值额＝3 000－1 160＝1 840（万元）

增值率＝1 840÷1 160＝158.62％

应缴纳的土地增值税为：1 840×50％－1 160×15％＝746（万元）

方案 II：公司将代收费用并入房价向购买方一并收取，则：

允许扣除的金额＝200＋600＋200＋（200＋600）×20％＋200＝1 360（万元）

增值额＝3 000＋200－1 360＝1840（万元）

增值率＝1 840÷1 360＝135.29％

应缴纳的土地增值税＝1 840×50％－1 360×15％＝716（万元）

显然，该公司无论代收费用的方式如何，其销售该商品房的增值额均为 1 840 万元，但是采用第二种代收方式，即将代收费用并入房价，会使得可扣除项目增加 200万元，从而使公司商品房适用的土地增值率降低，可少缴纳土地增值税 30 万元。

### 三、税收优惠的筹划

#### （一）土地增值税税收优惠的法律规定

土地增值税的税收优惠主要包括以下几个方面。

（1）建造普通标准住宅出售，增值额未超过扣除项目金额 20％的免税。

普通标准住宅与其他住宅的具体划分界限，在 2005 年以前由各省、自治区、直辖市人民政府规定。自 2005 年 6 月 1 日起，普通标准住宅应同时满足：住宅小区建筑容积率在 1.0以上；单套建筑面积在 120 平方米以下；实际成交价格低于同级别土地上住房平均交易价格1.2 倍以下。各省、自治区、直辖市要根据实际情况，制定本地区享受优惠政策住房具体标准。允许单套建筑面积和价格标准适当浮动，但向上浮动的比例不得超过上述标准的 20％。

（2）因国家建设需要依法征用、收回的房地产，免征土地增值税。

（3）因城市实施规划、国家建设的需要而搬迁，由纳税人自行转让原房地产的，免征土地增值税。

（4）2013年9月28日至2015年12月31日，对企事业单位、社会团体和其他组织转让旧房作为公共租赁住房房源，且增值额未超过扣除项目金额20%，免征土地增值税。

### （二）土地增值税税收优惠的筹划

对于土地增值税的筹划而言，"建造普通标准住宅出售，增值额未超过扣除项目金额20%的免税"这条优惠政策存在较大的筹划空间。但需要注意的是，根据现行土地增值税法相关规定，纳税人既建造普通标准住宅，又进行其他房地产开发的，应分别核算增值额；不分别核算增值额或不能准确核算增值额的，其建造的普通标准住宅不享受免税优惠。根据上述规定，如果纳税人既建造普通标住宅，又进行其他房地产开发的，应尽量分别核算不同类型房地产的增值额，并通过减少收入或增加支出的方式力求使普通住宅的增值率控制在20%以内。这样做的好处有两个：一是可以免缴土地增值税；二是降低了房价或提高了房屋质量，改善了房屋的配套设施等，可以在目前激烈的销售战中取得优势。但是如果没有控制好普通住宅的增值率，就会出现多缴税的情况。

【案例5-13】

某房地产开发企业，2013年商品房销售收入为1.5亿元，其中普通住宅的销售额为1亿元，豪华住宅的销售额为5 000万元。税法规定的可扣除项目金额为1.1亿元，其中普通住宅的可扣除项目金额为8 000万元，豪华住宅的可扣除项目金额为3 000万元。试比较以下两个方案对房地产开发企业土地增值税的影响。

方案Ⅰ：普通住宅和豪华住宅不分别核算。

方案Ⅱ：普通住宅和豪华住宅分别核算。

【解析】

方案Ⅰ：普通住宅和豪华住宅不分别核算。

增值率＝（15 000－11 000）÷11 000＝36.36%

应纳土地增值税额＝（15 000－11 000）×30%＝1 200（万元）

方案Ⅱ：普通住宅和豪华住宅分别核算。

普通住宅增值率＝（10 000－8 000）÷8 000＝25%

普通住宅应纳土地增值税额＝（10 000－8 000）×30%＝600（万元）

豪华住宅增值率＝（5 000－3 000）÷3000＝66.67%

豪华住宅应纳土地增值税额＝（5 000－3 000）×40%－3 000×5%＝650（万元）

两者合计为1 250万元，此时分开核算比不分开核算多支出税金50万元。但该房地产企业还存在进一步降低土地增值税负的空间。因为普通住宅的增值率仅为25%，如果能使普通住宅的增值率控制在20%以内，则可大大减轻税负。

假定该房地产企业增加了普通住宅公共配套设施支出 X 万元，如果要使普通住宅的增值率不超过 20%，则需满足以下关系式：

$(10\,000 - 8\,000 - X) \div (8\,000 + X) \leqslant 20\%$ 即增加的普通住宅公共配套设施支出 $X \geqslant 333.33$（万元）。也就是说，如果房地产企业能够主动增加普通住宅公共基础设施配套费超过 333.33 万元，此时，普通住宅将不用缴纳土地增值税，该企业仅豪华住宅缴纳 650 万元土地增值税[①]。可扣除项目金额比原可扣除项目金额多支出 333.33 万元，土地增值税却比不分开核算少缴纳 550 万元，比分开核算少缴纳 600 万元，净收益分别增加 216.67 万元（550−333.33）和 266.67 万元（600−333.33）。

当然，增加可扣除项目金额的途径很多，但是在增加房地产开发费用时，应注意税法规定的比例限制。

另外，企事业单位、社会团体以及其他组织在转让旧房时，如果预计其增值额未超过扣除项目金额 20%，可考虑将其优先转让给公共租赁住房经营管理单位，从而可享受免征土地增值税的优惠政策。

**【案例分析与讨论】**

学习完前面的内容之后，读者现在应该可以回答本节【案例导入】中提出的问题了。根据税法规定，与房地产开发有关的利息支出分两种情况确定扣除：

（1）凡能按转让房地产项目分摊并提供金融机构证明的，允许据实扣除，但最高不得超过按商业银行同期贷款利率计算的金额；其他房地产开发费用，按取得土地使用权所支付的金额和房地产开发成本金额的 5% 以内计算扣除。所以，房地产开发费用＝允许扣除的利息＋（取得土地使用权支付的金额＋房地产开发成本）×扣除比例（5% 以内）。

（2）凡不能按转让房地产项目计算分摊利息支出或不能提供金融机构证明的，利息支出要并入房地产开发费用一并计算扣除。所以，房地产开发费用＝（取得土地使用权支付的金额＋房地产开发成本）×扣除比例（10% 以内）。

该公司的利息支出平衡点为 80 万元 [（600＋1 000）×（10%−5%）]。

当允许扣除的利息支出为 100 万元时，由于 100 万＞80 万，所以该公司应严格按房地产开发项目分摊利息并提供金融机构证明，这样利息支出就可以按 100 万元扣除，否则只能按 80 万元扣除。

当允许扣除的利息支出为 70 万元时，由于 70 万＜80 万，所以应选择第二种计扣方式，即不按房地产开发项目分摊利息或不向税务机关提供有关金融机构的证明，这样可以多扣除 10 万元利息支出，减少计税依据 10 万。

---

① 当然，前提是普通住宅和豪华住宅必须分别核算。

# 第三节 城镇土地使用税筹划

## 【案例导入】

某房地产开发企业受让取得国有土地使用权一宗，土地面积为 50 000 平方米（土地使用税单位税额为 2 元/平方米），该企业签订的《国有土地使用权出让合同》中约定，交付土地的时间为 2012 年 12 月，《国有土地使用证》办证时间为 2013 年 6 月。该企业据此申报缴纳 2013 年度城镇土地使用税为 50 000 元（50 000×2×6÷12）。2014年 8 月，当地税务机关对该企业进行税务检查，以为该项城镇土地使用税计算不正确，要求其补交城镇土地使用税 50 000 元。

思考：财务人员的计算有何问题？税务机关要求该企业补缴税款的依据是什么？该企业应如何进行城镇土地使用税的筹划？

### 一、课税范围的筹划

#### (一) 城镇土地使用税课税范围的法律规定

城镇土地使用税是以国有土地为征税对象，以实际占用的土地面积为计税标准，按规定税额对拥有土地使用权的单位和个人征收的一种税。在城市、县城、建制镇、工矿区范围内使用土地的单位和个人为城镇土地使用税的纳税人。

#### (二) 城镇土地使用税课税范围的筹划

由于土地使用税主要是以城市、县城、建制镇、工矿区范围内的国有土地为课税对象，因此，企业选址时可将注册地选择在城郊结合部的农村，这样既少缴了税款，又不致因交通等问题影响企业的正常生产经营。比如，A 房地产公司要在 X 市开发新的投资项目，已经通过竞拍买下土地 100000 平方米，打算由下属项目公司 D 负责进行筹建，现有以下两个方案：其一，将下属公司 D 的注册地选择在市区，X 市的土地使用税征收标准为 4 元/平方米；其二，将下属公司 D 的注册地选择在城郊结合部的农村。对于第一个方案，公司每年要缴纳的土地使用税为 40 万元，而第二个方案由于是在农村设立的项目，公司 D 则免去了城镇土地使用税。

### 二、计税依据的筹划

#### (一) 土地使用税计税依据的法律规定

土地使用税以纳税人实际占用的土地面积为计税依据，土地面积计量标准为平方米。纳税义务人实际占用土地面积按下列方法确定：

（1）凡有由省、自治区、直辖市人民政府确定的单位组织测定土地面积的，以测定的面积为准。

（2）尚未组织测量，但纳税人持有政府部门核发的土地使用证书的，以证书确认的土地面积为准。

（3）尚未核发土地使用证书的，应由纳税人申报土地面积，据以纳税，等到核发土地使用证以后再作调整。

### （二）土地使用税计税依据的筹划

由于土地使用税实行的是定额税率（见表5-4），因此，城镇土地使用税的多少主要取决于纳税人实际占用的土地面积。因此，纳税人应准确确定其实际占用的应税土地面积，如果纳税人的土地面积既未由省、自治区、直辖市人民政府确定的单位组织测定，同时也尚未核发土地使用证书，那么纳税人在申报土地面积时可以在允许的范围内适当减少申报，等到核发土地使用证后再作调整。

## 三、税率的筹划

### （一）土地使用税税率的法律规定

土地使用税实行的是有幅度的地区差别定额税率，见表5-4。

表 5-4 城镇土地使用税税率表

| 级 别 | 人 口（人） | 每平方米税额（元） |
|---|---|---|
| 大城市 | 50 万以上 | 1.5～30 |
| 中等城市 | 20 万～50 万 | 1.2～24 |
| 小城市 | 20 万以下 | 0.9～18 |
| 县城、建制镇、工矿区 | | 0.6～12 |

《中华人民共和国土地使用税暂行条例》第五条规定："省、自治区、直辖市人民政府，应当在本条例第四条规定的税额幅度内，根据市政建设状况、经济繁荣程度等条件，确定所辖地区的适用税额幅度。市、县人民政府应当根据实际情况，将本地区土地划分为若干等级，在省、自治区、直辖市人民政府确定的税额幅度内，制定相应的适用税额标准，报省、自治区、直辖市人民政府批准执行。经省、自治区、直辖市人民政府批准，经济落后地区土地使用税的适用税额标准可以适当降低，但降低额不得超过本条例第四条规定最低税额的30％。经济发达地区土地使用税的适用税额标准可以适当提高，但须报经财政部批准。"

### （二）土地使用税税率的筹划

企业选址时，在不影响正常经营的情况下，可根据各地的实际税率差异及企业自身需要进行如下选择：①在经济发达与经济欠发达的省份之间选择；②在同一省份内的大中小城市及县城和工矿区之间作出选择；③在同一城市、县城和工矿区之内的不同等级的土地之间作出选择。例如，甲、乙两个人拟投资设立一家新企业，现在有三个地址可供选择：其一是设立在 A 地，其适用的土地使用税税率为 10 元/平方米；其二是设立在 B 地，其适用的土地使用税税率为 7 元/平方米；其三是设立在 C 地，其适用的土地使用税税率为 4 元/平方米。企业需要占地 10 000 平方米。如果不考虑其他因素，显然在 C 地设立企业最合算。

### 四、税收优惠的筹划

#### （一）土地使用税税收优惠的法律规定

土地使用税虽然是个小税种，但其税收优惠政策并不少，既包括法定免缴土地使用税的优惠，也包括省、自治区、直辖市地方税务局确定减免土地使用税的优惠。其中，法定免缴土地使用税的优惠包括：①国家机关、人民团体、军队自用的土地；②由国家财政部门拨付事业经费的单位自用的土地；③宗教寺庙、公园、名胜古迹自用的土地；④市政街道、广场、绿化地带等公共用地；⑤直接用于农、林、牧、渔业的生产用地；⑥经批准开山填海整治的土地和改造的废弃土地，从使用的月份起免缴土地使用税 5 年至 10 年；⑦对非营利性医疗机构、疾病控制机构和妇幼保健机构等卫生机构自用的土地；⑧企业办的学校、医院、托儿所、幼儿园，其用地能与企业其他用地明确划分的；⑨由财政部另行规定免税的能源、交通、水利设施用地和其他用地。省、自治区、直辖市地方税务局确定减免土地使用税的优惠包括：①个人所有的居住房屋及院落用地；②免税单位职工家属的宿舍用地；③民政部门举办的安置残疾人占一定比例的福利工厂用地；④集体和个人办的各类学校、医院、托儿所、幼儿园用地，等等。另外，根据《财政部 国家税务总局关于促进公共租赁住房发展有关税收优惠政策的通知》（财税（2014）52 号）规定，对公共租赁住房建设期间用地及公共租赁住房建成后占地免征城镇土地使用税。在其他住房项目中配套建设公共租赁住房，依据政府部门出具的相关材料，按公共租赁住房建筑面积占总建筑面积的比例免征建设、管理公共租赁住房涉及的城镇土地使用税。

需要注意的是，根据《财政部国家税务总局关于企业范围内的荒山、林地、湖泊等占地城镇土地使用税有关政策的通知》（财税〔2014〕1 号）规定，对已按规定免征城镇土地使用税的企业范围内荒山、林地、湖泊等占地，自 2014 年 1 月 1 日至 2015 年 12 月 31 日，按应纳税额减半征收城镇土地使用税，自 2016 年 1 月 1 日起，全额征收城镇土地使用税。企业在申报缴纳土地使用税时应注意上述政策的变化。

#### （二）土地使用税税收优惠的筹划

纳税人可以准确核算用地面积，将享受优惠政策的土地与其他土地区别开来，就可以享受免税条款带来的税收优惠。

**【案例 5-14】**

某企业 2013 年全年实际占地 100 000 平方米。其中，厂房占地 80 000 平方米，办公楼占地 8 000 平方米，医务室占地 2 000 平方米，幼儿园占地 3 000 平方米，厂区内道路及绿化占地 7 000 平方米，当地城镇土地使用税税额为 4 元/平方米。

思考：该企业应如何对土地使用税进行筹划？

**【解析】**

如果企业各种用地未作明确区分，未分别核算各自面积，则其应纳城镇土地使用税为 400 000 元（100 000×4）。

如果企业对各种用地进行了明确区分，分别核算各自面积。这样，医务室、幼儿园占地不用缴纳城镇土地使用税。该企业应纳城镇土地使用税为 380 000 元〔（100 000－2 000－3 000）×4〕。

可见，企业如果能够对各种用途的用地进行明确划分，则可以节省税款 20 000 元（400 000－380 000），虽然分别核算可能会增加一部分开支，但相对于省下的税款来说，一般情况下是值得的。

**【案例 5-15】**

某企业厂区外有一块 30 000 平方米的空地没有利用，由于该地在厂区后面远离街道、位置不好，目前的商业开发价值不大，所以一直闲置，现在主要是职工及家属与周边的居民将其作为休闲娱乐之用。该地区的城镇土地使用税为 5 元/平方米，企业需为该地块一年负担的城镇土地使用税 150 000 元（30 000×5）。

思考：该企业应如何对其城镇土地使用税进行筹划？

**【解析】**

企业把那块空地改造成公共绿化用地，植些树、栽些花草，根据《国家税务总局关于印发〈关于土地使用税若干具体问题的补充规定〉的通知》（国税地〔1989〕140 号）的规定，对企业厂区，包括生产、办公及生活区以内的绿化用地，应照章征收土地使用税，厂区以外的公共绿化用地和向社会开放的公园用地，暂免征收土地使用税。据初步预算，改造成绿化用地需投资 80 000 元，假设该企业预计三年后开发该地块，三年可节省城镇土地使用税 450 000 元（150 000×3），节约的税收远大于绿化用地的投资。

另外，企业选择经营用地时，可以考虑选择经过改造才可以使用的土地。政策规定，经批准开山填海整治的土地和改造的废弃土地，从使用月份起免征土地使用税 5～10 年。

### 五、纳税义务发生时间的筹划

#### （一）土地使用税纳税义务发生时间的法律规定

根据《中华人民共和国城镇土地使用税暂行条例》规定，土地使用税纳税义务发生时间使用城镇土地，一般是从次月起发生纳税义务，只有新征用耕地是在批准使用之日起满一年时开始纳税。具体归纳见表 5-5。

表 5-5　　　　　　　　　　　　**土地使用税的纳税义务发生时间**

| 情　况 | 纳税义务发生时间 |
| --- | --- |
| 购置新建商品房 | 房屋交付使用之次月起 |
| 购置存量房 | 房地产权属登记机关签发房屋权属证书之次月起 |
| 出租、出借房地产 | 交付出租出借房产之次月起 |
| 以出让或转让方式有偿取得土地使用权的 | 应由受让方从合同约定交付土地时间的次月起缴纳城镇土地使用税；合同未约定交付土地时间的，由受让方从合同签订的次月起缴纳城镇土地使用税 |
| 新征用的耕地 | 批准征用之日起满一年时 |
| 新征用的非耕地 | 批准征用次月起 |
| 纳税人因土地权利状态发生变化而依法终止土地使用税的纳税义务的 | 其应纳税款的计算应截止到实物或权利发生变化的当月末 |

#### （二）土地使用税纳税义务发生时间的筹划

（1）涉及房屋购置业务时，对于购置方来说，应尽量缩短取得房屋所有权与实际经营运行之间的时间差。因为购置新建商品房时，其纳税义务发生时间为房屋交付使用的次月起，购置存量房时，其纳税义务发生时间为房地产权属登记机关签发房屋权属证书之次月起，纳税人取得新建商品房或存量房后，如果纳税人不及时经营，则会无谓地承担一笔土地使用税。

（2）对于新办企业或需要扩大规模的老企业，在征用土地时，可以在是否征用耕地与非耕地之间作筹划。因为政策规定，纳税人新征用耕地，自批准征用之日起满一年时开始缴纳土地使用税，而征用非耕地的，则需自批准征用的次月就应该纳税。

（3）合理确定有偿取得土地使用权城镇土地使用税纳税义务发生时间

《财政部国家税务总局关于房产税、城镇土地使用税有关政策的通知》（财税〔2006〕186 号）规定："以出让或转让方式有偿取得土地使用权的，应由受让方从合同约定交付土地时间的次月起缴纳城镇土地使用税；合同未约定交付土地时间的，由受让方从合同签订的次月起缴纳城镇土地使用税。"实践中，土地交付时间的约定是有一定弹性的，纳税人可以利用这一点对土地使用税进行筹划。

**【案例5-16】**

某房地产公司通过拍卖获得土地一宗，占地面积10万平方米，城镇土地使用税按照16元/平方米缴纳。房地产公司与土地管理部门签订土地出让合同日期是2012年12月15日，约定交付土地日期为2013年1月20日，实际办理完土地证时间是4月10日。

**【解析】**

按照财税〔2006〕186号文件，房地产公司可以按照合同约定交付土地时间的次月起缴纳城镇土地使用税。即从2013年2月开始缴纳，本年度应该缴纳城镇土地使用税为146.67万元（10×16×11÷12）。

如果房地产公司并不急需使用土地，那么它可与土地管理部门协商，要求土地交付日期推迟3个月，约定为4月1日交付土地。那么房地产公司缴纳城镇土地使用税的开始日期应该是2013年5月，本年度应该缴纳城镇土地使用税106.67万元（10×16×8÷12）。比筹划前少缴纳土地使用税40万元。

## 【案例分析与讨论】

学习完前面的内容之后，读者现在应该可以回答本节【案例导入】中提出的问题了。本案例中，该企业的城镇土地使用税是以《国有土地使用证》的办证时间来确定纳税义务发生时间的。根据财税〔2006〕186号文件第二条之规定"关于有偿取得土地使用权城镇土地使用税纳税义务发生时间问题：以出让或转让方式有偿取得土地使用权的，应由受让方从合同约定交付土地时间的次月起缴纳城镇土地使用税；合同未约定交付土地时间的，由受让方从合同签订的次月起缴纳城镇土地使用税。"则该企业2013年度应申报缴纳城镇土地使用税为100 000元（50 000×2），造成少申报缴纳城镇土地使用税50 000元。

多数企业的《国有土地使用证》的办证时间是在出让或转让合同约定交付土地的时间或出让或转让合同签订的时间之后，企业可以与相关部门约定较晚的交付使用时间，从而推迟城镇土地使用税的纳税义务产生时间，降低企业的税负。

---

本章小结

资源税是对在我国境内开采应税矿产品和生产盐的单位和个人征收的一种税。资源税的筹划根据税法的相关规定可从多个角度入手。在资源税计税依据筹划中，"折算比"是一个重要的切入点。由于不同应税矿产品的税率不尽相同，纳税人应特别注意伴生矿、伴采矿和伴选矿的税率筹划。当纳税人享有资源税的某些税收优惠时，纳税人的减税、免税项目，应当单独核算。

土地增值税是对在我国境内有偿转让国有土地使用权及地上建筑物和其他附着物产权所取得增值性收入的单位和个人征收的一种税。土地增值税的筹划根据税法的相关规定可从多个角度入手。其中，土地增值税课税范围的筹划策略主要包括选择适当的建房方式、转售为租和投资入股。土地增值税计税依据和税率的筹划主要包括合理确定房地产的转让价格；分立不动产销售合同，分散不动产销售收入，降低土地增值额；费用均分；最大化归集开发成本，规范账务处理；增加可扣除项目金额，寻找利息支出平衡点；生地变熟地后进行交易转让，增加可扣除项目金额；针对不同增值率的房产合理确定是否合并纳税；合理安排房地产销售中代收费用。土地增值税税收优惠的筹划中，重点要充分利用"建造普通标准住宅出售，增值额未超过扣除项目金额20％的免税"这一优惠政策。

城镇土地使用税是以城市、县城、建制镇和工矿区的国有土地为征税对象，以实际占用的土地面积为计税标准，按规定税额对拥有土地使用权的单位和个人征收的一种行为税。城镇土地使用税的筹划根据税法的相关规定可从五个方面入手：一是土地使用税课税范围的筹划；二是土地使用税计税依据的筹划；三是土地使用税税率的筹划；四是土地使用税税收优惠的筹划；五是土地使用税纳税义务发生时间的筹划。

---

## 思考与练习

### 一、思考题

1. 简述资源税的筹划思路，并列举几种筹划方法。
2. 利用折算比进行资源税筹划的要点是什么？
3. 简述土地增值税的几种筹划方法。
4. 如何利用利息支出的规定对土地增值税筹划？
5. 如何利用增值率对地增值税进行筹划？
6. 针对房产销售中代收费用的问题，企业应如何对土地增值税进行筹划？
7. 简述城镇土地使用税的几种筹划方法。
8. 如何利用纳税义务发生时间的政策规定对城镇土地使用税进行筹划？
9. 如何利用选址对城镇土地使用税进行筹划？
10. 如何利用税收优惠政策对城镇土地使用税进行筹划？

### 二、练习题

1. 新疆某油田1月份开采原油500万元，其中用于加热、修井约值10万元，其余全部对外销售，在采油过程中，回收天然气200万元，试计算该油田1月份应纳的资源税。（原油适用税率为销售额的8％，天然气适用税率为销售额的5％），现在有三种方案可供选择。

方案Ⅰ：该油田未对对外销售的原油，用于加热、修井的原油及回收的天然气分别核算。

方案Ⅱ：该油田对原油及回收的天然气分别核算，但未对用于加热、修井的原油单独核算。

方案Ⅲ：该油田对所有不同项目均分开核算。

请问：从节税的角度出发，应当选择哪套方案？

2. 某煤炭企业本月对外销售原煤2000万吨，用企业的原煤加工洗煤600万吨销售，已知该企业加工的矿产品的综合回收率为60%，税务机关确定的综合回收率为50%，原煤适用单位税额为2元/吨。该企业有两套方案可供选择。

方案Ⅰ：按企业实际的综合回收率计算本月应纳的资源税。

方案Ⅱ：按税务机关确定的综合回收率计算应纳的资源税。

请问：从节税角度出发，该企业应当选择哪套方案？选择方案的时候应注意什么？

3. 某房地产公司2013年3月开发一处房地产，为取得土地使用权支付的金额为1 200万元，房地产开发成本为1 500万元，财务费用中按转让房地产项目计算分摊的利息支出为250万元，不超过商业银行同类同期贷款利率。假设该项目所在省政府规定计征土地增值税时，房地产开发费用扣除比例按国家规定允许的最高比例执行。现有两种方案可供选择。

方案Ⅰ：不按转让房地产项目计算分摊利息支出或不提供金融机构贷款证明。

方案Ⅱ：按转让房地产项目计算分摊利息支出，并提供金融机构贷款证明。

请问：从节税角度出发，该企业应当选择哪套方案？

4. 甲房地产开发公司2013年商品房销售收入为20 000万元，其中普通住宅销售额为12 000万元，豪华住宅销售额为8 000万元。税法规定的可扣除项目金额为15 000万元，其中普通住宅可扣除项目金额为10 000万元，豪华住宅可扣除项目金额为5 000万元。

请问：普通住宅和豪华住宅是分开核算还是不分开核算？请通过计算选择对企业有利的方案。

5. 某房地产开发公司出售一栋商品房，拟获得销售收入6 000万元，按当地市政府的要求，在售房时需代收400万元的各项费用。房地产开发企业开发该商品房的支出如下：支付土地出让金400万元，房地产开发成本为1 200万元，其他允许税前扣除的项目合计400万元。

请问：该公司是否应将代收费用并入房价？请通过计算选择对企业有利的方案。

6. 某企业2013年全年实际占地50 000平方米。其中，厂房占地40 000平方米，办公楼占地4 000平米，医务室占地1 000平方米，幼儿园占地1 500平方米，厂区内道路及绿化占地3 500平方米，当地城镇土地使用税税额为4元/平方米现。现有两套方案可供选择。

方案Ⅰ：企业各种用地未作明确区分，未分别核算各自面积。

方案Ⅱ：各种用地进行了明确区分，分别核算各自面积。

请问：该企业应当选择哪套方案？

7. 甲公司欲投资建厂，需占用土地 10 万平方米。现有两种方案可供选择：一是在某中等城市的城区，当地土地使用税税额为 20 元/平方米；二是在某小城市的城区，当地的土地使用税税额为 8 元/平方米。假设该厂不论建在哪里都不会影响企业生产经营。

要求：试对甲公司进行税收筹划。

## 参考文献

[1] 朱亚平 . 税务筹划［M］. 长沙：湖南师范大学出版社，2013.

[2] 郭淑荣 . 纳税筹划［M］. 成都：西南财经大学出版社，2011.

[3] 计金标 . 税收筹划［M］.5 版 . 北京：中国人民大学出版社，2014

[4] 盖地 . 税务筹划学［M］. 北京：中国人民大学出版社，2009.

[5] 中国注册会计师协会 . 税法［M］. 北京：经济科学出版社，2013.

[6] 吕顺龙 . 房地产企业土地增值税纳税筹划问题探讨［J］. 企业导报，2012（8）：92-94.

[7] 梁俊娇 . 税收筹划［M］. 北京：对外经济贸易大学出版社，2011.

# 第六章　财产税类筹划

【学习目标】

通过本章的学习，熟悉房产税和契税的基本法律规定，在此基础上，掌握两个税种的基本筹划思路和要点。

【学习重点】

房产税课税范围和计税依据的筹划，契税计税依据和税收优惠的筹划。

## 第一节　房产税筹划

【案例导入】

某大型生产企业 A 要把下属一家开工不足的工厂出租给一家民营企业 B，双方谈定厂房连同设备一年的租金是 200 万元，并据此签订了租赁合同。内容大致是：A 同意将厂房连同设备租给 B，B 支付厂房和设备租金一年 200 万元。合同签订后。B 先付一半的租金，年底再付另一半租金。则 A 企业每年应纳房产税为 24 万元（200×12%）。

思考：A 企业应如何进行房产税筹划？

### 一、纳税人的筹划

#### （一）房产税纳税人的法律规定

根据《中华人民共和国房产税暂行条例》的规定，房产税的纳税义务人是指房屋的产权所有人。其中：

（1）产权属于国家所有的，由经营管理单位缴纳；产权属于集体和个人所有的，由集体单位和个人纳税。

（2）产权出典的由承典人缴纳。

（3）产权所有人、承典人不在房产所在地的，由房产代管人或者使用人纳税。

（4）产权未确定及租典纠纷未解决的，由房产代管人或使用人缴纳。

（5）纳税单位和个人无租使用房产管理部门、免税单位及纳税单位的房产，应由使用人按照房产余值代为缴纳房产税。

### （二）房产税纳税人的筹划

虽然房产税的纳税人是房屋产权所有人，但对于房产的转租人是否是房产税纳税人，各地规定却不尽一致。吉林、山东两省地税局认为，如果对于转租行为不征收房产税的话，则纳税人有可能利用这一点来避税，因此，下发了吉地税发〔2006〕42 号文件等，要求转租人按差额缴纳房产税，从而堵住这一"漏洞"。而湖北、云南、浙江、广东、大连、海南、江西、江苏及安徽省地税局都下发文件规定：对于转租行为不征收房产税。由于税法上规定产权所有人为房产税的纳税义务人，而转租方不是产权所有人，因此通常认为转租行为不再缴纳房产税，因此，在全国绝大多数地区（山东、吉林除外）可以通过变正常出租为转租来降低房产税税负。

【案例 6-1】[①]

甲公司为湖北省的一家企业，2014 年 1 月将自有写字楼对外出租，一年租金为 1100 万元。城市维护建设税税率为 7%，教育费附加征收率为 3%。请对其进行税收筹划。

【解析】

方案 I：甲公司直接对外出租。

甲公司应纳房产税＝1100×12%＝132（万元）

甲公司应纳营业税、城市维护建设税、教育费附加＝1100×5%×（1＋7%＋3%）＝60.5（万元）

应纳税合计＝132＋60.5＝192.5（万元）

方案 II：甲公司先将写字楼以 700 万元的价格出租给其下属的乙公司，然后再由乙公司以 1100 万元的价格对外出租。

甲公司应纳房产税＝700×12%＝84（万元）

甲公司应纳营业税、城市维护建设税、教育费附加＝700×5%×（1＋7%＋3%）＝38.5（万元）

乙公司应纳营业税、城市维护建设税、教育费附加＝1100×5%×（1＋7%＋3%）＝60.5（万元）

两公司应纳税合计＝84＋38.5＋60.5＝183（万元）

由此可见，方案 II 比方案 I 应纳税合计少 9.5 万元（192.5－183）。因此，应当选择方案 II。

① 梁文涛. 房产税的纳税筹划技巧［J］，财会月刊，2013（11）：95-96.

但在利用上述方法进行房产税筹划时需要注意两个问题：

（1）转租行为必须发生在关联企业之间，并确定一个相对合理的租金价格，这样一方面可以保证"肥水不外流"，另一方面也可避免被税务机关进行租金价格的调整。

（2）将直接出租改为转租后，不仅要注意房产税的变化，还要关注营业税、城建税和教育费附加的变化。为此，企业应当通过测算总体税负来选择合理的方案。具体测算如下：设原租金收入为 $a$，出租给关联方的租金收入为 $b$，则 $b\times12\%+b\times5\%\times(1+7\%+3\%)+a\times5\%\times(1+7\%+3\%)\leqslant a\times12\%+a\times5\%\times(1+7\%+3\%)$，推算出 $b/a\leqslant68.57\%$。也就是说当出租给关联方的租金低于原租金收入的 68.57% 时，会获得节税利益，但同时应当注意到将出租给关联方的租金降低至原租金收入的 68.57% 以下，又会面临被税务机关纳税调整的风险，有可能会得不偿失。

## 二、课税范围的筹划

### （一）房产税课税范围的法律规定

按照《中华人民共和国房产税暂行条例》的规定，房产税的征税范围是以房屋形态表现的财产：凡独立有屋面和围护结构，能够遮风避雨，可提供人们在其中生产、工作、学习、娱乐、居住或储藏物资的场所；而于房屋之外的建筑物，如围墙、烟囱、水塔、变电塔、油池油柜、菜窖酒窖、酒精池、糖蜜池、室外游泳池、玻璃暖房、砖瓦石灰窑及各种油气罐则不属于征税范围。

需要注意的是，《财政部、国家税务总局关于具备房屋功能的地下建筑征收房产税的通知》（财税〔2005〕181 号）就具备房屋功能的地下建筑的房产税政策作了明确，即原来暂不征税的具备房产功能的地下建筑，从 2006 年 1 月 1 日开始列入房产税征税范围。同时明确：凡在房产税征收范围内的具备房屋功能的地下建筑，包括与地上房屋相连的地下建筑及完全建在地面以下的建筑、地下人防设施等，均应当依照有关规定征收房产税。新规定并没有将所有的地下建筑都纳入征税范围，需要征税的建筑必须符合房产的特征概念。财税〔2005〕181 号文件对此作了界定：具备房屋功能的地下建筑是指有屋面和维护结构，能够遮风避雨，可供人们在其中生产、经营、工作、学习、娱乐、居住或储藏物资的场所。与此不符的其他地下建筑，如地窖、池、窑、罐等，仍未纳入房产税征税范围。

此外，目前房产税的课税范围仅限于城市、县城、建制镇和工矿区，不包括农村地区。

### （二）房产税课税范围的筹划

在对房产税的课税范围进行筹划时，应尽量避免把不属于房产税课税的建筑物计入房产原值。为此，企业应该把停车场、游泳池等都建成露天的，把围墙、水塔、游泳池等独立建筑物的造价同厂房、办公用房的造价分开，在会计账簿中单独记载，则这部分建筑物的造价不计入房产原值，不缴纳房产税。A 公司欲建一新办公区，主体部分是办公楼，另外一部分是辅助设施，包括停车场、水塔、游泳池、喷泉设施等建筑物，总计造价为 3 亿元，其中，主体工程造价 2.8 亿元，辅助设施方面的建筑物造价 2 000 万元。如果 3 亿元都作为房产原值，又假定当地政府规定的房屋扣除比例为 30%，则 A 公司每年应缴纳的房产税为 252 万元 [30 000×（1−30%）×1.2%]。如果 A 公司除把办公用房外的建筑物（如停车场、水塔、游泳池）都建成露天的以外，还把这些独立建筑物的造价同办公楼的造价分开，作为一项固定资产在会计账簿中单独记载，则这部分建筑物的造价就不用计入房产原值，不纳房产税。每年 A 公司可以少缴的房产税为 16.8 万元 [2 000×（1−30%）×1.2%]。

如果房产用于出租，出租人在签订房产出租合同时，对出租标的物中不属于房产的部分应单独标明，而达到少缴房产税的目的，如出租人既出租房屋也出租场地，既出租房屋也出租机器设备，如果出租人在租赁合同中能分别列明房屋租赁价款和非房屋租赁价款的，则仅需就房屋租赁价款部分按 12% 缴纳房产税。需要注意的是，有时出租人可能从少缴房产税的目的出发，刻意提高非房屋出租的价款，压低房屋出租的价款达到少缴房产税的目的。对此，部分地方税务机关已经联合有关部门确定房屋最低租金计税价格，如果出租人房屋租金明显偏低且无正当理由的，必须按照地税机关的最低租金计税价格缴纳房产税。

另外，由于我国目前对农村地区的房产不征房产税，在不影响正常经营的前提下，企业可以考虑将地址设在农村。这样企业不仅无须缴纳房产税，而且也不用缴纳城镇土地使用税，同时还可适用 1% 的城建税税率。

### 三、计税依据和税率的筹划

#### （一）房产税计税依据和税率的法律规定

我国房产税的计税依据是房产的计税余值或房产的租金收入，按照房产计税价值征税的，称为从价计征；按照房产租金收入计税的，称为从租计征。两种计税方法中适用的房产税税率也有所不同，其中，从价计征房产税时，适用的房产税税率为 1.2%，从租计征房产税时，适用的房产税税率为 12%，见表 6-1。

需要注意的是，房产原值应包括与房屋不可分割的各种附属设备或一般不单独计算价值的配套设施，如暖气、卫生、通风、照明、煤气等设备，各种管线，电梯、升降机、过道、晒台等。另外，自 2006 年 1 月 1 日起，房屋附属设备和配套设施计征房产税按以下规定执行：①为了维持和增加房屋的使用功能或使房屋满足设计要求，凡以房屋为载体，不可随意移动的附属设备和配套设施，如给排水、采暖、消防、中央空调、电气及智能化楼宇设备等，无论在会计核算中是否单独记账与核算，都应计入房产原值，计征房产税；②对于更换房屋附属设备和配套设施的，在将其价值计入房产原值时，可扣减原来相应设备和设施的价值；对附属设备和配套设施中易损坏、需要经常更换的零配件，更新后不再计入房产原值。

**表 6-1** 房产税的计税依据和税率

| 计税方法 | 计税依据 | 税率 | 计税公式 |
|---|---|---|---|
| 从价 | 按照房产原值一次减除 10%～30% 后的余值<br>扣除比例由省、自治区、直辖市人民政府确定<br>原值明显不合理的应予评估；没有原值的由所在地税务机关参考同类房屋的价值核定 | 年税率 1.2% | 应纳税额＝应税房产原值<br>×（1－扣除比例）<br>×1.2%<br>（这样计算出的是年税额） |
| 从租 | 租金收入（包括实物收入和货币收入）<br>以劳务或其他形式抵付租金收入的，按当地同类房产租金水平确定 | 12% | 应纳税额＝租金收入×<br>12%（或 4%） |
| | 个人按市场价格出租的居民用房 | 4% | |

### （二）房产税计税依据和税率的筹划

#### 1. 变房产租赁为仓储服务

房产税的计征方式有两种，一是从价计征，二是从租计征。不同方法计算的结果通常会有差异，这就有了税收筹划的空间。企业可以根据实际情况选择计征方式，通过比较两种方式税负的大小，选择税负低的计征方式，以达到节税的目的。

【案例 6-2】

2014 年，S 公司现有两栋闲置库房，房产原值为 2 000 万元，公司将闲置库房出租收取租赁费，年租金收入为 200 万元。则公司每年应纳房产税为 24 万元（200×12%）；每年应纳营业税、城建税及教育费附加为 11 万元［200×5%×（1＋7%＋3%）］。公司租赁业务的利润为 165 万元（200－24－11）。

思考：S 公司应如何进行税收筹划？

【解析】

若要降低房产税，S 公司可以考虑把单纯的房屋租赁改变为仓储保管服务，也就是把租赁收入变为仓储服务收入。仓储保管是按房产余值的 1.2% 交纳房产税，假定当地规定的扣除比例为 30%，则 S 公司应纳房产税为 16.8 万元［2 000×（1－30%）×1.2%］。此时的房产税显然低于房产出租时的房产税。

为此，S 公司可进行如下筹划：企业配备保管人员将库房改为仓库，为客户提供仓储服务，收取仓储费，年仓储收入为 200 万元，但需每年支付给保管人员工资 2 万元。采用仓储筹划，应纳房产税为 16.8 万元［2 000×（1－30%）×1.2%］。由于 2014 年仓储服务已经实行"营改增"，则其应纳增值税为 11 万元（200×

6%-1)①；应交城建税及教育费附加为 1.1 万元 [11× (7%+3%)]。此时，公司仓储服务的利润为 182.1 万元（200-16.8-1.1）。由此可见，尽管出租变为仓储后，要相应增加人员和设施费用，但由于节约了房产税，从总体来说，对企业还是划算的。

需要注意的是，仓储保管服务应以公司配备相应保管人员和设施为前提，为此需要支付人员和设备的费用，如果需要支付的人员和设备费用过高，则将租赁变为仓储服务可能会得不偿失。另外，与租赁相比，企业在仓储服务中的责任更大一些。

2. 合理选择房产投资联营的方式

国税函发〔1993〕368 号文规定，对投资联营的房产，在计征房产税时应区别对待。对以房产投资联营，投资者参与投资利润分红，共担风险的，按房产余值作为计税依据计征房产税；对只收取固定收入，不承担联营风险的，应按租金收入计征房产税。

假定甲与其他投资人共担风险，共负盈亏，则联营企业为房产税纳税人，从价计税（见图 6-1）。

假定甲只收取固定收入，不承担联营风险的，则甲为房产税纳税人，从租计税。

**图 6-1 以房产投资联营**

企业可根据上述规定，选择有利于降低房产税的投资联营方式。

**【案例 6-3】**

乙公司是甲公司的一个全资子公司。2014 年 5 月 1 日，甲公司将其自有的房屋与乙公司投资联营，该房产原值是 1000 万元。现有以下两种投资联营的方案。

方案Ⅰ：收取固定收入，不承担风险，当年取得的固定收入共计为 50 万元。

方案Ⅱ：投资者参与投资利润分红，共担风险，当年取得分红为 50 万元。

思考：甲公司应选择哪种方案？

假设当地房产原值减除比例为 30%。城市维护建设税税率为 7%，教育费附加征收率为 3%。

**【解析】**

方案Ⅰ：收取固定收入，不承担风险。

---

① 假定仓储服务收入的进项税额为 1 万元。

甲公司 2014 年 1—4 月应纳房产税＝1 000×（1−30％）×1.2％×4÷12＝2.8（万元）

甲公司 2014 年 5—12 月应纳房产税＝50×12％＝6（万元）

甲公司 2014 年应纳营业税、城市维护建设税、教育费附加＝50×5％×（1＋7％＋3％）＝2.75（万元）

甲公司的上述税费合计＝2.8＋6＋2.75＝11.55（万元）

方案Ⅱ：投资者参与投资利润分红，共担风险。

甲公司 2014 年 1—4 月应纳房产税＝1 000×（1−30％）×1.2％×4÷12＝2.8（万元）

2014 年 5—12 月的房产税不再由甲公司负担，而是由乙公司负担，

则：乙公司在本年度的应纳房产税＝1 000×（1−30％）×1.2％×8÷12＝5.6（万元）

根据财税〔2002〕191 号文规定，以无形资产、不动产投资入股，参与接受投资方利润分配，共同承担投资风险的行为，不征收营业税，投资后转让其股权也不征收营业税。因此，方案Ⅱ中，甲公司无须缴纳营业税、城建税和教育费附加。

甲公司的上述税费合计为 2.8 万元。

当然，在方案Ⅱ中，乙公司的房产税增加了 5.6 万元，由于乙公司是甲公司的全资子公司，二者属于利益共同体，此时两个公司的合计税费为 8.4 万元（2.8＋5.6）。较之方案Ⅰ的税费减少 3.15 万元。

不难看出，在收入相同的条件下，方案Ⅱ的税费负担更低，因此，甲公司应选择方案Ⅱ。

### 四、税收优惠的筹划

#### （一）房产税税收优惠的法律规定

目前房产税的税收优惠政策主要包括以下内容。

（1）国家机关、人民团体、军队自用的房产。但对出租房产及非自身业务使用的生产、营业用房，不属于免税范围。

（2）由国家财政部门拨付事业经费的单位（全额或差额预算管理的事业单位），本身业务范围内使用的房产免征房产税。对于其所属的附属工厂、商店、招待所等不属单位公务、业务的用房，应照章纳税。

（3）宗教寺庙、公园、名胜古迹自用的房产免征房产税。但宗教寺庙、公园、名胜古迹中附设的营业单位，如影剧院、饮食部、茶社、照相馆等所使用的房产及出租的房产，不属于免税范围，应照章纳税。

（4）个人所有非营业用的房产免征房产税[①]。对个人拥有的营业用房或者出租的房产，不属于免税房产，应照章纳税。

（5）央行（含外管局）所属分支机构自用的房产。

（6）对公共租赁住房免征房产税。

（7）经财政部批准免税的其他房产。

### （二）房产税税收优惠的筹划

纳税人在利用税收优惠进行房产税筹划时，要充分了解享受这些优惠政策所需的条件。比如，国税函〔2004〕839号文规定，纳税人因房屋大修导致连续停用半年以上的，在房屋大修理期间免征房产税，免征额由纳税人在申报缴纳房产税时自行计算扣除，并在申报表附表或备注栏中作相应说明。纳税人对原有房屋进行改建、扩建的，要相应增加房屋的原值。为此，纳税人对房屋的修理，在不影响正常经营的条件下，应尽量使房屋停用半年以上，这样可以获取大修理期间免征房产税的税收优惠。

**【案例 6-4】**[②]

2013年甲公司决定对已有办公楼进行大修理，该办公楼的原值是300万元，使用年限为20年，已使用15年，修理后可使该房产延长使用年限10年，现有两个方案可供选择。

方案 Ⅰ：对房屋进行修理，自2013年1月1日开始，所耗用的时间为5个月，领用生产用原材料100万元，进项税额为17万元，人工费10万元。

方案 Ⅱ：自2013年1月1日开始对房屋进行修理，领用生产用原材料100万元，进项税额为17万元，人工费10万元，所耗用的时间为7个月。假设当地房产原值减除比例为30%。

思考：从房产税的角度来看，甲公司应选择哪个方案？

**【解析】**

方案 Ⅰ：对房屋进行修理，自2013年1月1日开始，所耗用时间为5个月。

甲公司1—5月应纳房产税=300×（1−30%）×1.2%×5÷12=1.05（万元）

甲公司6—12月应纳房产税=（300+100+17+10）×（1−30%）×1.2%×7÷12=2.092（万元）

甲公司全年应纳房产税=1.05+2.0923=3.142（万元）

方案 Ⅱ：对房屋进行修理，自2013年1月1日开始，所耗用时间为7个月。

---

[①]　自2011年1月28日起，上海和重庆开展对住房征收房产税试点改革。

[②]　梁文涛. 房产税的纳税筹划技巧［J］. 财会月刊，2013（11）：95-96.

甲公司 1—7 月免征房产税，则：

8—12 月应纳房产税 ＝（300＋100＋17＋10）×（1－30％）×1.2％×5÷12＝1.495（万元）。

由此可见，在房产修理支出相同而修理期限不同的情况下，方案Ⅱ比方案Ⅰ少交房产税 1.647 万元（3.142－1.495），因此，应当选择方案Ⅱ。通过适当延长修理时间便会换取税收上的优惠，但延长修理时间应以不影响正常的生产经营为前提。

还需补充的是，根据《国家税务总局关于房产税部分行政审批项目取消后加强后续管理工作的通知》（国税函〔2004〕839 号）的规定，自 2004 年 7 月 1 日起，纳税人因房屋大修导致连续停用半年以上的，在房屋大修理期间免征房产税，免征额由纳税人在申报缴纳房产税时自行计算扣除，并在申报表附表或备注栏中作相应说明。纳税人还应在房屋大修前向主管税务机关报送相关的证明材料，包括大修房屋的名称、坐落地点、产权证编号、房产原值、用途、房屋大修的原因、大修合同及大修的起止时间等信息和资料，以备税务机关查验。这里要提醒的是，"房产大修导致连续停用半年以上"这个概念包含着两个要求：一是连续停用；二是停用时间 6 个月以上。

## 【案例分析与讨论】

学习完前面的内容，现在可以回答【案例导入】中提出的问题了。尽管设备并不属于房产税的课税范围，但由于 A 企业仅签订了一份租赁合同，并将设备租金与房产租金合二为一，这样设备租金也并入了房产税的计税依据，加重了 A 企业的房产税负担。为此，A 企业可以分别签订设备租赁合同与房产租赁合同，并在两份合同中分别注明设备租金和房产租金，假定前者为 50 万元，后者为 150 万元，此时，A 企业的房产税变为 18 万元（150×12％）。

# 第二节 契 税 筹 划

## 【案例导入】①

甲公司因严重亏损准备关闭，尚欠主要债权人乙公司 5 000 万元，准备以公司一块价值 5 000 万元的土地偿还所欠债务。甲公司与乙公司签订土地抵债协议，协议约定，甲公司以其价值 5 000 万元的土地偿还所欠乙公司债务 5 000 万元。假设缴纳契税的税率为 4％，乙公司接受甲公司土地抵债应缴纳契税为 200 万元（5 000×4％）。

---

① 肖太寿．契税筹划相关案例——合法降低契税额增加企业效益．http：//www.chinaacc.com，2013-11-11.

思考：乙公司应如何进行契税筹划？

## 一、纳税人筹划

### （一）契税纳税人的法律规定

契税是以在中华人民共和国境内转移土地、房屋权属为征税对象，向产权承受人征收的一种财产税。这里所称的转移土地、房屋权属是指下列行为：①国有土地使用权出让；②土地使用权转让，包括出售、赠与和交换；③房屋买卖；④房屋赠与；⑤房屋交换。

### （二）契税纳税人的筹划

由于契税的纳税人是土地、房屋的产权承受人，因此，在某些情况下，企业或个人可以通过避免成为土地、房屋的产权承受人而规避契税。特别是在债务人以不动产向债权人抵债而债权人又不需要这样的不动产时，债权人应通过精心筹划避免因不动产产权转移而成为契税纳税人。

**【案例6-5】**

A公司欠B公司货款1 000万元，准备以A公司原价值1 000万元的商品房偿还所欠债务。B公司接受A公司商品房抵债后又作价1 000万元偿其所欠C公司债务1 000万元。C公司因规模扩张，正需要一幢商品房用作生产车间，在A公司用商品房向C公司抵债后，C公司留为自用。（假定当地契税税率为3%）

思考：B公司应如何进行税收筹划？

**【解析】**

B公司接受A公司抵债商品房时应缴纳契税为30万元（1 000×3%）。事实上，商品房在B公司手中仅具有过渡性质，却要多缴纳契税30万元。本案例中，B公司既是债权人，也是债务人，而且其债权和债务的金额相等，在此情况下，可以考虑A、B、C三家公司达成一个债务偿还协议，即由A公司将抵债商品房直接销售给C公司，C公司将房款汇给A公司，A公司收C公司房款后再汇给B公司偿还债务，B公司收A公司欠款后再汇给C公司偿还债务。经上述筹划后，三方欠款清欠完毕，且B公司可享受免征契税待遇，节约契税支出30万元。

## 二、计税依据的筹划

### （一）契税计税依据的法律规定

根据《中华人民共和国契税暂行条例》第四条规定，契税的计税依据如下：

（1）国有土地使用权出让、土地使用权出售、房屋买卖，为成交价格。

（2）土地使用权赠与、房屋赠与，由征收机关参照土地使用权出售、房屋买卖的市场价格核定。

（3）土地使用权交换、房屋交换，为所交换的土地使用权、房屋的价格的差额。土地使用权交换、房屋交换，交换价格不相等的，由多交付货币、实物、无形资产或者其他经济利益的一方缴纳税款。交换价格相等的，免征契税。

前款成交价格明显低于市场价格并且无正当理由的，或者所交换土地使用权、房屋的价格的差额明显不合理并且无正当理由的，由征收机关参照市场价格核定。

### （二）契税计税依据的筹划

#### 1. 减少价差或等价交换

根据契税计税依据的相关规定，土地使用权交换、房屋交换，为所交换的土地使用权、房屋的价格的差额。由于契税税率是既定的，当这一差额越小时，当事人缴纳的契税就越少。这里的筹划思路有两个。一是将一般的土地使用权或房屋买卖变为互换。举例来说，假如甲公司有一块价值 3 000 万元土地拟出售给乙公司，然后从乙公司购买其价值 3 000 万元的房屋。假定当地契税税率为 4％，双方签订土地转让及房屋购买合同后，甲公司应缴纳契税为 120 万元（3 000×4％），乙公司应缴纳契税同样为 120 万元（3 000×4％）。显然，土地的价值与房屋的价值是相等的，A、B 两个公司完全可以签订一份以甲公司土地使用权交换乙公司房屋的协议，由于双方是等价交换，因此，契税是免征的。二是当用于交换的土地或房屋价值不相等时，可以采取一定措施减小两者的价差。假定甲、乙两位当事人交换各自房屋所有权，甲的房屋市场价格大约是 100 万元，乙的房屋价格大约是 80 万元，假定当地契税税率为 4％，如果不进行筹划，乙应该缴纳的契税为 0.8 万元（［100－80）×4％］。其实，在两位当事人进行房屋交换之前，可以将乙的房屋按照甲的意思进行改造，增加房屋的市场价值，最好达到两者基本接近，这样便可以免去契税。具体可以筹划为，乙通过装潢使其房屋增值为 100 万元。

#### 2. 签订分立合同，降低契税支出

企业在分立时，往往会涉及一些房屋附属设施，对于这些房屋附属设施的契税问题，《财政部国家税务总局关于房屋附属设施有关契税政策的批复》（财税〔2004〕126号）有如下规定：

（1）对于承受与房屋相关的附属设施（包括停车位、汽车库、自行车库、顶层阁楼及储藏室，下同）所有权或土地使用权的行为，按照契税法律、法规的规定征收契税；对于不涉及土地使用权和房屋所有权转移变动的，不征收契税。

（2）采取分期付款方式购买房屋附属设施土地使用权、房屋所有权的，应按合同规定的总价款计征契税。

（3）承受的房屋附属设施权属如为单独计价的，按照当地确定的适用税率征收契税；如与房屋统一计价的，适用与房屋相同的契税税率。

根据上述规定，经济主体在承受房屋附属设施权属时应尽可能单独计价。

**【案例 6-6】**

2014 年，张某从某小区购买一套非普通住宅，连同与该住宅配套的停车位共支付 100 万元。由于该车位未办理产权证，因此，张某仅获得了车位的永久使用权。当地非普通住宅契税税率为 4%。

思考：张某应如何对其契税进行筹划？

**【解析】**

在本案例中，张某应缴纳的契税为 4 万元（100×4%）。但根据财税〔2004〕126 号文件规定，对于承受与房屋相关的附属设施（包括停车位、汽车库、自行车库、顶层阁楼及储藏室，下同）所有权或土地使用权的行为，按照契税法律、法规的规定征收契税；对于不涉及土地使用权和房屋所有权转移变动的，不征收契税。由于张某在购买住宅时并未获得车位的产权，即车位的权属并未发生转移，因此，车位本身不应征收契税。如果张某与卖方就房屋销售和车位买卖分别签订合同，并在合同中分别计价，假定车位的价格为 15 万元，房屋的价格为 85 万元，则张某应缴纳的契税变为 3.4 万元（85×4%）。经筹划后，张某可节省契税 0.6 万元。

对于上述案例，我们还可以进一步加以拓展。假定张某在购买住宅时获得了车位的产权，那么，张某一定要关注当地房屋的契税税率与房屋附属设施契税税率的大小关系。如果房屋附属设施的契税税率小于房屋的契税税率，则张某应注意对车位单独计价，这是因为，根据财税〔2004〕126 号文件的规定，承受的房屋附属设施权属如为单独计价的，按照当地确定的适用税率征收契税，如与房屋统一计价的，适用与房屋相同的契税税率。反之，如果当地规定的房屋附属设施契税税率高于房屋契税税率，则最好不要对承受的房屋附属设施单独计价。

### 三、税收优惠的筹划

#### （一）契税税收优惠的法律规定

1. 契税优惠的一般规定

（1）国家机关、事业单位、社会团体、军事单位承受土地、房屋用于办公、教学、医疗、科研和军事设施的，免征契税。

（2）城镇职工按规定第一次购买公有住房的，免征契税。个人购买普通住房，且该住房属于家庭（成员包括购房人、配偶及未成年子女，下同）唯一住房的，减半征收契税；个人购买90平方米及以下普通住房，且该住房属于家庭唯一住房的，减按1%征收契税。

（3）因不可抗力灭失住房而重新购买住房的，酌情准予减征或者免征契税。

（4）承受荒山、荒沟、荒丘、荒滩土地使用权，并用于农、林、牧、渔业生产的，免征契税。

2．契税优惠的特殊规定

契税虽是一个小税种，但涉及的优惠政策较多，见表6-2。

表 6-2                           契税优惠的特殊规定

| 特殊行为 | 具体情况 | 契税优惠 |
|---|---|---|
| 企业公司制改造 | 非公司改造成公司的公司制改造中，整体改建为有限责任公司或股份有限公司，承受原企业土地、房屋权属的 | 免征 |
| | 国有独资企业或国有独资有限责任公司股份占50%以上的新设公司，承受原国有企业（公司）的土地、房屋权属的 | |
| 企业股权重组 | 国有控股公司以部分资产投资组建新公司，且该国有控股公司占新公司股份85%以上的，对新公司承受该国有控股公司土地、房屋权属 | 不征 |
| | 单位、个人承受企业股权，企业土地、房屋权属不发生转移的 | |
| 企业合并 | 合并的企业承受各方的土地、房屋权属的 | 免征 |
| 企业分立 | 分设为两个或两个以上投资主体相同的企业，对派生方、新设方承受原土地、房屋权属的 | 不征 |
| 国有、集体企业出售 | 被售企业法人注销，且买受人与原企业30%以上职工签订服务年限不少于三年的劳动用工合同的，承受所购企业土地的 | 免征 |
| | 被售企业法人注销，且与原企业全部职工签订服务年限不少于三年的劳动用工合同的，承受所购企业土地房屋权属的 | 减半征收 |
| 企业关闭、破产 | 债权人承受破产企业土地、房屋权属以抵偿债务的 | 免征 |
| | 非债权人承受破产企业土地、房屋权属，与原企业30%以上职工签订服务年限不少于三年的劳动用工合同的 | 减半征收 |
| | 非债权人承受破产企业土地、房屋权属，与原企业全部职工签订服务年限不少于三年的劳动用工合同的 | 免征 |
| 房屋的附属设施 | 承受与房屋相关的附属设施（包括停车位、汽车库、自行车库、顶层阁楼及储藏室）所有权或土地使用权的 | 征收契税 |
| | 不涉及土地使用权和房屋所有权变动的 | 不征 |
| 继承土地房屋权属的 | 法定继承人（包括配偶、子女、父母、兄弟姐妹、祖父母、外祖父母）继承土地房屋权属的 | 不征 |
| | 非法定继承人根据遗嘱承受死者生前土地房屋权属，属于赠与行为的 | 征收契税 |

续 表

| 特殊行为 | 具体情况 | 契税优惠 |
|---|---|---|
| 事业单位改制为企业的过程中 | 投资主体没有发生变化的，对改制后的企业承受原事业单位土地、房屋权属 | 免征契税 |
| | 投资主体发生变化的，改制后的企业按照《劳动法》等有关法律法规妥善安置原事业单位全部职工，其中与原事业单位全部职工签订服务年限不少于三年劳动用工合同的，对其承受原事业单位的土地、房屋权属 | 免征契税 |
| | 投资主体发生变化的，与原事业单位 30% 以上职工签订服务年限不少于三年劳动用工合同的，对其承受原事业单位的土地、房屋权属 | 减半征收 |
| 事业单位改制过程中 | 改制后的企业以出让或国家作价出资（入股）方式取得原国有划拨土地使用权的，不属于契税减免税范围 | 按规定缴纳契税 |
| 婚姻关系存续期间 | 房屋、土地权属原归夫妻一方所有，变更为夫妻双方共有的 | 免征 |
| 单位、个人以房屋、土地以外资产增资 | 相应扩大其在被投资公司的股权持有比例，无论被投资公司是否变更工商登记，其房屋、土地权属不发生转移 | 不征 |
| 个体工商户的经营者转移土地、房屋权属 | 个体工商户的经营者将其个人名下的房屋、土地权属转移至个体工商户名下，或者个体工商户将其名下的房屋、土地权属转回原经营者个人名下 | 免征 |
| 市、县级人民政府根据《国有土地上房屋征收与补偿条例》有关规定征收居民房屋 | 居民因个人房屋被征收而选择货币补偿用以重新购置房屋，并且购房成交价格不超过货币补偿的 | 新购房屋免征契税 |
| | 购房成交价格超过货币补偿的 | 对差价部分按规定征收契税 |
| | 居民因个人房屋被征收而选择房屋权属调换，并且不缴纳房屋权属调换差价的 | 新换房屋免征契税 |
| | 居民因个人房屋被征收而选择房屋权属调换，缴纳房屋产权调换差价的 | 对差价部分按规定征收契税 |
| 其他 | 国务院批准债转股企业，债转股后新设公司承受原企业土地、房屋权属的 | 免征 |
| | 政府主管部门对国有资产进行政策性划拨中土地、房屋权属转移的 | 不征 |
| | 企业改制重组，同一投资主体内部企业之间土地、房屋权属的无偿划拨的 | 不征 |
| 拆迁居民新置住房 | 对购房成交价格中相当于拆迁补偿款部分的 | 免征 |
| | 超过拆迁补偿款部分的 | 征收契税 |
| 公共租赁住房经营管理单位购买住房作为公共租住房 | | 免征契税（2013.9.28—2015.12.31） |

## （二）契税税收优惠的筹划

契税减免税的情形比较多，纳税人一方面要充分了解不同情况下契税减免的政策规定，另一方面还要熟悉享受契税减免税优惠政策所需具备的条件。比如，事业单位改制为企业的过程中，投资主体发生变化时，若要减免契税，那么必须与原单位规定比例的职工签订一定年限的劳动用工合同。

1. 改变投资方式，享受免征契税政策

当企业或个人以土地使用权或房屋进行投资时，通常会涉及土地使用权或房屋权属的转移，自然就会涉及契税问题。但如果经济主体能对其投资方式进行合理安排，充分利用契税中的相关优惠政策，则完全有可能规避土地使用权或房屋权属转移过程中的契税。

【案例 6-7】

张某和李某分别以价值 500 万元的商品房和 300 万元货币资金共同投资开办 A 有限责任公司。由于张某将其商品房进行投资后，商品房的产权就应转移到 A 有限责任公司名下，假定当地契税税率为 3%，为此，A 有限责任公司接受房产投资后应缴纳契税为 15 万元（500×3%）。

【解析】

根据《财政部、国家税务总局关于企业事业单位改制重组契税政策的通知》（财税〔2012〕4 号）的规定，非公司制企业，按照《中华人民共和国公司法》的规定，整体改建为有限责任公司（含国有独资公司）或股份有限公司，有限责任公司整体改建为股份有限公司，股份有限公司整体改建为有限责任公司的，对改建后的公司承受原企业土地、房屋权属，免征契税。上述所称整体改建是指不改变原企业的投资主体，并承继原企业权利、义务的行为。另外，根据《关于自然人与其个人独资企业或一人有限责任公司之间土地房屋权属划转有关契税问题的通知》（财税〔2008〕142 号）规定，自然人与其个人独资企业或一人有限责任公司之间土地、房屋权属的无偿划转属于同一主体内部土地、房屋权属的无偿划转，不征收契税。

根据上述规定，对于本案例可设计如下筹划方案：张某先到工商局注册登记成立个人独资企业，将自有房产投入个人独资企业，由于房屋产权所有人和使用人未发生变化，故无须办理房产变更手续，不需要缴纳契税。然后，张某对其个人独资企业进行公司制改造，整体改建为一人有限责任公司 A，改建完毕后，吸收李某投资，然后再将公司变更为普通有限责任公司。这样一来，有限责任公司承受张某个人独资企业的房屋就不用再缴纳契税。

2. 合理选择购买房屋的类型

个人在住房买卖过程中，要缴纳许多税费，其中税负较重的要数契税。按照税法规定，契税一般按购房价款的 3％～5％缴纳（具体税率由各省、自治区、直辖市政府在此幅度内确定）。但目前国家对不同类型的住房实行了差别化契税政策。比如，对个人购买普通住房，且该住房属于家庭（成员范围包括购房人、配偶及未成年子女，下同）唯一住房的，减半征收契税；对个人购买 90 平方米及以下普通住房，且该住房属于家庭唯一住房的，减按 1％的税率征收契税。普通住宅一般要同时满足以下三个条件：住宅小区建筑容积率在 1.0 以上，单套建筑面积在 120 平方米以下，实际成交价格低于同级别土地上住房平均交易价格 1.2 倍以下①。个人在购买自用住宅时，应注意运用这些政策，尽量减少自己的应缴税款。

**【案例 6-8】**

小李是一名大学生毕业生，因结婚需要，目前正在考虑购买一套住房。2014 年"五一"期间，小李工作单位附近有两个楼盘开盘，两个楼盘的户型非常相似，价格也相当，但单套住房的建筑面积略有差异。其中 A 楼盘的单套建筑面积为 145 平方米，总价为 72.5 万元，B 楼盘的单套建筑面积为 143 平方米，总价为 72 万元。（当地对普通住宅的判定标准是：单套建筑面积在 144 平方米及以下；每平方米销售价格为 8000 元以下；住宅小区建筑容积率在 1.0 以上。当地住宅契税税率为 3％）。

思考：假定不同楼盘的小区环境、物业服务等其他因素相同，小李应购买哪个楼盘？

**【解析】**

从表面来看，小李好像选择 A 楼盘更有利，因为这一楼盘住宅销售单价为 0.5 万元/平方米（72.5÷145），而 B 楼盘住宅的销售单价为 0.5035 万元/平方米（72÷143）。但需要注意的是，根据当地对普通住宅的判定标准，A 楼盘的单套建筑面积已经超标，从而变成了非普通住宅，其适用的契税税率为 3％，小李如果购买 A 楼盘住宅，则其应纳契税为 2.175 万元（72.5×3％）。考虑到契税后，小李购买一套 A 楼盘住宅支付的总价款为 74.675 万元（72.5＋2.175）。A 楼房单套住房价格相当于 0.515 万元/平方米［（72.5＋2.175）÷145］。相比之下，B 楼盘的住房符合普通住宅的要求，而且由于小李购买的是家庭唯一住房，可以享受减半征收契税的优惠。这样一来，如果小李选择购买 B 楼盘住宅，则其应纳契税为 1.08 万元（72×3％×1/2）。考虑到契税后，小李购买一套 B 楼盘住宅支付的总价款为 73.08 万元（72＋1.08）。B 楼盘单套住房价格相当于 0.511 万元/平方米［（72＋1.08）÷143］。从买房的实际担来看，小李购买 B 楼盘更为有利。

当然，对于购房者而言，购买的住房应以适用为主，不能一味地追求节税。在住房

---

① 允许单套建筑面积和价格标准适当浮动，但向上浮动的比例不得超过上述标准的 20％。

的各方面条件均符合自己要求的情况下，购房者可重点比较各套房屋的应纳税款，从而选择最合适的住房。

## 【案例分析与讨论】

学习完前面的内容，我们可以对本节的【案例导入】中的问题作出解答了。根据《财政部、国家税务总局关于企业事业单位改制重组契税政策的通知》（财税〔2012〕4号）第六条规定："企业依照有关法律法规规定实施破产，债权人（包括破产企业职工）承受破产企业抵偿债务的土地、房屋权属，免征契税；对非债权人承受破产企业土地、房屋权属，凡按照《中华人民共和国劳动法》等国家有关法律法规政策妥善安置原企业全部职工，与原企业全部职工签订服务年限不少于三年的劳动用工合同的，对其承受所购企业的土地、房屋权属，免征契税；与原企业超过30%的职工签订服务年限不少于三年的劳动用工合同的，减半征收契税。"根据上述文件对于免征契税的规定，乙公司可推迟与甲公司签订土地抵债合同的时间，即乙公司先以主要债权人身份到法院申请甲公司破产，待甲公司破产清算后再以主要债权人身份与甲公司签订土地低债合同，合同约定甲公司以价值5 000万元的土地抵偿乙公司债务5 000万元。通过税收筹划后，乙公司可享受免征契税，节省契税支出200万元。

---

本章小结

房产税的课税对象是房产，这里的房产是指独立有屋面和围护结构，能够遮风避雨，可提供人们在其中生产、工作、学习、娱乐、居住或储藏物资的场所。房产税的纳税人是房屋产权所有人，但对于房产的转租人是否是房产税纳税人，各地规定并不尽相同。而且，房产税的课税范围仅限于城市、县城、建制镇和工矿区。纳税人可根据税法对房产税纳税人和课税范围的规定进行相应的房产税筹划。房产税的计税方法包括从价计征和从租计征两种方法，由于房产税的税率是既定的，纳税人应尽可能在不影响收入的条件下降低房产税的计税依据，特别是要注意，不要把不属于房产税课税范围的建筑物价值或收入并入房产税的计税依据。

契税主要是以在中华人民共和国境内转移土地、房屋权属为征税对象，向产权承受人征收的一种财产税。在某些情况下，企业或个人可以通过避免成为土地、房屋的产权承受人而规避契税。由于契税的税率是比例税率，而且是相对固定的，因此，减少契税的关键在于降低契税的计税依据，特别是应充分利用"土地使用权交换、房屋交换，为所交换的土地使用权、房屋的价格的差额"这条规定，将一般的土地使用权转让和房屋买卖转化为土地使用权交换、房屋交换。与此同时，还应特别注意对房屋附属设施的契税筹划。此外，契税的优惠政策较多，纳税人应熟悉这些优惠政策的内容及享受优惠政策所需的条件，从而尽可能地利用这些优惠政策进行契税筹划。

## 思考与练习

### 一、思考题

1. 房产转租行为中应如何进行税收筹划？

2. 房产税计税依据的筹划要点有哪些？

3. 如何利用房产税的课税范围进行房产税筹划？

4. 在不动产抵债业务中，如何避免成为契税纳税人？

5. 契税计税依据的筹划策略有哪些？

6. 如何利用契税优惠政策进行契税筹划？

### 二、练习题

1. 甲企业位于某市市区，企业除厂房、办公用房外，还包括厂区围墙、烟囱、水塔、变电塔、游泳池、停车场等建筑物，总计工程造价 10 亿元，除厂房、办公用房外的建筑设施工程造价 2 亿元。假设当地政府规定的扣除比例为 30％。现有以下两个筹划方案可供选择。

方案Ⅰ：将所有建筑物都作为房产计入房产原值。

方案Ⅱ：将游泳池、停车场等都建成露天的，在会计账簿中单独核算。

请问：哪个方案可以降低税负？

2. 某房地产开发企业准备出售一幢房屋及土地使用权，房屋的市场价值是 800 万元，其所含各种附属设备的价格约为 200 万元，允许扣除项目金额为 500 万元。现有两个销售方案可供选择。

方案Ⅰ：该企业和购买者签订合同时，对房屋价格和附属设备的价格不加区分。

方案Ⅱ：该企业和购买者签订合同时，仅在合同上注明 800 万元的房地产转让价格，同时签订一份附属办公设备购销合同。

请问：该企业应选择上述哪个方案？为什么？

3. 甲公司拥有一幢写字楼，配套设施齐全，对外出租。全年租金共 3 000 万元，其中含代收的物业管理费 300 万元，水电费为 500 万元。甲公司现有以下两种方案可供选择。

方案Ⅰ：甲公司与承租方签订租赁合同，租金为 3 000 万元。

方案Ⅱ：将各项收入分别由各相关方签订合同，如物业管理费由承租方与物业公司签订合同，水电费按照承租人实际耗用的数量和规定的价格标准结算、代收代缴。

请问：甲公司选择哪个方案可以节省房产税？

4. 甲企业现有 5 栋闲置库房，房产原值为 2 000 万元，企业经研究提出以下两种利用方案：一是将闲置库房出租收取租赁费，年租金收入为 200 万元；二是配备保管人员将库房改为仓库，为客户提供仓储服务，收取仓储费，年仓储收入为 200 万元，但需每年支付给保管人员 2 万元。当地房产原值的扣除比例为 30%。

方案Ⅰ：采用出租方案。

方案Ⅱ：采用仓储方案。

要求：请从营业税、城建税和教育税附加、房产税及有关费用的角度，全面比较税负高低作出选择。

5. A 房地产公司欲购买甲国有独资公司一宗土地，约定支付价款 1 000 万元。则根据税法规定，A 房地产公司应缴纳契税为 40 万元（1 000×4%）。

要求：请为 A 公司设计一个契税筹划方案。

6. 2010 年 12 月，甲工业企业将其全部股权以 1 000 万元的价格转让给 A 房地产公司，其中土地和房屋价值为 800 万元。股权转让协议生效后，A 房地产公司申请将甲工业企业工商变更登记为乙企业，乙企业申请将甲工业企业的土地和房屋权属变更到自己名下。

请问：在股权转让及一系列变更登记过程中，A 房地产公司是否需要缴纳契税？

## 参考文献

[1] 梁文涛. 房产税的纳税筹划技巧 [J]. 财会月刊，2013（11）. 95-96.

[2] 申国军. 房产税的纳税筹划探析 [J]. 税收征纳，2010（6）. 42-45.

[3] 杨志清. 税收筹划案例分析 [M]. 2 版. 北京：中国人民大学出版社，2010.

[4] 陆英. 简述契税的纳税筹划方法 [J]. 财会学习. 2008（11）. 49-50.

[5] 中国注册会计师协会. 税法 [M]. 北京：经济科学出版社，2013.

[6] 肖太寿. 契税筹划相关案例——合法降低契税额增加企业效益. http://www.chinaacc.com，2013-11-11.

# 第七章　行为目的税类筹划

【学习目标】

　　通过本章的学习，熟悉行为目的税类相关税种的基本法律规定。在此基础上，围绕各个税种的基本构成要素，着重掌握印花税、车辆购置税、耕地占用税和城市维护建设税的筹划策略及筹划过程中的相关注意事项，力求能用所学的筹划理论和方法解决实际问题。

【学习重点】

　　印花税、车辆购置税的筹划策略及其注意事项。

## 第一节　印花税筹划

【案例导入】

　　2014 年 5 月，某铝合金门窗厂与某建筑安装企业签订了一份加工承揽合同，合同规定：铝合金门窗厂受建筑安装公司委托，负责加工一批铝合金门窗，加工所需原材料由铝合金门窗厂提供，铝合金门窗厂共收取加工费及原材料费 140 万元。这样一来，铝合金门窗厂应缴纳的印花税为 0.08 万元 ［（140+20）×0.5‰］。

　　思考：从节税的角度来看，铝合金门窗厂签订的加工承揽合同有无改进的空间？

### 一、纳税人的筹划

#### （一）印花税纳税人的法律规定

　　印花税的纳税人是指在中国境内书立、使用、领受印花税法所列举的凭证并依法履行纳税义务的单位和个人。按照书立、使用、领受应税凭证的不同，可以分别确定为立合同人、立账簿人、立据人、领受人、使用人和各类电子应税凭证的签订人。其中，立合同人是指合同的当事人，即对合同有直接权利义务关系的单位和个人，但不包括合同的担保人、证人、鉴定人；立据人是指产权转移书据的纳税人；领受人是指领受或接受并持有该项凭证的单位和个人；使用人是指在国外书立、领受，但在国内使用的应税凭证的纳税人；各类电子应税凭证的签订人是指以电子形式签订的各类应税凭证的当事人。

### （二）印花税纳税人的筹划

根据现行印花税法的相关规定，对于应税凭证，凡是由两方或两方以上当事人共同书立的，其当事人各方都是印花税的纳税人。如果几方当事人在书立合同时，能够不在合同上出现的当事人尽量不以当事人身份出现在合同中，则可取得节省印花税的效果。比如甲、乙、丙、丁四人签订一合同，乙、丙、丁三人基本利益一致，就可以任意选派一名代表，让其和甲签订合同，则合同的印花税纳税人便只有甲和代表人。

另外，在某些情况下，经济主体可以通过适当操作避免成为印花税的纳税人。以借款合同为例，银行及其他金融机构与借款人（不包括银行同业拆借）所签订的合同，以及只填开借据并作为合同使用，取得银行借款的借据应按照"借款合同"税目交纳印花税，而企业之间的借款合同则不用贴花。对企业来说，同金融机构签订借款合同与和非金融企业签订借款合同在抵扣利息支出上是一样的，而前者要交纳印花税，后者不用交纳印花税。如果两者的借款利率是一样的，则向企业借款效果会更好。不过，企业应注意，企业间的借款利率一般要比金融机构高，应根据情况而定。

## 二、计税依据的筹划

### （一）印花税计税依据的法律规定

印花税的计税依据为各种应税凭证上所记载的计税金额，其基本规定见表7-1。

此外，印花税的计税依据还有一些特殊规定，主要包括以下几点。

（1）作为计税依据的凭证金额不能随意做扣除。

（2）未标明金额的应税凭证按凭证所载数量及国家牌价（无国家牌价的按市场牌价）计算金额，然后按规定税率计税贴花。

（3）外币折算人民币金额的汇率采用凭证书立日国家外汇管理局公布的汇率。

（4）签订时无法确定金额的合同先定额贴花5元，待结算实际金额时补贴印花税票。

（5）订立合同不论是否兑现均应依合同金额贴花。

（6）商品购销中以货易货，交易双方既购又销，均应按其购、销合计金额贴花。

（7）施工单位将自己承包的建设项目分包或转包给其他施工单位的，所签订的分包转包合同还要计税贴花。

（8）股票交易的转让书据，依书立时证券市场当日实际成交价格计算的金额为计税金额。

表 7-1                              印花税计税依据的一般规定

| 合同或凭证 | 计税依据 |
| --- | --- |
| 购销合同 | 购销金额 |
| 加工承揽合同 | 受托方提供原材料的加工、定做合同,凡在合同中分别记载加工费金额和原材料金额的,原材料和加工费分别按照购销合同和加工承揽合同计税贴花;若未在合同中分别记载,应就全部金额依照加工承揽合同计税。<br>委托方提供原料或主要材料的加工合同,按照合同中规定的受托方的加工费收入和提供的辅助材料金额之和计税 |
| 建设工程勘察设计合同 | 收取的费用 |
| 建筑安装工程承包合同 | 承包金额 |
| 财产租赁合同 | 租赁金额,如果经计算,税额不足1元的,按1元贴花 |
| 货物运输合同 | 运输费用,但不包括所运货物的金额及装卸费用和保险费用等 |
| 仓储保管合同 | 仓储保管费用,但不包括所保财产金额 |
| 借款合同 | 借款金额,有具体规定 |
| 财产保险合同 | 保险费收入 |
| 技术合同 | 合同所载金额 |
| 产权转移书据 | 所载金额 |
| 营业账簿 | 记载资金的账簿的计税依据为"实收资本"与"资本公积"两项合计金额 |
|  | 其他账簿按件计税 |
| 权利许可证照 | 按件计税 |

(9)国内货物联运,结算单据(合同)所列运费的结算方式不同而计税依据不同,即起运地全程结算运费的,按全程运费为计税依据;分程结算运费的,应以分程运费为计税依据。国际货运,托运方全程计税。承运方为我国运输企业的按本程运费计算贴花,承运方为外国运输企业的免纳印花税。

### (二)印花税计税依据的筹划

#### 1. 暂缓确定交易金额

暂缓确定交易金额是指纳税人在签订合同时,可有意使合同上所载金额在能够明确的条件下不予以最终确定,以达到递延缴纳印花税税款的目的。实践中,各种经济合同的当事人在签订合同时,有时会遇到计税金额暂时难以确定的情况。而我国印花税的计税依据大多数都是根据合同所记载金额和具体适用税率确定,计税依据无法最终确定时,纳税人的应纳印花税税额也就无法确定。根据《中华人民共和国印花税暂行条例》第七条规定,应纳税凭证应当于书立或者领受时贴花。同时,《中华人民共和国印花税暂行条例施行细则》第十四条规定:"条例第七条所说的书立或者领受时贴花,是指在合同的签订时、书据的立据时、账簿的启用时和证照的领受时贴花。"也就是说,企业在书立合同之时，其纳税义务便已经发生，应该根据税法规定缴纳印花税。为保证国家税款及时足额入库，税法采取了一些变通方法。税法规定，有些合同在签订时无法确定计税金额，如技术转让合同中的转让收入，是按销售收入的一定比例收取的或是按其实现利润多少进行分成的，财产租赁合同只是规定了月（天）租金标准而无租赁期限的，对这类合同，可在签订时先按定额 5 元贴花，以后结算时再按照实际的金额计税，补贴印花。因此，企业在签订数额较大的合同时，应该尽量签订不定额的合同，即合同上所载金额在保证双方利益的前提下，不要确定最终合同金额，以达到递延缴纳印花税税款的目的。

**【案例 7-1】**

甲公司和乙公司签订一个租赁合同，甲公司出租一套设备给乙公司生产玩具，期限为 10 年，合同规定设备租金 120 万元，每年年底支付年租金。

**【解析】**

由于双方签订的是财产租赁合同，而且租赁金额十分明确，此时两企业均应缴纳印花税 0.3 万元 $120 \times 1‰ = 0.12$（万元）。如果将合同改为"甲公司出租一套设备给乙公司生产玩具，合同规定设备租金每月 1 万，每年年底支付本年租金，同时双方决定是否继续本合同"。具体计算如下：

每年应纳印花税 $= 1 \times 12 \times 1‰ = 0.012$（万元）

10 年应纳印花税 $= 0.012 \times 10 = 0.12$（万元）

这两个方案虽然印花税额一致，但支付时间一个是现在，一个是平均到 10 年，第二个方案可达到递延缴纳印花税的目的，而且筹划操作比较简便，筹划成本很小，不失为一种有效的筹划方案。

### 2. 减少交易金额

由于各种经济合同的纳税人是订立合同的双方或多方当事人，其计税依据是合同所载的金额，因而出于共同利益，双方或多方当事人可以经过合理筹划，使各项费用及原材料等的金额通过非违法的途径从合同所载金额中得以减除，从而压缩合同的表面金额，达到少缴税款的目的。

**【案例 7-2】**

2014 年 2 月，甲企业和乙企业签订一份电子产品加工承揽合同。根据合同约定，主要材料由甲企业提供，甲企业支付给乙企业加工费 400 万元，乙企业自行提供辅助材料 200 万元。这样一来，各方应缴纳印花税额 0.3 万元 $[600 \times 0.5‰]$。

思考：两家企业应如何进行印花税筹划？

**【解析】**

由于加工承揽合同的计税依据是加工承揽收入，而且这里的加工承揽收入是指合同中规定的受托方的加工费收入和提供的辅助材料金额之和。因此，如果双方当事人能想办法将辅助材料金额压缩，问题便解决了。具体的做法就是由委托方自己提供辅助材料。如果委托方自己无法提供或是无法完全自己提供，也可以由受托方提供，这时的筹划就要分两步进行。第一步，双方签订一份购销合同，由于购销合同的适用税率为 0.3‰，比加工承揽合同适用税率 0.5‰ 要低，因此只要双方将辅助材料先行转移所有权，加工承揽合同和购销合同要缴纳的印花税之和便会下降。第二步，双方签订加工承揽合同，其合同金额仅包括加工承揽收入，而不包括辅助材料金额。按照这种思路，该项业务可以如下操作：

第一步，乙企业将辅助材料卖给甲企业，双方就此签订购销合同，就此各自缴纳印花税为 0.06 万元（200×0.3‰）。

第二步，双方企业再签订加工合同，合同金额 400 万元。这时各自应缴纳的印花税为 0.2 万元（400×0.5‰）。

可见，通过这种筹划，双方各自能节省印花税支出 0.04 万元。如果这种合同的数量较多的话，将为企业节省一笔不小的税收支出。

在日常生活中，如果经济交易活动能当面解决，一般是不用签订合同的，上面所说的筹划中，辅助材料的购销不用订立购销合同，这也会省去部分税款。如果企业双方信誉较好，不签订加工承揽合同当然更能节省税款，但这样可能会带来一些不必要的经济纠纷。

减少交易金额策略在印花税的筹划中可以广泛地应用，如互相以物易物的交易合同中，双方当事人尽量互相提供优惠价格，使得合同金额下降到合理的程度。当然这要注意限度，以免被税务机关调整价格，最终税负反而更重，以致得不偿失。

3. 保守预测交易金额

由于经济活动中各种不确定性的存在，理论上认为可以完全实现的合同，在实践中却可能由于种种原因无法实现或无法完全实现。这样，最终合同履行的结果会与签订合同时有些差异。比如，两企业订立合同之初认为履行合同数额为 500 万元，而实际最终结算时发现只履行 300 万元，或甚至因为其他原因没有办法履行。由于我国印花税是一种行为税，无论合同是否兑现或是否按期兑现，均应贴花，而且对已履行并贴花的合同，所载金额与合同履行后实际结算金额不一致的，只要双方未修改合同金额，一般不再办理完税手续。因此，在合同设计时，双方当事人应充分地考虑到以后经济交往中可能会遇到的种种情况，根据这些可能情况，确定比较合理、比较保守的金额。如果这些合同属于金额难以确定的，也可以采用前面说过的暂缓确定交易金额策略，等到合同最终实现后，根据实际结算情况再补贴印花，这样也能达到同样的节税效果。

**【案例 7-3】**

2013 年 3 月，A 市某房地产开发公司与某建筑工程公司签订甲工程施工合同，金额为 8 500 万元，合同签订后，印花税已缴纳。由于该工程建筑图纸做重大修改，2014 年 1 月，工程竣工时实际工程决算金额为 5 500 万元。该公司 2014 年 1 月签订乙工程建筑施工合同，合同金额为 8 000 万元，以甲工程多缴印花税为由，冲减合同金额 3 000 万元，然后计算缴纳印花税。

**【解析】**

印花税是一种具有行为税性质的凭证税，凡发生书立、使用、领受应税凭证的行为，就必须依照印花税法的有关规定，履行纳税义务。由于签订甲工程施工合同的行为已经发生，不管该合同是否得以履行或者实际得以履行的金额有多少，均应按照合同约定的金额计算缴纳印花税。由于乙工程建筑施工合同的金额为 8 000 万元，合同双方当事人的印花税计税依据应为 8 000 万元，房地产公司以甲工程多缴印花税为由，冲减合同金额 3 000 万元，计算缴纳乙工程建筑施工合同印花税的做法是错误的。

对此，房地产公司可以考虑以下税收筹划方法：尽可能先签订框架合同，或签订不确定金额或确定的合同金额较低的合同，待工程竣工时，按实际工程决算金额计算缴纳印花税，这样就可少缴纳或避免多缴纳印花税。

4. 减少工程的分包或转包环节

建筑安装工程承包合同是印花税中的一种应税凭证，该种合同的计税依据为合同上记载的承包金额，其适用税率为 0.3‰。根据现行印花税法的规定，施工单位将自己承包的建设项目分包或者转包给其他施工单位所签订的分包合同或者转包合同，应按照新的分包合同或者转包合同上所记载的金额再次计算应纳税额。这里因为印花税是一种行为性质的税种，只要有应税行为发生，则应按税法规定纳税。因此，尽管总承包合同已依法计税贴花，但新的分包或转包合同又是一种新的应税凭证，又产生了新的纳税义务。

**【案例 7-4】**

甲公司将一笔价款为 8 000 万元的工程承包给乙公司，乙公司将其中的 3 000 万元的工程分包给丙公司，2 000 万元的工程承包给丁公司。则应纳印花税额分别为：甲公司应纳税 2.4 万元（8000×0.3‰）；乙公司应纳税 3.9 万元（8000×0.3‰＋3 000×0.3‰＋2000×0.3‰）；丙公司应纳税 0.9 万元（3 000×0.3‰）；

丁公司应纳税 0.6 万元（2000×0.3‰）；四个公司应纳印花税总额 7.8 万元。

【解析】

若乙公司与甲公司协商，让甲公司与丙公司、丁公司分别签订 3 000 万元和 2 000 万元的合同，剩余金额由乙公司与甲公司签订合同，这样甲、丙、丁的应纳税额不变，乙公司的应纳税额为 0.9 万元{［8 000－（3 000＋2 000）］×0.3‰}，比原先少缴纳税款 3 万元。这里要注意一个问题，甲公司与丙、丁公司签订的合同必须是与乙公司原先打算分包给丙、丁的工程量相同，否则，乙将由此损失部分分包利润，但只要乙公司与甲公司协商一致后就很容易达到节税的目的。

## 三、税率的筹划

### （一）印花税税率的法律规定

印花税的税率有两种形式，即比例税率和定额税率，见表 7-2。

**表 7-2　　　　　　　　　　印花税的税率**

| 税率档次 | 应用税目或项目 | |
|---|---|---|
| 比例税率（四档） | 万分之零点五 | 借款合同 |
| | 万分之三 | 购销合同、建筑安装工程承包合同、技术合同 |
| | 万分之五 | 加工承揽合同、建筑工程勘察设计合同、货物运输合同、产权转移书据、营业账簿中记载资金的账簿 |
| | 千分之一 | 财产租赁合同、仓储保管合同、财产保险合同、股权转让书据 |
| 5 元定额税率 | 权利、许可证照和营业账簿中的其他账簿 | |

### （二）印花税税率的筹划

按照税法规定，同一应税凭证，因载有两个或两个以上经济事项而适用不同税目税率，如分别记载金额的，应分别计算应纳税额，相加后按合计税额贴花；如未分别记载金额的，按税率高的计税贴花。这也给我们提供了一种筹划的思路，即如果纳税人的同一应税凭证中载有两个或以上适用不同税目税率的经济事项，最好分别记载各个经济事项的金额。

【案例 7-5】

2013 年 12 月，某企业与某运输企业签订运输合同，合同中所载运输费及保管费共计 500 万元。由于该合同中涉及货物运输合同和仓储保管合同两个印花税税目，而且两者税率不相同，前者为 0.5‰，后者为 1‰。根据现行印花税法的相关规定，未分别记载金额的，按税率高的计税贴花，即按 1‰税率计算应贴印花，其应纳税额为 0.5 万元（500×1‰）。

**【解析】**

根据现行印花税法的相关规定，同一应税凭证因载有两个或两个以上经济事项而适用不同税目税率，如未分别记载金额的，按税率高的计税贴花。本案例中的当事人因未在合同中明确货物运输与仓储保管各自的金额，因此增加了不必要的印花税负担。假定这份运输保管合同包含货物运输费 300 万元，仓储保管费 200 万元，如果纳税人能在合同上详细地注明各项费用及具体数额，便可以分别适用每种合同对应的税率，其印花税应纳税额为 0.35 万元（300×0.5‰＋200×1‰），订立合同的双方均可节省 0.15 万元税款。

### 四、税收优惠的筹划

#### （一）印花税税收优惠的法律规定

（1）应税合同凭证的正本贴花之后，副本、抄本不再贴花。

（2）将财产赠给政府、社会福利单位、学校所立的书据免税。

（3）国家指定的收购部门与村民委员会、农民个人书立的农副产品收购合同免税。

（4）无息、贴息贷款合同免税。

（5）外国政府或国际金融组织向我国政府及国家金融机构提供优惠贷款所书立的合同免税。

（6）房地产管理部门与个人签订的用于生活居住的租赁合同免税。

（7）农牧业保险合同免税。

（8）军事、救灾、新铁路施工运料等特殊运输合同免税。

（9）2013 年 9 月 28 日至 2015 年 12 月 31 日，对公共租赁住房经营管理单位免征建设、管理公共租赁住房涉及的印花税。在其他住房项目中配套建设公共租赁住房，依据政府部门出具的相关材料，按公共租赁住房建筑面积占总建筑面积的比例免征建设、管理公共租赁住房涉及的印花税。

（10）对公共租赁住房经营管理单位购买住房作为公共租赁住房，免征印花税；对公共租赁住房租赁双方免征签定租赁协议涉及的印花税。

#### （二）印花税税收优惠的筹划

了解了印花税的优惠政策，纳税人可以结合自身实际通过享受这些优惠政策减轻印花税负担。比如，企业将财产进行捐赠时，可以优先考虑将其捐赠给政府、社会福利单位或学校；当住房项目配套建设公共租赁住房时，纳税人可根据政府部门出具的相关材料，按照相应比例去享受免征印花税的优惠政策。

**【案例分析与讨论】**

　　学习完前面的内容之后，读者现在应该可以回答本节【案例导入】中提出的问题了。我国印花税税法对加工承揽合同的计税依据有以下规定：①受托方提供原材料的加工、定做合同，凡在合同中分别记载加工费金额和原材料金额的，原材料和加工费分别按照购销合同和加工承揽合同计税贴花；②若未在合同中分别记载，应就全部金额依照加工承揽合同计税；委托方提供原料或主要材料的加工合同，按照合同中规定的受托方的加工费收入和提供的辅助材料金额之和计税。其中加工承揽合同的印花税税率为0.5‰，购销合同的印花税税率为0.3‰。如果将铝合金门窗厂所提供的加工费金额与原材料金额在合同中分别记载，则能达到税收筹划的目的。假设加工费40万元，原材料费为100万元，则合同当事人各方应缴印花税为0.05万元（100×0.3‰＋40×0.5‰），较之筹划前相对少纳印花税0.02万元。

# 第二节　车辆购置税筹划

**【案例导入】**

　　李某从江西赣州市某汽车经销商购买一辆帕萨特领驭轿车，该级经销商开具给李某机动车发票注明价格为180 341（含税）元，张某也从同一经销商处购同型号车，不过张某通过支付手续费10 000元由经销商到江西南昌经销商处购车，张某另外支付购车款170 341（含税）元给南昌经销商，由南昌经销商向张某开具机动车发票，则李某应缴车辆购置税为15 413.8元 [180 341×10%÷（1＋17%）]，张某应缴车辆购置税为14 559.1元 [170 341×10%÷（1＋17%）]，两者相差854.7元。

　　思考：怎样理解甲、乙两人的购车方式及蕴含的筹划方法？

　　车辆购置税是以在中国境内购置规定车辆为课税对象、在特定环节向车辆购置者征收的一种税，其课税范围包括汽车、摩托车、电车、挂车及农用运输车，其税率统一实行10%的比例税率。由于车辆购置税纳税人和税率的筹划空间较小，这里主要讨论该税种计税依据的筹划。

## 一、计税依据的筹划

### （一）车辆购置税计税依据的法律规定

　　车辆购置税实行从价定率、价外征收的方法计算应纳税额，应税车辆的价格即计税价格就成为车辆购置税的计税依据。车辆购置税计税依据的基本规定见表7-3。

表 7-3 车辆购置税的计税依据

| 应税行为 | 计税依据 |
|---|---|
| 购买自用应税车辆 | 计税价格＝含增值税的销售价格÷（1＋增值税税率或征收率）<br>不含税价＝（全部价款＋价外费用）÷（1＋增值税税率或征收率） |
| 进口自用应税车辆 | 计税价格＝关税完税价格＋关税＋消费税<br>（如果进口车辆是不属于消费税征税范围的大卡车、大客车，则组成计税价格公式简化为：计税价格＝关税完税价格＋关税） |
| 其他自用应税车辆 | 按购置该型号车辆的价格确认不能取得购置价格的，则由主管税务机关参照国家税务总局核定相同类型应税车辆的最低计税价格核定 |

纳税人购买自用或者进口自用应税车辆，申报的计税价格低于同类型应税车辆的最低计税价格，又无正当理由的，按照最低计税价格征收车辆购置税。最低计税价格是由国家税务总局依据全国市场的平均销售价格制定的。

根据纳税人购置应税车辆的不同情况，国家税务总局对几种特殊情形应税车辆的最低计税价格的规定见表 7-4。

表 7-4 车辆购置税的最低计税价格

| 特殊情形的应税车辆 | 计税依据 |
|---|---|
| 底盘（车架）和发动机同时发生更换的车辆 | 计税依据为最新核发的同类型车辆最低计税价格的 70%<br>【提示】此政策只适用于已交过车辆购置税的已税车辆底盘和发动机同时发生更换的情况 |
| 免税、减税条件消失的车辆 | 最低计税价格＝同类型新车最低计税价格×［1－（已使用年限÷规定使用年限）］×100%<br>【提示】其中使用年限，国产车辆按 10 年计算，进口车辆按 15 年计算；超过使用年限的车辆，不再征收车辆购置税 |
| 非贸易渠道进口车辆的最低计税价格的车辆 | 同类型新车最低计税价格 |

### （二）车辆购置税计税依据的筹划

1. 选准卖家

车辆购置税由购买者缴纳，对于消费者而言，在购买机动车时要从经销商入手进行相关税收筹划。对于纳税人从增值税一般纳税人及从小规模纳税人手中购买机动车计算缴纳的车辆购置税是不同的。其中：

从增值税一般纳税人手中购买机动车：

应纳车辆购置税＝（全部价款＋价外费用）×10%÷（1＋17%）

从小规模纳税人商业企业中购买机动车：

应纳车辆购置税＝（全部价款＋价外费用）×10%÷（1＋3%）

因此，消费者购买同类型机动车，付同样的购车款，从具有一般纳税人资格经销商手中购买机动车比从小规模纳税人经销商处购买机动车可少缴车辆购置税。比如，广东省某市李某从增值税一般纳税人的汽车经销商购进一部东风标致车，发票开具金额为115 000 元。张某从小规模纳税人的某汽车经销商购买同类型车，价格同样为 115 000 元。根据相关规定，李某应缴纳的车辆购置税金额为 9 829 元 [115 000×10%/（1＋17%）]，张某应缴纳的车辆购置税金额为 11 165 元 [115 000×10%÷（1＋3%）]。张某比李某多缴车辆购置税 1 336 元。

不过，在实践中，选择销售商是一般纳税人还是小规模纳税人，对降低车辆购置税的影响可能不会太大，因为纳税人的身份不同，其含税销售价格一般也会存在一定差别。另外，纳税人购买汽车对销售商选择的重点应该并不在于其纳税人身份，而是其服务品质。一般品牌汽车在全国各地都会设有 4S 店，这些商店汽车销售价格一般要执行厂家的指导价格，其价格可能会比一般销售商更高些，但由于 4S 店品牌单一，是厂家的紧密结合体，其销售人员、售后人员、管理人员都会接受厂家的专业培训，从业人员肩负树立厂家形象的义务和责任，所以在为客户提供服务的专业性和保障方面，是一般的销售商店所不能相比的。随着汽车消费市场的不断扩大，从事汽车销售的商家也越来越多，众多的销售商在素质上难免会存在良莠不齐的现象，从品质不佳的销售商处购买车辆，价格可能会低些，但如有质量问题而产生纠纷将会很难解决。而对于能为客户提供更专业、更周到服务的 4S 店，尽管其销售价格可能会高些，但客户从减少汽车使用的后顾之忧考虑，一般会更乐于选择这样的销售商。如果只为少缴一点儿车辆购置税而忽视了销售商的品质，以后所受的损失绝不是所节省的一点儿税所能弥补的。

2. 采取有效方式降低购车价

在计征车辆购置税时，大多是按照实际购车价计算的。为此，消费者在购车时，尽量向上级经销商或生产厂家购车，或通过参加团购及其他方式降低自己的购车支出，这样不仅获得了优惠价格，而且车辆购置税的计税依据也会相应下降。但需要注意的是，纳税人购买自用或者进口自用应税车辆，申报的计税价格低于同类型应税车辆的最低计税价格，又无正当理由的，按照最低计税价格征收车辆购置税。下面通过举例予以说明。假设有一款豪华型车的最低计税价格是 50 万元，如果消费者以 60 万元（含税）购买了这款车，则其车辆购置税的计税价格为 51.3 万元，高于最低计税价格 50 万元；如果消费者通过参加团购或其他方式以 56 万元价格购买了这款车，此时 56÷（1＋17%）＜50，车辆购置税应按 50 万元最低计税价格来计算。两种购买价格下的车辆购置税相差 0.13 万元。

3. 尽量不将相关费用并入计税价格

根据《中华人民共和国车辆购置税暂行条例》规定，纳税人购买自用的应税车辆的计税价格，为纳税人购买应税车辆而支付给销售者的全部价款和价外费用。这里的价外费用是指销售方价外向购买方收取的基金、集资费、返还利润、补贴、违约金（延期付款利息）和手续费、包装费、储存费、优质费、运输装卸费、保管费、代收款项、代垫款项及其他各种性质的价外收费。在车辆购置税计算当中，应当注意以下费用的计税规定：

（1）购买者随购买车辆支付的工具件和零部件价款应作为购车价款的一部分，并入计税依据中征收车辆购置税。

（2）支付的车辆装饰费应作为价外费用并入计税依据中计税。

（3）代收款项应区别征税，凡使用代收单位的票据收取的款项，应视为代收单位的价外费用，并入计税价格计算征收车辆购置税；凡使用委托方的票据收取，受托方只履行代收义务或收取手续费的款项，代收款项不并入价外费用计征车辆购置税。

（4）购买者支付的控购费是政府部门的行政性收费，不属于销售者的价外费用范畴，不应并入计税价格计税。

（5）销售单位开展优质销售活动所开票收取的有关费用，应属于经营性收入，企业在代理过程中按规定支付给有关部门的费用，企业已作经营性支出列支核算，其收取的各项费用并在一张发票上难以划分的，应作为价外收入计算征税。

因此，对于代收款项，购车方应尽量要求销售方使用委托方的票据。另外，尽管纳税人随车购买的工具件或零件所发生的费用须并入计税价格征收车辆购置税，但如果购买时间或销售方不同，就不用征收车辆购置税。车辆装饰费征收车辆购置税，但如果消费时间或收款单位不同，不用征收车辆购置税。为此，应尽量将临时牌照费、购买工具的费用及车辆装饰费等分别开来，将其安排在不同时间消费或是由不同的相关销售方开具发票，这样就能减少计税价格，进而达到减少车辆购置税的目的。

**【案例 7-6】**①

刘小姐家住福建省龙岩中心城市，近来老公送她一件贵重的生日礼物——辆漂亮的轿车，汽车价格为 145 000 元，缴纳车辆购置税 14 529.92 元。然而令她纳闷的是，朋友谢小姐购买同品牌同款同价位的轿车，缴纳的车辆购置税只要 12 393.16 元，相差 2 136.76 元。刘小姐心里很不平衡。经了解，原来，刘小姐老公支付车款 145 000 元（含增值税）后，他还在该汽车 4S 店支付了工具用具款 5 000 元，车辆装饰费 15 000 元，车辆保险金 5 000 元（4S 店代收，未使用保险公司的票据收取），各项款项汇总后由 4S 店开具了《机动车销售统一发票》，统一发票金额合计为 170 000 元。当地国税局依据机动车销售统一发票金额计算出计税价格为 145 299.15 元 [170 000÷（1+17%）]，应缴纳的车辆购置税为 14 529.92 元（145 299.15×10%）。

---

① 程辉. 一揽子委托 4S 店购车可能多缴购置税. http：//www.ctaxnews.com.cn，2011-05-24.

而谢小姐在购车过程中，除了支付给汽车贸易公司购车款 145 000 元（含增值税），没有支付其他任何费用，国税局依据机动车销售统一发票金额计算出计税价格为 123 931.62 元 [145 000÷（1＋17%）]，应缴纳的车辆购置税为 12 393.16 元（123 931.62×10%）。

【解析】

本案例中，刘小姐由于保险金 5 000 元属于未使用委托方的票据并入计征车辆购置税，工具用具款 5 000 元、车辆装饰费 15 000 元也在购车时一起交给 4S 店，因而也被并入计征了车辆购置税。而这两项收入正是刘小姐多缴 2 136.76 元税款的原因。因此，在购买机动车时，应注意做到以下几点：①消费者可以不在汽车销售公司办理保险或让经销商出具保险公司发票，这样代收的保险金就不必计入购车计税价格中；②购车者对车辆维修工具等可采取日后再配或到另一经销商处购买，以防增加车辆购置税；③避免车辆装饰费在购车时发生，若购车以后再装潢或另换汽车装潢公司，则不用并入车辆购置税的计税依据。

总而言之，购车人不必一次性将机动车所有装备配齐，汽车装潢另换时间或自行选择公司去做，最重要的是要求经销商将各款项分开并出具委托方的发票，不能只开一个购车总价的发票，这样才能合理减少车辆购置税。

4. 基于汽车型号调整销售模式

同一品牌同一车系同一排量不同型号的汽车，核心部件（如发动机、底盘、变速箱等）基本一致，差异主要体现在配置上。比如，A 汽车有两个型号：基础型和豪华型。豪华型与基础型相比，多了可视倒车系统、GPS 导航、座椅加热功能，另外，豪华型为真皮座椅，基础型为织物座椅。一般来说，配置越高的汽车计税价格越高，相应的车辆购置税也越高。生产商和经销商直接提供多种配置车型供购买方选择，购买方被动接受生产销售方的销售模式，这一方面难以满足购车者的多样化需求，另一方面也加重了购车者的车辆购置税负担。为此，汽车生产商和销售商应调整销售模式，给予消费者更大的选择空间，在推出多元化车型的基础上，更加注重对车型的改造升级。假如消费者需要豪华型汽车，可在购买基础型汽车后再选择配置升级中心的豪华套餐来实现，这样可以在较大程度上降低车辆购置税的计税依据。汽车生产商设立专门的配置升级中心或者将配置升级功能下移至 4S 店相应部门，加强对配置升级部门或中心工作人员的培训与监督，确保升级配置的质量与售后服务。同时注重低配车型与高配车型在技术上的兼容性，让低配车型升级为高配车型容易操作。不难看出，基于汽车型号调整销售模式既有利于节减购车者负担的车辆购置税，也可以满足购车者的多样化需求，还有助于提升汽车生产商和销售商的市场竞争力。

5. 购买进口车将工具件和零部件单独报关

依照现行关税的有关规定，进口小轿车整车的关税税率相对较高，而进口零部件的关税税率则较低，同时进口零部件也无须缴纳消费税，因此，消费者进口报关时，应将进口小轿车的工具件和零部件单独报关进口，以降低车辆购置税的计税价格，进而达到减少车辆购置税的目的。

## 二、税收优惠的筹划

### (一) 车辆购置税税收优惠的法律规定

1. 减免税规定

(1) 外国驻华使馆、领事馆和国际组织驻华机构及其外交人员自用车辆免税。

(2) 中国人民解放军和中国人民武装警察部队列入军队武器装备订货计划的车辆免税。

(3) 设有固定装置的非运输车辆免税。

(4) 国务院规定的其他减免税情形：

①防汛部门和森林消防等部门购置的由指定厂家生产的指定型号的用于指挥、检查、调度、报汛（警）、联络的设有固定装置的车辆。

②回国服务的留学人员用现汇购买 1 辆个人自用国产小汽车。

③长期来华定居专家 1 辆自用小汽车。

(5) 城市公交企业自 2012 年 1 月 1 日起至 2015 年 12 月 31 日止，购置的公共汽电车辆免征车辆购置税。

(6) 自 2014 年 9 月 1 日至 2017 年 12 月 31 日，对购置的新能源汽车免征车辆购置税。

2. 车辆购置税的退税

(1) 公安机关车辆管理机构不予办理车辆登记注册手续的，凭公安机关车辆管理机构出具的证明办理退税手续。

(2) 因质量等原因发生退回所购车辆的，凭经销商的退货证明办理退税手续。

### (二) 车辆购置税税收优惠的筹划

能够享受车辆购置税减免优惠的一般是特定单位、特定人员购买的车辆，或特定单位购买的具有特定用途的车辆，或单位和个人购买的特定类型的车辆，一般单位和个人利用税收优惠政策进行车辆购置税筹划的空间较小。对于特定的单位和个人而言，要充分享受车辆购置税的减免税政策，应力争达到减免税的条件。比如，回国服务的留学人员只有用现汇购买 1 辆个人自用国产小汽车才可以享受减免税待遇，如果购置的是进口汽车则无法享受；城市公交企业必须在规定的期限内购置公共汽电车辆才可享受免税待遇，购置其他类型车辆则不可以享受；享受免征车辆购置税待遇的新能源汽车必须同时满足一系列条件。[①] 对于一般单位和个人来说，要特别注意两种退税情形，从而避免发生不必要的损失。

但这里需要注意的是，对减税、免税条件消失的车辆，纳税人应按现行规定，在办理车辆过户手续前或者办理变更车辆登记注册手续前向税务机关缴纳车辆购置税，其应纳税额计算公式为：

$$应纳税额＝同类型新车最低计税价格×$$
$$[1－（已适用年限÷规定适用年限）]×100\%×税率$$

另外，购买二手车时，购买者应当向原车主索要《车辆购置税完税证明》。购置已经办理车辆购置税免税手续的二手车，购买者应当到税务机关重新办理申报缴税或免税手续。未按规定办理的，按《中华人民共和国税收征收管理法》的规定处理。

## 【案例分析与讨论】

学习完前面的内容之后，读者现在应该可以回答本节【案例导入】中提出的问题了。目前，车辆购置税征收以机动车销售发票上注明的金额为计税依据，采用付手续费方式进行购车，将支付给本级经销商的报酬从车辆购置税计税价格中剥离，从而消费者可少缴车辆购置税。本案例中，李某直接从赣州汽车经销商处购买汽车，自然应按照赣州汽车经销商开具的发票金额计算缴纳车辆购置税，但对于张某而言，赣州的汽车经销商充当了一个代购者的角色，销售发票由南昌汽车经销商直接开具给张某，此时车辆购置税即根据南昌汽车经销商开具的发票金额计算，而张某支付给赣州汽车经销商的手续费不用作为价外收费并入车辆购置税的计税价格，从而节省了车辆购置税。

# 第三节　耕地占用税筹划

## 【案例导入】

某公司拟投资5 000万元在沿海滩涂兴办一个大型养猪场并建设一个现代化肉制品加工厂，计划年出栏生猪30 000头，除部分宰杀分割供应超市外，大部分用于生产肉制品。经与有关部门协商，征用土地100亩，使用年限50年，按照规定缴纳了相关费用。经向税务部门咨询，将其中5亩地用于建设肉制品加工厂，其余95亩用于养猪场建设。已知该企业坐落地耕地占用税每平方米平均税额30元。

思考：该公司应如何对耕地占用税进行筹划？

---

① 具体条件可参见《关于免征新能源汽车车辆的购置税的公告》（中华人民共和国财政部　国家税务总局中华人民共和国工业和信息化部公告2014年第53号）

## 一、纳税人的筹划

### （一）耕地占用税纳税人的法律规定

耕地占用税是在全国范围内，对占用耕地①建房或者从事其他非农业建设的单位和个人，按照规定税率一次性征收的税种，属于对特定土地资源占用课税。经申请批准占用耕地的，纳税人为农用地转用审批文件中标明的建设用地人；农用地转用审批文件中未标明建设用地人的，纳税人为用地申请人；未经批准占用耕地的，纳税人为实际用地人。

这里的耕地是指用于种植农作物的土地，包括菜地和园地，其中园地包括花圃、苗圃、茶园、果园、桑园等园地和其他种植经济林木的土地。另外，占用鱼塘及其他农用土地建房或从事其他非农产业建设，也视同占用耕地，必须依法征收耕地占用税。对于占用已从事种植、养殖的滩涂、草场、水面和林地从事非农业建设，由省、自治区、直辖市确定是否征收耕地占用税。

### （二）耕地占用税纳税人的筹划

避免成为耕地占用税纳税人的方法主要有两点：一是从事建房或其他非农业建设时避免占用《中华人民共和国耕地占用税暂行条例》及其实施细则中所界定的"耕地"；二是占用耕地时不要脱离农业用途。比如，根据《中华人民共和国耕地占用税暂行条例》第十四条规定，建设直接为农业生产服务的生产设施占用规定的农用地的，不征收耕地占用税。按照《中华人民共和国耕地占用税暂行条例实施细则》的解释，直接为农业生产服务的生产设施，是指直接为农业生产服务而建设的建筑物和构筑物。具体包括：储存农用机具和种子、苗木、木材等农业产品的仓储设施；培育、生产种子、种苗的设施；畜禽养殖设施；木材集材道、运材道；农业科研、试验、示范基地；野生动植物保护、护林、森林病虫害防治、森林防火、木材检疫的设施；专为农业生产服务的灌溉排水、供水、供电、供热、供气、通信基础设施；农业生产者从事农业生产必需的食宿和管理设施；其他直接为农业生产服务的生产设施。因此，单位和个人占用耕地建房时如果能够使其成为直接为农业生产服务而建设的建筑物和构筑物，则可以避免缴纳耕地占用税。

## 二、税率的筹划

### （一）耕地占用税税率的法律规定

耕地占用税实行地区差别幅度定额税率，人均耕地面积越少的地区，耕地占用税税

---

① 占用园地建房或者从事非农业建设的，视同占用耕地征收耕地占用税。

额通常越高。《中华人民共和国耕地占用税暂行条例》第五条规定："耕地占用税的税额规定如下：（一）人均耕地不超过 1 亩的地区（以县级行政区域为单位，下同），每平方米为 10 元至 50 元；（二）人均耕地超过 1 亩但不超过 2 亩的地区，每平方米为 8 元至 40 元；（三）人均耕地超过 2 亩但不超过 3 亩的地区，每平方米为 6 元至 30 元；（四）人均耕地超过 3 亩的地区，每平方米为 5 元至 25 元。国务院财政、税务主管部门根据人均耕地面积和经济发展情况确定各省、自治区、直辖市的平均税额。各地适用税额，由省、自治区、直辖市人民政府在本条第一款规定的税额幅度内，根据本地区情况核定。各省、自治区、直辖市人民政府核定的适用税额的平均水平，不得低于本条第二款规定的平均税额。"《财政部国家税务总局关于耕地占用税平均税额和纳税义务发生时间问题的通知》（财税〔2007〕176 号）对各省、自治区、直辖市耕地占用税的平均税额作出了进一步规定（见表 7-5）。但同时该通知指出，占用林地、牧草地、农田水利用地、养殖水面及渔业水域滩涂等其他农用地的适用税额可适当低于占用耕地的适用税额。

**表 7-5　　　各省、自治区、直辖市耕地占用税平均税额表**

| 地区 | 每平方米平均税额（元） |
|---|---|
| 上海 | 45 |
| 北京 | 40 |
| 天津 | 35 |
| 江苏、浙江、福建、广东 | 30 |
| 辽宁、湖北、湖南 | 25 |
| 河北、安徽、江西、山东、河南、重庆、四川 | 22.5 |
| 广西、海南、贵州、云南、陕西 | 20 |
| 山西、吉林、黑龙江 | 17.5 |
| 内蒙古、西藏、甘肃、青海、宁夏、新疆 | 12.5 |

### （二）耕地占用税税率的筹划

耕地占用税实行地区差别幅度定额税率，在条件允许的情况下，单位和个人可根据自身情况选择耕地占用税税率较低的地区使用耕地。另外，对于同样的用途，如果占用的农用地类型不同，计征耕地占用税时适用的税率也会有所差异。比如，《中华人民共和国耕地占用税暂行条例》第七条规定："占用基本农田的，适用税额应当在本条例第五条第三款、第六条规定的当地适用税额的基础上提高 50％。"《中华人民共和国耕地占用税暂行条例实施细则》第二十九条指出："占用林地、牧草地、农田水利用地、养殖水面以及渔业水域滩涂等其他农用地建房或者从事非农业建设的，适用税额可以适当低于当地占用耕地的适用税额，具体适用税额按照各省、自治区、直辖市人民政府的规定执行。"因此，单位和个人从事建房或非农业建设时，占用基本农田所负担的耕地占用税会高于占用其他农用地，在其他条件相差不大的情况下，应避免占用基本农田。

### 三、税收优惠的筹划

#### （一）耕地占用税税收优惠的法律规定

1. 免征耕地占用税

（1）军事设施占用耕地。这里的军事设施具体范围包括：地上、地下的军事指挥、作战工程；军用机场、港口、码头；营区、训练场、试验场；军用洞库、仓库；军用通信、侦察、导航、观测台站和测量、导航、助航标志；军用公路、铁路专用线，军用通信、输电线路，军用输油、输水管道；其他直接用于军事用途的设施。

（2）学校、幼儿园、养老院、医院占用耕地。学校具体范围包括县级以上人民政府教育行政部门批准成立的大学、中学、小学、学历性职业教育学校及特殊教育学校，学校内经营性场所和教职工住房占用耕地的，按照当地适用税额缴纳耕地占用税。幼儿园具体范围限于县级人民政府教育行政部门登记注册或者备案的幼儿园内专门用于幼儿保育、教育的场所。养老院具体范围限于经批准设立的养老院内专门为老年人提供生活照顾的场所。

2. 减征耕地占用税

（1）铁路线路、公路线路、飞机场跑道、停机坪、港口、航道占用耕地，减按每平方米2元的税额征收耕地占用税。根据实际需要，国务院财政、税务主管部门商国务院有关部门并报国务院批准后，可以对以上情形免征或者减征耕地占用税。

（2）农村居民占用耕地新建住宅，按照当地适用税额减半征收耕地占用税。

农村烈士家属、残疾军人、鳏寡孤独及革命老根据地、少数民族聚居区和边远贫困山区生活困难的农村居民，在规定用地标准以内新建住宅缴纳耕地占用税确有困难的，经所在地乡（镇）人民政府审核，报经县级人民政府批准后，可以免征或者减征耕地占用税。

依照条例规定免征或者减征耕地占用税后，纳税人改变原占地用途，不再属于免征或者减征耕地占用税情形的，应当按照当地适用税额补缴耕地占用税。

3. 退还耕地占用税

纳税人临时占用耕地，应当依照《中华人民共和国耕地占用税暂行条例》的规定缴纳耕地占用税[①]。纳税人在批准临时占用耕地的期限内恢复所占用耕地原状的，全额退还已经缴纳的耕地占用税。但《中华人民共和国耕地占用税暂行条例实施细则》第二十三条规定："因污染、取土、采矿塌陷等损毁耕地的，比照条例第十三条规定的临时占用耕地的情况，由造成损毁的单位或者个人缴纳耕地占用税。超过2年未恢复耕地原状的，已征税款不予退还。"

---

① 临时占用耕地是指纳税人因建设项目施工、地质勘查等需要，在一般不超过2年内临时使用耕地并且没有修建永久性建筑物的行为。

### (二) 耕地占用税税收优惠的筹划

通常情况下，只有特定单位和个人占用耕地或用于特定用途的耕地才可享受耕地占用税的减免税待遇，这些特定单位和个人应注意享受减免税的条件。对于一般单位和个人而言，直接利用耕地占用税优惠政策进行税收筹划的空间不是很大。这里主要提出两点：一是临时占用耕地的单位和个人应尽可能在 2 年内恢复耕地原状，以便能够退还已纳耕地占用税；二是对投资于滩涂并与种植业、捕捞业、养殖业等相关联，进行农产品初加工、深加工等工业项目的，在征用土地时可以分别办理有关用地手续，进而可以节省耕地占用税费用。

## 【案例分析与讨论】

学习完前面的内容后，我们现在可以回答本节【案例导入】中提出的问题了。公司占用的 95 亩土地用于猪场建设，仍属于农业用途，不用缴纳耕地占用税，另外 5 亩土地用于建设肉制品加工厂，属于耕地占用税的课税范围，如果公司将农业生产部分及农产品初加工部分与深加工部分分开核算，分别办理有关用地手续，则应缴纳耕地占用税为 10 万元 (5×666.67×30÷10 000)。但如果整体征用，则应纳耕地占用税为 200 万元 (100×666.67×30÷10 000)。

通过计算对比分析，我们发现整体征用与切块分别征用多增加 190 万元耕地占用税。因此，在兴办工业或服务业项目时，在规划工业或服务业用地时，要兼顾滩涂大农业的特点，形成前农后工或农加工、服务等产业链条，充分利用耕地占用税的优惠条件。

# 第四节　城市维护建设税筹划

## 【案例导入】

A 厂是一家乡镇企业，厂址设在 B 市的市区，注册资金 50 万元，在职职工人数 35 人，经营范围主要是服装，经营方式为制衣加工。2012 年销售收入 350 万元，增值税 20 万元，利润总额 25 万元，固定资产净值 100 万元，所有者权益 150 万元。

2013 年 10 月，经税务人员对该企业"应交税金——应交城市维护建设税"账户检查发现，该账户有贷方余额 1.2 万元，企业账面反映 2013 年 1 月到 9 月已缴销售税金 15 万元，已缴城市维护建设税 1500 元，当年计提的城市维护建设税已申报缴纳，上述余额系 2012 年结转的余额。进一步核对该企业 2012 年有关收入账户与凭证，核实企业 2012 年应缴增值税 20 万元，按 7% 税率计提城市建设税应为 1.4 万元，但该企业只按 1% 的税率计算申报，实际缴纳城市维护建设税 2000 元。据企业有关人员反映，在

2012 年，企业按规定提取 7％的城市维护建设税后，了解到其他乡镇企业按 1％缴纳城市维护建设税，感到按 7％缴纳城市维护建设税吃亏，故先按 1％税率申报纳税，其余部分挂在账上。

思考：企业的做法是否正确？企业应如何进行城市维护建设税筹划？

## 一、纳税人的筹划

### （一）城市维护建设税纳税人的法律规定

城市建设维护税（以下简称"城建税"）是对从事工商经营，缴纳增值税、消费税和营业税（以下简称"三税"）的单位和个人征收的一种税。城建税的纳税人是负有缴纳增值税、消费税和营业税义务的单位和个人。2010 年 12 月 1 日起，外商投资企业和外国企业及外籍个人开始征收城建税。对外资企业 2010 年 12 月 1 日（含）之后发生纳税义务的增值税、消费税、营业税征收城建税和教育费附加；对外资企业 2010 年 12 月 1 日之前发生纳税义务的"三税"，不征收城建税和教育费附加。

### （二）城市维护建设税纳税人的筹划

由于城建税是附加在"三税"基础上的一种附加税，没有自己独立的课税对象，因此，在通常情况下，如果纳税人不让自己成为增值税、消费税和营业税中任何一个税种的纳税人，就可以避免成为城建税的纳税人。

## 二、计税依据的筹划

### （一）城市维护建设税计税依据的法律规定

城建税的计税依据是纳税人实际缴纳的"三税"税额。纳税人违反"三税"有关税法而加收的滞纳金和罚款，是税务机关对纳税人违法行为的经济制裁，不作为城建税的计税依据，但纳税人在被查补"三税"和被处以罚款时，应同时对其偷漏的城建税进行补税，征收滞纳金和罚款。

城建税以"三税"税额为计税依据并同时征收，如果要免征或者减征"三税"，也就要同时免征或减征城建税。但对出口退还增值税、消费税的，不退还已缴纳的城建税。自 2005 年 1 月 1 日起，经国家税务总局正式审核批准的当期免抵的增值税税额应纳入城建税的计征范围，分别按规定的税率征收城建税。

### （二）城市维护建设税计税依据的筹划

由于城建税以纳税人实际缴纳的"三税"税额为计税依据，因此，在城建税税率既定的条件下，减少了"三税"税额也就降低了城建税的税额。前面的章节已对增值税、消费税和营业税的筹划问题进行了较为细致的探讨，在此不再赘述。

### 三、税率的筹划

#### （一）城市维护建设税税率的法律规定

城建税采取地区差别比例税率，即按照纳税人所在地区的不同，分别设置了7%、5%和1%三个档次的税率。其中，纳税人所在地区为市区的，税率为7%；纳税人所在地区为县城、镇的，税率为5%；纳税人所在地不在市区、县城或者镇的，税率为1%；开采海上石油资源的中外合作油（气）田所在地在海上，其城建税税率为1%。自2009年1月1日起，西藏自治区的城市维护建设税不再按行政区域划分7%、5%的两档差别税率，而统一执行7%的单一税率。

#### （二）城市维护建设税税率的筹划

由于纳税人所在地不同，其适用的城建税税率会存在一定差异，因此，在对其他方面要求不高的条件下，纳税人可以将其机构所在地确定在县城、镇甚至农村地区，这样可以适用5%或1%的低税率。城建税的适用税率应当按照纳税人所在地的规定税率执行，但是，对下列两种情况，可按缴纳"三税"所在地的规定税率就地缴纳城建税：①由受托方代收代缴、代扣代缴"三税"的单位和个人，其代扣代缴、代收代缴的城建税按受托方所在地适用税率执行；②流动经营无固定纳税地点的单位和个人，在经营地缴纳"三税"的，其城建税的缴纳按经营地适用税率执行。因此，在委托加工业务中，委托方选择受托方时应当考虑受托方所在地的适用税率。下面通过举例对此加以说明。2013年，A公司拟委托加工一批总价值为800万元的新型化妆品，受托加工单位位于市区，由受托加工单位代扣代缴消费税400万元，那么受托加工单位必须同时代扣代缴城建税28万元（400×7%）。如果进行筹划，A公司委托某县城的加工企业加工化妆品，则只需缴纳城建税20万元（400×5%）；若是委托某乡的乡镇企业加工，缴纳的城建税仅为4万元（400×1%）。

## 【案例分析与讨论】

学习完前面的内容之后，读者现在应该可以回答本节的【案例导入】中提出的问题了。公司财务人员的理解显然是不正确的。这是因为，根据《中华人民共和国城市维护建设税暂行条例》第四条规定，纳税人所在地在市区的，税率为7%。而该乡镇企业处在市区，应适用7%的税率计算城市维护建设税，并按照7%的税率申报缴纳城建税。从税法的规定看，城市维护建设税税率的确定依据是纳税人所在地的行政区划的归属，而不是按其隶属关系，这就会产生同样隶属关系的企业，适用税率不同，税负不一致的情况，客观上使纳税人产生了横向对比税负不平衡的心理。

---

**本章小结**

印花税、车辆购置税、耕地占用税和城市维护建设税虽然属于小税种，与流转税和所得税类的税种相比，其筹划空间相对较小，但如果操作得当，仍然可以帮助纳税人减少不必要的税收负担。本章主要基于纳税人、计税依据、税率和优惠政策等角度分析了四个税种的筹划策略。对于印花税和车辆购置税而言，其计税依据的筹划空间较大；对于耕地占用税来说，其税率的筹划空间较大；对于城建税而言，其计税依据和税率筹划空间较大，由于城建税是附加在增值税、消费税和营业税基础上的一种附加税，其计税依据的筹划与"三税"的筹划是相通的。

---

**思考与练习**

**一、思考题**

1. 印花税的计税依据如何筹划？

2. 印花税税率的筹划要点是什么？

3. 车辆购置税的计税依据如何筹划？

4. 耕地占用税税率的筹划要点是什么？

5. 城建税的税率有何特点？如何对城建税的税率进行筹划？

**二、练习题**

1. 2013 年 8 月甲公司因与省外一家公司发生业务，需送一批产品到广东，有与铁道部门签订运输合同，合同中所载运输费及保管费共计 350 万元。由于该合同中涉及货物运输合同和仓储保管合同两个印花税税目，而且两者税率不相同，前者为 0.5‰，后者为 1‰。根据上述规定，未分别记载金额的，按税率高的计税贴花，即按 1‰税率计算应贴印花，其应纳税额为 3 500 元（350×1‰×10 000）。

要求：请根据上述情况为该公司提供税收筹划方案。

2. 某房地产开发公司开发销售公寓、办公用房和商业用房，注册资本 6 000 万元，在职员工 60 人。2011 年 1 月，该公司与某建筑工程公司签订财大工程施工合同，金额为 13 000 万元，合同签订后，印花税即已缴纳。该工程于 2013 年 11 月竣工。由于工程建筑图纸重大修改，原办公楼由七层改为五层，实际工程决算金额为 9 600 万元。该公司 2013 年 12 月签订交大工程建筑施工合同，合同金额为 16 000 万元，并以财大工程多缴印花税为由，直接冲减合同金额 3 400 万元，然后计算缴纳印花税。交大工程还有建筑设计合同金额 400 万元，电力安装工程合同 800 万元，消防安装合同 600 万元，建筑技术咨询合同 40 万元，均尚未申报缴纳印花税。

请问：根据我国现行印花税暂行条例的规定，该公司计算缴纳印花税的做法正确吗？该公司应如何进行印花税筹划？

3. 甲某在一家汽车经销商（增值税一般纳税人）购买了一辆本田轿车，车辆价格为 234 000 元，他还购买了工具用具 6 000 元，支付汽车美容费用 25 000 元，3 项价款由汽车销售商开具了《机动车销售统一发票》，发票合计金额 265 000 元。

请问对于上述情况，我们该如何为甲某节省税费？

4. 赵先生在一家 4S 汽车经销店（增值税一般纳税人）相中一辆宝马轿车，价格为 225000 元。他还在店内购买了 4000 元的专用工具和 15000 元的汽车装饰。

请问：赵先生该如何操作才能达到节税效果？

### 参考文献

[1] 吕芙蓉. 印花税的几种筹划 [J]. 税收征纳，2009 (6)：52-53.

[2] 薄异伟. 印花税筹划探索 [J]. 财会通讯；理财，2008，(6)：111-112.

[3] 周宁. 不可忽视的小税种——印花税 [J]. 湖南地税，2010 (2)：35.

[4] 舒玲敏. 方寸印花税之我见 [J]. 财经界（学术），2010 (8)：225-226.

[5] 丁宁. 勿以利小而不为——浅议企业印花税的税收筹划 [J]. 财会学习，2008 (9)：58.

[6] 朱亚平. 企业印花税筹划方法探讨 [J]. 鄂州大学学报，2013 (1)：31-33.

[7] 刘建民，谭光荣. 税收筹划 [M]. 长沙：湖南大学出版社，2009.

[8] 程辉. 购车进行税收筹划可省车辆购置税 [J]. 税收征纳，2011 (8)：30-31.

[9] 黄洪. 基于汽车型号的车辆购置税筹划 [J]. 会计之友，2012 (8)：118-119.

# 第八章 国际税收筹划

【学习目标】

通过本章的学习，掌握国际税收筹划的概念，了解国际税收筹划产生的原因及国际税收筹划对人才素质的要求，掌握自然人和法人进行国际税收筹划的主要策略及注意事项。

【学习重点】

法人国际税收筹划的主要策略，尤其是通过转让定价、避税地、公司组织形式、资本弱化及国际税收协定进行税收筹划的策略及注意事项。

## 【案例导入】[①]

苹果公司总部设在加利福尼亚州库比蒂诺市，雷诺市与库比蒂诺市相距仅 200 英里。雷诺市的办事处主要收集苹果的利润并进行投资，通过这种方式，苹果避开了一部分利润的所得税。原因是什么呢？因为加利福尼亚州的企业税率为 8.84%，而内华达州的企业税率为 0。在雷诺市设办事处只是苹果公司为了避税而采取的许多合法方法之一，苹果公司每年合法避税的数额高达数十亿美元。与内华达州的情况一样，苹果公司还在爱尔兰、荷兰、卢森堡和英属维京群岛等低税率地区设立了不少分公司，以帮助它减少纳税。

## 一、全球纳税战略

每一秒钟，都会有无数消费者在 iTunes 上点击"购买"按钮或是购买其他的苹果产品。交易一完成，苹果公司内部财务引擎就开始运作，瞬息之间将收入集中到雷诺的分公司，帮助公司避开各州的纳税，它在全球各地设立的分公司也会帮助苹果公司减少应该上缴给美国政府和其他各国政府的税款。

例如，苹果公司在卢森堡设立了一家名为 iTunes SARL 的分公司，这家分公司只

---

① 摘自 2012 年 4 月 29 日《纽约时报》。

有几十名员工，对外界而言，这家公司存在的唯一证据只是一个贴着"iTunes S ARL"的邮箱而已。

卢森堡的人口只有50万人。但是当整个欧洲、非洲或中东地区及其他地区的消费者下载了一首歌曲、一部电视剧或一款应用程序的时候，销售记录就会出现在卢森堡的这家分公司。据苹果公司一位高管称，iTunes SARL 2011年的收入超过10亿美元，占iTunes全球销售额的20%左右。

据苹果公司高管称，卢森堡也是低税率国家。卢森堡向苹果公司和其他科技公司提供低税率的条件是他们必须让那些交易经由卢森堡完成。那些税款原本应流向英国、法国、美国和其他国家，但最终却以更低税率流向卢森堡。

在2007年之前负责苹果iTunes在欧洲市场的零售宣传和销售业务的罗伯特·哈塔（Robert Hatta）称："我们在卢森堡设立分公司的原因是这里的税率很低。下载和拖拉机或钢铁贸易不同，因为它是无形商品贸易，不管你的计算机是在法国或是英国，这都没有关系。如果你是从卢森堡购买的歌曲，那就在卢森堡纳税。"

苹果公司发言人对此未予置评。

可下载的商品说明了现代税收系统在电子贸易为主的经济时代已经不适用了。苹果公司特别擅长寻找合法的纳税漏洞并且聘请了许多的会计师来研究合法避税的课题。例如，苹果公司的第一位税务政策主管（已于1999年离开苹果公司）迈克尔·拉什金（Michael Rashkin）称："在20世纪80年代，苹果公司是第一批将海外分销机构称作看门人而不是零售商的公司之一。"

对于客户们来说，这样的定义没什么值得注意的。但是因为看门人从不占有存货，这个结构允许高税率的德国的一位销售员代表低税率的新加坡的一家分公司来销售计算机。因此，大部分利润将在新加坡而不是德国纳税。

## 二、Double Irish

在20世纪80年代末期，苹果公司率先研究出一种名为Double Irish的纳税结构，这种纳税结构允许公司将利润转移到全球各地的避税港。

苹果公司建立了两家爱尔兰分公司，它们现在的名称分别为"苹果国际运营公司"（Apple Operations International）和"苹果国际销售公司"（Apple Sales International），并在科克市环保区建了一座玻璃墙环绕的工厂。据知情人士称，因为苹果公司为当地提供了就业机会，爱尔兰政府为苹果公司提供了税务减免的优惠条件。

但是更大的优势在于，这样的安排可以让苹果公司将加利福尼亚州开发出来的专利技术的版税转移到爱尔兰。这样的转移是在苹果公司内部进行的，只要将资金从公司的某个部分转移到海外的一家分公司即可。但是最终的结果却是，某些利润会按照爱尔兰的纳税税率即12.5%来缴纳，远远低于美国35%的税率。2004年，苹果公司1/3的全球营收都来自人口不足 500 万人的爱尔兰。

爱尔兰的第二家分公司 "Double" 允许公司的其他利润流向加勒比海地区的免税公司。苹果公司将其爱尔兰分公司的部分股权放到了免税天堂英属维尔京群岛的 Baldwin Holdings Unlimited 公司手中。Baldwin Holdings 公司甚至没有注册办公地点或电话，它唯一的董事是生活在库比蒂诺市的苹果首席财务官彼得·奥本海默（Peter Oppenheimer）。

最终，由于爱尔兰与欧洲各国达成的协议，苹果公司的部分利润可以以免税形式流向荷兰。对外界观察员和税务当局来说，这个过程是无迹可寻的。

苹果公司在 20 世纪 90 年代中期的掌舵者罗伯特·普罗姆（Robert Promm）将这一政策称为公司在欧洲保守得最糟糕的秘密。

目前还不清楚苹果公司的海外业务是如何运作的。2006 年，苹果公司重组了爱尔兰分公司，将它们变成了无限责任公司，这样就不必披露公司的财务信息。

然而，税务专家们指出，像 Double Irish 这样的战略有助于说明苹公司果是如何将 2011 年的国际税率降低到 3.2% 的。苹果对此未予置评。

据苹果公司最新财报显示，它上一个财年税前利润为 342 亿美元，其中大约 70% 或 240 亿美元来自海外市场，30% 来自美国。但前财政部经济学家沙利文称，鉴于苹果公司所有的营销和产品都是在美国设计的，所以其至少有 50% 的利润应该来自美国。

如果苹果公司的利润有一半来自美国，另一半来自海外的话，那么它 2011 年上缴的联邦税款大约会增加 24 亿美元。因为在美国，利润达到一定高度，企业所得税的税率也会相应提高。

沙利文称："与其他许多跨国公司一样，苹果公司巧妙地利用合法手段保留了利润，当美国最赚钱的公司上缴的税款减少之后，普通百姓的纳税负担就会更重了。"

其他的税务专家如国会税务联合委员会参谋长爱德华·克兰巴德（Edward D. Kleinbard）也得出了类似的结论。

克兰巴德目前在南加利福亚大学担任税务法教授，他表示："苹果公司和其他跨国公司使用的这种避税战略不只将公司应上交给美国政府的税款降低到最低水平，而且它应当上交给德国、法国、英国和其他许多公司的税款也减少了。"

对于这些公司来说，这种战略的唯一一个不利之处在于：当那些资金流到海外之后，如果不产生新的税款，就无法回到美国。

但是这种情况可能也会发生变化。苹果公司有 740 亿美元的资金位于海外，它 2011 年联合了近 50 家公司敦促国会通过一项"回国度假"的政策，允许美国公司在无须缴纳高额税款的情况下将海外资金收回国内。参与游说的公司还包括谷歌、微软和辉瑞制药。他们聘请了数十名游说专员来促成此项政策。现在这一提案尚未在国会投票。据国会的一份报告称，如果这项税务成功减免，那么联邦政府将在未来十年减少 790 亿美元的税收。

思考：苹果公司是如何在全球范围内减轻税负的？实施国际税收筹划的主要策略有哪些？

# 第一节　国际税收筹划概论

## 一、国际税收筹划的概念

随着各国对外开放程度的提高及经济全球化进程的加快，各种要素的跨国流动日益普遍，跨国经济活动不断涌现，由于各国的税制及税收管辖权不同，跨国经济活动主体享受的税收待遇不尽一致。对于跨国经济活动主体来说，如何在坚持整体利益最大化原则的前提下尽可能降低其在全球范围内的税负成为值得关注的课题。所谓国际税收筹划是指跨国纳税人在不违法或合法的前提下，利用各国税收法规的差异、漏洞及国际税收协定中的缺陷，通过对自身各种经济活动的合理事先安排，按照整体利益最大化的原则，尽可能减轻其在全球范围内税收负担的行为。理解国际税收筹划的概念应把握以下几个要点：①国际税收筹划的主体是跨国纳税人，并因此涉及多个国家的税制及税收法律文件；②国际税收筹划的主要目的是降低甚至免除有关的税收负担，但这并不是唯一目的，在某些情况下需要考虑非税目的；③国际税收筹划所采用的手段必须不违法或者合法。

对国际税收筹划的理解有广义和狭义之分。广义的理解是国际税收筹划包括国际节税和国际避税。国际节税筹划不仅合法，而且纳税人筹划行为的实施是符合东道国立法意图的。国际避税从表面上看尽管不违法，但纳税人是通过钻税法的漏洞来实现减税目的的，违背了东道国的立法意图。狭义的理解是国际税收筹划仅指国际节税筹划。从实践来看，国外不少跨国公司在经营中，均存在着不同程度的避税行为，实施的是广义上的国际税收筹划策略。

国际税收筹划与国内税收筹划既有联系又有区别。联系在于：国际税收筹划是国内税收筹划在国际范围内的延伸和发展，两者使用的方式和最终达到的目的都基本一致。区别在于：国际税收筹划是在国际经济大环境中存在的，其产生的客观原因是国家间的税制差别。如果各国税法都千人一面，那税收筹划就不会有国际、国内的区别了。另外，跨国纳税人跨越了国境，涉及两个以上的国家，其所得来源、渠道、种类、数目等都比较复杂，所以，跨国纳税人必须根据错综复杂的税务环境制订不同的税务计划，其着眼点不在于在一个征收国家内税负最小，而追求全球范围内总体税负最小，因而国际税收筹划比国内税收筹划更复杂、更普遍。另外，国际税收筹划与国际逃税不同。国际逃税（International Tax Evasion）是指跨国纳税人在从事国际经贸活动中，利用征税国在国际税收征管上的漏洞，运用欺诈、隐瞒等非法手段，使税务机关难以掌握其真实的所得状况，以减轻和逃避在征税国纳税义务的行为。

还需要指出的是，税收筹划的概念有相当程度的弹性，它是一个相对的概念。由于各国法律标准不同，差异较大，且各国的法律也在不断完善之中，因此，某一跨国纳税者所进行的某种减轻税负的合理税收筹划行为，在另一个国家或者同一国家的不同时间，有时会被认为是应禁止的避税行为，甚至是逃税行为。

## 二、国际税收筹划的客观条件

跨国纳税人作为独立的经济利益主体，有其特定的利益诉求。在所得为一定的情况下，纳税越少则获利越多。但跨国税收筹划得以成功仅有纳税人的主观愿望还不够，还必须具备相应的客观条件使其筹划行为变为现实。总的来说，国际税收筹划的客观条件主要表现在以下几个方面。

### (一) 各国行使税收管辖权范围和程度上的差异

所谓税收管辖权是指一国政府在征税方面的主权，它表现在一国政府有权决定对哪些人征税、征哪些税及征多少税等方面。各国行使的税收管辖权有居民、公民和地域管辖权三种类型。居民管辖权，是指征税国对其境内所有居民的全部所得行使征税权力；公民管辖权是指征税国对具有本国国籍的公民在世界各地取得的收入行使征税权力；地域管辖权是按照本国主权达到的地域范围确立的。世界各国一般是以一种管辖权为主，以另一种管辖权为补充，也有单一行使地域管辖权的。

(1) 两个主权国家同时实行居民管辖权，但是各国的居民身份判定标准不同。

在确定自然人居民时，有的国家采用住所标准，有的国家可能采用时间标准，还有的国家则可能采用意愿标准；在确定法人居民时，有的国家采用登记注册标准，有的国家采用总机构标准，还有的国家则可能采用实际管理中心标准。这就为避税创造了条件。

①两国均采用停留时间标准，但是时限并不一致。有的国家采用半年期标准[①]，有的国家采用 1 年期标准（如中国），还有的国家在规定当事人在某一年度是否为本国居民时，不仅要看其在本年度停留的天数，而且还要考虑其在以前年度在本国停留的天数（如英国、美国等）。因此，个人如果了解了相关国家的停留时间标准，可以对本人在这些国家的停留时间进行灵活调整，从而避免成为该国居民。

②两国均以住所为标准。住所一般是指一个人固定的或永久性的居住地。目前多数国家采用客观标准来确定个人的住所，即要看当事人在本国是否有定居或习惯性居住的事实，但也有一些国家同时还采用主观标准确定个人的住所，如果当事人在本国有定居的愿望或意向，就可以判定他在本国有住所。对于那些采取主观意愿标准的国家，个人如果不想成为其居民，应避免流露出其在该国永久居住的意愿。

---

① 通常为 183 天，但也有的国家规定为 182 天（如印度、马来西亚等）或 180 天（如泰国）.

③若两国判断法人居民时，采取标准不同，也会导致避税。例如，有一家跨国公司在甲国注册成立，而实际管理机构设在乙国。甲国是以实际管理机构认定法人居民身份的，而乙国则是以注册地为标准。因此，该跨国公司按照乙国和甲国的国内法，都被判断为非居民。这样，该跨国公司就可以成功地在两国均逃避税收义务。

所以同时实行居民管辖权的国家，由于法律认定居民身份的标准不同，容易为国际税收筹划创造条件。

（2）两国同时实行地域管辖权，由于有关国家采用的收入来源地标准不同，也可能形成真空地带，为避税提供可乘之机。

目前，各国对于所得范围及其来源的判断不尽一致。有的国家规定某一所得属于所得税的征税范围，而有的国家则规定不纳税。对于同一类所得，A国可能采取这一种标准确定其来源地，B国则可能采取另一种标准确定其来源地。比如，对于经营所得，大陆法系的国家通常采用常设机构标准来判定纳税人的经营所得，而英美法系的国家比较侧重用交易或经营地点来判定经营所得的来源地。对于劳务所得来源地的判定标准又包括了劳务提供地标准、劳务所得支付地标准及劳务合同签订地标准等。了解了各国对所得来源地的判定标准就可以采取适当的行为避免将其所得判定为相关国家的所得。

（3）一国实行居民管辖权，一国实行地域管辖权，则更可能发生避税情况。实行居民管辖权的国家，只要该跨国纳税人不是该国居民，就不向其行使征税权，实行地域管辖权的国家，只要该项收入不是来源于本国，也不进行征税。

总之，各国税收管辖权的差异可为纳税人进行国际避税提供空间。卡特是英国一名发明家，他将该项发明转让给卡塔尔一家公司，并以专利持有者的身份获得50 000美元的技术转让费。而技术转让费获得者非卡塔尔政府规定的纳税人。与此同时，他又将英国的住所出卖，来到中国香港地区，英国政府无法向其征税。而中国香港地区，亦实行单一的所得来源地管辖权，对卡特的收入无能为力。这是利用各国税收管辖权差异避税的一个典型案例。

### （二）各国税制的差异

尽管世界上绝大多数国家都实行复合税制，但没有任何两个国家的税制是完全相同的，这些差异表现在税种、税率、课税对象、计税依据等多个方面。

（1）税种的的差别。世界各国开征的税种当中，有些是相同或类似的，具有一定的普遍性，如个人所得税、公司所得税等，但也有些税种体现出了较强的国家特色，仅在个别国家得以开征。有的国家开征了增值税、遗产赠与税，也有的国家没有开征这些税种。这就为个人或企业从事跨国经济活动时规避相关税负提供了选择空间。

（2）税率的差别。各国税率高低不一，而且有的采取比例税率，有的采取累进税率。对纳税筹划者来说，这种征收方式和税率高低的差异就是税收筹划的基础。通过人的流动，资金所得的流动，从高税负地区流向低税负地区，可以享受因税率差异带来的税收利益。

（3）税基范围差别。作为同一种税，它的税基可能是相同的，但税基的外延是不同的。许多发展中国家，政府为了吸引外商前来投资，在涉外税法中作了一些优惠规定，还在一定程度上缩小了税基。有许多国家规定某项成本费用可以扣除，但另一国家可能不予扣除，这就引起税基范围的差别。

（4）各国税收优惠措施不一致。实行国际税收优惠的国家，一般对外国纳税人提供了种种优惠条件，尤其对投资所得提供优惠，不仅在发展中国家，就是在发达国家也较常见。由于税收优惠，使一些国家的实际税率大大低于名义税率，即使在一些高税率国家也会出现避税机会。各国为吸引外国资金和技术，在税收优惠方面也展开了竞争，花样不断翻新，税收优惠无疑为跨国公司提供了税收庇护。由于各种优惠措施是税法中明确规定的，所以人们利用这些措施也是合理的。此外，各国税收优惠措施存在程度上的差异，这自然为跨国纳税人选择从事经营活动的国家和地区提供了回旋余地。跨国公司利用有关国家的税收政策可以有效地进行税收筹划。

### （三）避免国际重复课税方法的差异

所谓国际重复课税是指两个或两个以上的国家，在同一时期内，对同一纳税人或不同纳税人的同一课税对象征收相同或类似的税收，它包括法律性重复课税和经济性重复课税。法律性重复征税是指两个或两个以上拥有税收管辖权的征税主体对同一纳税人的同一课税对象同时行使征税权产生的重复征税。比如，甲国的居民公司 A 在乙国设立了分公司 B，乙国对分公司 B 课征了公司所得税，甲国对分公司 B 也课征公司所得税，由于居民公司 A 和分公司 B 是同一法人实体，这就构成了法律性重复课税。经济性重复课税是指两个或两个以上征税主体对不同纳税人的同一课税对象同时行使征税权产生的重复征税。比如，甲国的居民公司 A 在乙国设立了子公司 B，乙国对子公司 B 课征了公司所得税，甲国对居民公司 A 从子公司 B 分得的股息、红利也要课征公司所得税，由于 A 公司和 B 公司均为独立的法人实体，而两者的课税对象属于同一税源，从而构成了经济性重复课税。目前，在各国税法和国际税收协定中通常采用的免除国际双重征税的方法有免税法、扣除法、抵免法和减免法。各国从合理调整税收负担、充分运用国际资金方面考虑，都采取了免除国际双重征税的措施。但是，有些国家采用免税法，有些国家采用抵免法；有些国家采用分国抵免限额，有些国家采用综合抵免限额；一些国家允许税收饶让，而另一些国家不允许税收饶让。总之，各国都先选择于自己有利的方法，这就诱发了国际税收筹划，使跨国纳税人有机可乘。

### （四）国际避税地的存在

避税地又称"避税港"，是指对收入和财产免税或按很低的税率课税的国家或地区。也就是说，一个国家或地区的政府为了吸引外国资本流入，繁荣本国或地区的经济，弥补自身的资本不足和改善国际收支水平，吸引国际投资，在本国或本国的一定区域和范围内，允许并鼓励外国政府和民间在此投资及从事各种经济贸易活动，同时对在这里从事投资、经营活动的企业和个人给予免纳税或少纳税的优惠待遇。避税地在不同的国家有不同的名称，如英语国家称其为"避税港"，法国人称其为"财政天堂"，德国人习惯称其为"税收绿洲"，避税地国家和地区往往自称为"金融中心"。避税地通常具有以下几个方面的特征：①无税或相对低税率；②交通和通信便利；③银行保密制度严格；④有稳定的货币和灵活的兑换管制；⑤有一个重要且不合比例的金融业，而实质性的交易活动相对比例较少；⑥提升和推广避税地成为离岸金融中心；⑦税收条约的存在与运用。

尽管国际上的避税地有很多，但避税地与避税地之间还是有所差异。一般认为，国际避税地可以分为以下几种类型：

（1）不征收任何所得税的国家和地区。这种避税地被称为"纯避税地"或"典型的避税地"，如巴哈马、百慕大群岛、开曼群岛、瑙鲁、瓦努阿图等。

（2）征收所得税但税率较低的国家和地区。这类避税地包括瑞士、列支敦士登、海峡群岛、英属维尔京群岛、所罗门群岛等。

（3）所得税课征仅实行地域管辖权的国家和地区。这类国家和地区虽然课征所得税，但对纳税人的境外所得不征税，如巴拿马、利比里亚、中国香港地区等。

（4）对国内一般公司征收正常的所得税，但对某些特定公司提供特殊税收优惠的国家和地区。例如，卢森堡的所得税税率并不低，但该国对符合条件的控股公司不征所得税，结果使卢森堡成为控股公司的理想设立地。

（5）与其他国家签订有大量税收协定的国家，典型代表是荷兰。目前，荷兰签订生效的避免对所得双重征税的协定已达80多个，它与美国、中国、英国、德国、日本等主要经济大国均签订了双边税收协定。根据这些协定，荷兰对向在本国公司中实质性参股（参股比例一般须在25%以上）的协定国居民公司支付股息只征收很低的预提税，在与捷克、丹麦、芬兰等国签订的协定中，该税率甚至降至零。同时，根据荷兰税法，荷兰对向外国居民支付的利息、特许权使用费免征预提税。这样，外国公司在荷兰建立中介性的控股公司、金融公司就非常有利。

不同类型国际避税地的存在为跨国纳税人进行国际避税提供了较大空间。在大多数情况下，跨国公司把避税地和转让定价、中介金融/贸易公司、滥用税收协定、信托等避税方法结合使用，构成复杂的交易网络和交易性质，让高税国税务局难以追查交易的来源去向。

### （五）世界各国在税收征收管理方面存在着许多缺陷

1. 税务当局对跨国涉税行为的调查取证难度大

一般来说，由于条件的限制，一国不可能经常去境外调查，有时还由于其他因素，而根本无法去境外配合，又可能由于政治的或其他的原因而遭拒绝；同时，由于各国行政司法制度不同，即使是相同的一种税收筹划行为，可能两国间在处理方式及确认标准方面也难以取得一致意见。

跨国纳税人的经营活动是国际性的，想要有效地防止其避税，必须对纳税人的跨国经营活动进行调查，但这项调查工作难度很大。一方面跨国纳税人本人为了进行税收筹划活动，可以少提供资料，以确保税收筹划的有效性；另一方面，即使税务局想从跨国公司雇佣的各类专业人员，如注册会计师、审计师等人员处获取情报，这些人员由于为客户服务和保密的目的也不愿提供。这就给税务当局的调查工作带来了极大的不便。

### 2. 税务当局防范避税的手段较为落后

现在世界上一些精明的跨国纳税人往往利用各国之间征管水平的差距，有针对性地采用一些先进的避税工具和方法。国际税收筹划的执行者和研究者们都在不断寻求更为高明的手段和更为先进的工具。与其相对应的，许多国家的税务当局还采用传统的方法和落后的手段，对其涉外税收进行僵化管理。许多国家对税务信息处理慢，就可能达不到有效的防范目的。

### 3. 涉外税务人员素质有限

不管税法制定得如何严密，最终都要靠税务人员执行，涉外税法能否严格执行在很大程度上依靠涉外税务人员的素质。涉外税务人员要熟悉和掌握各种业务，不仅要了解税法，而且还应该掌握诸如财务会计、审计、统计、国际贸易和金融等方面的知识。但在实际生活中，涉外税务人员在这些方面与现实要求相去甚远。

上述种种差别，客观上都为跨国纳税人进行跨国税收筹划创造了前提条件，跨国纳税人一旦拥有选择纳税的权利和机会，就会采取避重就轻的纳税选择。

## 三、国际税收筹划对筹划人员的素质要求[①]

### （一）筹划人员必须精通国际税收法律法规和国际会计

一方面，筹划人员必须对各涉税国或地区的税收及相关法律法规进行充分分析、掌握和研究，尤其是要充分了解各国与其他国家签订的国际税收协定，找到实施税收筹划的合理空间。另一方面，筹划人员必须注意税收筹划中的法律风险，因为相当一部分筹划方法的运用，是在合法与非法之间打"擦边球"，稍微过分，便要受罚，加之各国的税法不仅十分复杂，还经常变动，各国的反避税力度不断加强，筹划空间不断随之变化，如果不能掌握筹划的法律界限，那么公司面临的风险将会难以想象。除了理解法律

---

① 李其峰，杨媚. 跨国公司国际税务筹划形成原因之我见 [J]. 全国商情（经济理论研究），2006（10）：103—104.

精神、掌握政策尺度、精通法律条文外，全面了解各国的具体税法执法实践、熟悉各国的执法环境对筹划人员也是十分必要的，仅根据法律条文闭门造车，筹划效果可能会大打折扣。

此外，由于会计与税法的天然联系，筹划需要合法、准确、严谨的会计处理和准确、及时的会计信息来支持。筹划人员必须精通涉税国家的会计制度，掌握国际会计惯例及其发展趋势，利用税法差异，通过会计政策选择等途径，达到税收筹划的目的。

### (二) 筹划人员必须擅长跨国公司财务管理

税收筹划是财务管理的一项重要内容，它服务并服从于公司的财务管理目标，筹划人员必须擅长跨国公司财务管理。为此，筹划人员应在充分认识企业拥有的资源、企业的管理基础、企业的生产经营情况及涉税经济行为的基础上全面了解公司的筹资、经营、投资活动，从多个筹划方案中进行全面比较和正确选择，对筹划中提供的纳税模式运行效率及被税务管理当局认可的程度有准确把握，从而挑选出最有利的筹划方案，以有助于实现公司全球整体税后收益最大化。

### (三) 筹划人员必须熟悉国际财政金融、国际贸易

跨国公司税收筹划往往利用国际金融实现预提税的最小化、税收抵免限额的最大化、纳税延期最长化、利用控股公司积聚利润再投资等，达到筹划的目的，如设立国际控股公司、金融公司、投资公司、信托公司等多种多样类型的金融公司，利用国际资本运营、信贷、证券投资、信托及离岸银行活动等花样繁多的业务。进行国际税收筹划还必须与企业的经营活动相结合，如通过国际贸易，将采购或销售业务的利润"沉淀"在国际避税地。筹划人员必须对这些国际金融、贸易业务及相关国家的财政背景十分熟悉，然后才能巧妙地利用它们达到筹划的目的。

### (四) 筹划人员还必须具备其他一些素质

企业的差别性和企业要求的特殊性要求筹划人员不仅要精通上述多方面的知识，而且还应具有较强的沟通能力、协调能力、文字综合能力、营销能力、专业判断能力等，在充分了解筹划对象基本情况的基础上，运用专业知识和技能，为企业出具筹划方案或筹划建议。

此外，国际税收筹划也需要一定的经验积累。例如，筹划中的一个常用技巧转让定价"五年才能入门，十年后才有可能成为专家"，各国转让定价的从业者多是长期的专业人员。

### （五）跨国公司国际税收筹划不可缺少高水平的管理

首先，跨国公司有着十分庞大复杂的公司体系，多业跨国经营，面临不同的经营环境和不同的风险水平，公司的设立和经营必须考虑税收因素，何况有时有些内部组织结构就是为税收筹划专门设立的，要成功达到其意图，高水平的管理必不可少。其次，筹划方案要在集团的全球范围内付诸实施，且它往往以牺牲局部利益为代价，需要公司有良好的管理基础，需要管理者很好地协调各种利益关系。再次，由于税制等因素的频变性，需要有灵活应对的管理机制，以规避其带来的风险。最后，筹划方案的贯彻实施要求实施主体建立一整套机制，确保全球范围内的集团上下层级共同努力，管理者还必须在内部进行必要的沟通、主动收集数据、考核计划的实施情况、进行方案的动态分析、保证方案的可调节性，规避筹划风险，确保筹划成功。很显然这一切都对公司管理者的管理水准要求极高。

# 第二节 国际税收筹划的主要策略

## 一、运用纳税主体转移法进行国际税收筹划

纳税主体（含跨国自然人和跨国法人）转移，又称纳税人的流动，它包括自然人和法人的国际迁移，一个纳税人在一国设法从居民身份变化为非居民身份及设法避免成为任何一个国家的居民等方法。

对一个实行居民税收管辖权的国家来说，无论是该国的自然人居民还是法人居民，通常要承担无限纳税义务，也就是说，该国居民不仅要就其国内所得向本国政府纳税，而且还要就其境外来源的所得向本国政府纳税。因此，通常情况下，一个国家和地区的居民纳税人承担的税负总体上重于非居民纳税人承担的税负。

由于各个国家对居民身份的判定标准不同，纳税人可以通过一定的手段实现角色转换，从居民身份变化为非居民身份及设法避免成为任何一个国家的居民，进而减轻在该国的纳税义务。

### （一）自然人的纳税主体转移法

1. 避免成为居民

对自然人而言，居民身份的判定标准主要有住所标准、居所标准及停留时间标准。如果一个国家采用住所标准，那么，自然人可以考虑将住所转移出该国，而不在任何地方取得住所，从而可以避免成为任何国家的居民，或者将住所从高税国转移至低税国，从而减轻纳税义务。一般来说，以迁移居住地的方式躲避所得税，不会涉及过多的法律问题，只要纳税居民具有一定准迁手续即可，但要支付现已查定的税款，按一定的资本

所得缴纳所得税。如果一个国家采取停留时间标准，那么，自然人可以通过灵活调整在一个国家或地区的居住时间，使其达不到任何一个国家的居民身份标准，从而避免承担居民的纳税义务。尽管各国对判定居民身份的住所或居所标准规定很严格，使跨国纳税人要想长期在某国停留而又避免形成住所或居所难以成功，但是，在一年或更长的一段时间里，跨国自然人还是有可能避免在某一国家缴纳所得税。比如，通过在各国间旅行，而在不同的旅馆中只逗留不长的时间，甚至有时住在船上或经常住在私人游艇上，以避免在任何一国形成居所而受居民管辖权的制约。国外的有关文献中，使用"税收难民"一词来称呼这些为躲避居民管辖权而东奔西走的人。《中华人民共和国个人所得税法》第一条规定："在中国境内有住所，或者无住所而在境内居住满一年的个人，从中国境内和境外取得的所得，依照本法规定缴纳个人所得税。在中国境内无住所又不居住或者无住所而在境内居住不满一年的个人，从中国境内取得的所得，依照本法规定缴纳个人所得税。"不难看出，我国判定居民身份的停留时间标准是一年。对于"一年"的界定，《中华人民共和国个人所得税法实施条例》第三条规定："在境内居住满一年，是指在一个纳税年度中在中国境内居住 365 日。临时离境的，不扣减日数。前款所说的临时离境，是指在一个纳税年度中一次不超过 30 日或者多次累计不超过 90 日的离境。"显然，如果一个人在某个年度内在我国没有住所，而且单次离境的时间超过了 30 日，或者多次累计超过 90 日，则其在本年度就不会成为我国居民。

2. 避免成为高税国居民

高税国通常是指征收较高所得税、遗产税、赠与税的国家，但最主要的还是指征收较高所得税的国家。居住在高税国的居民可以移居到一个合适的低税国，通过迁移住所的方法来减轻纳税义务。这种出于避税目的的迁移常被看作"纯粹"的居民。一般包括两类：第一类是已离退休的纳税人，这些人从原来高税国居住地搬到低税国居住地以便减少退休金税和财产、遗产税的支付；第二类是在某一国居住，而在另一国工作的纳税人，他们以此来逃避高税负。

高税国居民为了逃避无限纳税义务，有的彻底断掉了与原居住国的关系，真正移居到他国，但也有的只是采取虚假移居的手段。为了防止自然人利用移居国外的形式逃避税收负担，有的国家规定，必须属于"真正的"和"全部的"移居才予以承认，方可脱离与本国的税收征纳关系，而对"部分的"和"虚假的"移居则不予承认。荷兰政府也规定，本国居民到国外定居不满一年就迁回，尚未取得外国居民身份者，应连续视为荷兰居民征税。有的国家还规定，自然人只有到了退休年龄才准许移民国外。还有的国家对移居到国际避税地的自然人有许多限制性条款的规定。对于"税收难民"，有的国家采用对短期离境不予扣除计算的对策。有的国家则采用前一两年实际居住天数按一定比例加以平均，与本年居住天数相加，来确定某个人在本年是否达到居住天数标准。美国在 1984 年新规定的对 183 天居住天数的计算，就具有这种特点。

### （二）法人的纳税主体转移法

各国判定法人居民身份的标准通常包括注册地标准、管理机构所在地标准、总机构所在地标准及选举权控制标准等。对于上述四种标准，有的国家采取了单一标准，也有的国家同时采取多种标准。跨国公司可以根据各个国家对法人居民身份的判定标准，避免成为相关国家的居民。比如，甲跨国公司同时在 A、B 两国开展业务，A、B 两国均行使居民管辖权，但 A、B 两国对判定法人居民身份采取不同标准。其中，A 公司采取注册地标准，B 国采用总机构所在地标准。如果甲公司在 A 国注册登记，但将总机构设在 B 国，在 A、B 两国没有签订国际税收协定的条件下，甲公司会同时被 A、B 两国判定为本国的居民，甲公司对其全球范围的所得要同时向 A 国和 B 国缴税。相反，如果甲公司在 B 国注册，但将总机构设在 A 国，理论上，甲公司不会被任何一个国家判定为居民，从而无须承担居民的无限纳税义务，减轻了税收负担。

利用公司居住地的变化与个人居住地的变化来避税，二者有明显的不同。公司很少采用向低税国实行迁移的方法。这是因为许多资产（厂房、地皮、机器设备等）带走不便，或无法带走；在当地变卖而产生资产利得，又需缴纳大量税款。而且，许多国家为了防范企业通过移居规避税负，都采取了限制法人移居的措施。为了防止本国的居民公司迁移至低税国，一些国家（如美国、英国、爱尔兰、加拿大等）规定，如果本国居民公司改变在他国注册或总机构、有效管理机构移到国外从而不再属于本国居民公司时，该公司必须视同清算，其资产视同销售后取得的资本利得，要在本国缴纳所得税。美国《国内收入法典》规定，本国居民公司若要在清理后并入外国居民公司，必须在 183 天内向税务局证明该公司向外转移没有规避美国税收的意图，否则公司向国外转移将受到法律限制。

## 二、充分利用各国的税收优惠政策进行国际税收筹划

在跨国企业经营中，不同国家和地区的税收负担水平有很大差别，且各国也都规定有各种优惠政策，如加速折旧、税收抵免、差别税率和亏损结转等。企业选择有较多税收优惠政策的国家和地区进行投资，通常能够长期受益，获得较高的投资回报率，从而提高在国际市场上的竞争力。同时，还应考虑投资地对企业的利润汇出有无限制，因为一些发展中国家，一方面以低所得税甚至免所得税来吸引投资，另一方面又以对外资企业的利润汇出实行限制，希望以此促使外商进行再投资。此外，在跨国投资中，投资者还会遇到国际双重征税问题，规避国际双重征税也是跨国投资者在选择地点时必须考虑的因素，应尽量选择与母公司所在国签订有国际税收协定的国家和地区，以规避国际双重征税。当然，一个国家的政治环境、经济环境、法制环境等非税因素也是需要考虑的重要因素。毋庸置疑，在一个政治动荡和财产权难以得到有效保护的国家，即便税收政策优惠力度再大，企业也未必能够持久获利。

### 三、通过转让定价进行国际税收筹划

在跨国经济活动中，利用关联企业之间的转让定价进行避税已成为一种常见的税收筹划策略，其一般做法是：高税国企业向其低税国关联企业销售货物、提供劳务、转让无形资产时制定低价；低税国企业向其高税国关联企业销售货物、提供劳务、转让无形资产时制定高价。这样，利润就从高税国转移到低税国，从而达到最大限度减轻其税负的目的。转让定价既可以用于一国内部的关联企业之间，也可用于跨国的关联企业之间，既可用于流转税的筹划，也可用于所得税的筹划。

转让定价的方式多种多样，主要表现在以下几个方面：

（1）关联企业间商品交易采取抬高或压低定价的策略，通过转移利润实现避税。这是一种比较常见的转让定价避税方式。比如，涉外企业利用国内不熟悉国际行情的信息优势，高价购进商品，低价出售商品，通过转移利润规避税收。

（2）关联企业间通过增加或减少利息的方式转移利润，达到避税的目的。作为关联企业间的一种投资方式，贷款比参股有更大的灵活性。

（3）关联企业间劳务提供采取不计收报酬或不合常规计收报酬方式，根据"谁有利就倾向于谁"原则，转移收入来避税。例如，在所得税问题上，高税负企业为低税负企业承担费用；在营业税问题上，高税负企业无偿为低税负企业提供服务。

（4）关联企业间通过有形或无形资产的转让或使用，采用不合常规的价格转移利润进行避税。因为无形资产价值的评定缺乏可比性，很难有统一标准。因而，与其他转让定价方式相比，无形资产的转让定价更为方便、隐蔽。例如，将技术转让价款隐蔽在设备价款中，规避特许权使用费的预提税。

（5）通过对固定资产租赁租金的高低控制。

（6）利用关联企业间关系费用承担来转让定价。例如，企业的广告性赞助支出通过关联企业来支付，由关联企业承办本应由自身企业主办的各种庆典、展销活动等，最后通过资产置换或债务豁免、长期占用预付货款或预收账款形式来弥补。

（7）连环定价法，即参与转让定价的关联企业不是单个境内公司与境外公司之间，而是延伸到境内几家关联公司之间，经过多次交易，把最后环节因转让定价的避税成果分摊到各中间环节，从而掩盖转让定价的实质。这种所谓的"两头在外"或"一头在外"的公司，使连环定价避税更显隐蔽性。

随着电子商务的发展及国际税收协定对关联企业、常设机构等概念上存在一定的分歧，跨国公司利用电子商务更容易隐瞒他们的关联关系，转让定价的操作变得更加简便易行；无形资产的价值评定缺乏可比性，缺乏统一的标准，外资企业往往利用无形资产通过对专利、专有技术、商标等无形资产的特许权使用费采取不按常规价格作价或不收报酬的方法，实现转让定价调节利润，达到税收负担最小化的目的；在资金融通业务

中，外资企业大量运用复杂的金融工具通过变动贷款利息的方式实现转让定价。总而言之，转让定价不再单纯以货物销售为载体，一些新型的载体越来越多地参与到转让定价避税的队伍中来。

---

**【案例 8-1】**[①]

全球第二大连锁餐饮业品牌星巴克（Starbucks）（SBUX-US），早于 1988 年进驻英国。据路透社和一家名叫"税务研究"的英国独立调研机构共同进行的一项调研显示，星巴克在英国经营 14 年，开设了 735 家分店，营业额达 30 亿英镑（约 374 亿港元），其间缴税累计仅 860 万英镑（约 1 亿港元），甚至少过快餐连锁店麦当劳及肯德基家乡鸡（KFC）2011 年缴付的 8 000 万英镑（约 10 亿港元）和 3 600 万英镑（约 4.5 亿港元）税款。2011 年，星巴克在英国的营业额为 3.98 亿英镑（6.37 亿美元），却宣布亏损 3 290 万英镑（5 264 万美元），未缴纳任何税金。虽然星巴克此举已然犯了众怒，但专家称，这些跨国企业恰恰是利用了现存法律规定中的空子，他们的做法属于合法范畴。星巴克也否认其逃税，称英国是该公司最重要的市场之一，重申在英国的税务一切合法。公司发言人称："我们是守规矩和良好的纳税人。对我们逃税的指责是绝对失实的。"该公司同时也强调星巴克为英国创造了 9 000 个工作机会。英国政府税务部门一位官员称："我们调查了所有有逃税嫌疑的企业或个人的收入账目，最后的结论只有一个，就是避税。"

**【解析】**

星巴克本身是一个庞大的集团公司，旗下又有很多子公司和分公司，统称为关联公司，分布在世界各个地方。星巴克能把在英国的账目做成年年亏损的奥秘就在于集团公司之间的资金运作。据英国税务专家分析，星巴克公司采用了一系列复杂的方法来逃避缴纳税款，包括收取专利和版权费，向英国分公司提供高息贷款和利用公司的供应链将利润转移，像变戏法似的让自己在英国产生的利润消失得无影无踪，聪明地避税。具体来说，星巴克的避税策略主要有：

（1）向总部支付昂贵的知识产权费。星巴克总部规定，在英国及所有海外经营的星巴克每年需要向"星巴克"品牌支付年销售额的 6%，远高于英国同类产业的同种比例。与此同时，星巴克集团公司又把征收所得的知识产权费用转移到税率很低的国家，纳入该国星巴克公司的应纳税所得额，以支付相对较低的税费。

（2）抬高原材料的价格。英国星巴克公司所用的咖啡豆都来自于星巴克在瑞士的星巴克咖啡贸易有限公司（Starbucks Coffee Trading Co.），在咖啡豆运抵英国前，又需经过星巴克在荷兰阿姆斯特丹设立的烘培公司进行烘培加工。在此过程中，

---

[①] 姜鲁榕. 星巴克在英"逃税"公众质疑税务制度. http://news.xinhuahet.com，2012-10-24.

英国星巴克会支付超额的费用给瑞士和荷兰两家公司，这样就降低了星巴克在英国的应纳税所得额，同时把资金转移到税率极低的瑞士和荷兰两国，瑞士对于咖啡相关贸易的税率低至5%。荷兰和瑞士的税务当局要求星巴克把来自于英国公司的销售利润分配到荷兰焙烧和瑞士交易中去，被称为"转移价格"。但根据荷兰阿姆斯特丹的账目，只有很少的盈利，而且80%的收益用作买生的咖啡豆、电烤咖啡豆及包装上。而瑞士法律没有规定公开账目，星巴克只是宣称在瑞士获得"适度"盈利。

（3）通过借款增加费用扣除。英国星巴克公司利用公司间借贷，把利润转移到低税率国家来避税。英国星巴克公司2011年的财务显示其所有的经费几乎都来自于借款，并且支付了星巴克集团旗下公司200万英镑的利息。这种公司间借贷给跨国公司带来了税收方面的双重利益：其一，借款人可以设定任何有利于降低自己应纳税所得的借款利息；债权人可以是任何一个设在不用征利息税的所在地的公司。

不难看出，尽管星巴克的避税手段看起来十分复杂，但最核心的手段还是在关联企业之间进行转让定价，通过品牌使用费、利息支付标准及原材料采购价格的人为抬高将利润从英国转移到税负较低的国家和地区。事实上，类似的避税手法已为许多跨国公司所采用。

根据转让定价税收筹划的基本原理可知，跨国公司进行转让定价的主要目的是通过将利润从高税负地区转移到低税负地区进而减少应纳税额，因此，避税地的存在是转让定价避税的重要条件。跨国纳税人进行国际避税的重要手段之一，就是在避税地建立一个外国公司，然后利用避税地低税或者无税的优势，通过转让定价等手段，把跨国纳税人的一部分利润转移到避税地公司的账上。但避税地子公司的利润要按照股权比例分配到母公司名下，如果母公司所在的居住国没有推迟课税①的规定，那么跨国公司利用转让定价向避税地子公司转移利润就达不到避税的目的。所以，从长期来看，跨国公司利用转让定价也许并不能彻底规避母公司居住国的高税，只不过把当期应纳的税款延迟到以后去缴纳。目前，许多国家出台了对付避税地法规，目的就是要限制纳税人利用推迟课税规定进行国际避税。我国从未实行过英美国家那种"海外利润不汇回不对其征税"的推迟课税规定。但一些居民企业仍然利用国际避税地规避我国企业所得税，其手段主要是在国际避税地成立一家子公司，然后利用转让定价将利润尽可能多地转移到避税地子公司，并将这部分利润长期保留在子公司不做分配或只分配很少的利润。我国自2008年实施的《中华人民共和国企业所得税法》对居民企业的上述避税手段作出了相

---

① 本国公司在海外子公司的利润不汇回不对其征税，只有汇回母公司时再对其课税。此规定使得有些跨国集团将利润长期滞留在避税地子公司的账面上从而规避母公司所在的高税国的税收。

应规制。《中华人民共和国企业所得税法》第四十五条规定："由居民企业，或者由居民企业和中国居民控制①的设立在实际税负明显低于本法第四条第一款规定税率水平的国家（地区）的企业，并非由于合理的经营需要而对利润不作分配或者减少分配的，上述利润中应归属于该居民企业的部分，应当计入该居民企业的当期收入。"根据《中华人民共和国企业所得税法实施条例》第一百一十八条规定："企业所得税法第四十五条所称实际税负明显低于企业所得税法第四条第一款规定税率水平，是指低于企业所得税法第四条第一款规定税率的50％。"这样一来，居民企业借助国际避税地运用转让定价转移利润并通过不做利润分配或减少利润分配避税的空间会受到很大限制。

另外，一提到转让定价，人们往往将其与避税联系起来。但值得注意的是，避税并非转让定价的唯一目标，在很多情况下，跨国公司利用转让定价其实也是出于加强集团内部经营管理、优化绩效评价的需要，转让定价其实存在一定的非税目标，主要包括：①将产品低价打入国外市场；②独占或多得合资企业的利润；③绕过东道国的外汇管制，及时把子公司的利润汇回国内；④为海外子公司确定一定的经营形象；⑤规避东道国的汇率风险。因此，对于转让定价，跨国公司不能仅仅将其视为避税的手段，应当充分发挥其在公司经营管理中的功能和作用。

## 四、借助国际避税地进行国际税收筹划

跨国纳税人借助避税地进行税收筹划的常见做法是在避税地设立一个外国公司，然后利用避税地低税或无税的优势，将许多经营业务通过避税地公司开展，通过转让定价等手段，把一部分利润转移到避税地公司的账上，并利用居住国推迟课税的规定，将利润长期滞留在避税地公司而不作利润分配或只分配不汇回，从而规避居住国的税收。跨国纳税人在避税地设立的公司通常包括导管公司、金融公司、控股公司、保险公司、贸易公司、服务公司等。

### （一）导管公司

导管公司是指通常以逃避或减少税收、转移或累积利润等为目的而设立的公司。这类公司仅在所在国登记注册，以满足法律所要求的组织形式，而不从事制造、经销、管理等实质性经营活动，只是在基地国租用一间办公用房或购置一张办公桌，租用一台电话、电传，甚至仅仅挂一块公司的招牌，这种公司又被称为"信箱公司""招牌公司"。也就是说，与导管公司的经济活动只是一种账面上的数字游戏，真正的业务活动实际上是在千里之外的其他国家进行的。跨国投资者将在避税地的所得和财产汇集到导管公司

---

① 控制包括：①居民企业或者中国居民直接或者间接单一持有外国企业10％以上有表决权股份，且由其共同持有该外国企业50％以上股份；②居民企业，或者居民企业和中国居民持股比例没有达到第①项规定的标准，但在股份、资金、经营、购销等方面对该外国企业构成实质控制。

账户下，或虚构避税地的营业和财产，再有计划地利用转让定价，将母公司和其他国家子公司的利润转移到导管公司的名下，以减轻和规避母公司和其他国家子公司所在国的高税负担。在国际避税地设立导管公司进行税收筹划的方法主要包括以下三种。

1. 虚设中转销售机构的方法

导管公司通过虚假中转并转让定价，将其他地方公司利润转到导管公司账面，达到减轻税负的目的（见图 8-1 和图 8-2）。图 8-1 显示的是税收筹划前 A 公司的交易模式，由于 A 公司与原材料供应商及产成品销售商均不存在关联关系，因此，每个交易环节均实行正常定价，由于 A 公司地处高税国，其税负相对较重。在图 8-2 中，A 公司在避税地成立一家导管公司 B，在账面上体现出如下交易：B 公司以 $P_1$ 的价格从原材料供应商处采购原材料，然后再以高价 $P_{11}$ 将原材料销售给 A 公司，A 公司将产成品以低价 $P_{22}$ 销售给 B 公司，然后 B 公司再以 $P_2$ 的价格将产成品销售给销售商。由于 A 公司和 B 公司属于关联企业，这样一来，高税国 A 公司的部分利润就可以转移到避税地的 B 公司，从而减轻了税收负担。

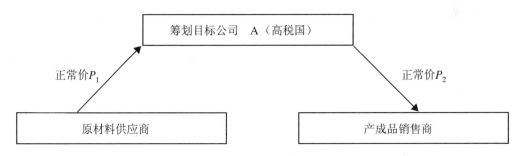

**图 8-1 一般购销模式**

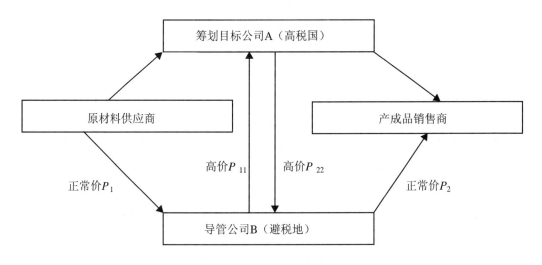

**图 8-2 转让定价交易模式**

2. 导管公司作为各种所得收益品收付代理

跨国纳税人为躲避对各种所得收入征收的各类所得税，便将设在避税地的导管公司作为收付代理，各种经营所得、劳务所得及利息、特许权使用费的收取均由该导管公司进行，将有关收入都转到避税地导管公司进行，将有关收入都转到避税地导管公司的账上。而实际上货款的借出、特许权的转让、货物的出售及劳务的提供均不在避税地。

3. 虚设信托财产的方法

它是投资者把避税地导管公司作为个人持股的信托公司，然后把远在避税地之外的投资者的财产设为避税地的信托财产，资产信托人与受益人均非避税地居民，这样信托资产经营所得就可归在导管公司名下。

但需要注意的是，现在许多国家对于通过设立导管公司避税的行为已经出台了相应的反避税措施。比如，美国《国内收入法典》的 F 分部所得虽没有支付给居住国股东，但仍要归属到居住国股东应税所得之中一并申报纳税。其中的 F 分部所得就包括外国个人控股公司所得和外国基地公司①的经营所得。外国个人控股公司是指美国公民或居民不足 5 人做股东，但握有股权 50％以上，并且其毛所得的 60％以上属于规定的特别类型投资所得的外国公司。外国个人控股公司所得主要是指股息、利息和特许权使用费等消极投资所得，以及因控股而不是实际生产或销售产品和提供服务所取得的所得，但这些所得必须是来源于受控外国公司所在国之外的所得。外国基地公司的经营所得（如销售、服务、货运、内部保险等）虽属于积极投资，但都来自于与第三方开展的业务活动，具体包括：①外国基地公司的销售所得，是指美国公司在第三国生产或销售产品，但在财务上处理为经过其外国基地公司的销售而取得的所得；②外国基地公司的劳务所得，是指美国公司在第三国提供劳务或管理而取得的但支付给了关联的外国基地公司的所得；③外国基地公司的货运所得，是指美国公司在第三国从事交通运输活动但通过外国基地公司取得的收入；④内部保险公司所得和第三国保险公司所得，是指美国公司在避税地建立内部保险公司，受保人就其在美国和外国的保险项目向内部保险公司支付的保险费。其他一些国家也有类似的规定，如丹麦的 CFC 法规规定，"融资性所得"② 在外国受控公司的总所得中如果占到了 1/3 以上，同时丹麦母公司对外国受控公司的控股（有表决权的股票）比例达到 50％，则母公司应就归属于它的外国受控公司的"融资性所得"申报纳税，即使该外国受控公司没有向丹麦母公司分配利润，母公司也要就其申报纳税。这样一来，这些国家的居民公司通过在避税地设立导管公司进行避税的空间就会受到很大限制。

我国一直没有实行过"海外利润不汇回不对其征税"的推迟课税规定，但在实践

---

① 这里所谓的基地公司是指设在避税地的外国子公司。

② 融资性所得包括利息、佣金收入、跨国租赁所得、股权的资本利得、特许权使用费所得等。

中，国内一些居民企业在国际避税地成立子公司，并通过转让定价将利润尽可能多地转移到避税地子公司，并将这部分利润长期保留在子公司不做分配或减少分配，从而规避了我国的一部分企业所得税。对此，《中华人民共和国企业所得税法》第四十五条规定："由居民企业，或者由居民企业和中国居民控制的设立在实际税负明显低于本法第四条第一款规定税率水平[①]的国家（地区）的企业，并非由于合理的经营需要而对利润不作分配或者减少分配的，上述利润中应归属于该居民企业的部分，应当计入该居民企业的当期收入。"同时，根据该法第四十七条规定："企业实施其他不具有合理商业目的的安排而减少其应纳税收入或者所得额的，税务机关有权按照合理方法调整。"根据《中华人民共和国企业所得税法实施条例》第一百二十条规定："企业所得税法第四十七条所称不具有合理商业目的，是指以减少、免除或者推迟缴纳税款为主要目的。"不过，国税发〔2009〕2 号文还规定，中国居民企业股东能够提供资料证明其控制的外国企业满足以下条件之一的，可免于将外国企业不作分配或减少分配的利润视同股息分配额，计入中国居民企业股东的当期所得：①设立在国家税务总局指定的非低税率国家（地区）；②主要取得积极经营活动所得；③年度利润总额低于 500 万元人民币。这样一来，我国居民企业通过在避税地设立导管公司规避企业所得税的做法会受到较大限制。

---

**【案例 8-2】[②]**

2011 年 4 月，一封来自上海的举报信放到了南京市国税局第一稽查局领导的桌上，来信直接反映一家外国企业 A 公司通过直接转让其子公司的股权，间接转让南京 E 公司股权。

检查人员来到南京 E 公司，企业财务人员对股权交易情况一无所知，更不能提供任何交易资料。检查人员再三询问，原来南京 E 公司股东变换后财务人员全部由新的投资公司委派，检查人员需要查看的资料全部在国外，要想取得资料一定要和国外联系。

案件此时似乎找不到突破的方向，检查人员对举报材料又进行了详细的阅读，一条信息吸引了检查人员：股权转让方 A 公司的母公司 F 是一家上市公司，这么大的交易应该会向社会公告，上网是否有收获？打开 F 公司网页，检查人员在公告栏惊喜地发现一份股权交易公告。公告显示：F 公司间接控制的子公司 A 与注册在新加坡的外国企业 B 签署了《股份出售和购买协议》，A 公司将其 100％持有的子公司 C 的股权连同其子公司 D、南京 E 公司 100％的股权转让给注册在新加坡的 B 公司，股权转让价格为 880 668 338.24 元。公告中还透露了参与交易企业股权结构图，这份公告及这张结构图为检查工作的具体展开提供了明确的路径和方法。

---

① 这里所称"实际税负明显低于本法第四条第一款规定税率水平"是指低于 12.5％。
② 徐云翔，徐璐，陆福彬等 . 一封举报信引发的税企反避税较量 [N] . 中国税务报，2012-10-12.

1. 按"图"索证，分析判定导管公司

检查人员根据股权结构图分析发现：股权转让方 A 公司是注册在英属维尔京群岛的外国企业；接受方 B 公司是注册在新加坡的外国企业；股权被转让方 C 公司是 A 公司的全资子公司，注册地为英属维尔京群岛；D 公司为 C 公司的全资子公司，注册地为中国香港地区；南京 E 公司为 D 公司的全资子公司。转让方直接转让的是境外子公司股权，其实间接转让的是我国居民企业的股权。

为了取得第一手资料，检查人员来到转让方 A 公司。企业提出股权转让业务已经完成，有关资料已经移交给购买方，现在的资料很少，而且是英文的。检查人员根据税法规定及时提出纳税人必须依法提供与缴纳税款相关的资料，提供资料的文字应该是中文，同时检查人员也考虑到企业的具体情况，同意企业提出的先传递电子资料，再通过快递方式传递书面资料的方法。

在以后的两个月的时间里，企业与检查人员通过网络传递了近 20 份资料。检查人员根据企业提供的财务资料分析发现，此项股权转让业务 A 公司的确不是直接转让南京 E 公司股权，而是通过将其子公司 C 和 D 股权转让给 B 公司来完成的。根据对 C 公司和 D 公司的利润表和资产负债表分析发现，C 公司和 D 公司既没有工资薪金支出和任何管理费用，也没有取得任何收入，是两家无人员、无经营场所、无经营业务的导管公司。A 公司通过转让导管公司的股权达到转让南京 E 公司股权的目的。由于转让的子公司在境外，发生的业务在境外，取得的收入在境外，因此逃避缴纳企业所得税。

2. 证据确凿，获批本案征税权

在约谈中，A 公司坚持认为转让的安排是根据客户的需求去做的，并按照中国香港地区法律完成，业务具有明显的商业目的，不存在逃避缴纳我国企业所得税的目的。检查人员拿出他们提供的财务报表，从资金、营业收入和费用及公司员工方面指出 C 公司和 D 公司是没有实际经营的公司，是为本次转让业务精心设计和安排的，目的就是逃避缴纳我国企业所得税，并出示了我国企业所得税法和有关文件，再一次强调了我国对本次股权转让所得具有征税权。经过检查人员的反复约谈与分析，A 公司税务办理人员对分析结论表示理解和接受，表示愿意接受在我国缴纳企业所得税的处理决定。

检查人员根据分析和约谈结果，迅速通过上级机关向国家税务总局进行了汇报。国家税务总局根现行据企业所得税法规定，下达了对本次转让行为我国具有征税权的批复。根据现行企业所得税法及其实施条例的相关规定，A 公司就本次股权转让的增值部分，按照 10% 的税率缴纳非居民企业所得税。根据《国家税务总局关于加强非居民企业股权转让所得企业所得税管理的通知》（国税函〔2009〕698 号）

中股权转让所得是指股权转让价减除股权成本价后的差额，A公司减除192 240 000元的股权成本价，应在我国缴纳非居民企业所得税68 842 833.82元。目前，该案税款已全额入库。

**【解析】**

《国家税务总局关于加强非居民企业股权转让所得企业所得税管理的通知》（国税函〔2009〕698号）规定，境外投资方（实际控制方）间接转让中国居民企业股权，如果被转让的境外控股公司所在国（地区）实际税负低于12.5%或者对其居民境外所得不征所得税的，应自股权转让合同签订之日起30日内，向被转让股权的中国居民企业所在地主管税务机关提供以下资料：①股权转让合同或协议；②境外投资方与其所转让的境外控股公司在资金、经营、购销等方面的关系；③境外投资方所转让的境外控股公司的生产经营、人员、账务、财产等情况；④境外投资方所转让的境外控股公司与中国居民企业在资金、经营、购销等方面的关系；⑤境外投资方设立被转让的境外控股公司具有合理商业目的的说明；⑥税务机关要求的其他相关资料。同时，该文件还提出，境外投资方（实际控制方）通过滥用组织形式等安排间接转让中国居民企业股权，且不具有合理的商业目的，规避企业所得税纳税义务的，主管税务机关层报税务总局审核后可以按照经济实质对该股权转让交易重新定性，否定被用作税收安排的境外控股公司的存在。本案例中，实际控制方A公司通过转让其子公司C公司和D公司股权间接转让了中国居民公司E公司，而且被转让方C公司注册地英属维尔京群岛是知名的国际避税地，实际税负低于12.5%，而被转让方D公司注册地在中国香港地区，而中国香港地区对其居民境外所得不征所得税，同时，C公司和D公司既没有工资薪金支出和任何管理费用，也没有取得任何收入，是两家无人员、无经营场所、无经营业务的导管公司，它们的设立旨在通过滥用组织形式等安排间接转让中国居民企业股权，显然不具有合理的商业目的，而是为了逃避缴纳我国企业所得税。根据国税函〔2009〕698号文件规定，主管税务机关层报税务总局审核后可以按照经济实质对该股权转让交易重新定性，否定被用作税收安排的境外控股公司的存在。

**（二）金融公司**

这种公司是指一个企业或公司集团里建立的关于贷款者与借款者的中介机构，或是向第三者筹措款项的公司。若一高税国母公司要向其国外子公司发放一笔贷款，而且母公司所在国与子公司所在国之间没有税收协定，则子公司所在国对子公司向国外母公司支付的利息就要征收较高的预提所得税，母公司实际得到的净利息收入就将大大减少。

跨国公司可通过它在第三国设立的中介公司从境外贷款者借入这笔资金，而避免负担这笔利息预提税。

如果跨国公司要通过设立金融公司避税，则金融公司所在地一般应具备以下条件：①与跨国公司所在国有国际税收协定，而且金融公司能够利用这个协定所规定的互惠条件，使跨国公司所在国对向其支付的利息免征或征收很少的预提税；②对金融公司向境外贷款者支付的利息免征或征收很少的预提税；③在对金融公司课征所得税时，允许其把向境外贷款者支付的利息作为费用项目从应税所得中扣除，以便使金融公司不会因这笔转贷业务而缴纳过多的所得税。

### （三）控股公司

控股公司是指通过持有某一公司一定数量的股份，而对该公司进行控制的公司。在企业集团中，也有可能把一家子公司建成为控股公司，使之控制其他公司。实践中，越来越多的跨国公司将对外投资的职能独立出来，有意识地选择在某个国家或地区设立专门的国际控股公司，它是为了控制而不是为了投资目的而拥有其他一个或几个公司大部分股票或证券的公司。控股公司可分为以下两种类型：①纯控股公司，这种控股公司只持有其他公司的股票（或其他决定性投票权），从而管理这些公司的经营活动和财务活动，而不经营具体业务；②混合控股公司，这是指除了具备上述纯控股公司的功能外，它还同时从事各种经营活动，如生产、贸易、信贷业务等。不管是属于哪一种控股公司，其任务是实际地控制和管理子公司的活动，接受和汇回来自子公司的股息。通常，控股者是以公司的形式掌握另一公司足够量的股份，从而对其实行业务上的控制。

跨国公司设立控股公司的一个主要目的是规避东道国股息预提税。跨国公司在海外进行直接投资或购买外国公司一定的股份，通常要直接面临两方面的税收。一是东道国对汇出股息征收的预提税。此外，股息从海外公司汇回母公司，还要缴纳居住国的公司所得税，这也是一笔不可忽视的税收负担，当跨国公司在国外建立多个子公司的时候，国际控股公司可以将各子公司汇出的收益汇总后再转入母公司，将各个子公司分别计算的税收抵免限额改变为综合计算的抵免限额，当各子公司都不出现亏损的情况下，综合计算往往比分别计算得到更多的抵免限额。

一般来说，控股公司所在地应满足以下条件才能达到理想的跨国税收筹划效果：①免除外汇管制；②政治稳定；③对非本国居民支付股息、利息或特许权使用费免征或只征低税率的预提所得税；④对来源于境内的股息、利息或特许权使用费免征或只征低税率的所得税；⑤资本利得免予课税；⑥对外缔结税收协定含有减征预提所得税的条款；⑦政府法规对从事控股公司的业务不加限制。显然，要找到拥有上述所有条件的国家和地区是不容易的，但是至少应是能满足大部分条件的国家和地区。目前，世界上控股基地公司所在国的现状，可分为以下两种类型：①拥有广泛的国际税收协定网络，但国内税收制度很严格的国家；②没有所得税、资本利得税、预提所得税，但不拥有税收协定网络的国家和地区。在第一种情况下，可以利用"套用"税收协定的原理来传导股息，但不能忽视相关的限制规定；在第二种情况下，除了传导股息外，可以积聚利润或将其用于最终消费。当然，也可以建立控股公司的双重环节结构，将这两类国家的优势结合起来。一个环节的控股公司利用税收协定，集中能以低税率或无税汇出的股息；另一个环节的控股公司积聚来自第一个环节的股息，以及在所在的无所得税管辖区内将积聚的股息向外再投资。荷兰是一个拥有广泛税收协定的国家，同时对股利也不征税，这为跨国公司利用荷兰的控股公司避税提供了便利。自2005 年以来，名列世界前 100 的许多跨国大公司有 90％在荷兰设立控股公司。根据《金融日报》报道，法国一些国有公司也在荷兰避税，如能源公司 EDF、Gdf Suez、军事防务公司 Thales 和自来水公司 Veolia 都有在荷兰避税之嫌。法国政府在以上 4 家公司持有可观股份。以 EDF 为例，它在荷兰建立了 3 家控股公司，坐享其在波兰的两座发电厂的股利。荷兰对 EDF 的波兰股利收入部分税收分文不取，在法国则要缴纳 5％的税额。

#### （四）保险公司

它主要是指受控于一个企业或一个公司集团的保险公司。近年来许多大的公司集团纷纷建立自己的受控保险公司，其原因是：建立自己的保险公司可以减少要缴纳的费用；受控保险公司可以承担第三方保险公司所不能承担的损失，甚至承担全部损失，而受控保险公司自己则可以在外部再保险市场上取得足够的补偿。受控保险公司也是跨国公司进行税收筹划的手法之一。

#### （五）贸易公司

贸易公司主要是指从事货物和劳务交易的公司，它们的业务包括购买、销售和其他如租赁等的交易。通过设立这些贸易公司，跨国公司可以通过转让定价将有关采购或销售业务的利润"沉淀"在国际避税地。建立贸易公司进行节税的典型模式是：甲国的产品生产公司把产品以低价销售给建立在避税地乙国的贸易公司，然后再由乙国贸易公司把产品以高价转售给两国的客户，并从中留下一部分利润，如图 8-3 和图 8-4 所示。在图 8-3 中，A 公司位于某一高税国，在通常情况下，其产品以正常价格 $P_1$ 销售给乙国的 C 公司。在图 8-4 中，A 公司在某避税地（如开曼群岛）设立了一家贸易公司 B，先以低价 $P_2$ 销售给贸易公司 B，贸易公司 B 再以正常价格 $P_1$ 销售给乙国的 C 公司，这样，A 公司就可以将部分利润转移至避税地的贸易公司 B，从 A 公司和 B 公司组成的企业集团的角度来看，其整体的税收负担得以有效降低。

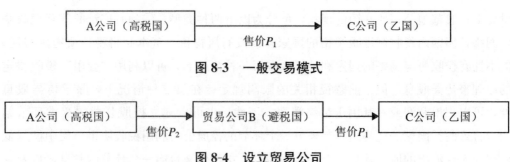

图 8-3 一般交易模式

图 8-4 设立贸易公司

跨国企业选中建立贸易公司的地方，往往是百慕大、开曼群岛、英属维尔京群岛、中国香港地区等免征所得税或所得税负较低的地区。

### （六）服务公司

这种公司可以起一个企业总机构的作用，有时也可以起一个持股公司的作用。利用服务公司进行税收筹划的手法是：在某个国际避税地建立服务公司，然后通过向避税地的服务公司支付劳务费用等来转移资金，来避免高税国征收公司所得税。此外，高级管理人员也可以通过在避税地服务公司工作来避免个人所得税。

## 五、利用国际税收协定进行税收筹划

国际税收协定是指两个或两个以上的主权国家为了协调相互间在处理跨国纳税人征纳事务方面的税收关系，本着对等原则，通过政府间谈判所签订的确定其在国际税收分配关系的具有法律效力的书面协议或条约，也称为国际税收条约，是各国解决国与国之间税收权益分配矛盾和冲突的有效工具。国际税收协定按参加国多少，可以分为双边税收协定和多边税收协定，前者是指只有两个国家参加缔约的国际税收协定，后者是指有两个以上国家参加缔约的国际税收协定。国际税收协定的作用主要表现在以下几个方面：

（1）避免或消除国际重复征税。国际税收条约通过协调国家之间税收管辖权冲突，从而能够避免或消除两个或两个以上的国家，在同一纳税期内对同一纳税主体和同一纳税客体征收同样或类似的税。

（2）防止国际性的偷、漏税和避税，以消除潜在的不公平税收，维护各国的财政利益。

（3）国家间划分税源。通过一定的法律规范，明确划清什么应由来源国征收，什么应由居住国征收。税源的划分完全取决于缔约国各自的经济结构。就一般而言，居住国都希望国际税收条约在较大的程度上采用居住管辖权的原则；反之，来源国则希望国际税收条约在较大程度上采取来源管辖权的原则。国际税收协定可以通过一定的法律规范，在缔约国之间划分出能普遍接受的税源，从而达到避免重征税的目的。

（4）避免税收歧视，保证外国国民与本国国民享受同等税收待遇，不至于因纳税人的国籍或居民地位的不同而在税收上受到差别待遇。

（5）进行国际间的税收情报交换，加强相互在税收事务方面的行政和法律协助。

此外，通过国际税收协定还可以鼓励发达国家向发展中国家投资，改善发展中国家的投资环境，从而促进发展中国家的经济发展。

国际税收协定与国内税法二者都属于法律范畴，体现国家意志，并且相互依存相互渗透。但国内税法协调的是一国内部的税收关系，国际税收协定协调的是一个国家与另一个国家的税收关系，并且二者法律强制力的程度和表现形式是不同的。在处理有关国际税务关系时，如果国际税收协定与国内税法发生矛盾和冲突时，大多数国家采取的是税收协定优先的做法，也有一些国家将国际法和国内法放在同等地位，按时间的先后顺序确定是优先还是服从。目前国际上最重要、影响力最大的国际税收协定范本有两个：一个是经济合作与发展组织的《关于对所得和财产避免双重征税的协定范本》，即《OECD 协定范本》；另一个是联合国的《关于发达国家与发展中国家间避免双重征税的协定范本》，即《UN 协定范本》。各国在签订协定的活动中，不仅参照两个税收协定范本的结构和内容来缔结各自的税收协定，而且在协定大多数的税收规范上都遵循两个协定范本所提出的一些基本原则和要求。

根据《OECD 协定范本》和《UN 协定范本》，国际税收协定仅适用于缔约国双方的居民。国与国之间签订的国际税收协定一般都有互相向对方国家的居民提供所得税尤其是预提所得税的税收优惠条款，从理论上分析，第三国居民无法直接享受这些优惠条款，但在实践中，第三国居民往往可以通过一定手段间接享受国际税收协定中的税收优惠条款。其常用的手段是在缔约国中一个国家设立子公司，如控股公司、金融公司等，使其成为当地的居民公司并完全由第三国居民控制，进而可以享受税收协定中的优惠待遇。下面以设立中介控股公司为例分析跨国公司如何利用国际税收协定进行税收筹划（见图 8-5 和图 8-6）。假定 A 公司是甲国的居民公司，其向乙国的居民公司 B 进行股权投资，由于甲乙两国没有签订国际税收协定，乙国要对 B 公司向 A 公司支付的股息、红利课征 30% 的预提所得税。丙国是一个税收协定网络十分发达的国家，它与乙国和甲国均签订了国际税收协定。其中，在与乙国的税收协定中约定，乙国对于该国居民公司向丙国居民公司支付的股息、红利免征预提所得税；在与甲国的税收协定中约定，丙国对该国居民公司向甲国居民公司支付的股息、红利按 5% 征收预提所得税。为此，甲国的 A 公司可以先在丙国设立一个控股公司 C，然后通过 C 公司向乙国的 B 公司进行股权投资，这样，B 公司就不再直接向 A 公司支付股息、红利，而是先由 B 公司向 C 公司支付股息、红利，然后再由 C 公司向 A 公司支付股息、红利。根据乙国和丙国的税收协定，B 公司向 C 公司支付的股息、红利可以在乙国免征预提所得税，根据甲国和丙国的税收协定，C 公司向 A 公司支付的股息、红利仅在丙国征收 5% 的预提所得税。

通过筹划，与原来乙国对 B 公司向 A 公司支付的股息、红利征收 30% 的预提所得税相比，A 公司跨国投资获得的股息、红利负担的预提所得税得以大幅下降。

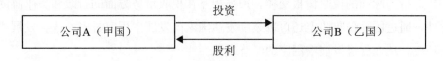

**图 8-5　跨国公司直接进行海外投资**

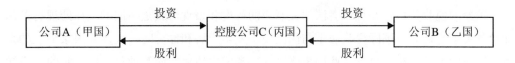

**图 8-6　跨国公司通过控股公司进行海外投资**

下面通过举例对上述策略进行说明。中国 B 公司由于开拓海外市场的需要，将在法国设置控股公司 C，来进行海外经营业务。按照中法税收协定的规定，该法国控股公司将股息汇回中国母公司的预提所得税的税率是 10%。B 公司为减轻预提所得税，可使用套用税收协定的税收筹划方式。根据欧盟国家的相关规定，对于欧盟国家内部的股息支付不需要缴纳预提所得税。据此，B 公司就可以首先在一个税负较低的欧盟国家设立控股公司 D，D 公司再在法国设立控股公司 C，通过这种间接控股的方式，降低股息在汇回过程中的税负。跨国纳税人为了获得某个特定的税收协定好处，在某个缔约国建立具有居民身份的导管公司，是比较简单有效地套用税收协定进行纳税筹划的方式。

### 六、选择有利的企业组织方式进行国际税收筹划

跨国公司在国外进行投资时，往往面临分公司或子公司组织形式的选择问题。分公司和子公司是两个不同的概念。分公司是与总公司相对应的法律概念，是指在业务、资金、人事等方面受总公司管理，不具有法人资格的分支机构。分公司在法律、经济上没有独立性，属于总公司的附属机构，其主要特点如下：①分公司没有自己的独立财产，其实际占有、使用的财产是总公司财产的一部分，列入总公司的资产负债表；②分公司不具有法人资格，不独立承担民事责任；③分公司的设立程序与一般意义上的公司设立程序不同，设立分公司只需办理简单的登记和开业手续；④分公司没有自己的公司章程，没有董事会等公司经营决策机构；⑤分公司名称为总公司名称后加分公司字样，其名称中虽有公司字样，但不是真正意义上的公司。子公司是与母公司相对应的法律概念，是指一定比例以上的股份被另一个公司持有或通过协议方式受到另一个公司实际控制的公司。子公司具有法人资格，可以独立承担民事责任，其主要特点如下：

（1）子公司受母公司的实际控制。母公司对子公司的重大事项拥有实际决定权，能

够决定子公司董事会的组成，可以直接行使权力任命董事会董事。

（2）母公司与子公司之间的关系基于股份的占有或控制协议而产生。一般说来，拥有股份多的股东对公司事务具有更大的决定权。因此，一个公司如果拥有了另一个公司50％以上的股份，就能够对该公司实行实际控制。在实践中，大多数公司的股份较为分散，因此，只要拥有一定比例以上的股份就能取得控制地位。除控制股份之外，通过订立某些特殊契约或协议，也可以使某一个公司控制另一个公司。

（3）母公司、子公司各为独立的法人。子公司虽然处于受母公司实际控制的地位，在许多方面受到母公司的制约和管理，有的甚至实际上类似于母公司的分支机构，但在法律上，子公司属于独立的法人，以自己的名义从事经营活动，独立承担民事责任。子公司有自己的公司章程，有董事会等公司经营决策机构。子公司有自己的独立财产，其实际占有、使用的财产属于子公司，有自己的资产负债表。子公司和母公司各以自己全部财产为限承担各自的责任，互不连带。母公司作为子公司的最大股东，仅以其对子公司的出资额为限对子公司在经营活动中的债务承担责任。设立子公司必须严格按照设立公司的要求提出申请，依法取得营业执照、办理相关手续后方可营业。

从纳税筹划的角度出发，跨国公司究竟设立分公司还是子公司，应从以下方面加以考虑：

（1）设立子公司在东道国只负有限责任的债务（虽然有些需母公司担保），但设立分公司时，总公司则需负连带责任。

（2）东道国适用税率低于居住国时，子公司的累积利润可得到递延纳税的好处；另外，某些国家子公司适用的所得税率比分公司低。

（3）许多国家允许在境内的企业集团内部公司之间的盈亏互抵，子公司就可以加入某一集团以实现整体利益上的税收筹划。设立分公司时，在经营的初期，境外企业往往出现亏损，分公司的亏损可以冲抵总公司的利润，减轻税收负担。

（4）子公司有时可以享有集团内部转移固定资产增值部分免税的税收优惠；而设立分公司时，因其与总公司之间的资本转移，不涉及所有权变动，不必负担税收。

（5）子公司向母公司支付的诸如特许权、利息、其他间接资等，要比分公司向总公司支付，更容易得到税务认可。

（6）子公司利润汇回母公司要比分公司灵活得多，资本利得可以保留在子公司，或者可以选择税负较轻的时候汇回，得到额外的税收利益；而分公司交付给总公司的利润通常不必缴纳预提税。

（7）母公司转售境外子公司的股票增值部分，通常可享有免税照顾，而出售分公司资产取得的资本增值要被课税。

（8）境外分公司资本转让给子公司有时要征税；而子公司之间的转让则不征税。

设立分公司还是通过控股形式组建子公司，在纳税规定上有很大不同。由于分公司不是一个独立法人，它实现的盈亏要同总公司合并计算纳税，而子公司是一个独立法人，母、子公司应分别纳税，而且子公司只有在税后利润中才能按股东占有的股份进行股利分配。一般来说，开办初期，下属企业可能发生亏损，设立分公司，因与总公司"合并报表"冲减总公司的利润后，可以减少应税所得，少缴所得税。而设立子公司就得不到这一项好处。但如果下属企业在开设的不长时间内就可能盈利，或能很快扭亏为盈，那么设立子公司就比较适宜，可以得到作为独立法人经营便利之处，还可以享受未分配利润递延纳税的好处。除了在开办初期要对下属企业的组织形式精心选择外，在企业的经营、运作过程中，随着整个集团或下属企业的业务发展，盈亏情况的变化，总公司仍有必要通过资产的转移、兼并等方式，对下属分支机构进行调整，以获得更多的税收利益。

## 七、选择有利的资本结构进行国际税收筹划

根据企业所得税原理，权益资本以股息形式获得报酬，在企业利润分配前，要先按照应纳税所得额计算缴纳企业所得税；而债务资本的利息，却可以列为财务费用，从应纳税所得额中扣除，减少企业的应交所得税。因而，在同样多的投资和同样高的回报率的情况下，企业通过加大借款（债权性融资）从而减少股份资本（权益性融资）比例的方式增加税前扣除，可以降低企业税负，这也被称为资本弱化。下面通过举例对此予以说明。假设甲国A公司投资乙国B公司4 000万元，拥有100%的股权，B的净利润全部汇回给A公司，见表8-1。通过资本弱化，企业和投资者的税收负担均得到减轻，但直接侵蚀了乙国政府的税收收入，高比例的境外利息扣除，将本来应该属于乙国的税收利益向境外进行转移。

**表 8-1**                **不同融资方式对税负的影响**         单位：万元

| 项　目 | 股本投资 | 债券投资 |
|---|---|---|
| 息税前利润 | 1 000 | 1 000 |
| 利息支付（5%） | 0 | 200 |
| 应税所得 | 1 000 | 800 |
| 公司所得税（25%） | 250 | 200 |
| 净利润 | 750 | 600 |
| 预提所得税（10%） | 75 | 80 |
| 外国投资者收益 | 675 | 720 |
| 有效税率 | 32.5% | 28% |

## 八、通过避免设常设机构来进行国际税收筹划

企业进行跨国经营不可避免地会在跨国经营地设立一些机构场所用于生产经营或提供劳务等活动，而这些机构场所是形成跨国经营纳税客体的重要因素。世界上很多国家在确定是否对非居民企业的所得和收益征税时，会采用常设机构标准，因此，前面提到

的机构场所在跨国经营地被如何认定就显得尤为重要。对跨国经营企业来说，避免成为常设机构就避免了在非居住国有限的纳税义务，特别是当居住国税率低于非居住国税率时，避免成为高税率的非居住国常设机构，以获得非居住国的免税优惠，就成为很有效的跨国经营税收筹划策略。跨国经营企业在进行筹划前，首先要了解国际上对常设机构公认的一般规定。经济合作与发展组织和联合国分别起草的《关于所得和财产避免双重征税的协定范本》和《联合国关于发达国家与发展中国家间避免双重征税的协定范本》对常设机构作了如下定义：

（1）常设机构是指一个企业进行全部或部分营业的固定营业场所。常设机构特别包括管理场所、分支机构、办事处、工厂、车间；矿场、油井或气井、采石场，或其他开采自然资源的场所；建筑工地、建筑、装配或安装工程，或者与其有关的监督管理活动。

（2）当上一条规定难以确定时，补充和参考下述标准：非居民在一国内利用代理人从事活动，且该代理人（不论是否具有独立地位）有代表该非居民经常签订合同、接受订单的权利，即可以由此认定该非居民在该国有常设机构。

跨国经营企业可以根据上述对常设机构的一般认定标准，在进行海外经营活动中，避开可能被认定为常设机构的机构设立活动和经营活动。

目前，常设机构已成为许多缔约国判定对非居民营业利润征税与否的标准。对于跨国企业经营而言，避免了常设机构也就避免了在非居住国的有限纳税义务。特别是当非居住国税率高于居住国税率时，这一点显得更为重要。事实上，在许多税收协定中，还有一些不视为常设机构征税的特殊规定，这些特殊规定为税收筹划提供了机会。

# 第三节　国际税收筹划的注意事项

## （一）强化税收筹划的法制意识

从法律属性的角度看，税收筹划的底线是不违法或者是合法，因此，跨国公司进行税收筹划时必须遵守相关国家的税收法规和政策及相关的国际税收协定，杜绝那种抱侥幸心理进行非法偷逃税款的冒险行为，以免得不偿失，给自身声誉、利益带来损失，并影响到海外投资业的拓展及国际市场的开拓。

## （二）及时了解各国的税收制度和相关信息，了解所在国的法律及政策环境

随着经济全球化的发展，各国经济政策各有不同，而且世界各国税收制度千差万别，税种、税率、计税方法及征税等各种各样，因此，课税关系相当复杂。由于世界贸易组织推行的是自由、公平、平等的贸易，极大地促进了跨国公司的投资和各要素的流动，各国政府为了吸引资本和技术的流入，充分利用税收对经济的杠杆

作用，所以，各国都在调整税收政策。同时，由于各国博弈，所以税收制度一直处在不断调整之中。各国国内自然资源分布不均衡，技术密集程度等在各地区分布也不均衡，国家也会出台一些照顾和鼓励性的税收政策，随着经济的不断发展，税收政策也在不断调整完善。因此，税收筹划方案不是一成不变的，会随着各种因素而不断变化发展。

再者，由于税收筹划一般来说是一种事先的安排活动，本身就涉及许多不确定的因素。跨国公司应该充分关注各种经济政策和法律法规等的变化发展，把握各种动向。跨国公司在进行国际税收筹划时必须充分考虑税收地有关税务、政治文化等各方面的具体情况，而且应时刻注意跨国公司所处外部环境条件的变迁，包括未来经济环境的发展趋势、有关国家政策的变动、税法与税率的可能变动趋势等。

### （三）密切关注各国的反避税条款

现在多数国家针对跨国公司利用转让定价、避税地、国际税收协定、改变公司组织形式等手段避税的做法出台了反避税条款，纳税人在筹划过程中，如果没有充分了解这些反避税条款，不仅不能达到降低税负的目的，反而可能遭受相关国家的严厉惩罚。以转让定价避税为例，由于跨国公司的转让定价很容易导致所在国的税收流失，因此多数国家都出台了转让定价的相关管理法规，加大转让定价调查力度。各国的转让定价税制所制约的关联交易大多涵盖了购销货物（财产）、提供劳务、融通资金、授予财产（包括无形财产）使用权等各类业务，并明确这些业务均应按转让定价法规执行。例如，美国《国内收入法典》第 482 节对关联企业间的货款支付、提供劳务、有形财产的租赁、无形财产的转让和使用及有形财产的销售等，均分别作出转让定价的一般规定。有的国家出于国际业务的复杂性，还作出更为严密的补充性规定。例如，英国税法除对转让定价作出一般性规定外，还规定转让定价条款的适用范围由税务当局自主决定。加拿大除了在《所得税法案》第 69 节中制定有一般性转让定价条款外，在第 67 节中还特别规定：凡有证据证实，就劳务、无形资产或货物的支付，不符合独立交易原则的，即视为不合理支出，不准在计税时扣除。各国对遵从转让定价法规作出了不同的规定。对于企业申报相关资料的范围方面，有的国家要求对转让定价的情况填写特定的表格向税务当局申报，如美国、加拿大、澳大利亚等。在这些国家，企业除按一般规定进行纳税申报外，还要另行填写专项报表，说明转让定价有关业务的概况。美国专门制定了按年填报的 5 472 表格，要求把与国外关联各方所进行的所有货币与非货币交易，全部填入该表。英国只要求纳税人进行一般纳税申报，不再填写特定表格，而由税务稽查人员在审核中提出需要查明的问题，再由跨国纳税人详细说明。法国自 1996 年 4 月起规定：税务当局可以要求纳税人说明参与交易的企业各方之间的关系、确定价格的方法和理由及境外关联企业所从事的业务在所在国的税收待遇等。日本要求纳税人提供相关海外公司的详细情况说明。韩国要求纳税人说明所选转让定价方法及选择的原因、纳税人与关联企业进行跨国交易的时间和海外关联企业的损益表概要。墨西哥税务申报书需要包括关联交易和非关联交易的损益表，必须有独立的注册会计师对文件准备和关联交易金额进行证明。如果税务机关核定价格时跨国纳税人有异议，多数国家都把举证责任交给纳税人。因此，关联企业在利用转让定价进行税收筹划时必须高度重视定价的合理性，防止被税务当局认定为"不符合独立交易原则"。在防范资本弱化方面，OECD 早在 1987 年就制定了《资本弱化政策》加强对成员国制定资本弱化政策的指导，提出了"正常交易法"① 和"固定比率法"② 两种规制资本弱化行为的方法。美国、加拿大、新西兰、澳大利亚等大多数国家都采用固定比率法，而只有英国等个别国家采用正常交易法。固定比率的高低说明各国对资本弱化避税的限制的严格程度不同。法国、美国为 1.5∶1；葡萄牙为 2∶1；澳大利亚、德国、日本、加拿大、南非、新西兰、韩国、西班牙等国为 3∶1；荷兰为 6∶1。而对于金融企业，德国规定金融企业的比率为 9∶1，澳大利亚金融企业的比率为 6∶1（根据特殊行业需要经批准可放宽到 20∶1），不少其他国家规定的最高债务资本比率在 13∶1 至 20∶1 之间。为了防止本国与他国签订的税收协定被第三国居民用于避税，不把本国的税收优惠提供给企图避税的第三国居民，一些国家已经开始采取防止税收协定被滥用的措施。比如，瑞士颁布了《防止税收协定滥用法》，只有法律中规定的各种条件得到满足之后，瑞士与他国签订的税收协定中的优惠才能适用于股息、利息和特许权使用费。在应对纳税人利用避税港避税方面，各国政府的主要措施包括以下几个方面。

（1）明确税法适用的纳税人。明确哪些外国公司为本国居民设立在避税港的受控外国公司。这种受控关系一般以本国居民在国外公司的参股比例确定。一般以本国居民直接或间接拥有外国公司有表决权股票 50％以上且每个本国股东直接或间接拥有外国公司有表决权股票至少 10％为标准。

（2）明确税法适用的课税对象。为防止打击面过大，各国避税港对策税制均规定，适用避税港对策税制的所得，主要是来自受控外国公司的消极投资所得，如股息、利息所得，特许权使用费，而来自生产经营活动的积极投资所得则不包括在内。

（3）明确对税法适用对象的制约措施。在明确了上述税法适用对象后，各国税法均规定，对作为避税港公司股东的本国居民法人或自然人，其在避税港公司按控股比例应取得的所得，不论是否以股息的形式汇回，一律计入其当年所得向居住国纳税。

---

① 正常交易法，又称独立交易原则，指在决定贷款或募股资金的特征时，要看关联方的贷款条件是否与非关联方的贷款相同；如果不同，则关联方的贷款可能被视为隐蔽的募股，要按资本弱化法规处理对利息的征税。

② 固定比率法，又称安全港规则，指在税法上规定一个固定的债务与权益资本比例，公司的债务/权益资本比例在这个固定比率内的，其债务利息可以在税前扣除，债务/权益资本比例超过法定比率的，超过固定比率部分的利息支出不允许在税前列支。

近年来，我国的反避税力度也在不断加大。2008年开始实施的《中华人民共和国企业所得税法》和《中华人民共和国企业所得税法实施条例》及国税发〔2009〕2号文件对关联企业的特别纳税调整办法进行了全面而具体的规定。在应对转让定价方面，根据特别纳税调整办法，税务机关有权依据税收征管法及其实施细则有关税务检查的规定，确定调查企业，进行转让定价调查、调整。被调查企业必须据实报告其关联交易情况，并提供相关资料，不得拒绝或隐瞒。转让定价调查应重点选择以下企业：①关联交易数额较大或类型较多的企业；②长期亏损、微利或跳跃性盈利的企业；③低于同行业利润水平的企业；④利润水平与其所承担的功能风险明显不相匹配的企业；⑤与避税港关联方发生业务往来的企业；⑥未按规定进行关联申报或准备同期资料的企业；⑦其他明显违背独立交易原则的企业。企业与其关联方之间的业务往来，不符合独立交易原则而减少企业或者其关联方应纳税收入或者所得额的，税务机关有权按照合理方法调整，其中包括可比非受控价格法、再销售价格法、成本加成法、交易净利润法、利润分割法及其他符合独立交易原则的方法。在应对避税地方面，根据特别纳税调整办法，由居民企业，或者由居民企业和中国居民控制的设立在实际税负低于12.5%的国家（地区）的企业，并非由于合理的经营需要而对利润不作分配或者减少分配的，上述利润中应归属于该居民企业的部分，应当计入该居民企业的当期收入①；对于没有经济实质的企业，特别是设在避税港并导致其关联方或非关联方避税的企业，可在税收上否定该企业的存在。在应对资本弱化方面，根据特别纳税调整办法，企业从其关联方接受的债权性投资与权益性投资的比例超过规定标准而发生的利息支出②，不得在计算应纳税所得额时扣除，而且这些利息也不得结转到以后纳税年度；应按照实际支付给各关联方利息占关联方利息总额的比例，在各关联方之间进行分配，其中，分配给实际税负高于企业的境内关联方的利息准予扣除；直接或间接实际支付给境外关联方的利息应视同分配的股息，按照股息和利息分别适用的所得税税率差补征企业所得税，如已扣缴的所得税税款多于按股息计算应征所得税税款，多出的部分不予退税。此外，企业实施其他不具有合理商业目的的安排而减少其应纳税收入或者所得额的，税务机关有权按照合理方法调整。对存在以下避税安排的企业，启动一般反避税调查：①滥用税收优惠；②滥用税收协定；③滥用公司组织形式；④利用避税港避税；⑤其他不具有合理商业目的的安排。对于企业是否存在避税安排，税务机关应按照实质重于形式的原则进行审核并综合考虑安排的以下内容：①安排的形式和实质；②安排订立的时间和执行期间；③安排实现的方式；④安排各个步骤或组成部分之间的联系；⑤安排涉及各方财务状况的变化；⑥安

---

① 中国居民企业股东能够提供资料证明其控制的外国企业满足以下条件之一的，可免于将外国企业不作分配或减少分配的利润视同股息分配额，计入中国居民企业股东的当期所得：①设立在国家税务总局指定的非低税率国家（地区）；②主要取得积极经营活动所得；③年度利润总额低于500万元人民币。

② 其中，金融企业为5∶1，其他企业为2∶1。

排的税收结果。税务机关应按照经济实质对企业的避税安排重新定性，取消企业从避税安排获得的税收利益。为防止纳税人滥用国际税收协定，《国家税务总局关于如何理解和认定税收协定中"受益所有人"的通知》（国税函〔2009〕601 号）就缔约对方居民申请享受股息、利息和特许权使用费等条款规定的税收协定待遇时，如何认定申请人的"受益所有人"身份的问题作出了具体规定：

（1）"受益所有人"是指对所得或所得据以产生的权利或财产具有所有权和支配权的人。"受益所有人"一般从事实质性的经营活动，可以是个人、公司或其他任何团体。代理人、导管公司等不属于"受益所有人"。

（2）在判定"受益所有人"身份时，不能仅从技术层面或国内法的角度理解，还应该从税收协定的目的（避免双重征税和防止偷漏税）出发，按照"实质重于形式"的原则，结合具体案例的实际情况进行分析和判定。一般来说，下列因素不利于对申请人"受益所有人"身份的认定：①申请人有义务在规定时间（如在收到所得的 12 个月）内将所得的全部或绝大部分（如 60% 以上）支付或派发给第三国（地区）居民；②除持有所得据以产生的财产或权利外，申请人没有或几乎没有其他经营活动；③在申请人是公司等实体的情况下，申请人的资产、规模和人员配置较小（或少），与所得数额难以匹配；④对于所得或所得据以产生的财产或权利，申请人没有或几乎没有控制权或处置权，也不承担或很少承担风险；⑤缔约对方国家（地区）对有关所得不征税或免税，或征税但实际税率极低；⑥在利息据以产生和支付的贷款合同之外，存在债权人与第三人之间在数额、利率和签订时间等方面相近的其他贷款或存款合同；⑦在特许权使用费据以产生和支付的版权、专利、技术等使用权转让合同之外，存在申请人与第三人之间在有关版权、专利、技术等的使用权或所有权方面的转让合同。

（3）纳税人在申请享受税收协定待遇时，应提供能证明其具有"受益所有人"身份的与本通知第三条所列因素相关的资料。

上述反避税条款的出台对跨国公司的国际避税行为提出了新的要求。另外，需要特别注意的是，二十国集团（G20）已经启动税基侵蚀和利润转移（BEPS）项目①。该项目是由二十国集团（G20）领导人背书，并委托经合组织（OECD）推进的国际税改项目，是 G20 框架下各国携手打击国际逃避税，共同建立有利于全球经济增长的国际税收规则体系和行政合作机制的重要举措。2014 年 6 月 26 日，OECD 通过 15 项行动计划中的 7 项产出成果和 1 份针对这些成果的解释性声明，并于 9 月 16 日对外公布。BEPS 行动计划将在 2014 年 9 月、2015 年 9 月和 2015 年底前分阶段完成，并提交当年的 G20

---

① 税基侵蚀和利润转移（BEPS）是指跨国企业利用国际税收规则存在的不足，以及各国税制差异和征管漏洞，最大限度地减少其全球总体税负，甚至达到双重不征税的效果，造成对各国税基的侵蚀。BEPS 行动计划包括五大类 15 项行动，遵循税收要与实质经济活动相匹配的原则，致力于解决当前国际税收制度的不足，为各国提供完善国内、国际法的基本原则，以应对税基侵蚀和利润转移挑战。

财长和央行行长审议，然后由当年的 G20 领导人峰会背书。未来跨国纳税人的国际税收筹划行为将会面临许多新挑战。

### （四）加强跨国税收筹划的风险管理

税收筹划可以使跨国公司获得筹划收益，但同时其风险又是客观存在的。例如，一些具有优惠税收环境的国家或地区，可能存在政局不稳、法制不健全、基础设施不完善、市场狭小、汇率不稳等不利因素，这些因素可能使投资经营产生巨大风险。同时，市场风险、利率风险、债务风险、汇率风险、通货膨胀风险等也不容忽视。跨国公司在进行税收筹划时，往往会因为筹划方案设计不当或操作过程中生产经营活动的变化，以及对当地的税收政策理解不当，从而导致税收筹划失败，这不仅造成企业经营上的损失，还会对企业的公众形象产生一定的影响。所以，公司必须建立一套完整、全面、系统的风险管理体系，包括事前的预警、事中的检测、事后的应对。针对事前的预警，主要是利用现代的先进科学技术，建立一套集财务、税收、信息于一体的科学、迅速的税收筹划警报系统，一旦发现危险信号立即发出预警，以便采取积极的应对措施。针对事中的检测，主要是建立一套风险监控系统，对企业生产经营的全过程进行全面的检测和控制，并根据全面检测的结果对企业整体作出风险管理评价报告，对企业面临的风险程度进行评估，从而合理控制企业的筹划风险。对于事后的应付，主要是建立一套风险应对系统，对企业发生的筹划风险进行全方位的补救，从而将风险降到最低。

另外，跨国公司的税收筹划能否成功在很大程度上取决于其筹划方案能否得到税务当局的认可。跨国公司在进行税收筹划时，应与当地税务机关建立良好的沟通与交流渠道，通过沟通、交流、请教，解除疑惑，达成税收筹划的一致性意见。一些大型国际著名跨国公司 IBM、麦肯锡等都单独设有专门的税务部门及公关部门，主要负责与当地税务部门联系与沟通，并建立了长期、密切的合作关系，这是规避和防范跨国税收筹划风险的重要手段之一。

### （五）树立全局观念和长远观念

跨国公司作为一个企业集团，在进行税收筹划时，首先，要以集团为重，把集团利益最大化放在首要位置，在企业经营及投融资战略中进行税收筹划时，不能仅仅对单一税种或单一项目进行税收筹划，应将税收筹划纳入集团的整体发展战略中。其次，企业进行税收筹划的最终目的是实现集团利益的最大，但是需要从减少税收能否达到集团利益的最大化进行全面综合考虑。企业在进行税收筹划时，不能仅仅把税收作为唯一的考虑因素，应该进行综合的权衡，防止因疏忽导致税收筹划的失败。这样不仅不利于企业集团节约税负，而且会给企业的长远发展带来一定负面影响。

### （六）提高国际税收筹划的专业水平

税收筹划是一门综合性非常强的学问，它不仅要求相关人员要具有较高的专业素质，而且还必须熟练掌握税法边缘学科的一些知识。跨国公司税收筹划面临的是国际税收环境，对专业人才的要求比较高，企业必须把人才的培养及引进放在重要的位置，切实提高国际税收筹划的专业水平。

## 【案例分析与讨论】

介绍完前面的内容后，本章【案例导入】中提及的苹果公司避税策略也就不难理解了。苹果公司作为一家大型的跨国公司，有自己的全球财务战略，会充分利用不同地区税率之间的差异优势、电子商务交易的特殊性及美国推迟课税的规定，通过复杂的公司架构，同时借助转让定价，实现利润由美国向低税国的转移。苹果公司全球财务战略的成功正是得益于其独创的"爱尔兰面包片"避税技法。

"爱尔兰面包片"是由苹果公司于20世纪80年代在全球初露头角时期推出的一款新型避税工具，全称为"Double Irish With A Dutch Sandwich"（爱尔兰面包片荷兰夹心三明治），其财务目标为苹果公司在其海外业务中最大限度地实现了税务成本节省，其手法主要是在两家爱尔兰子公司和一家荷兰子公司之间腾挪，就像两片面包夹着一片奶酪的三明治。苹果公司制作这个三明治的方法，简单地说可以分两步：第一步，烤两片爱尔兰面包；第二步，加入荷兰奶酪。爱尔兰的企业所得税（12.5%）远低于美国和其他欧盟国家。苹果公司在爱尔兰设立苹果国际销售公司（Apple Sales International，下称"爱尔兰销售公司"），这家公司负责从中国代加工厂商处廉价买到苹果产品，再以高价把产品倒卖到欧洲、非洲、大洋洲、中东和印度等地的苹果零售店或苹果经销公司，这样，它接收除了美国以外的全球所有销售收入。苹果公司之所以选择在爱尔兰"收钱"，其中一个原因是爱尔兰是欧盟国家，爱尔兰与欧盟其他成员国之间的交易，免缴所得税。同时，爱尔兰的企业所得税非常低，只有12.5%，远低于美国和其他欧盟国家。不仅如此，苹果公司为爱尔兰在科克郡环保区建了一座玻璃墙环绕的工厂，而爱尔兰政府以苹果公司为当地提供了就业机会为由，为苹果公司提供税务减免的优惠条件。据统计，2011年，"苹果国际销售"为220亿美元的销售额仅支付了1 000万美元的所得税，税率仅为0.05%。但相比一些税率极低的"避税天堂"（如开曼群岛、百慕大、英属维尔京群岛等），爱尔兰的所得税还是高，为了尽可能地少缴所得税，苹果公司要把大部分营业收入以成本最低廉的方式转移到避税天堂去。爱尔兰恰好又提供了向避税天堂转移营收的独特通道。根据爱尔兰独特的税法，即使是在爱尔兰注册的公司，只要其母公司或总部设在外国，就被认定为外国公司。于是，苹果公司在爱尔兰又设立了一家苹果国际运营公司（Apple Operations International，下称"爱尔兰运营公司"），其总部则设立在著名的避税天堂加勒比群岛。由于爱尔兰运营公司是外国公司，它把收入汇到总部不需要向爱尔兰缴税,几乎是零成本。接下来需要考虑怎么把爱尔兰销售公司的销售收入便宜地转到爱尔兰运营公司。如果直接转,要缴爱尔兰所得税,成本较高,而欧洲的另一个国家荷兰可以为这个关键的转移提供跳板。苹果公司在荷兰设有一家子公司——苹果欧洲运营公司(Apple Operations Europe,下称"荷兰运营公司")。与爱尔兰不同,荷兰税法以公司注册地而不是总部所在地来认定公司的国籍,所以苹果公司在爱尔兰与荷的3家子公司在荷兰都被认定为欧盟的公司。爱尔兰和荷兰都规定,欧盟成员国公司之间的交易,免缴所得税。但这里需要解决的一个问题是:在这3家关联公司之间,并不存在实际的销售活动,怎样实现交易呢?苹果公司选择了一种看不见摸不着但又很值钱的交易品来充当转移收入的媒介——知识产权。当美国以外的苹果用户在iTunes市场上点击购买一首歌或者一个软件的时候,苹果美国公司就把其所拥有的知识产权资产——iPhone、iPad等硬件终端和iTunes等软件所提供的服务——转移到爱尔兰运营公司,而用户所支付的现金则进入爱尔兰销售公司的账户。由于实现这一销售必须用到苹果公司的知识产权资产,因此爱尔兰销售公司就"需要"向爱尔兰运营公司支付知识产权专利使用费。爱尔兰销售公司通过荷兰运营公司的中转,将销售收入以专利使用费的名义转到爱尔兰运营公司,最终转到加勒比群岛上的总部。钱一旦进入那个避税天堂,就无法再被任何监管机构监控到。在整个收入转移过程中,只需要缴纳荷兰低廉的交易税和部分爱尔兰低廉的所得税。而美国法律允许一家美国公司的海外子公司可以留取通过非美国无形资产取得的收入,直到这家海外子公司把利润转回美国才需要交税。

2013年5月美国参议院发布了一份长达40页的备忘录,它指出,从2009年到2012年,苹果公司利用美国对海外企业在税收方面的漏洞,规避了应对440亿美元海外收入征税的税务支出(几乎相当于每年100亿美元)。

## 本章小结

经济全球化使各种经济主体在世界市场和国际经济中的联系日益密切。公平、自由的竞争条件加速了国际间商品、资金和信息的流动,从而推动了资源在世界范围内的优化配置及资本和生产的全球化。伴随着经济全球化的进程,跨国公司成为世界经济舞台上的明星,扮演着越来越重要的角色。跨国公司在跨国经营时处于种种复杂各异的投资经营环境里,不同国家有着不同的税制及相关政策要求,并且时刻处于变化不定中,双重交叉征税等一系列税负问题接连而来,给跨国公司带来了沉重的负担,于是国际税收筹划越来越得到重视。国际税收筹划是指跨国纳税人在不违法或合法的前提下,利用各国税收法规的差异、漏洞及国际税收协定中的缺陷,通过对自身各种经济活动的合理事先安排,按照整体利益最大化的原则,尽可能减轻其在全球范围内税收负担的行为。跨国经济活动主体对自身利益的诉求是导致国际税收筹划产生的主观原因，同时，国际税收筹划的产生也具备相应的客观条件，其中包括：各国行使税收管辖权范围和程度上的差异；各国税制的差异；避免国际重复课税方法的差异；国际避税地的存在；世界各国在税收征收管理方面存在着许多缺陷。国际税收筹划对人员素质有着较高的要求，筹划人员必须精通国际税收法律法规和国际会计，擅长跨国公司财务管理，熟悉国际财政金融、国际贸易，具有较高的经营管理水平和能力等。

　　国际税收筹划的策略复杂多样。从实践来看，比较的常见的国际税收筹划策略主要包括：运用纳税主体转移法进行国际税收筹划；充分利用各国的税收优惠政策进行国际税收筹划；通过转让定价进行国际税收筹划；借助国际避税地进行国际税收筹划；利用国际税收协定进行税收筹划；选择有利的企业组织方式进行国际税收筹划；选择有利的资本结构进行国际税收筹划；通过避免设常设机构来进行国际税收筹划。不同筹划策略之间并非完全独立，部分筹划策略往往是同时进行的。比如，利用避税地进行国际税收筹划时通常离不开转让定价，通过资本弱化避税有时也需要借助转让定价手段。但不管采用何种筹划策略，纳税人在进行国际税收筹划时，必须注意以下事项：及时了解各国的税收制度和相关信息，了解所在国的法律及政策环境；密切关注各国的反避税条款；树立全局观念和长远观念；强化税收筹划的法制意识；提高国际税收筹划的专业水平；加强跨国税收筹划的风险管理。

## 思考与练习

### 一、思考题

1. 什么是国际税收筹划？它与国内税收筹划有何不同？

2. 国际税收筹划产生的客观条件有哪些？

3. 转让定价的目标有哪些？如何看待企业的转让定价行为？

4. 资本弱化避税的原理是什么？各国应对资本弱化避税的措施有哪些？

5. 利用避税地进行税收筹划的主要做法有哪些？应注意什么问题？

6. 国际税收筹划的注意事项有哪些？

### 二、练习题

1. M集团公司在甲、乙、丙三个国家分别设立了A、B、C三个公司，公司法人所得税税率在甲、乙、丙三国分别为50%、40%、20%。A公司为B公司生产组装冰箱用的零部件。现集团提出两种定价方案：

（1）A公司以1 000 000美元的成本生产了一批零部件，本应以1 200 000美元的价格直接售给B公司，经B公司组装后按1 500 000美元的总价投放市场。

（2）A公司没有直接对B公司供货，而是以1 050 000美元的低价卖给C公司，C公司转手以1 400 000美元的高价卖给B公司，B公司以成本价1 500 000美元的总价格出售。

要求：试分析两种定价方案对集团税负的影响。

2. 一家总部在北京的跨国公司，2013 年在上海设立一个销售公司。2013 年年底，上海这家销售公司亏损 100 万元，而北京总公司盈利 1 000 万元，假定不考虑应纳税所得额的调整因素。

请问：从税收的角度来看，在上海的销售公司应设为分公司还是子公司？

3. 案例分析①

四川省市国税局应用"利润贡献法"判定，成功完成一起跨境关联特别纳税调整，实现了单一生产功能型企业关联交易纳税调整的新突破并为区域内其他同类型企业的反避税工作拓展了新思路。经过近 3 年的调查、质证和谈判，被调查企业及其母公司同意按照集团合并报表的近 3 年加权完全成本加成率的 50% 确定该企业关联交易销售价格，此调整方案将成为该企业以后年度纳税的计算口径。调整后，该企业的 2012 年税前净利润率达到 7.5%，其 2011 年和 2012 年共计应补缴企业所得税 423.4 万元。

A 市国税局此次开展反避税调查的企业为外商独资企业。2011 年，A 市国税局从征管数据分析中，发现该企业的出口规模与赢利表现存在疑点，首次将该企业纳入反避税调查。调查后，该企业共计调增跨境关联交易销售收入 9 568.8 万元，调增应纳税所得额 4 753.34 万元，税前净利润率由开业以来连年亏损调整为年均 7.14%，补缴企业所得税 239.6 万元。A 市国税局将该企业首个获利年度成功提前调整至企业开业的当年，将企业享受所得税减免后的应纳税年度至少提前 5 年。

但在其后的 2011 年和 2012 年，该企业自主申报的利润率分别为 4.68%、4.93%，远低于 2006—2010 年调整后的数据。针对这一情况，A 市国税局要求企业就 2011 年和 2012 年申报数据提出可靠证据，并正式启动第二次反避税调查。该企业委托的某会计师事务所出具的报告显示，可比企业 2009—2011 年度加权完全成本加成率中位值为 4.12%。在同样的方法下，A 市国税局选取的可比企业平均值为不低于 2011 年 7.11%、2012 年 7.53%。但该企业未对国税机关提出的可比企业选取方案作出回应。

在利用可比企业难以说服该企业作出合理税收调整的情况下，A 市国税局转而向利润贡献率方面寻求突破，向该企业提出其生产环节所创造的利润应当不低于集团公司的当年合并利润率 50% 的主张，并根据其集团公司利润率变动的走向，提出按照其母公司前 3 年加权完全成本加成率，确定该企业当年利润率的计算方法。经过 3 个月的谈判论证，该企业及其母公司同意了国税机关提出的主张，对 2011 年和 2012 年所得税进行调整，并在以后年度按照该方案确定的关联交易价格标准与关联交易方进行结算。

该调整方案的成功实施，使税企双方达成了较为合理和稳定的跨境关联交易涉税调整方式。对于企业来说，避免被事后调查的风险；对于国税机关来说，在形成稳定税源

---

① 摘自 2013 年 11 月 16 日《中国税务报》。

的同时，减轻了工作压力。

思考：A市税务机关对该企业的转让定价采取了哪种调整方法？这种方法的原理是什么？该企业运用转让定价避税应注意什么问题？

## 参考文献

[1] 计金标. 税收筹划 [M]. 5版. 北京：中国人民大学出版社，2014.

[2] 盖地. 税务筹划学 [M]. 北京：中国人民大学出版社，2009.

[3] 黄凤羽. 税收筹划：策略方法与案例 [M]. 2版. 大连：东北财经大学出版社，2011.

[4] 朱青. 国际税收 [M]. 5版. 北京：中国人民大学出版社，2011.

[5] 中国注册会计师协会. 税法 [M]. 北京：经济科学出版社，2013.

[6] 徐海荣，王真. 借鉴国际经验遏制利用避税地恶意税收筹划 [J]. 涉外税务，2010 (7)：32-26.

[7] 郭勇平，杨贵松. 转让定价税制的国际比较与发展趋势 [J]. 涉外税务，2010 (5)：40-43.

[8] 何寿伦. 我国国际税收筹划的可行性与策略选择 [J]. 现代商业，2013 (2)：35-36.

[9] 杨钊. 跨国企业税收筹划方略 [J]. 施工企业管理，2014 (2)：78-79.